이 책은 김기호 요한 선생의 후손들이
간행비의 일부를 지원하여
발간하였습니다.

춘천교구 교회사연구소
연구총서 I

소원신종
溯源愼終

조 광 역주

흐름

차례

평신도 신앙인들을 통해 활동하신 하느님의 섭리에 대한 이해의 지평이 교회 안에 넓게 펼쳐지기를 기대하며…

최근 보편 교회는 물론 지역 교회에서도 가장 뜨거운 화두는 단연 '시노달리타스synodalitas'입니다. 교회의 생활 방식이자 활동 방식인 '시노달리타스'에 대해 이야기할 때 항상 강조되는 부분 중 하나는 하느님 백성 모든 구성원(평신도, 수도자, 성직자)이 공통의 사명을 수행하는 데 저마다 고유한 몫을 해야 한다는 것입니다. '시노달리타스'라는 말이 널리 사용된 기간은 짧지만, 그 정신을 살기 위한 노력은 2천 년 교회 역사 안에서 꾸준히 이어졌습니다. 물론 한국 교회 내에서도 부족하나마 그러한 노력의 흔적을 곳곳에서 발견할 수 있습니다. 그중 선교사의 수가 부족했을 때 그들과 함께 교회를 이끌었던 평신도 지도자인 '회장'의 활동은 대표적인 사례입니다.

주문모周文謨(1752~1801) 신부에 의해 처음으로 제도화된 회장직은 박해시대와 개항기에 특히 빛을 발했습니다. 이 시기에 회장은 공소의 운영과 관리는 물론이고, 신자들의 신앙생활 지도와 예비 신자·어린이들의 신앙교육, 선교사와 교우들 간의 중개 역할 등을 수행했습니다. 선교사는 전국에 널리 퍼져 있는 공소들을 방문하여 성사를 거행하고, 회장들은 신앙공동체를 직접 돌보며 성직자와 평신도가 (하느님 나라를 향해) '함께 가는 공동체'의 모습을 보여 주었습니다.

이번에 춘천교구 교회사연구소에서는 김기호金起浩(요한) 회장이 저술한 책 세 권을 간행하게 되었습니다. 한국 신학적 맥락에서 볼 때, 김기호 회장은 복자 정약종丁若鍾(아우구스티노)의 전통을 살린 인물로 개항기 대표적 평신도 신학자로서의 면모를 보여 주었습니다. 그의 저서는 신심·교리서(『구령요의』)와 교리문답서(『소원신종』), 그리고 본인의 신앙과 전교활동에 대한 자전적 기록(『봉교자술』)으로 그 성격이 각기 다릅니다. 그만큼 다양한 형식의 저술을 접하게 될 독자들은 김기호 회장의 해박한 신학적 지식과 깊은 신심을 엿볼 수 있을 것입니다. 또 개항기라는 시대적 배경 안에서 평신도 지도자로서의 사명을 충실히 수행한 김기호 회장을 통해, 당시 한국 교회 안에서 묵묵히 자신의 임무를 수행했던 회장들의 활동과 생각을 생생한 목소리로 확인할 수 있는 계기가 될 수 있으리라 생각합니다.

한국 교회사 연구 안에서 평신도에 관한 관심은 꾸준히 이어져 왔습니다. 하지만 개항기에 활동한 인물이나 평신도의 저술이 직접 소개된 경우는 드물었습니다. 이번에 간행되는 김기호 회장의 저술들이 개항기 한국 교회사를 더 깊이 이해하고, 그 시기 평신도의 신앙과 활동을 파악하는 데 도움이 되기를 바랍니다. 그리하여 평신도 신앙인들을 통해 활동하신 하느님의 섭리에 대한 이해의 지평이 교회 안에 넓게 펼쳐지기를 기대합니다.

마지막으로, 늘 연구소에 깊은 관심과 지지를 보내주시며 책이 간행될 수 있도록 물심양면으로 큰 도움을 주신 춘천교구장 김주영 시몬 주교님께 감사드립니다. 또 이 책이 간행되기까지 수고를 아끼지 않으신 조광 선생님과 금경숙 선생님, 권영파 선생님의 노고에 깊이 감사드립니다. 춘천교구 제7대 교구장을 지내셨고, 김기호 요한 회장님의 고손高孫(5대손)으로서 일찍이 김기호 회장 연구의 초석을 놓으신 바 있는 김운회 루카 주교님께서 큰 도움을 주셨습니다. 주교님과 주교님의 가족 여러분께 특별한 감사를 드립니다.

2023년 11월

춘천교구 교회사연구소 소장 신정호 모세 신부

개항기 평신도 신학자 김기호 전집을 출간하기까지 수고하신 분들에게 큰 축하와 감사의 인사를 드립니다

제2차 바티칸공의회에서는 평신도 사도직에 대해 "그리스도와 함께 하느님께 의탁하며 재물의 종살이에서 벗어나 영원한 보화를 추구하는 사람은, 하느님 나라를 넓히며 그리스도 정신으로 현세 질서를 바로 세우고 완성하기 위하여 아낌없이 자신은 온전히 바친다."(「평신도 교령」 4항)라고 하였습니다.

그런데 바티칸공의회가 시작되기 전에 태어나 하느님의 복음을 전하며, 평신도 사도직의 모습이 조명되기 전에 이미 삶으로 그 모범을 보인 인물이 우리 한국 교회에 있었습니다. 바로 김기호金起浩(요한) 회장입니다.

김기호 회장은 과거를 준비하는 과정에서 중병을 앓게 되었고, 이를 계기로 불교와 도교에 관심을 가지고 마음의 욕심을 없애는 방법을 공부하던 중에 천주교 신앙을 책으로 접하였습니다. 이후 세상일에 관심을 두지 않고 한역 교리서인 『성세추요』 등을 읽고 감동을 받아 입교하였습니다.

세례를 받은 후 베르뇌 주교에 의해 전교회장으로 임명된 김기호 회장은 1876년부터 본격적으로 교회 활동을 시작하며 평신도 사도직의 모범을 보여 주었습니다. 외국인 선교 사제들의 조력자가 되어 그들에게 조선의 글과 문화를 가르치고, 천주에 대한 믿음과 굳센 의지로 여러 교리서를 양어깨에 메고 선교 여정을 다녀 김 외어깨[一肩]라는 별명도 있었고, 신자공동체의 지도자 역할 및 신부와 신자와의 중간 역할을 담당하였습니다. 김기호 회장은 복사服事로서 전례를 도우며 평신도의 선교 사명에도 순응하였습니다.

아브라함처럼 정든 고향을 떠나, 바오로 사도와 같이 혹독한 박해 속에서도 복음을 전파하기 위해 밤낮을 가리지 않고 강원도와 여러 지역을 다니며 전교 활동을 한 김기호는 19세기 대표적인 전교회장이었습니다.

김기호는 전교회장인 동시에 자신이 읽은 중국의 교리서를 바탕으로 학식 있는 사람들은 물론 일반 대중도 쉽게 접할 수 있도록 『봉교자술』, 『구령요의』, 『소원신종』을 저술하였습니다.

『봉교자술』은 한문 서학서를 통해 얻은 종교 지식과 자신의 신앙생활, 교회를 위한 헌신, 믿음의 일생을 자서전적으로 기술한 것으로 후손과 교우들을 위한 신앙생활의 지침이며, 『구령요의』와 『소원신종』은 천주교의 기본적인 교리를 서술하면서도 영혼의 존재에 대한 인식이 부족한 하느님 백성을 위해 동양 고전을 활용하여 천주의 존재에 대한 이해를 돕고자 저술한 교리서 내지는 신심서라고 할 수 있습니다.

김기호 요한 회장은 돈독한 성체 신심을 가지고 있었고, 실천하는 신앙인이자 기도하는 구도자였으며, 세상에 복음을 전하고 하느님 사랑으로 물들이는 한국 천주교회의 평신도 사도직의 선구자였습니다.

신념과 지식, 신앙 체험이 합쳐진 그의 저술들은 우리 신앙의 공동자산이며 박해를 이긴 믿음의 기록으로, 개항기 교회사적 지적知的 공백을 메울 수 있는 교회사적 의미도 지니고 있습니다.

김기호 회장의 저술이 세속화로 치닫고 있는 현대를 살아가는 우리의 신앙을 돌아볼 수 있는 계기가 되기를 바라며, 이 책이 나올 수 있도록 애써 주신 모든 분에게 감사의 마음을 전하며 축복합니다.

2023년 11월

춘천주교 김주영 시몬

김기호와 개항기의 역사 및 천주교회사에 대한 연구가 한 걸음 더 나아갈 수 있기를 기원하며…

올해는 김기호金起浩(요한, 1824~1903)가 서거한 지 2주갑周甲 120주년이 되는 해이다. 이해를 맞아 김기호의 저서인 『소원신종溯源愼終』을 간행하기에 이르렀다. 김기호는 원래 15세 때 향시鄕試에 합격했던 경력이 있으나, 천주교 신앙을 받아들여 베르뇌Berneux(張敬一, 1814~1866) 주교에게 세례와 견진을 받았고 교회 활동을 시작했다. 그는 1866년의 박해를 견디어냈고, 선교사들이 재입국한 이후 교회에서 중요한 역할을 하기 시작했다. 그는 평생 『소원신종』 이외에도 『구령요의』, 『봉교자술』 등 3종의 책을 지었다. 그는 우리 교회사에서 정약종丁若鍾(1760~1801) 등의 전통을 이어받아 자신이 직접 교리서를 저술했다. 이러한 그의 저술 활동을 감안할 때, 그를 평신도 신학자로 규정해도 충분하리라 생각한다.

『소원신종』은 필자 본인이 직접 수정을 가한 친필본과, 이 친필본을 정리하여 블랑 주교의 출판 허가인 '감준'을 받은 '감준본'이 있다. 이 두 가지 종류의 필사본을 정리하고 교감하여 한 권의 책자로 정리하여 엮어냈다. 이 책은 모두 8개 장으로 구성된 문답식 교리서이다. 이 책의 제1장은 천지창조와 인간의 탄생에 관한 내용을 실었다. 제2장은 천당을, 제3장은 지옥을 논했다. 제4장에서는 원죄에 대해서, 제5장은 강생구속을 담고 있다. 그리고 제6장은 성체성사를 비롯한 7성사를, 제7장은 죽음에 대한 예비를, 마지막 제8장은 심판론을 다루고 있다. 이렇게 이 책은 천주교 교리의 중요한 부분들을 문답식으로 서술하고 있다.

김기호는 이 책을 저술하게 된 동기로 프와넬Poisnel, 朴道行(1855~1925) 신부의 권유를 들고 있다. 김기호가 지은 자전적 기록인 『봉교자술』의 기록을 보면, 프와넬 신부가 "몇몇 공소를 전교할 때 보니 우몽愚蒙한 교우가 많아서 자녀들을 가르치지 않아서 도무지 알지 못한다"고 하면서 이들을 위한 교리서의 집필을 요청해 왔다고 한다.

그래서 김기호는 천주교 신앙의 가르침을 보편화하기 위한 저술 작업을 진행해 가며 자신이 지을 책의 제목을 『유몽문답幼蒙問答』으로 생각했다. 그러나 이 책을 감준한 조선교구장 블랑Blanc, 白圭三(1844~1890) 주교가 책의 이름을 '점잖은 이름'으로 바꾸라고 하여 "근원을 따져 밝히고 신중히 마친다"는 의미를 가진 『소원신종』으로 바꾸었다.

원래 이 책 『소원신종』은 프와넬 신부의 권유로 집필이 시작되었다. 프와넬 신부는 1881년 조선에 입국하여 황해도와 평안도 지방을 맡아 선교를 시작했다. 그러다가 조선교구의 경리를 맡아 보던 뮈텔Mutel, 閔德孝(1854~1933) 신부가 1885년 프랑스로 귀국함에 따라 프와넬 신부가 조선교구의 경리직을 이어받았다. 그는 그 후 1892년 종현본당 제3대 주임신부로 임명되었고, 종현성당을 설계하고 공사를 진행하던 코스트Coste, 高宜善 신부가 1896년에 서거하자 그 공사를 이어받아 준공시키기도 하였다. 블랑 주교와 프와넬 신부의 이러한 행적은 이 책의 저술과 간행 문제에도 영향을 미쳤다.

이 책이 저술된 시기는 우선 조선교구장으로 블랑 주교가 취임한 1884년 이후로 볼 수 있다. 특히 프와넬 신부가 교구 경리직을 맡은 1885년 이후 교구의 주요 직책을 맡아 보던 입장에서 김기호에게 적절한 교리서의 저술을 명했을 가능성이 높다고 생각된다. 그리고 이 책을 감준한 블랑 주교는 1890년에 서거했으니, 이 책은 그 이전에 감준 과정을 거쳤다고 봄이 타당하다. 즉, 이 책은 1885년부터 1890년 사이에 저술을 마치고 교구장의 감준을 받아 두기까지 했다.

한편, 그동안 이 책은 그 근거를 자세히 밝히지 않은 채, 대략 1887년경에 저술되었을 것으로 추정되어 왔다. 그런데 성서활판소가 오늘의 서울 명동인 종현鍾峴에 1886년 세워져서 교회 서적을 활판으로 간행하기 시작했다. 이때 서울교구의 경리를 맡아 보던 이는 김기호에게 저술을 권유했던 프와넬 신부였다. 프와넬 신부는 성서활판소의 운영에 일정한 책임을 지고 있는 직책에 있었다. 이렇게 성서활판소가 세워져 교회의 출판 업무를 전담하던 시대적 조건에서 새로운 교리서를 출간하려는 시도가 가능했으리라 생각된다. 그렇다면 이 책은 아마도 1886년부터 블랑 주교가 서거한

1890년 사이에 저술되었다고 봄이 타당하다.

그러나 이 『소원신종』은 간행되지 못했다. 그 까닭은 이 책을 감준한 블랑 주교의 서거와 교구의 재정난을 들 수 있다. 우선, 블랑 주교의 뒤를 이어 교구장에 취임한 뮈텔 주교가 이 책의 간행을 교구 사업의 우선순위에서 제외한 결과라고 생각된다. 물론 뮈텔 주교는 성서활판소를 통해서 『성경직해』를 비롯한 여러 종류의 교회 서적을 간행했다. 한편, 이와 비슷한 시기에 유럽에서는 '프랑스와 프러시아의 전쟁普佛戰爭(1870~1871)'이 일어났고, 이 전쟁에서 프랑스가 참패한 결과로 프랑스는 경제난을 겪게 되었다.

이러한 이유로 조선교구를 관할하던 파리외방전교회는 본국으로부터의 지원이 줄어들어 재정난을 겪었다. 이 상황에서 조선교구의 최대 과제는 서울 종현에 대성당을 건축하는 일이었다. 이 과업을 수행하기 위한 긴축 과정에서 전임 교구장 시대에 감준을 마친 『소원신종』의 간행도 보류되었다고 생각된다. 그 까닭으로 『소원신종』은 간행본이 아닌 필사본의 형태로만 부분적으로 보급될 수밖에 없었다. 그리고 이 책의 원본은 김기호의 후손들에 의해 보존되어 왔다.

현재 김기호가 저술한 세 종류의 책들은 한국교회사연구소에 소장되어 있다. 그 소장 경위를 추적해 보면, 1966년 김기호의 고손高孫인 김운회(당시 가톨릭대학 신학부 학생) 주교가 세 책 중 한 책을 한국교회사연구소에 기증했다. 그 후 오기선 신부(1907~1990)는 김기호 후손 집을 방문하여 나머지 책들을 수합해 갔고, 오기선 신부가 서거한 직후 그가 운영하던 성지연구소의 장서는 한국교회사연구소로 옮겨졌다. 이 과정에서 나머지 2종의 책들도 한국교회사연구소에 소장되었다. 그리고 이 책들의 정리와 간행을 숙제로 가지게 되었다.

김기호의 저서가 한국교회사연구소에 모두 소장된 직후 동 연구소 소장 최석우 신부는 이 자료의 소중함을 인지하고 이를 교회 내에 널리 소개하고자 했다. 그리하여 본 필자는 기증자료의 일부를 동 연구소 소식지인 『교회와 역사』에 연재한 바도 있다. 그리고 『구령요의』와 『소원신종』은 동 연구소에서 간행한 『만남과 믿음의 길목에서』에 수록되어 그 내용이 교회 내에 소개된 바도 있다. 그러나 주로 교회 내 독자들을 대상으로 한 이러한 작업들은 김기호에 대한 본격적 연구에는 적합성이 떨어지는 것이었다. 이에 김기호 저작들을 정본화하는 과제가 계속 남아 있게 되었다. 마침 올해는 김기호 서거 120주년에 해당되는 해이다. 이해를 맞아 그의 저술들을 정본화하는 작업이 김기호 가문 후손들의 도움과 김운회 전 춘천교구장의 격려로 진행될 수 있었다. 이에 김기호의 저서인 『소원신종』의 교감과 현대역을 통해 그 정본화가 가능하게 되었다.

이번에 정본화가 가능해진 『소원신종』을 비롯한 김기호의 저서들은 우선 개항기 한국천주교회사의 연구에 적절히 활용할 수 있으리라 생각된다. 우리는 이 책을 통해서 개항기 한국인 신자들이 가지고 있던 천주교 교리 이해의 수준을 알 수 있다. 개항기 당시 한국 교회를 관통하고 있던 신학적 특성에 대한 이해도 가능할 것이다. 뿐만 아니라 김기호가 지은 문답식 교리서인 『소원신종』을 통해서 당시 신자들이 이해했을 새로운 인간상 및 각종 사회적 관행의 새로움을 확실히 알 수 있게 되었다.

동시에 이 『소원신종』은 1880년대 전후 개화사상이나 동학사상이 조선 전국을 강타하고 있을 때 저술되었다. 김기호가 살았던 19세기는 한국사에 있어서 일대 전환기에 해당되던 때였다. 한국사상사의 경우를 보더라도 김기호는 동학을 창도하고 이끌어 간 최제우崔濟愚(1824~1864)와 같은 해에 태어났고 더 오래 살면서 개항기에 본격적으로 활동했다. 또한 김기호는 동학의 제2대 교주 최시형崔時亨(1827~1898)과 거의 동시대를 살아갔다. 동시에 김기호가 살았던 시대는 개화사상이 새롭게 대두되던 때였다. 개화사상의 문호를 연 박규수朴珪壽(1807~1877), 갑신정변의 주역이었던 김옥균金玉均(1851~1894)과 박영효朴泳孝(1861~1939), 서유견문을 지었던 유길준俞吉濬(1856~1914)과 같은 개화파 인물들도 김기호와 같은 시대에 활동하고 있었다.

이러한 시대를 살았던 김기호의 천주교 사상은 개화사상이나 동학사상과의 비교를 통해서 그 의미를 올바로 파악할 수 있을 것이다. 이 작업은 천주교 신앙이 한국 역사의 발전에 기여한 사상사적 특성을 규정하는 작업이 된다. 특히 그가 가지고 있던 인간관이나 사회관 등을 통해서 그의 사상이 전근대적 제도, 수탈적 경제 관행 등에 대항하고자 했던 김기호로 대표되는 개항기 한국 천주교회의 입장은 선명히 드러나리라 생각된다. 그러나 이러한 부분에 대한 연구는 아직 누구도 걷지 않았던 길이다. 이를 위한 연구자들의 개척적인 노력이 필요하다. 『소원신종』을 포함한 김기호 저술을 정본화하여 간행하는 이번의 작업에는 이러한 의미도 가지고 있다. 이 책들의 간행을 통해서 김기호와 개항기의 역사 및 천주교회사에 대한 연구가 한 걸음 더 나아갈 수 있기를 기원한다.

2023년 11월

조 광

일러두기

01. **소장처:** 이 책은 한국교회사연구소에 소장되어 있는 『소원신종』[E 0014165, 21.3×21.5, 한장본(漢裝本), 필사본, 47張]과 김진소 신부가 소장한 『소원신종』[21.3×21.5, 필사본의 복사본, 34張] 등 두 종을 저본으로 하여 간행되었다. 자료 제공에 감사드린다.

02. **소장 경위(한국교회사연구소본):** 한국교회사연구소 소장본은 본문에 대한 수정과 첨삭 등이 표시되어 있음을 보아 김기호의 친필본임을 확인할 수 있다. 이 『소원신종』 친필본은 김기호의 가문에서 소장해 왔다. 그러다가 1966년 김기호의 고손(高孫)인 김운회(당시 가톨릭대학 신학부 학생) 주교가 세 책 중 한 책을 한국교회사연구소에 기증했다. 그 후 오기선(1907~1990) 신부는 김기호 후손 집을 방문하여 나머지 책들을 수합해 갔고, 오기선 신부가 서거한 직후 그가 운영하던 성지연구소의 장서는 한국교회사연구소로 옮겨졌다. 『소원신종』 친필본은 이러한 경위를 거쳐 한국교회사연구소에 소장되기에 이르렀다.

03. **소장 경위(김진소본):** 감준본의 경우는 김진소 신부가 소장한 복사본 이외에 완전히 동일한 복사본이 한국교회사연구소에도 소장되어 있다. 김진소 소장본의 경우에는 인기(印記)를 확인할 수 없으나, 한국교회사연구소 소장 복사본[E0013284, 20.3 x 19.6, 복사본]에는 장서인이 찍혀 있다. 이는 김진소 소장 복사본을 재복사한 후 장서인을 찍어서 정리한 것으로 해석된다.

04. **간행 경위:** 이 정리본은 김기호 서거 120주년을 기념하는 김기호 후손 모임의 지원으로 간행되었다.

05. 용어의 개념: 이 책에서 사용하는 개념은 다음과 같다. '친필본'은 김기호가 직접 저술한 고본(稿本)을 말한다. '감준본'은 블랑(Blanc, Gustave Marie Jean, 白圭三, 1844~1890) 주교가 감준한 인쇄 직전의 최종본을 말한다. 그런데 이 '감준본'은 인쇄로 간행되지는 못했다. '정리본'은 이번에 춘천교회사연구소에서 간행한 책자를 말한다.

06. 수록자료의 명칭: 이 책에 수록된 자료의 명칭은 소원신종 감준본 역주문, 소원신종 감준본 입력문, 소원신종 감준본 영인본 / 소원신종 친필본 역주문, 소원신종 친필본 입력문, 소원신종 친필본 영인본으로 부른다.

07. 정본화 기준본과 편집 순서: 소원신종의 정본화 작업을 수행하는 과정에서 소원신종 감준본을 기준으로 삼았다. 그러므로 정리본에서는 이 감준본을 먼저 배치하고, 이어서 참고로 소원신종 친필본을 제시했다. 친필본의 경우에는 삭제된 부분을 가능한 한 복원하여 복원된 부분을 파란색 글씨로 인쇄했다. 또한 감준본 및 친필본의 역주문과 비교를 위해 그 원문을 영인하여 첨부했다. 단, 이 영인본의 문답 조목에도 역주문 내지 입력문과 동일하게 일련번호를 부여해서 연구자들의 대조에 도움을 주고자 했다.

08. 일련번호 부여: '친필본'과 '감준본'의 본문의 경우에는 모두 장(章) 및 문답(問答)에 일련번호가 부여되어 있지 않다. 그러나 이 정리본에서는 연구자의 편의를 위해 일련번호를 부여해 두었다. 역자가 부여한 일련번호는 '옅은 회색'으로 처리했다.

09. 정리본의 한자 병기: '친필본'과 '감준본'은 모두 순한글로 기술되어 있다. 그러나 '정리본'에서는 순한글로 된 단어에 한자어를 병기했다.

10. 교감 기준본: 이 정리본은 감준본의 현대문을 기준으로 하여 주석과

교감을 진행했다. '친필본' 현대문의 경우에는 '감준본' 현대문과 중첩되는 부분이 많으므로 특별한 경우가 아니면 주석을 달지 않음을 원칙으로 하고자 했다.

11. **교감 방법:** '정리본'에서는 '친필본'과 '감준본'을 19세기 당시 다른 교리서들과 대조하여 교감(校勘)과 주석 작업을 수행했고, 교감 의견은 주석에 밝혀 두었다.

12. **정리본의 자료 배치:** 이 정리본 『소원신종』에는 먼저 감준본 고활자본과 감준본의 현대문 주석본을 배치했다. 이어서 친필본의 옛 한글을 현대 활자로 옮겨 놓은 부분과 친필본의 옛 글자를 활자화한 고활자본을 좌철(左綴) 제본으로 배치했다. 그리고 감준본 원문과 친필본 원문을 우철(右綴)로 제본하여 함께 제공했다.

13. **정리본의 제본 순서:** '소원신종 감준본 역주문'(홀수 면)과 '소원신종 감준본 입력문'(짝수 면)을 대역본으로 편집한다. 그리고 이에 이어서 '소원신종 감준본 영인본'과 '소원신종 친필본 영인본'의 순서로 한다. 영인본은 우철로 제본했다.

14. **제본 방법:** 정리본은 좌철 제본을 원칙으로 하되, 쪽수는 괄호를 치지 않고 아라비아숫자를 일련번호로 써 나갔다. 영인본의 경우 우철 제본을 원칙으로 괄호 없이 아라비아숫자로 쪽수가 적혀 있다.

15. **정리본의 3도 인쇄:** 정리본은 3도로 인쇄한다. 본문의 검은색 활자 이외에, 정리본의 중간 제목 위에 있는 '제○○장' 및 중간 제목 밑에 있는 '문○○~문○○, 소계 ○○문답' 그리고 각 문답의 조목인 '문○○, 답 ○○' 등 정본화 과정에서 부여한 부분의 활자 색깔은 '옅은 회색'으로 통일해서 일관된 색채로 표시한다. 이로써 그 부분이 원본에는 없으나, 역주자가 편의상 부여했음을 알려준다. 또한 소원신종 친필본 입력본에

서 원문에서 삭제된 부분은 '파란색'으로 인쇄한다. 이는 친필본의 원문 중 삭제된 부분임을 표시하기 위함이다.

16. **감사:** 고려대학교 김윤선 교수는 필자가 주석 작업을 진행하는 과정에서 '참대갑이' 등 고어사전에 나오지 않는 여러 한글 옛 단어를 해석하고 이해하는 데에 도움을 주었다. 이에 감사드린다.

소원신종

감준본

입력문

처음 박 신부 명으로 져슐ᄒᆞᆯ 때 일흠은

우몽문답이오

ᄇᆡᆨ 쥬교ㅣ 감준ᄒᆞ신 후 명으로 일흠은

소원신죵이오

처음 져슐ᄒᆞᆯ 때 ᄉᆞᄉᆞ ᄆᆞ음으로ᄂᆞᆫ 일흠이

팔본문답이라

---

4 소원신종(溯源愼終): 김기호(金起浩) 친필본(親筆本)의 경우에는 『소원신종』의 한자 표기가 '遡原愼終'으로 되어 있다. 반면에 이 책의 백 주교 감준본(監準本)에는 '溯源愼終'으로 되어 있다. '소원'이란 한자어에서 '原'과 '源'은 서로 통하는 글자이므로 '遡原'과 '溯源'이 같이 쓸 수도 있다. 그러나 감준본에서는 이를 좀 더 보편적으로 사용되는 '溯源'이란 한자 단어로 바꾸었다.

5 팔본문답: 본 감준본에는 '팔본문답'이란 제목이 한글로만 적혀 있다. 그러나 친필본에는 '八本'이란 한자가 병기되어 있다. 이는 '여덟 가지 근본 사항에 대한 문답'이라는 의미로 해석된다.

역주문

처음 박朴 신부[1] 명으로 저술할 때 이름은
우몽문답愚蒙問答[2]이오
백白 주교[3]가 감준監準하신 후 명命으로 이름은
소원신종溯源愼終[4]이오
처음 저술할 때 사사私事 마음으로는 이름이
팔본문답[5]이라

1 박(朴) 신부: 원래의 이름은 푸아넬(Poisnel, Victor Louis; 1855~1925)이다. 프랑스 파리외방전교회 소속 조선 선교사로 조선식 이름은 박도행(朴道行)이다. 프랑스 노르망디 지방에서 출생했고, 1879년에 사제서품을 받은 다음, 1880년 파리외방전교회에 입회하여 조선 선교사로 파견되었다. 1883년 조선에 입국하여 선교를 시작했고, 1885년 조선대목구의 경리를 맡아 보았다. 1896년 종현성당의 건축을 담당하던 코스트(Coste, 高宜善) 신부가 죽자 그의 뒤를 이어 공사 감독을 맡아 1898년 고딕식 성당을 완공했다.

2 우몽문답: 한자 '愚蒙問答'이 병기되어 있다. 그러나 친필본 안 표지에서는 이를 '幼蒙問答八本'으로 적어 놓았다.

3 백(白) 주교: 원래의 이름은 블랑(Blanc, Gustave Marie Jean, 1844~1890)이다. 프랑스 파리외방전교회 소속 조선 선교사로 제7대 조선대목구 대목구장(주교)을 역임했다. 1864년에 파리외방전교회에 입회했고, 1866년 사제에 서품되었다. 1867년 조선을 향해 출발했으나 곧 입국하지 못하고 만주 차쿠에서 리델(Ridel)을 도와 교리서와 『한불자전』의 편찬에 종사했다. 1876년 조선에 입국하여 선교에 종사했다. 리델 신부가 1869년 제7대 조선교구 교구장에 임명되어 활동하다가 신병으로 인해 교구장의 임무를 수행하기 어렵게 되자, 블랑은 1878년 조선교구의 교구장 승계권을 가진 부주교(副主教)로 임명받아 봉사했다. 1883년 리델 주교가 죽자 그의 뒤를 이어 제7대 조선교구장이 되었다.

텬쥬 | 조셩 텬디·만물·신인이라

문01_ 뎌 프른 하ᄂᆞᆯ은 누가 ᄆᆞᆫᄃᆞ렷ᄂᆞ뇨?

답01_ 비로소 ᄆᆞᆫᄃᆞ신 쥬ᄌᆡ 계시니라.

문02_ 누가 하ᄂᆞᆯ과 따와 만물과 텬신과 사ᄅᆞᆷ을 ᄆᆞᆫᄃᆞ신 쥬ᄌᆡ 되시ᄂᆞ뇨?

답02_ 호칭ᄒᆞ야 일흠ᄒᆞ기 어려온 고로 일흠ᄒᆞ야 ᄀᆞᆯ오ᄃᆡ

제1장[6]

천주가 조성 천지·만물·신인이라

[문1~문31: 소계 31 문답][7]

문01_ 저 푸른 하늘은 누가 만들었느뇨?

답01_ 비로소 만드신 주재主宰[8] 계시니라.

문02_ 누가 하늘과 땅과 만물萬物과 천신天神과 사람을 만드신 주재 되시뇨?

답02_ 호칭呼稱하여 이름하기 어려운 고로 이름하여 가로되

6 제1장: 천지창조에 대한 31개 조목의 문답이다. 이 부분은 『로마교리서(Catechismi Romani)』의 pars prima de Fide, Caput II와 연관된다. cf. Pius V. Pont. Max., Catechismus ex Decreto SS. Concilii Tridentini Ad Parochos, 1930, Typis Seminarii Patavi Gregoriana Edidit p.11 et seq. 한편 이 로마교리서는 토마스 아퀴나스(Thomas Aquinas)의 『신학대전(Summa Theologiae)』에 나타나는 신학사상을 기본으로 하고 있다. 그러므로 이 두 책의 상호 연관성을 확인할 수 있다. 물론 김기호는 이 책들의 존재를 몰랐으리라 생각된다. 그러나 그의 문답서는 그 자신이 한문 교리서와 선교사의 가르침을 통해서 습득·이해한 정통 가톨릭 교리의 맥이 흐르고 있음을 확인시켜 주고 있다. 그러므로 김기호나 당대 한국 천주교 신자들이 이해하고 있던 가톨릭 신앙의 구체적 내용을 이해하기 위해서는 당시 교회에서 간행했던 각종 문답류 교리서 이외에도 이러한 서양 고전어 자료들과도 비교가 요청된다.

7 일련번호: 『소원신종』 친필본이나 감준본에 기록된 문답에는 일련번호가 부여되어 있지 않다. 그러나 이번의 정리본에서는 연구자의 편의를 위하여 각기 일련번호를 부여한다.

8 주재(主宰): 중심이 되어 맡아 처리함 또는 그렇게 맡아 처리하는 존재.

텬쥬ㅣ라 ᄒᆞ시니라.

문03_ 텬쥬ㅣ 몃 위 계시뇨?

답03_ 톄ᄂᆞᆫ ᄒᆞ나히시로ᄃᆡ 위ᄂᆞᆫ 세흘 포함ᄒᆞ시니라.

문04_ 텬쥬의 톄 엇더ᄒᆞ시뇨?

답04_ 슌젼ᄒᆞᆫ 신이샤 형샹이 업ᄉᆞ시니, 눈으로 보지 못ᄒᆞ고, 손으로 ᄆᆞᆫᄌᆞ지 못ᄒᆞᄂᆞᆫ 톄시니라.

문05_ 세 위ᄂᆞᆫ 엇더케 일흠ᄒᆞ야 브ᄅᆞᄂᆞ뇨?

답05_ 뎨일위ᄂᆞᆫ 셩부ㅣ라 브ᄅᆞ니 그 젼능ᄒᆞ신 셩미픔을 ᄀᆞᄅᆞ쳐 말ᄒᆞᆷ이오, 뎨이위ᄂᆞᆫ 셩ᄌᆞㅣ라 브ᄅᆞ니 그 젼지ᄒᆞ신 셩미픔를 ᄀᆞᄅᆞ쳐 말ᄒᆞᆷ이오, 뎨삼위ᄂᆞᆫ 셩신이라 브ᄅᆞ니 그 젼션ᄒᆞ신 셩픔을 ᄀᆞᄅᆞ쳐 말ᄒᆞᆷ이니라.

문06_ 젼능은 엇더케 니ᄅᆞᆷ이뇨?

답06_ 능치 못ᄒᆞᆷ이 업ᄉᆞᆷㅣ니 하ᄂᆞᆯ을 ᄆᆞᆫᄃᆞᆯ고, 따흘 베풀고, 만물을 내시ᄃᆡ, 그 때와 날을 허비치 아니ᄒᆞ시 천주天主이라 하시니라.

문03_ 천주가 몇 위位 계시뇨?

답03_ 체體로 하나이시로되 위位는 셋을 포함하시니라.

문04_ 천주의 체體는 어떠하시뇨?

답04_ 순전한 신神이시어 형상形像이 없으시니, 눈으로 보지 못하고 손으로 만지지 못하는 체시니라.

문05_ 세 위位는 어떻게 이름하여 부르느뇨?

답05_ 제1위는 성부聖父라 부르니 그 전능하신 성품性品[9]을 가리켜 말함이요, 제2위는 성자聖子라 부르니 그 전지全知하신 성품을 가리켜 말함이요, 제3위는 성신聖神이라 부르니 그 전선全善하신 성품을 가리켜 말함이니라.

문06_ 전능全能은 어떻게 이름이뇨?

답06_ 능能치 못함이 없음이니 하늘을 만들고, 땅을 베풀고, 만물을 내시되, 그 때와 날을 허비虛費치 아니하시

9 성품(性品): 감준본에서는 원래 '성미'라고 썼다가 '미'를 품으로 수정했다. 이는 전사(轉寫) 과정에서 발생한 단순한 오자(誤字)의 수정이라고 판단된다.

고, 그 수고와 힘을 번거히 아니ᄒᆞ샤, 업ᄂᆞᆫ 가온ᄃᆡ로조차 갓초와 잇게 ᄒᆞ시니라.

문07_ 젼지ᄂᆞᆫ 엇더케 니롬이뇨?

답07_ 아지 못홈이 업ᄉᆞ심이니, 하ᄂᆞᆯ 우와 따 아ᄅᆡ 곳곳이 다ᄉᆞ려, ᄒᆞᆫ 물도 끼치지 아니ᄒᆞ시며, ᄒᆞᆫ 일도 모로지 아니ᄒᆞ시며, ᄒᆞᆫ 터럭도 ᄀᆞ리오지 아니ᄒᆞ샤, 그 쟝악 즁에 다 빗최여 ᄎᆞ지ᄒᆞ시니라.

문08_ 젼션은 엇더케 니롬이뇨?

답08_ 션치 아니홈이 업솜이니, 물마다 일마다 도모지 ᄌᆡ졔ᄒᆞ샤, ᄒᆞᆫ 물도 해홈이 업ᄉᆞ며, ᄒᆞᆫ 일도 그ᄅᆞᆺ홈이 업ᄉᆞ며, ᄒᆞᆫ 덕도 일흠이 업셔 만 가지 다 아름다오시고 션ᄒᆞ시니라.

문09_ 텬쥬ㅣ 톄 ᄒᆞ나히시매 엇지 위 셰히라 닐ᄋᆞᄂᆞ뇨?

답09_ 텬쥬의 톄 지극히 아름다오시고 지극히 ᄇᆞᆰ으시고 고, 그 수고와 힘을 번거롭게 아니하시어, 없는 가운데로부터 갖추어 있게 하시니라.

문07_ 전지全知는 어떻게 이름이뇨?

답07_ 알지 못함이 없으심이니, 하늘 위와 땅 아래 곳곳이 다스려 한 물物도 끼치지 아니하시며, 한 일도 모르지 아니하시며, 한 터럭도 가리우지 아니하시어, 그 장악掌握 중에 다 비추어 차지하시니라.

문08_ 전선全善은 어떻게 이름이뇨?

답08_ 선善치 아니함이 없음이니, 물건마다 일마다 도무지 재제宰制하시어,[10] 한 물건[11]도 해害함이 없으며, 한 일도 그르침이 없으며, 한 덕德도 잃음이 없어 만 가지 다 아름다우시고 선하시니라.

문09_ 천주가 체는 하나이시며 어찌 위가 셋이라 이르느뇨?

답09_ 천주의 체는 지극히 아름다우시고 지극히 밝으시고

---

10 재제(宰制)하다: 전권(全權)을 쥐고 처리하다.

11 감준본에는 '물(物)'로 되어 있다. 그러나 이는 필사 과정에서 탈자가 있었으리라 판단되어 '물건'으로 바로잡았다.

지극히 아름다옴을 됴화ᄒᆞ시니, 그 붉으심으로 그 아름다오심을 빗최여 안 모샹을 나으시매, 그 아름다옴을 됴화ᄒᆞ시ᄂᆞᆫ 신의를 발ᄒᆞ심이니, 비유컨대 ᄒᆞᆫ 아름다온 얼골을 붉은 거울에 빗최면, 반ᄃᆞ시 ᄒᆞᆫ 아름다온 얼골을 나하 서로 ᄃᆡᄒᆞ매 그 ᄉᆞ랑ᄒᆞᄂᆞᆫ 졍을 발치 아니 홀 수 업ᄉᆞ니, 이에 본 얼골이 ᄒᆞ나히오, ᄃᆡᄒᆞᆫ 얼골이 ᄒᆞ나히오, 서로 ᄉᆞ랑ᄒᆞᄂᆞᆫ 졍이 ᄒᆞ나히니, ᄒᆞᆫ 가지로 세흘 일움이니라.

문10_ 텬쥬ㅣ 어ᄂᆞ 때로조차 계시뇨?
답10_ 시죽ᄒᆞ신 때도 업ᄉᆞ시고, ᄆᆞᆺᄎᆞ실 때도 업ᄉᆞ시니라.

문11_ 텬쥬ᄂᆞᆫ 뉘 ᄆᆡᆫᄃᆞ려 내셧ᄂᆞ뇨?
답11_ 만일 텬쥬를 ᄆᆡᆫᄃᆞ려 내신 쟈ㅣ 잇ᄉᆞ면 그가 곳 텬쥬 지극히 아름다움을 좋아하시니, 그 밝으심으로 그 아름다우심을 비추어 안 모상摸象을[12] 낳으시며, 그 아름다움을 좋아하시는 신애神愛[13]를 발發하심이니,[14] 비유컨대 한 아름다운 얼굴을 밝은 거울에 비추면, 반드시 한 아름다운 얼굴을 낳아 서로 대함에 그 사랑하는 정情을 발하지 아니할 수 없으니, 이에 본 얼굴이 하나요, 대對한 얼굴이 하나요, 서로 사랑하는 정이 하나이니, 한 가지로 셋을 이룸이니라.

문10_ 천주는 어느 때로부터 계시뇨?

답10_ 시작하신 때도 없으시고, 마치실 때도 없으시니라.[15]

문11_ 천주는 누가 만들어 내셨느뇨?

답11_ 만일 천주를 만들어 내신 자가 있으면 그가 곧 천주

---

12 한 모상을: 감준본에는 '안모샹'으로 읽힐 수 있을 듯하나 이는 오기로 생각된다. 본 감준본을 정리하는 과정에서 이를 '한 모상'으로 파악하여 옮겨 놓았다.

13 신애(神愛): 아가페(agape) 즉, 비타산적(非打算的)인 사랑을 가리킨다.

14 그 밝으심으로…발(發)하심이니: 이 부분은 감준 과정에서 첨가되었다. 즉 감준 과정에서 신론(神論) 부분에 내용을 첨가하고 있다.

15 문답 10: 이 부분은 친필본의 경우 문답 10조목 안에 포함시켜 설명하고 있으나, 감준본에서는 이를 독립된 문답으로 처리했다.

되시리니, 이제 내 닐ᄏᆞᆺᄂᆞᆫ바 텬쥬 밧긔 다시 다ᄅᆞᆫ 텬쥬ㅣ 업ᄂᆞ니라.

문12_ 텬쥬ᄂᆞᆫ 무ᄉᆞᆷ 일을 ᄒᆞ시ᄂᆞ뇨?

답12_ 하ᄂᆞᆯ과 따ᄒᆞᆯ ᄆᆞᆫᄃᆞ시고 만물과 텬신과 사ᄅᆞᆷ을 내샤, 보존ᄒᆞ시고 ᄎᆞ지ᄒᆞ시고 샹벌ᄒᆞ시ᄂᆞ니라.

문13_ 텬쥬ㅣ 만물을 조셩ᄒᆞ심이 ᄎᆞ셰ㅣ 업ᄂᆞ냐?

답13_ ᄎᆞ셰ㅣ 잇ᄉᆞ니 여ᄉᆞᆺ 날 동안에 조셩ᄒᆞ시니라.

문14_ 뎨일일은 무ᄉᆞᆷ 것ᄉᆞᆯ 내셧ᄂᆞ뇨?

답14_ ᄆᆞᆰ은 긔운과 샹층 하ᄂᆞᆯ과 무수 텬신과 밋 물과 ᄶᅡᄒᆞᆯ ᄆᆞᆫᄃᆞ시니라.

문15_ 뎨이일은 무ᄉᆞᆷ 것ᄉᆞᆯ 내셧ᄂᆞ뇨?

답15_ 각층 하ᄂᆞᆯ을 ᄆᆞᆫᄃᆞ시고 하ᄂᆞᆯ과 따의 혼둔홈을 ᄂᆞᆫ호

되시리니, 이제 내가 일컫는바 천주 밖에 다시 다른 천주가 없느니라.

문12[16]_ 천주는 무슨 일을 하시느뇨?

답12_ 하늘과 땅을 만드시고 만물萬物과 천신天神과 사람을 내시어, 보존하시고 차지하시고 상벌賞罰하시느니라.[17]

문13_ 천주가 만물을 조성造成하심이 차서次序가 없느냐?

답13_ 차서가 있으니 여섯 날 동안에 조성하시니라.

문14_ 제1일[18]은 무슨 것을 내셨느뇨?

답14_ 맑은 기운과 상층上層 하늘과 무수無數 천신과 및 물과 땅을 만드시니라.

문15_ 제2일[19]은 무슨 것을 내셨느뇨?

답15_ 각층 하늘을 만드시고 하늘과 땅의 혼돈混沌함을 나누

---

16 문답 12: cf. Thomas Aquinas, *Summa Theologiae*, I, 1a q.65 a.1 『신학대전』 제1부 제1장 제65문항.

17 cf. Thomas Aquinas, *Summa Theologiae*, I, 1a q.65 a.1 『신학대전』 제1부 제1장 제65문항.

18 제1일: 창세기 1,3-5 참조.

19 제2일: 창세기 1,5-8 참조.

와 ᄀᆞ벽ᄒᆞ시니라.

문16_ 뎨삼일은 무ᄉᆞᆷ 것ᄉᆞᆯ 내셧ᄂᆞ뇨?

답16_ 놉흔 ᄃᆡ롤 인ᄒᆞ야 산을 내시고, 나즌 ᄃᆡ롤 인ᄒᆞ야 바다흘 ᄆᆞᆫᄃᆞ시고, 따희 초목과 오곡과 ᄇᆡᆨ과롤 내시니라.

문17_ 뎨ᄉᆞ일은 무ᄉᆞᆷ 것ᄉᆞᆯ 내셧ᄂᆞ뇨?

답17_ 하ᄂᆞᆯ에 일월과 셩수롤 두어 이 셰샹 만물을 빗최여 쟝양케 ᄒᆞ시며, 그 시긱과 졀후롤 분ᄇᆡᄒᆞ심이니라.

어 개벽開闢[20]하시니라.

문16_ 제3일[21]은 무슨 것을 내셨느뇨?

답16_ 높은 데를 인因하여 산을 내시고, 낮은 데를 인하여 바다를 만드시고, 땅에 초목과 오곡백과五穀百果를 내시니라.

문17_ 제4일[22]은 무슨 것을 내셨느뇨?

답17_ 하늘에 일월日月과 성수星宿[23]를 두어 이 세상 만물을 비추어 장양將養케[24] 하시며, 그 시각時刻[25]과 절후節候를 분배分配하심이니라.

---

20 개벽(開闢): 창조(創造)에 해당하는 전통 용어이다. 이를 감안하건대 '창조'라는 그리스도교 용어가 확정되기 전에는 이에 대한 용어로 '내시다'라는 단어나 '조성', '개벽' 등과 같은 용어를 사용했음을 알 수 있다.

21 제3일: 창세기 1,9-13 참조.

22 제4일: 창세기 1,14-19 참조.

23 성수(星宿): 원래는 천문 28수(宿) 가운데 25번째 별자리를 말한다. 그러나 일반적으로 '성수'는 모든 별자리의 별들을 가리키고 있다.

24 장양(將養)하다: 길러 양육하다.

25 시각(時刻): 친필본과 감준본 모두 '시긱'이라 표현하고 있다. 즉, 김기호는 한자어 '刻'을 '긱'으로 발음하여 기록했지만, 이를 현대음으로 바로잡아 '각'으로 옮겼다.

문18_ 뎨오일은 무솜 것술 내셧ᄂᆞ뇨?

답18_ 산에 모든 금조롤 내시고, 밋 물에 모든 고기롤 두시니라.

문19_ 뎨륙일은 무솜 것술 내셧ᄂᆞ뇨?

답19_ 따희 ᄃᆞᆺᄂᆞᆫ 즘싱과 미츙을 내시고, 나죵에 사롬을 내시니라.

문20_ 무솜 모양으로 사롬을 내셧ᄂᆞ뇨?

답20_ 텬쥬ㅣ 젼능으로써 황토롤 가져 ᄒᆞᆫ 쟝대ᄒᆞᆫ 육신을 문ᄃᆞ시고 ᄒᆞᆫ 령혼을 품부ᄒᆞ야 결합게 ᄒᆞ시매, 이 일흠ᄒᆞ야 ᄀᆞᆯ오ᄃᆡ 아담이니 보셰만민의 웃듬 조샹이니라.

문18_ 제5일[26]은 무슨 것을 내셨느뇨?

답18_ 산에 모든 금조禽鳥[27]를 내시고, 및 물에 모든 고기를 두시니라.

문19_ 제6일[28]은 무슨 것을 내셨느뇨?

답19_ 땅에 다니는[29] 짐승과 미충微蟲[30]을 내시고, 나중에 사람을 내시니라.

문20_ 무슨 모양으로 사람을 내셨느뇨?

답20_ 천주가 전능으로써 황토黃土를 가져 한 장대壯大한 육신을 만드시고 한 영혼靈魂을 품부稟賦하여[31] 결합하게 하심에, 이 이름하여 가로되 아담Adam이니 보세만민普世萬民[32]의 으뜸 조상이니라.

---

26 제5일: 창세기 1,20-22 참조.

27 금조(禽鳥): 날짐승.

28 제6일: 창세기 1,23-31 참조.

29 땅에 다니는: 감준본 원문은 ‘ᄯᅡ희 ᄃᆞᆫᄂᆞᆫ’으로 나온다. ᄯᅡᇂ>ᄯᅡㅎ, 의>에, ᄃᆞᆫᄂᆞᆫ>다니는. ᄃᆞᆫᄂᆞ다>ᄃᆞᆫ니다: 걷다, 가고 오다, 왕복하다.

30 미충(微蟲): 작은 벌레.

31 품부(稟賦)하다: 선천적으로 내려 주다.

32 보세만민(普世萬民): 이 세상 모든 사람.

문21_ 그 처음에 텬쥬ㅣ ᄇᆡᆨ셩을 내시매 홀노 원조 ᄒᆞᆫ 사ᄅᆞᆷ만 내셧ᄂᆞ냐?

답21_ 또 원모[에와]ᄅᆞᆯ 내여 ᄇᆡ필이 되게 ᄒᆞ시니라.

문22_ 에와의 육신도 또ᄒᆞᆫ 황토로 ᄆᆞᆫᄃᆞ셧ᄂᆞ냐?

답22_ 그러치 아니ᄒᆞ니, 아담의 우편 륵골 ᄒᆞ나흘 가져 ᄆᆞᆫᄃᆞ시고, 또ᄒᆞᆫ 령혼을 붓쳐 주시니라.

문23_ 에와의 육신을 아담의 륵골노써 ᄆᆞᆫᄃᆞ심은 무ᄉᆞᆷ 뜻이뇨?

답23_ 부부 두 사ᄅᆞᆷ이 합ᄒᆞ야 ᄒᆞᆫ 몸이 되여 ᄆᆞᄋᆞᆷ을 ᄀᆞᆺ치 쓰고, 힘을 도아 죵신토록 셔로 써나지 아니ᄒᆞ야, 고로옴이 잇ᄉᆞ매 서로 위로ᄒᆞ고, 일이 잇ᄉᆞ매 서로 의론ᄒᆞ고, 리익이 잇ᄉᆞ매 서로 ᄉᆞ랑케 ᄒᆞ심이니라.

문24_ 사ᄅᆞᆷ의 령혼이 텬쥬와 ᄀᆞᆺᄒᆞᆫ 모샹이라 ᄒᆞᆷ은 엇지 니ᄅᆞᆷ이뇨?

답24_ 텬쥬의 톄 형샹이 업ᄉᆞ시ᄃᆡ 삼위ᄅᆞᆯ 포함ᄒᆞᆷ과 ᄀᆞᆺ치, 령혼도 형샹이 업ᄉᆞᄃᆡ 삼ᄉᆞᄅᆞᆯ 포함ᄒᆞᆷ이오,

문21_ 그 처음에 천주가 백성을 내심에 홀로 원조元祖 한 사람만 내셨느냐?

답21_ 또 원모元母[에와Eva]를 내어 배필配匹이 되게 하시니라.

문22_ 에와의 육신도 또한 황토로 만드셨느냐?

답22_ 그렇지 아니하니, 아담의 우편右便 늑골肋骨 하나를 가져 만드시고, 또한 영혼을 붙여 주시니라.

문23_ 에와의 육신을 아담의 늑골로써 만드심은 무슨 뜻이뇨?

답23_ 부부 두 사람이 합하여 한 몸이 되어 마음을 같이 쓰고, 힘을 도와 종신終身토록 서로 떠나지 아니하여, 괴로움이 있음에 서로 위로하고, 일이 있음에 서로 의논하고, 이익利益이 있음에 사랑케 하심이니라.

문24_ 사람의 영혼이 천주와 같은 모상模像이라 함은 어찌 이름이뇨?

답24_ 천주의 체가 형상이 없으시되 삼위三位를 포함함과 같이, 영혼도 형상이 없으되 삼사三司[33]를 포함함이요,

33 삼사(三司): 문답 25에서 그 구체적 내용을 설명하고 있다. 삼사는 맡은바 세 가지 기능인 기함(記含; 記憶=memoria)과 명오(明悟; 知性=intellectus)와

또 텬쥬ㅣ 셰상 만물에 계시지 아닌 곳이 업ᄉᆞ심과 ᄀᆞᆺ치 령혼도 ᄉᆞ지ᄇᆡᆨ테에 잇지 아닌 곳이 업ᄉᆞᆷ이니라.

문25_ 령혼삼ᄉᆞᄂᆞᆫ 엇더케 니ᄅᆞᆷ이뇨?

답25_ ᄀᆞᆯ온, 긔ᄒᆞᆷᄉᆞㅣ니 일의 임의 지나감과 때의 오지 아니ᄒᆞᆷ을 빗최여 엇지 못ᄒᆞᆷ이 업시 긔록ᄒᆞ야 ᄉᆡᆼ각ᄒᆞᆷ이오. ᄀᆞᆯ온, 명오ᄉᆞㅣ니, 사ᄅᆞᆷ의 션악과 물의 졍츄ᄅᆞᆯ 분별치 아니ᄒᆞᆷ이 업셔 ᄇᆞᆰ이 ᄭᆡᄃᆞᄅᆞᆷ이오. ᄀᆞᆯ온, ᄋᆡ욕ᄉᆞㅣ니 령혼의 향ᄒᆞᄂᆞᆫ 바와 ᄌᆞ긔의 슈용ᄒᆞᄂᆞᆫ 바ᄅᆞᆯ ᄉᆞ랑ᄒᆞ야 ᄒᆞ고져 아니 ᄒᆞᄂᆞᆫ 바ㅣ 업ᄉᆞᆷ이니라.

문26_ 령혼이 죽ᄂᆞ냐, 아니 죽ᄂᆞ냐?

또 천주가 세상世上 만물萬物에 계시지 아니한 곳이 없으심과 같이 영혼도 사지백체四肢百體에 있지 아니한 곳이 없음이니라.

문25_ 영혼삼사靈魂三司[34]는 어떻게 이름이뇨?

답25_ 가로되,[35] 기함사記含司이니 일의 이미 지나감과 때의 오지 아니함을 비추어 어찌 못함이 없이 기록하여 생각함이오. 가로되, 명오사明悟司이니 사람의 선악善惡과 물物의 정추精麤[36]를 분별하지 아니함이 없어 밝히 깨달음이오. 가로되, 애욕사愛欲司이니 영혼의 향하는 바와 자기의 수용하는 바를 사랑하여 하고자 아니 하는 바가 없음이니라.

문26_ 영혼이 죽느냐, 아니 죽느냐?

애욕(愛欲; 사랑: amor 또는 慾望=desiderium)을 뜻한다.

34 영혼삼사(靈魂三司): 사람의 정신작용을 설명하는 불교 용어인 삼사(三思)와 대비된다. 불교의 삼사는 어떤 일을 할 것인가 안 할 것인가를 곰곰이 생각하는 심려사(審慮思), 어떤 일을 꼭 할 것이라고 생각하며 결정하는 결정사(決定思), 몸이나 말로 동작을 일으키는 동발승사(動發勝思)이다.

35 가로되: 감준본 원본에는 '골온'으로 나온다. 이는 '말씀하시되'의 뜻으로 쓰이는 말이다.

36 정추(精麤): 정밀한 것과 거친 것.

답26_ 임의 신령ᄒᆞᆫ즉, 칼이 능히 버히지 못ᄒᆞ고, 불이 능히 틔오지 못ᄒᆞ야, 진짓 죽지도 아니ᄒᆞ고 업셔지도 아니 ᄒᆞᄂᆞᆫ 테니라.

문27_ 텬쥬ㅣ 엇지ᄒᆞ야 우리 사ᄅᆞᆷ을 내셧ᄂᆞ뇨?

답27_ 사ᄅᆞᆷ으로 ᄒᆞ여곰 셰샹에 잇ᄉᆞ매 텬쥬ᄅᆞᆯ 공경ᄒᆞ야 섬기게 코져 ᄒᆞ심이니, 그 션악을 시험ᄒᆞ야 샹벌ᄒᆞ려 ᄒᆞ심이니라.

문28_ 셰샹 사ᄅᆞᆷ을 위ᄒᆞᆷ은 엇더케 니ᄅᆞᆷ이뇨?

답28_ 하ᄂᆞᆯ노써 덥흐시고 따흐로써 시ᄅᆞ시며, 쏘 먹고 입고 약ᄒᆞ고 구경ᄒᆞᆯ 모든 물을 내심이니, 비유컨대 셰샹 부모ㅣ 그 ᄌᆞ녀ᄅᆞᆯ 위ᄒᆞ야 큰 집을 짓고 그 슈용ᄒᆞᆯ 즙물을 ᄀᆞᆺ초와 줌과 ᄀᆞᆺᄒᆞ심이니라.

문29_ 원조 ᄂᆡ외ᄅᆞᆯ 어ᄂᆞ 곳에 두어 살게 ᄒᆞ셧ᄂᆞ뇨?

답29_ 디당에 ᄇᆡ치ᄒᆞ시니, 츕고 더움도 업ᄉᆞ며 병과 답26_ 이미 신령神靈한즉, 칼이 능히 베지 못하고, 불이 능히 태우지 못하여, 짐짓[37] 죽지도 아니하고 없어지지도 아니하는 체體이니라.

문27_ 천주가 어찌하여 우리 사람을 내셨느뇨?

답27_ 사람으로 하여금 세상에 있음에 천주를 공경하여 섬기게 하고자 하심이니, 그 선악을 시험하여 상벌賞罰하려 하심이니라.

문28_ 세상 사람을 위함은 어떻게 이름이뇨?

답28_ 하늘로써 덮으시고 땅으로써 실으시며, 또 먹고 입고 약藥하고 구경할 모든 물物을 내심이니, 비유하건대 세상 부모가 그 자녀를 위하여 큰 집을 짓고 수용收容할 집물什物을 갖추어 줌과 같으심이니라.

문29_ 원조元祖 내외를 어느 곳에 두어 살게 하셨느뇨?

답29_ 지당地堂[38]에 배치配置하시니, 춥고 더움도 없으며 병病과

---

37 짐짓: 감준본 원본에는 '진짓'으로 나온다. 이는 '짐짓'과 같은 말로, '마음으로는 그렇지 않으나 일부러 그렇게'라는 뜻이다.

38 지당(地堂): 아담과 에와가 타락하기 전에 살았던 지상의 낙원.

고로옴도 업고, 옷 입지 아니ᄒᆞᄃᆡ 빗ᄂᆞ며, 밧 ᄀᆞᆯ지 아니ᄒᆞᄃᆡ 먹고사니, 가히 복디라 니ᄅᆞᆯ 만ᄒᆞ더니라.

문30_ 원조ㅣ 디당에셔 길게 살아 죽지 아니ᄒᆞ엿ᄂᆞ냐?

답30_ 텬쥬ㅣ 사ᄅᆞᆷ을 내신 본ᄯᅳᆺ이 사ᄅᆞᆷ으로 ᄒᆞ여곰 셰샹 복을 몃ᄇᆡᆨ 년 누리다가 죽지 아니ᄒᆞ고 산 ᄃᆡ로 텬국에 올니려 ᄒᆞ심이니라.

문31_ 텬쥬ㅣ 아담과 에와ᄅᆞᆯ 디당에 두어 무ᄉᆞᆷ 일을 ᄒᆞ게 ᄒᆞ셧ᄂᆞ뇨?

답31_ 특별이 션악과ᄅᆞᆯ 두어 먹지 말나 명ᄒᆞ심은 그 슌명ᄒᆞ야 션ᄒᆞᆫ 이ᄅᆞᆯ 샹주시고, 그 범명ᄒᆞ야 악ᄒᆞᆫ 이ᄅᆞᆯ 벌코져 ᄒᆞ심이니라.

괴로움도 없고, 옷 입지 아니하되 빛나며, 밭 갈지 아니하되 먹고사니, 가可히 복지福地라 이를 만하더니라.

문30_ 원조가 지당에서 길게 살아 죽지 아니하였느냐?

답30_ 천주가 사람을 내신 본뜻이 사람으로 하여금 세상 복을 몇백 년 누리다가 죽지 아니하고 산 대로 천국天國[39]에 올리려 하심이니라.

문31_ 천주가 아담과 에와를 지당에 두어 무슨 일을 하게 하셨느뇨?

답31_ 특별히 선악과를 두어 먹지 말라 명하심은 그 순명順命하여 선한 이를 상주시고, 그 범명犯命하여 악한 이를 벌하고자 하심이니라.

---

39 천국(天國): 『소원신종』 감준본에서는 천당(天堂)이란 용어가 일반적으로 사용되고 있는 반면에 천국이란 단어는 이곳과 답 121에서만 사용되고 있다. 이로 미루어 볼 때, '천국'은 '천당'을 잘못 기록했을 가능성이 크다.

텬당의 복락은 비ᄒᆞᆯ 수 업ᄉᆞᆷ이라

문32_ 텬당이 어ᄂᆞ 곳에 잇셔 그 락이 엇더ᄒᆞ뇨?

답32_ 텬쥬의 본 쳐소ㅣ니 셩경에 닐너시ᄃᆡ, 거륵ᄒᆞᆫ 셔울이라 ᄒᆞ며, 즐거온 나라이라 ᄒᆞ며, 태평ᄒᆞᆫ 디경이라 ᄒᆞ며, 불하ᄂᆞᆯ이라 ᄒᆞ니, ᄒᆞᆼ샹 ᄇᆞᆰ아 밤이 업ᄉᆞ며, ᄒᆞᆼ샹 즐거워 다ᄒᆞᆷ이 업다 ᄒᆞ니라.

문33_ 비로소 텬당을 비치ᄒᆞ실 때에 텬쥬ㅣ ᄒᆞᆯ노 계셧ᄂᆞ냐?

답33_ 무수 텬신을 두어 브리시고 ᄉᆞ랑ᄒᆞ심이니라.

문34_ 텬신이 놉고 ᄂᆞ즌 등급이 업ᄂᆞ냐?

답34_ 샹즁하 삼부ㅣ 잇고, 삼부에 각각 삼픔이 있셔 합ᄒᆞ야 구픔이 되니, 그 픔이 놉흔 쟈ᄂᆞᆫ 그 복과 그 덕과 그 능이 ᄯᆞᄅᆞ 그 아름다옴을 더ᄒᆞ심이니라.

제2장

천당의 복락은 비할 수 없음이라

[문32~문65; 소계 34 문답]

문32_ 천당天堂[40]이 어느 곳에 있어 그 낙樂이 어떠하뇨?

답32_ 천주의 본 처소處所이니 성경聖經에 이르시되, 거룩한 서울이라 하며, 즐거운 나라라 하며, 태평한 지경地境이라 하며, 불하늘이라 하니, 항상 밝아 밤이 없으며, 항상 즐거워 다함이 없다 하니라.

문33_ 비로소 천당을 배치하실 때에 천주가 홀로 계셨느냐?

답33_ 무수無數 천신天神을 두어 부리시고 사랑하심이니라.

문34_ 천신이 높고 낮은 등급이 없느냐?

답34_ 상중하上中下 삼부三部가 있고, 삼부에 각각 삼품三品이 있어 합하여 9품이 되니, 그 품이 높은 자는 그 복과 그 덕과 그 능에 따라 그 아름다움을 더하심이니라.

40 천당(天堂): 원래 불교에서 파생된 용어이다. 그리스도교에서는 천당은 하느님의 주권이 미치는 모든 영역 즉 '하느님 나라'를 말한다(루카 17,20-21 참조). 이러한 의미에서 오늘의 교회에서는 불교에서 차용해 온 '천당'이란 용어보다는 '천국' 또는 '하느님의 나라'라는 용어를 주로 사용하고 있다.

문35_ 샹부텬신의 일흠은 무어시라 브르ᄂᆞ뇨?

답35_ 뎨일픔의 일흠은 '치'니, 그 텬쥬를 열ᄋᆡ홈이 불ᄀᆞᆺ치 치셩홈을 ᄀᆞᄅᆞ침이오, 뎨이픔의 일흠은 '지'니, 그 텬쥬의 긔묘ᄒᆞ신 ᄉᆞ졍을 붉이 앏을 ᄀᆞᄅᆞ침이오, 뎨삼픔의 일흠은 '좌ㅣ니, 그 텬쥬의 어좌를 ᄀᆞᆺ가이 뫼셔 명을 승순ᄒᆞ야 셰샹 사ᄅᆞᆷ의게 뵈심이니라.

문36_ 즁부텬신의 일흠은 무어시라 브르ᄂᆞ뇨?

답36_ 뎨일품의 일흠은 '권'이니, 그 텬쥬의 권을 의뢰홈을 ᄀᆞᄅᆞ침이오, 뎨이픔의 일흠은 '쥬'ㅣ니, 그 모든 텬신이 그 명을 쳥순ᄒᆞ야 쥬명ᄀᆞᆺ치 홈을 ᄀᆞᄅᆞ침이오, 뎨삼픔의 일흠은 '능'이니, 그 마귀를 압복ᄒᆞᄂᆞᆫ 능이 잇슴을 ᄀᆞᄅᆞ침이니라.

문35_ 상부上部천신[41]의 이름은 무엇이라 부르느뇨?

답35_ 제1품의 이름은 '치熾'니, 그 천주를 열애熱愛함이 불같이 치성熾盛함을 가리킴이요, 제2품의 이름은 '지智'니, 그 천주의 기묘하신 사정을 밝히 앎을 가리킴이요, 제3품의 이름은 '좌座'이니, 그 천주의 어좌御座를 가까이 모셔 명命을 승순承順하여[42] 세상 사람에게 보이심이니라.

문36_ 중부中部천신[43]의 이름은 무엇이라 부르느뇨?

답36_ 제1품의 이름은 '권權'이니, 그 천주의 권權을 의뢰倚賴[44]함을 가리킴이요, 제2품의 이름은 '주主'니, 그 모든 천신이 그 명을 청순하여 주명主命[45]같이 함을 가리킴이요, 제3품의 이름은 '능能'이니, 그 마귀魔鬼를 압복壓服하는[46] 능能이 있음을 가리킴이니라.

---

41 상부천신(上部天神): 교회에서는 전통적으로 상부천신의 3등급을 치품(熾品, Seraphim), 지품(智品, Cherubim), 좌품(座品, Throni)으로 나누어 불렀다. cf, 尹亨重,『詳解天主敎要理』, 上, 서울, 京鄉雜誌社, 1956, 106쪽.

42 승순(承順)하다: 윗사람의 명령을 순순히 좇다.

43 중부천신(中部天神): 중부천신의 3등급은 권품(權品, Dominationes), 능품(能品, Dominationes), 역품(力品, Potestates)으로 나누었다. cf, 尹亨重, 1956,『詳解天主敎要理』, 上, 서울, 京鄉雜誌社, 106쪽.

44 의뢰(倚賴)하다: 의지하여 힘을 입다.

45 주명(主命): 천주 즉 하느님의 명령, 또는 임금의 명령.

46 압복(壓服)하다: 힘으로 눌러서 복종시키다.

문37_ 하부텬신의 일흠은 무어시라 브ᄅᆞᄂᆞ뇨?

답37_ 뎨일픔의 일흠은 '력'이니, 그 텬쥬ㅣ 무ᄉᆞᆷ 큰 일이 잇ᄉᆞ면 ᄆᆡ양 이 텬신의 힘으로쎠 ᄒᆞ심을 ᄀᆞᄅᆞ침이니라. 뎨이픔의 일흠은 견ᄉᆞ지슈ㅣ니, 그 보내여 브리시ᄂᆞᆫ 텬신 즁에 머리 됨을 ᄀᆞᄅᆞ침이오, 뎨삼픔의 일흠은 견ᄉᆞ쟈ㅣ니, 그 텬쥬ㅣ 셰샹 사ᄅᆞᆷ의게 현능코져 ᄒᆞᆷ이 잇ᄉᆞ면 ᄒᆞᆼ샹 이 텬신을 보내시며 또 브리샤 셰샹 사ᄅᆞᆷ을 호수케 ᄒᆞ심이니라.

문38_ 텬쥬ㅣ 엇지ᄒᆞ야 셰샹 사ᄅᆞᆷ의게 각각 텬신을 명ᄒᆞ야 호슈ᄒᆞ시ᄂᆞ뇨?

답38_ 텬쥬ㅣ 우리 사ᄅᆞᆷ을 지극히 ᄉᆞ랑ᄒᆞ심이니, 사ᄅᆞᆷ이 삼구 셰샹에 고독히 간신ᄒᆞᆫ 형샹을 긍련이 넉이샤 특별이 호슈신을 명ᄒᆞ야쎠

문37_ 하부下部천신[47]의 이름은 무엇이라 부르느뇨?

답37_ 제1품의 이름은 '역力'이니, 그 천주가 무슨 큰일이 있으면 매양每樣 이 천신의 힘으로써 하심을 가리킴이니라. 제2품의 이름은 견사지수遣使之首이니, 그 보내어 부리시는 천신 중에 머리 됨을 가리킴이요, 제3품의 이름은 견사자遣使者이니, 그 천주가 세상 사람에게 현능衒能[48]하고자 함이 있으면 항상 이 천신을 보내시며 또 부리시어 세상 사람을 호수護守하게 하심이니라.

문38_ 천주가 어찌하여 세상 사람에게 각각 천신을 명하여 호수하시느뇨?

답38_ 천주가 우리 사람을 지극히 사랑하심이니, 사람이 삼구三仇[49] 세상에 고독孤獨히 간신艱辛[50]한 형상을 긍련矜憐히 여기시어 특별히 호수천신護守天神[51]을 명하여서

47 하부천신(下部天神): 하부천신의 세 등급은 주품(主品, Virtutes), 대천신(大天神, Archangeli), 천신(天神, Angeli)으로 구분했다. 김기호는 여기에서 대천신(大天神)을 '견사지수(遣使之首)'로, 천신(天神)을 견사자(遣使者)로 설명했다. 이는 그가 참고하였을 한문 교리서에 근거를 두었으리라 생각된다.

48 현능(衒能)하다: 자신의 재능을 드러내어서 자랑하다.

49 삼구(三仇): 완덕에 이르기 위해 극복해야 하고, 선행을 방해하는 세 가지 원수인 육신, 세속, 마귀를 말한다.

50 간신(艱辛): 어렵고 매서운.

51 호수천신(護守天神): 감준본에는 '호수신(護守神)'으로 되어 있다. 그러나 이

인도ᄒᆞ샤, ᄒᆞ여곰 악을 피ᄒᆞ고 션을 힝케 ᄒᆞ심이니라.

문39_ 텬당 무형ᄒᆞᆫ 디경을 가히 말솜으로써 형용ᄒᆞ랴?

답39_ 사ᄅᆞᆷ의 좁은 소견으노써 가히 엿보아 측량치 못ᄒᆞ나, 녯뎍 셩인이 형샹 잇솜으로써 효유ᄒᆞ야 ᄀᆞᆯ오ᄃᆡ, 텬당에 열두 문루 잇셔, 각각 ᄉᆞ면을 향ᄒᆞ야 홀연이 놉게 뛰여나니, 그 열두 종도ㅣ 보텬하 동셔남북 너른 싸에 ᄂᆞᆫ호여 젼교ᄒᆞᆷ을 형샹ᄒᆞᆷ이오, 또 텬당 긔디ᄂᆞᆫ 보비돌노써 ᄭᅮᆷ엿시니, 그 셩교회 근긔 굿음이 보비돌ᄀᆞᆺ치 평졍ᄒᆞ매 텬당에 오ᄅᆞᄂᆞᆫ 령혼의 단련ᄒᆞᆷ이 방불ᄒᆞᆷ을 뵈심이오, 또 네 강물이 잇셔 ᄂᆞᆫ호여 흐ᄅᆞ니, 그 텬쥬ㅣ 셰샹 사ᄅᆞᆷ의게 베프시ᄂᆞᆫ 은퇵이 ᄉᆞ면으

인도하시어, 하여금 악을 피하고 선을 행하게 하심이 니라.

문39_ 천당天堂 무형한 지경을 가可히 말씀으로써 형용하랴?

답39_ 사람의 좁은 소견所見으로써 가히 엿보아 측량測量하지 못하나, 옛적 성인聖人이 형상形狀 있음으로써 효유曉諭하여 가로되, 천당에 열두 문루門樓가 있어, 각각 사면을 향하여 홀연忽然히 높게 뛰어나니, 그 열두 종도宗徒[52]가 보천하普天下 동서남북 넓은 땅에 나누어 전교傳敎함을 형상함이요, 또 천당 기지基地는 보배돌로써 꾸몄으니, 그 성교회聖敎會 근기根基 굳음이 보배돌같이 평정平靜[53]함에 천당에 오르는 영혼의 단련鍛鍊[54]함이 방불髣髴함[55]을 뵈심이요, 또 네 강물이 있어 나뉘어 흐르니, 그 천주가 세상 사람에게 베푸시는 은택恩澤이 사면四面으

는 필사 과정에서 탈자가 있었으리라 판단되어 '호수천신'으로 바로잡았다.

52 종도(宗徒): 1977년 공동번역 성서가 나오기 이전에 사용되던 용어로, 오늘날 교회 용어로는 사도(使徒)이다.

53 평정(平靜): 평안하고 고요한 상태.

54 단련(鍛鍊): 쇠붙이를 불에 달구어 두드려서 단단하게 하는 일, 또는 몸과 마음을 굳세게 함.

55 방불(髣髴)하다: 거의 비슷하다.

로 양일홈을 뵈심이니라.

문40_ 텬당에 잇ᄂᆞᆫ 모든 셩인의 복락이 등급이 잇ᄂᆞ냐?

답40_ 모든 셩인들의 복락이 그 공로ㅣ 만코 젹음을 ᄯᆞ라 각각 그 ᄆᆞ음에 만족ᄒᆞ고, 또 삼등 긔묘ᄒᆞᆫ 복의 분별이 잇ᄉᆞ니, 치명 셩인의 붉은 면류ㅣ ᄒᆞ나히오, 동졍 셩인의 흰 면류ㅣ ᄒᆞ나히오, 박학 셩인의 프른 면류ㅣ ᄒᆞ나히니라.

문41_ 면류ᄂᆞᆫ 무어ᄉᆞᆯ 니ᄅᆞᆷ이뇨?

답41_ 셩인이 셰상에 잇셔, 삼구ᄅᆞᆯ ᄃᆡ뎍ᄒᆞ엿시매 텬쥬ㅣ 특별이 그 공을 샹 주시고, 그 덕을 표ᄒᆞ시ᄂᆞᆫ 영광 화관이니라.

로 양일洋溢함[56]을 보이심이니라.

문40_ 천당에 있는 모든 성인의 복락福樂이 등급이 있느냐?

답40_ 모든 성인들의 복락이 그 공로功勞가 많고 적음을 따라 각각 그 마음에 만족滿足하고, 또 삼등三等 기묘奇妙한 복福의 분별[57]이 있으니, 치명致命 성인의 붉은 면류冕旒[58]가 하나요, 동정童貞 성인의 흰 면류가 하나이요, 박학博學 성인의 푸른 면류가 하나이니라.

문41_ 면류는 무엇을 이름이뇨?

답41_ 성인이 세상에 있어, 삼구三仇를 대적하였음에 천주가 특별히 그 공을 상 주시고, 그 덕을 표表하시는 영광榮光 화관花冠이니라.

56 양일(洋溢)하다: 가득 차서 넘치다.

57 삼등(三等) 기묘(奇妙)한 복(福)의 분별: 천국에 대한 이와 같은 설명에서 순교를 세 형태로 나누어 설명하는 방향으로 발전되어 갔다고 생각된다. 즉 피를 흘려 죽은 이는 홍색의 순교, 순결로 하느님을 증거한 사람은 백색의 순교, 하느님에 대한 지식을 통해 양심을 지키며 신앙을 증거한 이는 녹색의 순교로 표현하게 되었다.

58 면류(冕旒): 면류의 교회적 의미는 문·답(41)에 설명되어 있다. 그러나 원래 면류는 면류관(冕旒冠)의 준말이거나 면류관을 장식하는 구슬을 말함이고, 면류관은 제왕(帝王)의 정복(正服)에 갖추어 쓰던 관을 말한다.

문42_ 치명쟈의 홍 면류는 무숨 뜻이뇨?

답42_ 그 학왕의 형벌을 밧아 다ᄒᆞ야 붉은 피롤 흘녓시매 그 핏빗흘 의방ᄒᆞ야 그 덕광을 표ᄒᆞ심이니라.

문43_ 동졍쟈의 백 면류는 무숨 뜻이뇨?

답43_ 죵신토록 슈졍ᄒᆞ야 그 샤특ᄒᆞᆫ 졍과 더려온 락을 이긔엿시매, 그 슌젼이 조찰ᄒᆞ고 지극히 결빅ᄒᆞᆫ 덕을 표홈이[니라].

문44_ 박학쟈의 록 면류는 무숨 뜻이뇨?

답44_ 이 셩인이 셰샹에 잇셔 마귀의 숨은 꾀와 악ᄒᆞᆫ 계교롤 벽파홈이 마치 구름안기롤 헤치고 프른 하놀을 봄과 ᄀᆞᆺᄒᆞᆫ 놉흔 공올 표ᄒᆞ심이니라.

문45_ 텬당 모든 복 즁에 ᄀᆞ장 츰된 복이 무엇시뇨?

문42_ 치명자의 홍紅 면류는 무슨 뜻이뇨?

답42_ 그 학왕虐王[59]의 형벌을 받아 다하여 붉은 피를 흘렸음에 그 핏빛을 의방依倣하여[60] 그 덕광德光[61]을 표하심이니라.

문43_ 동정자의 백白 면류는 무슨 뜻이뇨?

답43_ 종신終身토록 수정守貞하여 그 사특邪慝한 정情과 더러운 낙樂을 이기었음에, 그 순전히 조찰澡擦하고[62] 지극히 결백潔白한 덕德을 표함이니라.

문44_ 박학자博學者의 녹綠 면류는 무슨 뜻이뇨?

답44_ 이 성인이 세상에 있어 마귀의 숨은 꾀와 악한 계교計巧를 벽파劈破함[63]이 마치 구름안개를 헤치고 푸른 하늘을 봄과 같은 높은 공을 표하심이니라.

문45 천당 모든 복 중에 가장 참된 복이 무엇이뇨?

---

59 학왕(虐王): 잔인한 왕, 폭군(暴君).
60 의방(依倣)하다: 모방하다, 본받다.
61 덕광(德光): 덕행의 광채.
62 조찰(澡擦)하다: 맑고 깨끗하다.
63 벽파(劈破)하다: 쪼개서 깨뜨리다.

답45_ 지극히 슌젼ᄒᆞ고 더옥 아름다은 복이 만흔 끗치 잇ᄉᆞ매 오묘ᄒᆞ야 형샹ᄒᆞ기 어려오니라.

문46_ 텬당 오묘ᄒᆞᆫ 복의 대개 듯기를 원ᄒᆞ노라.

답46_ 쥬의 츔 낫흘 뵈옴이 ᄒᆞ나히오, 쥬의 지극ᄒᆞ신 졍을 ᄉᆞ랑홈이 둘이오, 쥬의 지극히 거륵ᄒᆞ심을 찬숑홈 세히오, 복락의 스ᄉᆞ로 만족홈이 네히오, 홍샹 휴손홈 업숨이 다ᄉᆞᆺ시오, 서로 싀투홈 업숨이 여ᄉᆞᆺ시니, 그 복이 진진ᄒᆞ고 그 락이 륭륭홈이니라.

문47_ 쥬의 츔 ᄂᆞᆺ흘 뵈옴은 엇더케 니롬이뇨?

답47_ 텬쥬 삼위일톄의 영광과 묘리를 눈으로 보고, ᄆᆞ음으로 긔록ᄒᆞ야 즐김이니라.

문48_ 쥬의 지극ᄒᆞ신 졍을 ᄉᆞ랑홈은 엇더케 니롬이뇨?

답45 지극히 순전하고 더욱 아름다운 복이 많은 끝이 있음에 오묘奧妙하여 형상하기 어려우니라.

문46_ 천당 오묘한 복의 대강을 듣기를 원하노라.

답46_ 주의 참 낯을 뵈옴이 하나요, 주의 지극하신 정情을 사랑함이 둘이요, 주의 지극히 거룩하심을 찬송함이 셋이요, 복락福樂의 스스로 만족함이 넷이요, 항상 휴손虧損함[64]이 없음이 다섯이요, 서로 시투猜妬함[65] 없음이 여섯이니, 그 복이 진진津津하고[66] 그 낙이 융융融融함[67]이니라.

문47_ 주의 참 낯을 뵈옴은 어떻게 이름이뇨?

답47_ 천주 삼위일체三位一體의 영광과 묘리妙理[68]를 눈으로 보고, 마음으로 기록하여 즐김이니라.

문48_ 주의 지극하신 정情을 사랑함은 어떻게 이름이뇨?

---

64 휴손(虧損)하다: 잃어버리거나 축나서 손해를 보다.
65 시투(猜妬)하다: 시기하고 질투하다.
66 진진(津津)하다: 풍성하게 많다.
67 융융(融融)하다: 화목하고 평화스럽다.
68 묘리(妙理): 오묘한 이치.

답48_ 텬쥬ㅣ 모든 복의 근원이 되샤 그 ᄉᆞ랑이 무한ᄒᆞ신 고로, 텬당에 잇ᄂᆞᆫ 모든 셩인이 ᄉᆞ랑으로써 ᄉᆞ랑을 갑하 즐기심이니라.

문49_ 쥬의 지극히 거룩ᄒᆞ심을 찬숑홈은 엇더케 니롬이뇨?

답49_ 텬쥬ㅣ 만션만덕을 ᄀᆞ초샤 모든 신셩 우희 탁월ᄒᆞ야, 지극히 거룩ᄒᆞ신 고로 텬당에 잇ᄂᆞᆫ 모든 셩인이 홍샹 찬숑ᄒᆞᄂᆞᆫ 소리를 ᄭᅳᆺ치지 아니ᄒᆞ야 즐기심이니라.

문50_ 복락이 스ᄉᆞ로 만죡홈은 엇더케 니롬이뇨?

답50_ 비컨대, 사롬이 잇셔 음식ᄒᆞ매 량이 임의 츙만혼즉, 다ᄅᆞᆫ 이의 아롬다온 찬픔을 ᄇᆞ라지 아니ᄒᆞ며, 므릇 젹은 아히 임의 몸의 ᄆᆞᆺᄀᆞᄌᆞᆫ 옷슬 입엇시면, 어룬의 너ᄅᆞᆫ 소매룰 브러워 아니홈 ᄀᆞᆺᄒᆞ니, 그 답48_ 천주가 모든 복의 근원이 되시어 그 사랑이 무한하신 고로, 천당에 있는 모든 성인이 사랑으로써 사랑을 갚아 즐기심이니라.

문49_ 주의 지극히 거룩하심을 찬송함은 어떻게 이름이뇨?

답49_ 천주가 만선만덕萬善萬德을 갖추시어 모든 신성神聖[69] 위에 탁월하여, 지극히 거룩하신 고로 천당에 있는 모든 성인이 항상 찬송하는 소리를 그치지 아니하여 즐기심이니라.

문50_ 복락이 스스로 만족함은 어떻게 이름이뇨?

답50_ 비유컨대, 사람이 있어 음식을 함에 양量이 이미 충만充滿한즉, 다른 이의 아름다운 찬품饌品[70]을 바라지 아니하며, 무릇 적은 아이 이미 몸에 맞는[71] 옷을 입었으면, 어른의 넓은 소매를 부러워 아니함과 같으니, 그

69 신성(神聖): 천신과 성인.

70 찬품(饌品): 반찬거리.

71 몸에 맞는: 감준본 원문에서는 'ᄆᆞᆺᄀᆞᄌᆞᆫ'이다. 의>에. ᄆᆞᆺᄀᆞᆺ다>맞갖다. 맛ᄀᆞᆺ다: 마땅하다, 알맞다의 뜻. 맛ᄀᆞᆺ+이>맛ᄀᆞ진: 딱 알맞게. 현대 한국어에서는 주로 '맞갖지 않다'의 구성으로 쓴다. 그러므로 여기에서는 전후 어법에 맞게 '몸에 맞는'이라는 현대 국어로 옮겼다.

ᄆᆞ음에 ᄌᆞ족ᄒᆞ야 달니 희긔홈이 업슴이니라.

문51_ 홍샹 휴손홈이 업슴은 엇더케 니ᄅᆞᆷ이뇨?

답51_ 셰샹 복락의 쇠핑ᄒᆞ고 감멸홈과 ᄀᆞᆺ지 아니ᄒᆞ야, 오릴ᄉᆞ록 원만홈이니라.

문52_ 셔로 싀투홈이 업슴은 엇더케 니ᄅᆞᆷ이뇨?

답52_ 텬쥬ㅣ 지공지의ᄒᆞ샤 그 공을 갑흐심이 셔로 ᄆᆞᆺᄀᆞᆺ게 ᄒᆞ시ᄂᆞᆫ 고로, 이 텬신이 뎌 텬신을 싀기치 아니ᄒᆞ며, 뎌 셩인이 이 셩인을 질투치 아니ᄒᆞ야, 모든 신셩의 ᄆᆞ음이 셔로 평화ᄒᆞ야 ᄉᆞ랑홈이니라.

문53_ 텬쥬ㅣ 텬당에 이 ᄀᆞᆺᄒᆞᆫ 복락을 ᄇᆡ치ᄒᆞ심은 누구를 위ᄒᆞ심이뇨?

답53_ 텬쥬ㅣ 몬뎌 당신 영광을 위ᄒᆞ심이오, 또 션ᄒᆞᆫ 사ᄅᆞᆷ의 마음에 자족自足하여 달리 노리는 바[72]가 없음이니라.

문51_ 항상 휴손虧損함이 없음은 어떻게 이름이뇨?

답51_ 세상 복락의 쇠패衰敗하고[73] 감멸減滅함[74]과 같지 아니하여, 오랠수록 원만圓滿함이니라.

문52_ 서로 시투함이 없음은 어떻게 이름이뇨?

답52_ 천주가 지공지의至公至義하시어 그 공을 갚으심이 서로 맞갖게[75] 하시는 고로, 이 천신天神이 저 천신을 시기猜忌하지 아니하며, 저 성인이 이 성인을 질투하지 아니하여, 모든 신성神聖의 마음이 서로 평화하여 사랑함이니라.

문53_ 천주가 천당에 이 같은 복락을 배치하심은 누구를 위하심이뇨?

답53_ 천주가 먼저 당신 영광을 위하심이요, 또 선한 사람의

72 노리는 바: 희개(晞覬)하다. 즉, 분수에 넘치는 야심으로 몰래 틈을 노리고 엿보다로 풀 수도 있다.

73 쇠패(衰敗)하다: 쇠하여 패망하다.

74 감멸(減滅)하다: 수량이 줄어들거나 없어지다.

75 맞갖게: 딱 알맞게. 감준본 원문에서는 '맛굿게'이다.

공덕 갑흠을 위ᄒᆞ심이니라.

문54_ 셰샹 사ᄅᆞᆷ이 다 텬당에 오ᄅᆞ랴?

답54_ 사ᄅᆞᆷ이 텬쥬ᄅᆞᆯ 알아 공경ᄒᆞ야 그 계명을 직혀, 션ᄒᆞᆫ 쟈ᄂᆞᆫ 가히 샹 주어 텬당에 올녀 복을 누리게 ᄒᆞ시ᄂᆞ니라.

문55_ 텬당에 샹 주시ᄂᆞᆫ 영복을 령혼이 밧ᄂᆞ냐 육신이 밧ᄂᆞ냐?

답55_ 션인의 령혼 육신이 다 밧ᄂᆞ니, 령혼은 ᄉᆞ심판을 드ᄅᆞᆫ 후에 곳 올녀 누리게 ᄒᆞ시고, 육신은 텬디 ᄆᆞᆺ출 때 부활ᄒᆞ야 공심판을 드ᄅᆞᆫ 후에 그 령혼으로 더브러 ᄒᆞᆷᄭᅴ 올려 즐기게 ᄒᆞ시ᄂᆞ니라.

문56_ 령혼·육신이 ᄒᆞᆫ가지로 텬당에 올나 ᄒᆞᆫ날ᄀᆞᆺ치 복을 누리ᄂᆞ냐?

답56_ 령혼의 밧ᄂᆞᆫ바 은복이 그 육신으로 더브러 멀니 다ᄅᆞ니라.

공덕을 갚음을 위하심이니라.

문54_ 세상 사람이 다 천당에 오르느냐?

답54_ 사람이 천주를 알아 공경하여 그 계명을 지켜, 선한 자는 가히 상 주어 천당에 올려 복을 누리게 하시느니라.

문55_ 천당에 상 주시는 영복永福을 영혼이 받느냐 육신이 받느냐?

답55_ 선인善人의 영혼 육신이 다 받느니, 영혼은 사심판私審判을 들은 후에 곧 올려 누리게 하시고, 육신은 천지 마칠 때 부활하여 공심판公審判을 들은 후에 그 영혼으로 더불어 함께 올려 즐기게 하시느니라.

문56_ 영혼·육신이 한가지로 천당에 올라 한날 같이 복을 누리느냐?

답56_ 영혼의 받는바 은복恩福[76]이 그 육신으로 더불어 멀리 다르니라.

76 은복(恩福): 은혜와 복락.

문57_ 령혼의 샹 주시ᄂᆞᆫ 은혜ᄂᆞᆫ 엇더ᄒᆞ뇨?

답57_ 우희 니ᄅᆞᆫ바 여ᄉᆞᆺ 가지 복의 은혜라. 셰샹 사ᄅᆞᆷ의 눈으로 보지 못ᄒᆞᆫ 바ㅣ오, ᄆᆞ음으로 ᄉᆡᆼ각지 못ᄒᆞᆫ 바ㅣ니, 형용ᄒᆞ야 말ᄒᆞ기 어려오니라.

문58_ 육신의 샹 주시ᄂᆞᆫ 은혜ᄂᆞᆫ 엇더ᄒᆞ뇨?

답58_ 닐ᄋᆞᆫ바 네 가지 긔이ᄒᆞᆫ 은혜니, ᄀᆞᆯ온 광명이오, ᄀᆞᆯ온 신쇽이오, ᄀᆞᆯ온 투쳘ᄒᆞᆷ이오, ᄀᆞᆯ온 샹손ᄒᆞᆷ이 업ᄉᆞᆷ이니라.

문59_ 광명은 엇더케 니ᄅᆞᆷ이뇨?

답59_ 육신의 발ᄒᆞᄂᆞᆫ 빗치 태양 빗보다 몃 ᄇᆡᄅᆞᆯ 더ᄒᆞᆷ이니라.

문60_ 신쇽은 엇더케 니ᄅᆞᆷ이뇨?

답60_ 멀고 갓가옴이 업고 발셥ᄒᆞᆷ이 업시 슌식 ᄉᆞ이에 갓다가 도라와 마치 그림ᄌᆞ와 소ᄅᆡ 서로 응ᄒᆞᆷ과 ᄀᆞᆺᄒᆞᆷ이니라.

문57_ 영혼의 상賞 주시는 은혜는 어떠하뇨?

답57_ 위에 이른바 여섯 가지 복의 은혜라. 세상 사람의 눈으로 보지 못한 바요, 마음으로 생각하지 못한 바이니, 형용하여 말하기 어려우니라.

문58_ 육신의 상償 주시는 은혜는 어떠하뇨?

답58_ 이른바 네 가지 기이奇異한 은혜니, 가로되 광명이요, 가로되 신속이요, 가로되 투철함이요, 가로되 상손함이 없음이니라.

문59_ 광명光明은 어떻게 이름이뇨?

답59_ 육신의 발發하는 빛이 태양 빛보다 몇 배를 더함이니라.

문60_ 신속迅速은 어떻게 이름이뇨?

답60_ 멀고 가까움이 없고 발섭跋涉함[77]이 없이 순식 사이에 갔다가 돌아와 마치 그림자와 소리 서로 응함과 같음이니라.

77 발섭(跋涉)하다: 여러 곳을 두루 돌아다니다.

문61_ 투쳘은 엇더케 니롬이뇨?

답61_ 비록 깁흔 산과 굿은 돌 속이나 ᄉᆞ뭇지 아니홈이 업셔 도모지 출입에 걸님이 업숨이니라.

문62_ 샹손홈이 업숨은 엇더케 니롬이뇨?

답62_ 질병도 업고 긔갈도 업ᄉᆞ매, 비록 물과 불의 침노홈과 칼과 톱의 놀ᄏᆞ롬이나 도모지 샹해치 못ᄒᆞᄂᆞ니라.

문63_ 텬상 모든 셩인의 복이 각각 등급이 잇ᄂᆞ냐?

답63_ 셰샹에 잇셔 션을 ᄒᆞ매 큰 공과 젹은 공의 분별이 잇셔, 큰 공은 젹은 공보다 멀니 승ᄒᆞ니, 그 공 ᄎᆞ례롤 ᄯᆞ라 등급을 분별ᄒᆞᄂᆞ니라.

문64_ 텬당 모든 신셩의 복락이 어ᄃᆡ로조차 나ᄂᆞ뇨?

문61_ 투철透徹은 어떻게 이름이뇨?

답61_ 비록 깊은 산과 굳은 돌 속이나 통하지[78] 아니함이 없어 도무지 출입에 걸림이 없음이니라.

문62_ 상손傷損함이 없음은 어떻게 이름이뇨?

답62_ 질병疾病도 없고 기갈飢渴도 없으며, 비록 물과 불의 침로侵虜함과 칼과 톱의 날카로움이나 도무지 상해傷害치 못하느니라.

문63_ 천상 모든 성인의 복이 각각 등급이 있느냐?

답63_ 세상에 있어 선善을 함에 큰 공功과 적은 공의 분별이 있어, 큰 공은 적은 공보다 멀리 승勝하니,[79] 그 공 차례를 따라 등급을 분별하느니라.

문64_ 천당 모든 신성神聖[80]의 복락福樂이 어디로부터 나느뇨?

78 통하지: 감준본 원문에는 'ᄉᆞ맛지'로 되어 있다. 'ᄉᆞᄆᆞᆺ다'의 뜻은 '통(通)하다'이나, 지금은 쓰지 않는 단어이다.

79 승(勝)하다: 우세(優勢)하다.

80 신성(神聖): 천신(天神)과 성인(聖人).

답64_ 만션미호ᄒᆞ신 텬쥬ᄅᆞᆯ ᄀᆞᆺ가이 뫼셔 만복만락 가온ᄃᆡ로 조차 남이니라.

문65_ 셩인 셩녀가 텬당에 잇셔 즐기ᄂᆞᆫ 바ㅣ 무ᄉᆞᆷ 덕이뇨?

답65_ 눈으로 임의 텬쥬의 얼골을 친이 뵈옵고, 몸으로 임의 진복의 ᄆᆞᆺ슬 밧아 누리니, 다시 신망의 덕은 시험ᄒᆞᆯ 바ㅣ 업고, 오직 ᄋᆡ덕만 잇셔 영원셰에 ᄉᆞ랑ᄒᆞᄂᆞᆫ 덕뿐이니라.

답64_ 만선미호萬善美好[81]하신 천주를 가까이 모시어 만복만락萬福萬樂[82] 가운데로부터 남이니라.

문65_ 성인 성녀가 천당에 있어 즐기는 바가 무슨 덕이뇨?

답65_ 눈으로 이미 천주의 얼굴을 친히 뵈옵고, 몸으로 이미 진복의 맛을 받아 누리니, 다시 신망信望의 덕[83]은 시험할 바가 없고, 오직 애덕만 있어 영원세에 사랑하는 덕뿐이니라.

81 만선미호(萬善美好): '모든 착함과 아름다움과 좋음을 갖추다'라는 뜻으로, 하느님의 속성(屬性)을 지칭할 때 사용하는 형용사이다.

82 만복만락(萬福萬樂): 온갖 복과 온갖 즐거움.

83 신망(信望)의 덕: 신덕(信德)과 망덕(望德).

디옥의 고로옴은 ᄎᆞᆷ을 수 업ᄉᆞᆷ이라

문66_ 디옥은 어ᄂᆞ 곳에 잇ᄂᆞ뇨?

답66_ 짜 즁심 ᄀᆞ장 아ᄅᆡ ᄒᆞᆫ 곳에 잇ᄉᆞ며, 홍샹 어두어 낫이 업셔 마귀 영벌을 밧ᄂᆞᆫ 본 쳐쇼ㅣ오, 죄인의 만고 밧ᄂᆞᆫ 어두온 옥이니라.

문67_ 디옥의 고로옴이 엇더ᄒᆞ뇨?

답67_ 지극히 ᄂᆞ즌 사ᄅᆞᆷ이 한 업시 지극히 놉흐신 텬쥬ᄁᆡ 죄ᄅᆞᆯ 엇은지라. 그 죄의 즁홈이 한이 업ᄂᆞᆫ고로, 그 벌의 고로옴이 ᄯᆞᄅᆞ 한이 업ᄉᆞᆫ즉, 가히 말노써 형용ᄒᆞ기 어려오니라.

문68_ 마귀ᄂᆞᆫ 무어ᄉᆞᆯ 니ᄅᆞᆷ이뇨?

답68_ 본ᄃᆡ 샹픔텬신 누집부리 그 붓치인바 모

제3장

지옥의 괴로움은 참을 수 없음이라

[문66~문96; 소계 31 문답]

문66_ 지옥地獄은 어느 곳에 있느뇨?

답66_ 땅 중심中心 가장 아래 한 곳에 있으며, 항상 어두워 낮이 없어 마귀가 영벌永罰을 받는 본 처소處所요, 죄인의 만고萬苦 받는 어두운 옥獄이니라.

문67_ 지옥의 괴로움이 어떠하뇨?

답67_ 지극히 낮은 사람이 한없이 지극히 높으신 천주께 죄를 얻은지라. 그 죄의 중함이 한이 없는 고로, 그 벌의 괴로움이 따로 한이 없은즉, 가히 말로 형용하기 어려우니라.

문68_ 마귀는 무엇을 이름이뇨?

답68_ 본디 상품천신 루치페르Lucifer를 그 받아들인바[84] 모

84 루치페르를 받아들인바: 감준본 원문에서는 '븟치인바'. 븟치다>부치다. 븟치이다>부치이다. '븟치이다'는 '븟치다'의 수동형으로 맡겨지다, 다른 사람의 집에 받아들여지다, 거기에 피난처를 찾다의 뜻이다. 또는 ~에 의해 바람이 잡히다, 향하다의 뜻이다. 븟치다(接)는 붙이다, 모으다, 연결하다, 관리하다,

든 텬신으로 더브러 ᄀᆞᆺ치 텬쥬ᄅᆞᆯ ᄇᆡ반홈으로 엄벌을 밧아 마귀 됨이니라.

문69_ 누집부리 무ᄉᆞᆷ 모양으로 죄ᄅᆞᆯ 범ᄒᆞ엿ᄂᆞ뇨?

답69_ 텬쥬ᄅᆞᆯ 갓가이 뫼셔 춍복이 과분ᄒᆞ매, 감이 오ᄒᆞᆫ ᄆᆞᄋᆞᆷ을 내여 망녕되이 텬쥬와 갓ᄒᆞ려 ᄒᆞ야, 그 삼분일 텬신을 유감ᄒᆞ야 ᄒᆞ여곰 쥬ᄅᆞᆯ ᄇᆡ반ᄒᆞ고 뎌ᄅᆞᆯ 섬기라 ᄒᆞᆫ 죄니라.

문70_ 텬쥬ㅣ 반ᄒᆞᆫ 신을 엇더케 벌ᄒᆞ셧ᄂᆞ뇨?

답70_ 그 진복과 아ᄅᆞᆷ다온 셩픔을 ᄲᆡ앗고, 인ᄒᆞ야 흉ᄒᆞᆫ 형샹과 투긔ᄒᆞᄂᆞᆫ 마귀 되게 ᄒᆞ셧ᄂᆞ니라.

문71_ 텬신 즁 삼분일이 마귀 되엿신즉, 가히 그 수ᄅᆞᆯ 긔록ᄒᆞ랴?

든 천신으로 더불어 같이 천주를 배반함으로 엄벌嚴罰을 받아 마귀가 됨이니라.

문69_ 루치페르가 무슨 모양으로 죄를 범하였느뇨?

답69_ 천주를 가까이 모셔 총복寵福[85]이 과분함에 감히 오傲한 마음[86]을 내어 망녕되게 천주와 같으려 하여, 그 3분의 1인 천신을 유감하여 하여금 주主를 배반하고 저를 섬기라 한 죄니라.

문70_ 천주가 반叛한 천신[87]을 어떻게 벌하셨느뇨?

답70_ 그 진복眞福과 아름다운 성품을 빼았고, 인하여 흉한 형상과 투기하는 마귀가 되게 하셨느니라.

문71_ 천신 중 3분의 1이 마귀가 되었은즉, 가히 그 수를 기록하랴?

주다, (말을) 붙이다의 뜻이다. 여기서 감준본 원문에 나오는 "누집부리 그 붓치인바"는 '루치페르가 받아들인' 또는 '루치페르가 모은', '루치페르에게서 비롯된' 정도로 의역할 수 있다.

85 총복(寵福): 은총과 복락.

86 오(傲)한 마음: 거만(倨慢)한 마음, 교오(驕傲)한 마음.

87 천신(天神): 감준본에는 '신'으로 되어 있다. 그러나 친필본을 참조하여 이를 '천신'으로 바로잡았다.

답71_ 마귀 또흔 무수ᄒᆞ니, 그 즁에 령을 발ᄒᆞᄂᆞᆫ 괴슈도 잇고, 명을 듯ᄂᆞᆫ 졸도도 잇ᄂᆞ니라.

문72_ 마귀 다만 디옥에만 잇ᄂᆞ냐?

답72_ 그러치 아니ᄒᆞ니, 만이 셰상에 ᄂᆞ와 ᄃᆞᆫ이며 사ᄅᆞᆷ의 됴흔 일을 져회ᄒᆞᄂᆞ니라.

문73_ 마귀 셰샹 사ᄅᆞᆷ의 됴흔 일을 져회홈은 이 무슴 심술이뇨?

답73_ 흉흔 마귀 벌을 밧은 후에 텬쥬ᄅᆞᆯ 원망ᄒᆞ야 그 영광을 헐고져 홈으로, 셰샹 사ᄅᆞᆷ을 쇽여 ᄒᆞ여곰 죄ᄅᆞᆯ 범케 홈이오, 또 셰샹 사ᄅᆞᆷ이 하ᄂᆞᆯ에 올나 뎌의 일은바 복락 자리 엇음을 깁히 투긔홈으로, 그물을 베풀고 투ᄅᆞᆯ 열어 그 디옥에 빠짐을 힘셔 도 답71_ 마귀 또한 무수하니, 그 중에 영令을 발하는 괴수魁首도 있고, 명을 듣는 졸도卒徒도 있느니라.

문72_ 마귀 다만 지옥에만 있느냐?

답72_ 그렇지 아니하니, 많이 세상에 나와 다니며 사람의 좋은 일을 저훼詆毁하느니라.[88]

문73_ 마귀 세상 사람의 좋은 일을 저훼함은 이 무슨 심술이뇨?

답73_ 흉한 마귀가 벌을 받은 후에 천주를 원망하여 그 영광을 헐고자 하므로, 세상 사람을 속여 하여금 죄를 범하게 함이요, 또 세상 사람이 하늘에 올라 저희가 잃은바 복락福樂 자리를 얻음을 깊이 투기妬忌하므로, 그물을 베풀고 투를 열어[89] 그 지옥에 빠짐을 힘써 도

88 저훼(詆毁)하다: 비난하고 상처를 입히다.

89 그물을 베풀고 투를 열다: 한반도 서해안 지방의 전통시대 어업 관행을 감안할 때, 이 문장은 '어살'[漁箭, 魚箭, 魚梁, 土箭]과 관련된 표현으로 판단된다. 어살은 강이나 바닷가에 나무로 울타리를 설치하여 밀물 때 들어온 물고기들이 썰물 때 빠져나가지 못하게 막아 어획하는 방법이다. 이 어살에 칡넝쿨 등을 이용하여 엮은 쐐기형(V형) 그물을 설치하여 고기를 잡기도 했다. 이때 그물의 꼭짓점 부분은 특별히 면사(綿絲)로 만들어 그 여닫이를 편하게 조정할 수 있도록 하기도 했다. "그물을 베풀고 투를 열다"라는 표현에서 '투'는 현행 각종 고어사전들에서는 찾아볼 수 없는 단어이고, 이와 비슷한 문장

모홈이니라.

문74_ 텬쥬ㅣ 엇지ᄒᆞ야 흉ᄒᆞᆫ 마귀 셰샹에 잇셔 족난홈을 금치 아니ᄒᆞ시ᄂᆞ뇨?

답74_ 셰샹 사ᄅᆞᆷ의 션악을 시험ᄒᆞ야 단련식여 그ᄅᆞᆺ술 일우고져 ᄒᆞ심이니라.

문75_ 마귀 디옥에 잇셔 무ᄉᆞᆷ 일을 ᄒᆞᄂᆞ뇨?

답75_ ᄒᆞᆼ샹 뎌의 죄벌을 밧음이오, ᄯᅩ 죄인을 형벌ᄒᆞᄂᆞᆫ 졸도ㅣ 됨이니라.

문76_ 마귀가 셰샹에 나와 흉악을 힝ᄒᆞ매 디옥벌을 밧지 아니ᄒᆞᄂᆞ냐?

답76_ 비록 인간에 잇ᄉᆞ나, ᄒᆞᆼ샹 그 본벌을 ᄯᅴ여 면ᄒᆞᆯ 수 업ᄂᆞ니라.

모함이니라.

문74_ 천주는 어찌하여 흉한 마귀가 세상에 있어 장난함을 금치 아니하시느뇨?

답74_ 세상 사람의 선악을 시험하여 단련시켜 그릇을 이루고자 하심이니라.

문75_ 마귀는 지옥에 있어서 무슨 일을 하느뇨?

답75_ 항상 저의 죄벌을 받음이요, 또 죄인을 형벌하는 졸도卒徒가 됨이니라.

문76_ 마귀가 세상에 나와 흉악凶惡을 행함에 지옥벌을 받지 아니하느냐?

답76_ 비록 사람 사이[人間]에 있으나, 항상 그 본벌本罰을 [그 몸에] '띠어'[90] 면할 수 없느니라.

의 용례도 찾지 못했다. 그러나 '투'는 쐐기형 그물의 꼭짓점 부분을 가리키는 용어로 생각된다. 여기서는 그물을 열어 물고기를 유인해서 한번 들어오면 나갈 수 없게 하듯이, 마귀들이 사람을 유인하여 지옥에 빠트려 나가지 못하게 함을 비유적으로 표현했다고 생각된다.

90 띠어: 친필본에서는 '그 몸에 띄여'로 되어 있는데, 감준본 원문에서는 '그 몸에'가 생략되어 있다. 이는 '본벌(本罰)을 몸에 지니고 있다'라는 표현이다.

문77_ 디옥에 고로옴이 몃 가지 잇ᄂᆞ뇨?

답77_ 두 가지 잇ᄉᆞ니, ᄒᆞ나흔 각고ㅣ오, ᄒᆞ나흔 실고ㅣ니라.

문78_ 각고ᄂᆞᆫ 엇더케 닐ᄋᆞᆷ이뇨?

답78_ 그 삼ᄉᆞ오관 죄악 경즁을 ᄯᆞ라 맛당이 밧을 고ㅣ니라.

문79_ 긔함으로써 무ᄉᆞᆷ 고ᄅᆞᆯ 밧ᄂᆞ뇨?

답79_ 스ᄉᆞ로 그 셰샹에 잇셔 일락ᄒᆞ던 죄ᄅᆞᆯ ᄉᆡᆼ각ᄒᆞ야 ᄒᆞᆫ을 ᄆᆞ시ᄂᆞᆫ 고로옴이니라.

문80_ 명오로써 무ᄉᆞᆷ 고ᄅᆞᆯ 밧ᄂᆞ뇨?

답80_ 그 셰샹에 잇셔 션ᄒᆞᆯ 긔회ᄅᆞᆯ 일음을 알아 원ᄒᆞᆫᄒᆞᄂᆞᆫ 고ㅣ니라.

문77_ 지옥에 괴로움이 몇 가지 있느뇨?

답77_ 두 가지 있으니, 하나는 각고覺苦요, 하나는 실고失苦이니라.

문78_ 각고는 어떻게 이름이뇨?

답78_ 그 삼사오관三司五官[91] 죄악 경중을 따라 마땅히 받을 고苦이니라.

문79_ 기함記含으로써 무슨 고苦를 받느뇨?

답79_ 스스로 그 세상에 있어 일락逸樂하던[92] 죄를 생각하여 한恨을 마시는 괴로움이니라.

문80_ 명오明悟로써 무슨 고苦를 받느뇨?

답80_ 그 세상에 있어 선善할 기회를 잃음을 알아 원한怨恨하는 고苦이니라.

91 삼사오관(三司五官): 영혼삼사(靈魂三司)와 육신오관(肉身五官)의 합성어이다. 영혼삼사는 영혼의 세 가지 기능으로, 명오(明悟)와 기함(記含)과 애욕(愛欲)이고, 육신오관은 오감(五感)을 일으키는 다섯 개의 감각기관이니, 즉, 눈[視覺], 코[嗅覺], 귀[聽覺], 입[味覺], 피부[觸覺]를 말한다.

92 일락(逸樂)하다: 쾌락을 즐겨 멋대로 놀다.

문81_ 이욕으로써 무슴 고롤 밧ᄂᆞ뇨?

답81_ 스ᄉᆞ로 셰샹에 잇셔 ᄉᆞ랑ᄒᆞ야 범ᄒᆞ던 죄롤 뮈워ᄒᆞ야 심이 ᄒᆞᆫᄒᆞᄂᆞᆫ 고ㅣ니라.

문82_ 눈으로써 무슴 고롤 밧ᄂᆞ뇨?

답82_ 셰샹에셔 샤특ᄒᆞᆫ 빗촐 보기 됴화ᄒᆞᆫ 고로, 이제 보ᄂᆞᆫ 바ㅣ 오직 그 진화의 어려온 형샹이니라.

문83_ 귀로써 무슴 고롤 밧ᄂᆞ뇨?

답83_ 셰샹에셔 례 아닌 말과 음탕ᄒᆞᆫ 소릐 듯기롤 됴화ᄒᆞᆫ 고로, 이제 듣ᄂᆞᆫ 바ㅣ 오직 그 니롤 골며 브ᄅᆞ지져 원망ᄒᆞᄂᆞᆫ 소릐니라.

문84_ 코로써 무슴 고롤 밧ᄂᆞ뇨?

답84_ 셰샹에셔 그 향긔와 아롬다온 냄ᄉᆡ 맛기롤 됴화ᄒᆞᆫ 고로, 이제 찌ᄅᆞᄂᆞᆫ 바ㅣ 오직 그 심이 더럽고 흉독

문81_ 애욕愛欲으로써 무슨 고苦를 받느뇨?

답81_ 스스로 세상에 있어 사랑하여 범하던 죄를 미워하여 심히 한恨하는 고苦이니라.

문82_ 눈으로써 무슨 고苦를 받느뇨?

답82_ 세상에서 사특邪慝한[93] 빛을 보기 좋아한 고로, 이제 보는 바가 오직 그 진화瞋火[94]의 어려운 형상이니라.

문83_ 귀로써 무슨 고苦를 받느뇨?

답83_ 세상에서 예禮 아닌 말과 음탕淫蕩한 소리 듣기를 좋아한 고로, 이제 듣는 바가 그 이를 갈며 부르짖어 원망하는 소리니라.

문84_ 코로써 무슨 고苦를 받느뇨?

답84_ 세상에서 그 향기香氣와 아름다운 냄새 맡기를 좋아한 고로, 이제 찌르는 바는 오직 그 심히 더럽고 흉독凶毒

---

93 사특(邪慝)하다: 요사스럽고 간사하며 악독하다.

94 진화(瞋火): 본 문답 302조목의 '답' 편에서는 최후 심판 때 악인들이 받는 형벌로 묘사되어 있다. 이로 미루어 볼 때, 진화는 활활 타오르는 불을 의미하는 '瞋火'로 새길 수 있다. 친필본 문답 96번에는 "마귀들의 흉악ᄒᆞ고 증그러운 형샹이니라."로 되어 있다.

ᄒᆞᆫ 긔운이니라.

문85_ 입으로써 무슴 고롤 밧ᄂᆞ뇨?

답85_ 셰샹에셔 진감의 음식 탐ᄒᆞ기롤 됴화ᄒᆞᆫ 고로, 이제 맛보ᄂᆞᆫ 바ㅣ 오직 그 독ᄒᆞᆫ 룡과 쓴 담의 맛시로ᄃᆡ ᄒᆞᆼ샹 주리고 목ᄆᆞ롬이니라.

문86_ 슈죡으로써 무슴 고롤 밧ᄂᆞ뇨?

답86_ 셰샹에셔 손으로ᄂᆞᆫ 살인, 간음, 투도 등 죄롤 범ᄒᆞ고, 발노ᄂᆞᆫ 죄의 걸닐 디방을 ᄇᆞᆲ아 ᄉᆞᄉᆞ로 힝ᄒᆞ야 긔탄홈이 업ᄂᆞᆫ 고로, 이제 밧ᄂᆞᆫ 바ㅣ 오직 그 손에 칼 씨우고 발에 졈을쇠 ᄒᆞ야 능히 임의로 동즉지 못ᄒᆞᄂᆞ니라.

문87_ 이 밧긔 젼신으로 밧ᄂᆞᆫ 고ㅣ 업ᄂᆞ냐?

한[95] 기운이니라.

문85_ 입으로써 무슨 고苦를 받느뇨?

답85_ 세상에서 진감珍甘의[96] 음식 탐貪하기를 좋아한 고로, 이제 맛보는 바는 오직 그 독한 용[97]과 쓴 담膽의 맛이로되 항상 주리고 목마름이니라.

문86_ 수족으로써 무슨 고苦를 받느뇨?

답86_ 세상에서 손으로는 살인殺人, 간음奸淫, 투도偸盜 등 죄를 범하고, 발로는 죄에 걸릴 지방을 밟아 스스로 행行하여 기탄忌憚함[98]이 없는 고로, 이제 받는 바는 오직 그 손에 칼 씌우고 발에 자물쇠 하여 능히 임의任意로 동작動作하지 못하느니라.

문87_ 이 밖에 전신으로 받는 고苦가 없느냐?

---

95 흉독(凶毒)하다: 일반적으로는 사람의 성질이나 행실이 흉악하고 독한 경우에 사용하는 표현이다.

96 진감(珍甘): 달고 맛 좋은.

97 용: 감준본에서는 '룡'으로 읽히는데, 자세한 의미는 미상이다. 혹시 용(茸) 즉 부들꽃을 가리키는 말이 아닌지 모르겠다. 용은 한방에서 지혈제(止血劑)나 방광염 치료제 등으로 사용되고 있다.

98 기탄(忌憚)하다: 어렵게 여기어 꺼리다.

답87_ 임의 불바다와 어름 바다에 빠진 몸이 안밧 업시 다 고로옴이라, 잠간 얼고 잠간 녹아 밧는바 모든 고ㅣ 간단홈이 업셔, 눌니이고 찌여지는 듯훈 즁에 흉증훈 마귀 무리 형벌ᄒᆞ기를 긋치지 아니ᄒᆞ니, 악인의 견ᄃᆡ기 어려온 형샹은 가히 말노 다 홀 수 업솜이니라.

문88_ 실고는 엇더케 니롬이뇨?

답88_ 나의 죄를 인ᄒᆞ야 만션미호ᄒᆞ신 텬쥬와 및 만복이 젼비훈 텬당을 영원이 일허 가히 다시 엇지 못홈인 고로 통훈 무궁훈 고로옴이니라.

문89_ 실고를 각고에 견주면 엇더ᄒᆞ뇨?

답89_ 실고는 만만번 각고보다 더 어려오니, 무롯 사롬이 답87_ 이미 불바다와 얼음 바다에 빠진 몸이 안팎 없이 다 괴로움이라, 잠깐 얼고 잠깐 녹아 받는바 모든 고苦가 간단間斷함[99]이 없어, 눌리고 찢어지는 듯한 중에 흉칙하고 '징그러운'[100] 마귀 무리 형벌하기를 그치지 아니하니, 악인惡人의 견디기 어려운 형상은 가히 말로 다 할 수 없음이니라.

문88_ 실고失苦는 어떻게 이름이뇨?

답88_ 나의 죄를 인하여 만선미호萬善美好하신 천주와 및 만복萬福이 전비全備한[101] 천당을 영원히 잃어 가히 다시 얻지 못함인 고로 통한痛恨 무궁無窮한 괴로움이니라.

문89_ 실고失苦를 각고覺苦에 견주면 어떠하뇨?

답89_ 실고는 만만번 각고보다 더 어려우니, 무릇 사람이

---

99 간단(間斷)하다: 잠시 그치거나 끊어지다.

100 흉칙하고 징그러운: 감준본 원문에는 '흉증혼'으로 나온다. 한편, 소원신종 친필본의 101조목에서는 마귀를 수식하는 단어로 '즈긔여온'이란 표현을 사용하고 있다. 또한 친필본 문답 96조목에는 '마귀들의 흉악ᄒᆞ고 증그러운 형샹이다'라는 표현이 나온다. 이러한 점을 감안하면 원문의 '흉증혼'은 '흉측하고 징그러운'의 줄임말이다. '흉측(凶測)'은 '흉악망측(凶惡罔測)'의 준말로, '몹시 흉악하다'는 의미이다.

101 전비(全備)하다: 있어야 할 것을 전부 갖추다. 완비(完備).

지물이 잇셔 일흔 바ㅣ 젹이 쳔하면 적은 고ㅣ오, 일흔 바ㅣ 더옥 귀하면 더옥 고로옴과 ᄀᆞᆺᄒᆞ니라.

문90_ 텬쥬의 존귀ᄒᆞ심이 엇더ᄒᆞ뇨?

답90_ 텬쥬ᄂᆞᆫ 만션만복의 근원이시오, 지존지귀ᄒᆞ신 복락이시니, 이제 그 일흔 고ㅣ 더옥 비홀 ᄃᆡ 업ᄂᆞ니라.

문91_ 텬당의 귀즁홈은 엇더ᄒᆞ뇨?

답91_ 텬당의 복락이 영원홈이오, 또 사ᄅᆞᆷ이 각각 맛당이 엇을 ᄒᆞᆫ 목시 잇ᄂᆞᆫ 고로, 그 일흠의 고로옴이 또ᄒᆞᆫ 비홀 ᄃᆡ 업ᄂᆞ니라.

문92_ 디옥에 잇ᄂᆞᆫ 형벌이 유형홈이냐 무형홈이냐?

답92_ 텬쥬ㅣ 젼능으로써 유형ᄒᆞᆫ 형벌을 비치ᄒᆞ샤 도모지 무형ᄒᆞᆫ 령혼과 밋 유형ᄒᆞᆫ 육신을 벌ᄒᆞ시ᄂᆞ니라.

재물財物이 있어 잃은 바가 적이 천賤하면[102] 적은 고苦요, 잃은 바가 더욱 귀하면 더욱 괴로움과 같으니라.

문90_ 천주의 존귀하심이 어떠하뇨?

답90_ 천주는 만선만복萬善萬福의 근원이시오, 지존지귀至尊至貴하신 복락이시니, 이제 그 잃은 고苦가 더욱 비比할 데 없느니라.

문91_ 천당의 귀중함은 어떠하뇨?

답91_ 천당의 복락이 영원함이요, 또 사람이 각각 마땅히 얻을 한 몫이 있는 고로, 그 잃음의 괴로움이 또한 비할 데 없느니라.

문92_ 지옥地獄에 있는 형벌이 유형有形함이냐 무형無形함이냐?

답92_ 천주가 전능으로써 유형한 형벌을 배치하시어 도무지 무형한 영혼과 및 유형한 육신을 벌하시느니라.

---

102 천(賤)하다: 값이 싸다.

문93_ 디옥의 고로옴이 긋쳐 탕ᄒᆞᄂᆞᆫ 날이 잇ᄂᆞ냐?

답93_ 비록 만억년에 오ᄅᆡᆷ을 지내여도 홍샹 ᄒᆞᆫ날ᄀᆞᆺ치 긋치지 아니ᄒᆞᄂᆞ니라.

문94_ 봉교ᄒᆞᆫ 사ᄅᆞᆷ은 다 디옥에 떠러지지 아니ᄒᆞ랴?

답94_ 비록 교우ㅣ나 대죄 잇고 샤ᄒᆞᆷ을 엇지 못ᄒᆞᆫ즉, 반ᄃᆞ시 디옥에 떨어지매 그 고ㅣ 외인보다 몃 갑졀 더ᄒᆞᆯ 거시오, 또 미죄와 밋 보쇽지 아니ᄒᆞᆫ 벌이 잇ᄉᆞ면 맛당이 련옥에 드러갈지니라.

문95_ 련옥은 엇더케 니ᄅᆞᆷ이뇨?

답95_ 죄벌을 단련ᄒᆞᄂᆞᆫ 곳이니, 그 단련ᄒᆞᆫ 금과 졍ᄒᆞᆫ 옥 ᄀᆞᆺᄒᆞᆷ을 기ᄃᆞ려 가이 승텬ᄒᆞ야 복락을 누리ᄂᆞ니라.

문96_ 셩셰ᄅᆞᆯ 령치 못ᄒᆞᆫ 영ᄒᆡᄂᆞᆫ 어ᄂᆞ 곳으로 가ᄂᆞ뇨?

답96_ 텬당은 감이 ᄇᆞ랄 수 업고 디옥에 하침ᄒᆞᄃᆡ, 임의 본죄 업ᄂᆞᆫ 고로 각고의 영벌은 업ᄂᆞ니라.

문93_ 지옥의 괴로움이 그쳐 탕蕩하는 날이 있느냐?

답93_ 비록 만억년萬億年의 오램을 지나도 항상 한날같이 그치지 아니하느니라.

문94_ 봉교奉教한 사람은 다 지옥地獄에 떨어지지 아니하랴?

답94_ 비록 교우教友이나 대죄大罪가 있고 사赦함을 얻지 못한즉, 반드시 지옥地獄에 떨어짐에 그 고苦가 외인外人보다 몇 갑절 더할 것이요, 또 미죄微罪와 및 보속補贖하지 아니한 벌罰이 있으면 마땅히 연옥煉獄에 들어갈지니라.

문95_ 연옥은 어떻게 이름이뇨?

답95_ 죄벌罪罰을 단련鍛鍊하는 곳이니, 그 단련한 금金과 정淨한 옥玉 같음을 기다려 가히 승천하여 복락을 누리느니라.

문96_ 성세聖洗를 영領하지 못한 영해嬰孩는 어느 곳으로 가느뇨?

답96_ 천당은 감히 바랄 수 없고 지옥地獄에 하침下沈하되, 이미 본죄本罪가 없는 고로 각고覺苦의 영벌은 없느니라.

원조ㅣ 범명ᄒᆞᆫ 후에 괴셰됨이라

문97_ 텬쥬ㅣ 원조ᄅᆞᆯ 디당에 두시고 무엇 ᄒᆞ라 ᄒᆞ셧ᄂᆞ뇨?

답97_ 션악과ᄅᆞᆯ ᄀᆞᄅᆞ치며 먹지 말나 명ᄒᆞ시ᄃᆡ, “만일 먹으면 곳 맛당이 벌을 밧을 거시오, 만세 ᄌᆞ숀이 다 죄에 죽음을 면치 못ᄒᆞ리라.” 하셧ᄂᆞ니라.

문98_ 원조ㅣ 이 실과ᄅᆞᆯ 먹지 아니ᄒᆞ엿ᄂᆞ냐?

답98_ 마귀의 간교ᄒᆞᆫ 유감을 닙어 이에 범명ᄒᆞ야 죄ᄅᆞᆯ 엇으니라.

문99_ 마귀가 무슴 모양으로 디당에 가 사ᄅᆞᆷ을 쇠엿ᄂᆞ뇨?

답99_ 슈진의 몸에 븟치여 능이 말을 ᄒᆞ엿ᄂᆞ니라.

제4장

원조가 범명한 후에 괴세[103]됨이라

[문97~문132; 소계 36 문답]

문97_ 천주는 원조元祖를 지당地堂[104]에 두시고 무엇을 하라 하셨느뇨?

답97_ 선악과를 가리키며 먹지 말라 명하시되, "만일 먹으면 곧 마땅히 벌을 받을 것이요, 만세 자손萬歲子孫이 다 죄에 죽음을 면치 못하리라." 하셨느니라.

문98_ 원조가 이 실과實果를 먹지 아니하였느냐?

답98_ 마귀魔鬼의 간교奸巧한 유감遺憾을 입어 이에 범명犯命하여[105] 죄를 얻으니라.

문99_ 마귀가 무슨 모양模樣으로 지당에 가 사람을 꾀였느뇨?

답99_ 수진手陳[106]의 몸에 부치어 능能히 말을 하였느니라.

---

103 괴세(壞世): 친필본에서는 '세상이 무너짐'이라고 했다.

104 지당(地堂): 인류의 시조인 아담과 에와가 타락하기 전에 살았던 곳.

105 범명(犯命)하다: 천주나 윗사람의 명령을 어기다.

106 수진(手陳): 사람의 손으로 길들인 동물을 말하며, 보통 매나 새매를 지칭하나, 여기에서는 뱀을 가리킨다. 친필본에서는 뱀으로 기록하고 있다.

문100_ 마귀 디당에셔 누구를 향ᄒᆞ야 몬뎌 쇠엿ᄂᆞ뇨?

답100_ 몬뎌 에와를 쇠여 ᄀᆞᆯ오ᄃᆡ, "션악과ᄂᆞᆫ 엇지ᄒᆞ야 먹지 아니ᄒᆞᄂᆞ뇨?" ᄒᆞ니라.

문101_ 에와ㅣ 무숨 말로 ᄃᆡ답ᄒᆞ엿ᄂᆞ뇨?

답101_ "텬쥬ㅣ 먹지 말나 명ᄒᆞ신 고로 감이 먹지 못ᄒᆞ노라." [ᄒᆞ니라].

문102_ 공교ᄒᆞᆫ 마귀 다시 무숨 말노써 쾨엿ᄂᆞ뇨?

답102_ 이 실과 맛시 심히 아름다오니, 무릇 사ᄅᆞᆷ이 ᄒᆞᆫ 번 먹으면 곳 텬쥬의 지능과 갓ᄒᆞ지짓ᄂᆞᆫ 고로, 텬쥬ㅣ 이를 혐의ᄒᆞ샤 너희를 명ᄒᆞ야 먹지 말나 ᄒᆞ셧ᄂᆞ니라.

문103_ 에와ㅣ 이 말을 듯고 엇더케 ᄒᆞ엿ᄂᆞ뇨?

답103_ 망녕되이 텬쥬와 ᄀᆞᆺ흘 ᄆᆞ음으로써 그 엄즁ᄒᆞ신 명을 니져버리고 ᄀᆞ부야이 션악과를 따 먹으니라.

문100_ 마귀가 지당에서 누구를 향하여 먼저 꾀였느뇨?

답100_ 먼저 에와Eva를 꾀어 가로되, "선악과는 어찌하여 먹지 아니하느뇨?" 하니라.

문101_ 에와는 무슨 말로 대답하였느뇨?

답101_ "천주가 먹지 말라 명하신 고로 감히 먹지 못하노라." [하니라.][107]

문102_ 공교工巧한 마귀가 다시 무슨 말로써 꾀였느뇨?

답102_ 이 실과의 맛이 심히 아름다우니, 무릇 사람들이 한 번 먹으면 곧 천주의 지능과 같아지겠는 고로, 천주가 이를 혐의嫌疑하시어 너희를 명命하여 먹지 말라 하셨느니라.

문103_ 에와가 이 말을 듣고 어떻게 하였느뇨?

답103_ 망녕되이 천주와 같을 마음으로써 그 엄중하신 명을 잊어버리고 가볍게 선악과를 따 먹으니라.

107 하니라: 감준본에는 '하니라'가 빠져 있다. 그러나 친필본 인용문 다음에 '하니라'가 들어 있다. 이는 감준본을 필사하던 과정에서 빠진 단어로 판단되어 복원해 두었다.

문104_ 에와ㅣ 홀노 이 실과ᄅᆞᆯ 먹엇ᄂᆞ냐?

답104_ 그 ᄒᆞᆫ가지로 텬쥬와 ᄀᆞᆺ기ᄅᆞᆯ 위ᄒᆞᄂᆞᆫ ᄆᆞᄋᆞᆷ으로써 아담을 권ᄒᆞ야 이 실과ᄅᆞᆯ 먹게 ᄒᆞ니라.

문105_ 아담이 에와의 ᄭᅬ옴을 듯고 엇더케 ᄒᆞ엿ᄂᆞ뇨?

답105_ 그 ᄒᆞᆫ 몸 ᄀᆞᆺᄒᆞᆫ 안ᄒᆡ ᄆᆞᄋᆞᆷ을 어긔기 어려워 또ᄒᆞᆫ 범명ᄒᆞ엿ᄂᆞ니라.

문106_ 원조ㅣ 불ᄒᆡᆼ이 범명ᄒᆞᆫ 후에 텬쥬ㅣ 엇더케 뎌희ᄅᆞᆯ 벌ᄒᆞ셧ᄂᆞ뇨?

답106_ 대텬신을 명ᄒᆞ야 꾸짓저 벌ᄒᆞ샤 디당 밧긔 내치시니, 그 육신은 질병고난과 ᄉᆞ욕편졍이 잇셔 죽기에 니ᄅᆞ고, 그 령혼은 삼ᄉᆞ의 본졍을 일허 덕ᄒᆡᆼ 공부ᄂᆞᆫ 어렵고 범죄ᄒᆞ기ᄂᆞᆫ 쉽게 되엿ᄂᆞ니라.

문104_ 에와가 홀로 이 실과를 먹었느냐?

답104_ 그 한가지로 천주와 같기를 위하는 마음으로써 아담을 권하여 이 실과를 먹게 하니라.

문105_ 아담이 에와의 꼬임을 듣고 어떻게 하였느뇨?

답105_ 그 한 몸 같은 아내 마음을 어기기 어려워 또한 범명犯命하였느니라.

문106_ 원조元祖가 불행不幸히 범명한 후에 천주가 어떻게 저희를 벌하셨느뇨?

답106_ 대천신大天神을 명命하여 꾸짖어 벌하시어 지당地堂 밖에 내치시니, 그 육신은 질병고난疾病苦難과 사욕편정私慾偏情이 있어 죽기에 이르고, 그 영혼은 삼사三司의 본정本情을 잃어 덕행德行 공부工夫[108]는 어렵고 범죄하기는 쉽게 되었느니라.

---

108 공부: 현대 한국어에서 '공부(工夫)'는 '학문이나 기술을 배우고 익히는 일'로 되어 있다. 그러나 여기에서 사용되고 있는 '공부(工夫)'는 중국어 백화문(白話文)으로 현대 한국어의 '공부'라는 의미와는 차이가 있다. 중국어 '공부(工夫)'는 일반적으로 '시간, 때, 짬' 등의 의미이다. 그러나 동시에 '노력, 업무, 작업, 일'과 같은 의미로도 사용된다. 이 후자의 경우에는 한자를 달리하여 '공부(功夫)'라고 쓰기도 한다.

문107_ 원조의 범명ᄒᆞᆷ을 인ᄒᆞ야 사ᄅᆞᆷ마다 닐곱 죄종이 잇다 ᄒᆞ니 가히 엇어드ᄅᆞ랴?

답107_ 교오와 간린과 미ᄉᆡᆨ과 분노와 탐도와 ᄒᆡᄐᆡ와 질투ㅣ니라.

문108_ 교오ᄂᆞᆫ 엇더케 니ᄅᆞᆷ이뇨?

답108_ 몸을 ᄌᆞ랑ᄒᆞ야 스ᄉᆞ로 어진 톄ᄒᆞ고, 사ᄅᆞᆷ을 업수이넉여 ᄀᆞᆺ지 못 ᄒᆞᆫ ᄃᆞᆺ시 넉임이니라.

문109_ 간린은 엇더케 니ᄅᆞᆷ이뇨?

답109_ ᄌᆞ긔 물건은 앗겨 맛당이 쓸 ᄃᆡ 쓰지 아니ᄒᆞ고, ᄂᆞᆷ의 ᄌᆡ물을 탐ᄒᆞ야 욕심치 아니ᄒᆞᆯ ᄃᆡ 맛당이 욕심ᄒᆞᆷ이니라.

문110_ 미ᄉᆡᆨ은 엇더케 니ᄅᆞᆷ이뇨?

답110_ 텬쥬의 남녀ᄅᆞᆯ 내신 본뜻은 ᄉᆡᆼ각지 아니ᄒᆞ고, 다만 ᄉᆡᆨ만 탐ᄒᆞ야 ᄆᆞ음이 혼미ᄒᆞᆷ이니라.

문107_ 원조元祖의 범명犯命함을 인하여 사람마다 일곱 죄종罪宗[109]이 있다 하니 가히 얻어들으랴?

답107_ 교오驕傲와 간린慳吝과 미색迷色과 분노忿怒와 탐도貪盜와 해태懈怠와 질투嫉妬이니라.

문108_ 교오驕傲는 어떻게 이름이뇨?

답108_ 몸을 자랑하여 스스로 어진 체하고, 사람을 업신여겨 같이 못 한 듯이 여김이니라.

문109_ 간린慳吝은 어떻게 이름이뇨?

답109_ 자기 물건은 아껴 마땅히 쓸 데 쓰지 아니하고, 남의 재물在物을 탐하여 욕심慾心치 아니할 데 마땅히 욕심함이니라.

문110_ 미색迷色은 어떻게 이름이뇨?

답110_ 천주의 남녀男女를 내신 본뜻은 생각지 아니하고, 다만 색色만 탐하여 마음이 혼미昏迷함이니라.

109 죄종(罪宗): 모든 죄의 근원.

문111_ 분노ᄂᆞᆫ 엇더케 니ᄅᆞᆷ이뇨?

답111_ 슌치 아니ᄒᆞᆫ ᄃᆡ경을 당ᄒᆞ야 ᄆᆞ음이 끌코 얼골빗치 변ᄒᆞ고, 눈이 붉고, 혀가 ᄆᆡᆼ녈ᄒᆞ야 사ᄅᆞᆷ으로 더브러 징투ᄒᆞᄆᆡ 조곰도 ᄎᆞᆷ지 못ᄒᆞᆷ이니라.

문112_ 탐도ᄂᆞᆫ 엇더케 니ᄅᆞᆷ이뇨?

답112_ 집이 가난ᄒᆞᄃᆡ 과분ᄒᆞᆫ 음식을 탐ᄒᆞ며, ᄇᆡ 적으ᄃᆡ 과량ᄒᆞᆫ 술을 탐ᄒᆞᆷ으로 집 형셰 령낙ᄒᆞ고, 몸 모양이 쇠태ᄒᆞᆷ이니라.

문113_ ᄒᆡᄐᆡᄂᆞᆫ 엇더케 니ᄅᆞᆷ이뇨?

답113_ 령육 모든 일에 본분을 힘쓰지 아니ᄒᆞ고 다만 안락ᄒᆞᆷ을 취ᄒᆞ야, 오ᄂᆞᆯ 맛당이 ᄒᆡᆼᄒᆞᆯ 거ᄉᆞᆯ ᄅᆡ일 가이 ᄒᆡᆼ하겟다 ᄒᆞ며, ᄌᆞ긔가 맛당이 ᄒᆞᆯ 거ᄉᆞᆯ 다ᄅᆞᆫ 사ᄅᆞᆷ이 가히 ᄒᆞᆯ 거시라 ᄎᆡᆨ탁ᄒᆞᆷ이니라.

문114_ 질투ᄂᆞᆫ 엇더케 니ᄅᆞᆷ이뇨?

문111_ 분노忿怒는 어떻게 이름이뇨?

답111_ 순順하지 아니한 지경地境을 당하여 마음이 끓고 얼굴빛이 변變하고, 눈이 붉고, 혀가 맹렬猛烈하여 사람으로 더불어 쟁투爭鬪함에 조금도 참지 못함이니라.

문112_ 탐도貪盜는 어떻게 이름이뇨?

답112_ 집이 가난하되 과분過分한 음식飮食을 탐하며, 배가 적으되 과량過量한[110] 술을 탐함으로 집의 형세形勢가 영락零落하고,[111] 몸 모양이 쇠태衰態[112]함이니라.

문113_ 해태懈怠는 어떻게 이름이뇨?

답113_ 영육靈肉 모든 일에 본분本分을 힘쓰지 아니하고 다만 안락安樂함을 취하여, 오늘 마땅히 행할 것을 내일 가히 행하겠다 하며, 자기가 마땅히 할 것을 다른 사람이 가히 할 것이라 촉탁囑託함[113]이니라.

문114_ 질투嫉妬는 어떻게 이름이뇨?

---

110 과량(過量)하다: 양이 지나치다.
111 영락(零落)하다: 살림이 줄어들어 보잘것없이 되다.
112 쇠태(衰態): 쇠약한 상태나 모습.
113 촉탁(囑託)하다: 일을 부탁하거나 맡기다, 위임하다.

답114_ ᄌᆞ긔보다 승ᄒᆞᆫ 쟈ᄅᆞᆯ 슬희여ᄒᆞ고, 때 엇은 쟈ᄅᆞᆯ 투긔ᄒᆞ야 사ᄅᆞᆷ의 영춍을 깃거워 아니 ᄒᆞᆷ이니라.

문115_ 이 닐곱 가지가 엇지ᄒᆞ야 죄종이 되ᄂᆞ뇨?

답115_ 엇더ᄒᆞᆫ 큰 죄ᄅᆞᆯ 의론치 말고, 다 닐곱 가지 본종을 인ᄒᆞ야 짓ᄂᆞᆫ 것시니, 그 영벌을 브ᄅᆞᄂᆞᆫ 연유ㅣ 됨이니라.

문116_ 령혼삼ᄉᆞㅣ 그 본졍을 일타 ᄒᆞᆷ은 엇짐이뇨?

답116_ 텬쥬 모샹과 ᄀᆞᆺ흔 쟈ㅣ ᄒᆞ로아ᄎᆞᆷ에 범명ᄒᆞ야 그 춍우ᄅᆞᆯ 일코, 그 본졍을 변ᄒᆞ매 긔ᄒᆞᆷᄉᆞᄂᆞᆫ 둔ᄒᆞ고, 명오ᄉᆞᄂᆞᆫ 어둡고, 애욕ᄉᆞᄂᆞᆫ 냉ᄒᆞᆷ이니라.

문117_ 긔함은 엇더케 변ᄒᆞ엿ᄂᆞ뇨?

답117_ 텬쥬의 은혜ᄅᆞᆯ 긔억ᄒᆞ기ᄂᆞᆫ 심히 어렵고, 죄악에 갓가온 ᄉᆡᆼ각은 도리어 쉬옴이니라.

답114_ 자기보다 승勝한 자를 싫어하고, 때를 얻은 자를 투기妬忌하여 다른 사람의 영총榮寵[114]을 기꺼워 아니 함이니라.

문115_ 이 일곱 가지가 어찌하여 죄종罪宗이 되느뇨?

답115_ 어떠한 큰 죄를 의논치 말고, 다 일곱 가지 본종本宗을 인因하여 짓는 것이니, 그 영벌을 부르는 연유緣由가 됨이니라.

문116_ 영혼삼사靈魂三司가 그 본정을 잃다 함은 어찌함이뇨?

답116_ 천주 모상模像과 같은 자가 하루아침에 범명하여 그 총우寵佑를 잃고, 그 본정을 변함에 기함사記含司는 둔하고, 명오사明悟司는 어둡고, 애욕사愛慾司는 냉冷함이니라.

문117_ 기함記含은 어떻게 변하였느뇨?

답117_ 천주의 은혜恩惠를 기억記憶하기는 심히 어렵고, 죄'악에 가까운 생각은' 도리어 쉬움이니라.[115]

---

114 영총(榮寵): 임금의 은총. 윗사람이 내리는 은총.

115 죄'악에 가까운 생각은' 도리어 쉬움이니라: 이 문장에서 '악에 기우는 생각

문118_ 명오ᄂᆞᆫ 엇더케 변ᄒᆞ엿ᄂᆞ뇨?

답118_ 텬쥬의 ᄉᆞ졍 알기ᄂᆞᆫ 어렵고, 사욕 등ᄉᆞ 분별ᄒᆞ기ᄂᆞᆫ 쉬옴이니라.

문119_ ᄋᆡ욕은 엇더케 변ᄒᆞ엿ᄂᆞ뇨?

답119_ 텬쥬ᄂᆞᆫ ᄉᆞ랑치 아니ᄒᆞ고, 도로혀 범죄ᄒᆞᆯ ᄉᆞ졍만 ᄉᆞ랑ᄒᆞᆷ이니라.

문120_ 원조ㅣ 범명ᄒᆞ매 그 령혼의 벌이 육신에 비교ᄒᆞ야 엇더ᄒᆞᄂᆞ뇨?

답120_ 령혼이 그 쥬장된 고로 그 벌이 육신보다 갑졀 더ᄒᆞ니라.

문121_ 원조ㅣ 범명치 아니ᄒᆞ엿신즉, 이제 니ᄅᆞ도록 ᄌᆞ숀이 가이 ᄃᆡ당 복을 엇어 누리깃ᄂᆞ냐?

답121_ 사ᄅᆞᆷ의게 처음 명ᄒᆞ심은 ᄃᆡ당에셔 덕을 닥가 복을 누리다가 몃ᄇᆡᆨ 년 후에 산 ᄃᆡ로 텬국에 올ᄋᆞ게 ᄒᆞ

문118_ 명오明悟는 어떻게 변하였느뇨?

답118_ 천주의 사정 알기는 어렵고, 사욕私慾 등사等事를 분별하기는 쉬움이니라.

문119_ 애욕愛欲은 어떻게 변하였느뇨?

답119_ 천주는 사랑하지 아니하고, 도리어 범죄할 사정만 사랑함이니라.

문120_ 원조元祖가 범명犯命함에 그 영혼의 벌이 육신肉身에 비교하여 어떠하느뇨?

답120_ 영혼이 그 주장主張된 고로 그 벌이 육신보다 갑절 더하니라.

문121_ 원조가 범명치 아니하였은즉, 이제 이르도록 자손이 가히 지당地堂 복을 얻어 누리겠느냐?

답121_ 사람에게 처음 명하심은 지당에서 덕을 닦아 복을 누리다가 몇백 년 후에 산 대로 천국[116]에 오르게 하

은' 이란 부분은 복사본의 판독이 불분명하여 일부 남아 있는 자형(字型)을 보고 복원한 부분이다. 감준본 117은 친필본 138에 해당되나, 친필본에서는 이를 "죄(罪) 되는 생각은 잘하게 됨이니라."라고 기록하고 있다.

116 천국(天國): 소원신종 감준본에서 '천국'='텬국'이란 단어는 이곳과 '답 30'

심이 이 텬쥬의 본뜻이시니라.

문122_ 에와의 죄ᄅᆞᆯ 아담의게 비교ᄒᆞ면 뉘가 즁하뇨?

답122_ 아담이 쥬쟝된 고로 그 죄 즁ᄒᆞ리라.

문123_ 지공지의ᄒᆞ신 텬쥬ㅣ 엇더케 죄ᄅᆞᆯ 벌ᄒᆞ셧ᄂᆞ뇨?

답123_ 그 죄의 경중을 ᄯᆞᄅᆞ 벌하셧ᄂᆞ니라.

문124_ 사ᄅᆞᆷ을 유감ᄒᆞ던 ᄇᆡ암의 몸도 벌을 닙엇ᄂᆞ냐?

답124_ 텬쥬ㅣ 몬뎌 그 ᄇᆡ암의 몸을 벌ᄒᆞ야 지극히 흉ᄒᆞ고 독ᄒᆞ고 쳔ᄒᆞᆫ 류ㅣ 되게 ᄒᆞ샤 짜에 긔여 ᄒᆞᆰ을 먹게 ᄒᆞ시고, 또 일후에 ᄒᆞᆫ 셩녀ㅣ 잇셔 ᄇᆡ암의 머리ᄅᆞᆯ ᄇᆞᆲ게 명하셧ᄂᆞ니라.

문125_ 에와ᄂᆞᆫ 엇더케 벌을 닙엇ᄂᆞ뇨?

답125_ 텬쥬ㅣ 에와ᄅᆞᆯ 벌ᄒᆞ야 남ᄌᆞ의 아릿수 되여 슌명케 ᄒᆞ시고, 또 ᄒᆡ산ᄒᆞᄂᆞᆫ 고로옴이 잇게 하셧ᄂᆞ니라.

심이 이 천주의 본뜻이시니라.

문122_ 에와의 죄罪를 아담에게 비교하면 누가 중重하뇨?
답122_ 아담이 주장主張되는 고로 그 죄 중하리라.

문123_ 지공지의至公至義하신 천주가 어떻게 죄를 벌하셨느뇨?
답123_ 그 죄의 경중을 따라 벌하셨느니라.

문124_ 사람을 유감하던 뱀의 몸도 벌罰을 입었느냐?
답124_ 천주가 먼저 그 뱀의 몸을 벌罰하여 지극히 흉하고 독하고 천賤한 류類가 되게 하시어 땅에 기어 흙을 먹게 하시고, 또 일후日後에 한 성녀聖女가 있어 뱀의 머리를 밟게 명하셨느니라.

문125_ 에와는 어떻게 벌을 입었느뇨?
답125_ 천주가 에와를 벌罰하시어 남자男子의 아랫수가 되어 순명順命케 하시고, 또 해산解産하는 괴로움이 있게 하셨느니라.

에서만 나온다. '천당'='텬당'이란 단어는 57회 사용되고 있다. 이 점을 감안하면 '천국'이란 단어는 당시 보편적으로 사용되지 않은 단어였다.

문126_ 아담은 엇더케 벌ᄒᆞ셧ᄂᆞ뇨?

답126_ 텬쥬ㅣ 아담을 벌ᄒᆞ시ᄃᆡ, 셰샹 모든 고롤 밧아 밧ᄀᆞᄅᆞ 먹고, 질솜ᄒᆞ야 닙고, 몸의 병들고, ᄆᆞᄋᆞᆷ의 근심ᄒᆞᆷ으로 구ᄎᆞ이 살다가 죽게 ᄒᆞ시니라.

문127_ 원조 ᄂᆡ외 범명ᄒᆞᆫ 벌이 다만 그 몸에만 밋쳣ᄂᆞ냐?

답127_ 그 ᄌᆞ숀 된 쟈ㅣ 만셰에 니ᄅᆞ도록 다 그 죄벌에 무듦이니라.

문128_ 후ᄃᆡ 사ᄅᆞᆷ의 몸이 각각 그 부모ㅣ 잇셔 나니 엇지ᄒᆞ야 그 원죄의 무드ᄂᆞ뇨?

답128_ 비컨대, 산 니마에 브은 물이 흘너 산 불ᄭᆞ지 밋처 멀니 젓고 널니 넘침과 ᄀᆞᆺᄒᆞᆫ지라. 원조 범죄ᄒᆞᆫ 벌이 멀니 만셰 ᄌᆞ숀의게ᄭᆞ지 밋쳐 젼염ᄒᆞ야 다ᄒᆞ지 아니 ᄒᆞᆷ이니라.

문129_ ᄒᆞᆫ번 조고마ᄒᆞᆫ 실과 먹은 죄가 엇지 이ᄀᆞᆺ치 관즁ᄒᆞ야 만셰ᄭᆞ지 밋게 되엿ᄂᆞ뇨?

답129_ ᄒᆞᆫ번 실과 먹은 죄가 비록 잠간되고 ᄀᆞᄇᆡ야오나,

문126_ 아담을 어떻게 벌하셨느뇨?

답126_ 천주가 아담을 벌하시되, 세상世上 모든 고苦를 받아 밭 갈아 먹고, 길쌈하여 입고, 몸의 병들고, 마음의 근심함으로 구차苟且히 살다가 죽게 하시니라.

문127_ 원조元祖 내외內外 범명犯命한 벌罰이 다만 그 몸에만 미쳤느냐?

답127_ 그 자손 된 자가 만세萬世에 이르도록 다 그 죄벌에 물듦이니라.

문128_ 후대後代 사람의 몸이 각각 그 부모父母가 있어서 나니 어찌하여 그 원죄原罪에 물드느뇨?

답128_ 비유컨대, 산山 이마에 부은 물이 흘러 산 발까지 미쳐 멀리 젖고 널리 넘침과 같은지라. 원조 범죄한 벌이 멀리 만세 자손에게까지 미쳐 전염傳染하여 다하지 아니함이니라.

문129_ 한 번 조그마한 실과實果 먹은 죄가 어찌 이같이 관중貫衆하여[117] 만세까지 미치게 되었느뇨?

답129_ 한 번 실과 먹은 죄罪가 비록 잠깐暫間되고 가벼우나,

지극히 놉흐신 텬쥬끠 범명훈 고로 그 죄벌이 지극히 크고 먼니라.

문130_ 텬쥬ㅣ 지극히 인ᄌᆞᄒᆞ시니, 다만 원조 ᄂᆡ외 두 몸만 벌ᄒᆞ시고 그 만ᄃᆡ ᄌᆞ숀을 용샤ᄒᆞ심이 그 의리에 무숨 샹해홈이 잇ᄂᆞ뇨?

답130_ 비컨대, ᄒᆞᆫ 신하ㅣ 잇셔 그 군왕끠 죄롤 엇어 혹 꾸지룸을 입거나 혹 버힘을 보매, 그 ᄌᆞ손이 다 폐족이 되여 벼술을 못 홈과 ᄀᆞᆺ홈이니라.

문131_ 원조ㅣ 그 령혼을 구ᄒᆞᆫ 빙거ㅣ 잇ᄂᆞ냐?

답131_ 구빅년 회죄ᄒᆞᆫ 표양이 잇ᄉᆞ니 이 승텬ᄒᆞᆫ 빙거ㅣ 되ᄂᆞ니라.

문132_ 텬쥬ㅣ 만셰만민의 대부모ㅣ 되시니, 폐족과 갓ᄒᆞᆫ 만ᄃᆡ ᄌᆞ숀을 불샹이 넉여 구쇽지 아니ᄒᆞ시랴?

지극히 높으신 천주께 범명犯命한 고로 그 죄벌이 지극至極히 크고 멀리라.

문130_ 천주가 지극히 인자하시니, 다만 원조元祖 내외內外 두 몸만 벌하시고 그 만대萬代 자손을 용사容赦[118]하심이 그 의리에 무슨 상해傷害함이 있느뇨?

답130_ 비유컨대, 한 신하臣下가 있어서 그 군왕君王께 죄를 얻어 혹 꾸지람을 입거나 혹 베임을 봄에, 그 자손이 다 폐족廢族[119]이 되어 벼슬을 못 함과 같음이니라.

문131_ 원조가 그 영혼을 구救한 빙거憑據가 있느냐?

답131_ 900년[120] 회죄悔罪한 표양이 있으니 이 승천한 빙거憑據가 되느니라.

문132_ 천주는 만세만민의 대부모가 되시니, 폐족廢族과 같은 만대 자손을 불쌍히 여겨 구속救贖하지 아니하시랴?

---

117 관중(貫衆)하다: 많은 이들에게까지 이어지다.

118 용사(容赦)하다: 용서하여 놓아주다.

119 폐족(廢族): 조상이 형(刑)을 받아 그 자손이 벼슬길에 나가지 못하는 사실이나 또는 그러한 사람을 말한다.

120 900년: 창세기 5장 5절에는 아담이 930세까지 살다가 죽었다고 나온다.

답132_ 텬쥬ㅣ 오직 ᄒᆞ나이신 셩ᄌᆞ를 보내샤 구쇽ᄒᆞ실 일을 미리 뵈시니라.

답132_ 천주가 오직 하나이신 성자를 보내시어 구속하실 일을 미리 보이시니라.

텬쥬 강싱구쇽ᄒᆞ심이니라

문133_ 텬쥬ㅣ 무어ᄉᆞᆯ 위ᄒᆞ야 강싱ᄒᆞ시뇨?

답133_ 만셰만민의 죄 구쇽홈을 위ᄒᆞ심이니라.

문134_ 텬쥬ㅣ 친이 강싱치 아니ᄒᆞ시면 달니 구셰ᄒᆞ실 법이 업ᄂᆞ냐?

답134_ 지비지쳔ᄒᆞᆫ 사ᄅᆞᆷ이 지존지귀ᄒᆞ신 텬쥬ᄭᅴ 범명ᄒᆞ엿시니, 그 죄 지극히 즁대ᄒᆞ야, 지존지귀ᄒᆞ신 텬쥬 곳 아니면 쇽죄ᄒᆞᆯ 갑시 만만번 부족ᄒᆞ니라.

문135_ 텬쥬ㅣ 엇더케 강싱ᄒᆞ셧ᄂᆞ뇨?

답135_ 텬쥬 셩신의 젼능을 인ᄒᆞ야 졸셰 동졍

제5장

천주 강생구속하심이니라

[문133~문193; 소계 61 문답]

문133_ 천주가 무엇을 위하여 강생降生하시뇨?

답133_ 만세만민萬世萬民[121]의 죄 구속救贖함을 위하심이니라.

문134_ 천주가 친히 강생치 아니하시면 달리 구세救世하실 법이 없느냐?

답134_ 지비지천至卑至賤[122]한 사람이 지존지귀至尊至貴[123]하신 천주께 범명犯命하였으니, 그 죄는 지극히 중대重大하여, 지존지귀하신 천주 곧 아니면 속죄할 값이 만만번萬萬番 부족하니라.

문135_ 천주가 어떻게 강생하셨느뇨?

답135_ 천주 성신聖神의 전능全能을 인하여 졸세卒歲[124] 동정童貞

121 만세만민(萬世萬民): 모든 세대의 모든 백성.

122 지비지천(至卑至賤): 신분이 가장 낮고 천하다. 지존지귀(至尊至貴)의 대칭어(對稱語)이다.

123 지존지귀(至尊至貴): 신분이 지극히 존엄하고 지극히 귀하다. 지비지천(至卑至賤)의 대칭어이다.

124 졸세(卒歲): 보통 섣달을 보내고 한 해를 마침을 뜻한다. 그러나 여기에서는

이신 셩모 마리아의 조찰ᄒᆞᆫ 피로쎠 톄를 일우샤 인도로 말미암지 아니ᄒᆞ시고 인셩을 취ᄒᆞ야 텬쥬셩과 결합ᄒᆞ시니라.

문136_ 텬쥬 삼위 즁 어ᄂᆞ 위 강싱ᄒᆞ시뇨?

답136_ 뎨이위 셩ᄌᆞㅣ 강싱ᄒᆞ시니라.

문137_ 텬쥬ㅣ 일톄삼위시니, 엇지 홀노 셩ᄌᆞㅣ 강싱ᄒᆞ셧ᄂᆞ뇨?

답137_ 사ᄅᆞᆷ이 다 텬쥬 셩부ᄭᅴ 죄를 엇엇시니, 비컨대 신민들이 죄를 국왕ᄭᅴ 엇어 장ᄎᆞ 죽기를 면치 못하짓시매 국왕의 맛아ᄃᆞᆯ이 그 신민들을 불샹이 넉여 업ᄃᆡ여 부왕ᄭᅴ 쳥ᄒᆞᄃᆡ, 뎌 신민들을 ᄃᆡ신ᄒᆞ야 형벌을 밧아 죽어지이다. 우희로 부왕의 노를 플고

이신 성모 마리아Maria의 조찰澡擦한[125] 피로써 태胎를 이루시어 인도人道[126]로 말미암지 아니하시고 인성人性을 취하여 천주성天主性과 결합하시니라.

문136_ 천주 삼위三位 중 어느 위 강생하시뇨?

답136_ 제2위第二位 성자聖子가 강생하시니라.

문137_ 천주는 일체삼위一體三位이시니, 어찌 홀로 성자가 강생하였느뇨?

답137_ 사람이 다 천주 성부聖父께 죄를 얻었으니, 비유컨대 신민臣民[127]들이 죄를 국왕께 얻어 장차 죽기를 면치 못하겠음에 국왕의 맏아들이 그 신민들을 불쌍히 여겨 엎드려 부왕父王께 청하되, 저 신민들을 대신하여 형벌을 받아 죽을지이다. 위로 부왕父王의 노怒를 풀고

평생을 마칠 때까지라는 의미로 사용되고 있다.

125 조찰(澡擦)하다: 일반 사전에는 가톨릭 용어임을 밝히고 '죄를 씻고 닦다'는 의미로 해석하고 있다. 그러나 이는 적절하지 못한 설명으로 생각되며, '깨끗하다'라는 의미의 일반적 형용사이다.

126 인도(人道): 통상적 의미로는 '사람이 일반적으로 지켜야 할 도리'를 말한다. 그러나 여기에서는 인도라는 한자어의 자의(字義)대로 '인간적 방법'이란 의미로 사용되고 있다.

127 신민(臣民): 군주국에서 관리와 백성을 아울러 이르는 말.

아리로 신민의 죄를 쇽하면, 이 태ᄌᆞ의 일이 엇지 긔묘ᄒᆞᆫ 큰 덕이 아니랴.

문138_ 셩ᄌᆞㅣ 강싱ᄒᆞ시매 일흠을 무어시라 브ᄅᆞᄂᆞ뇨? .

답138_ 예수 그리스도ㅣ라 브ᄅᆞ니, 텬쥬의 본셩과 본톄 잇ᄂᆞᆫ 고로 텬쥬ㅣ시요, 사ᄅᆞᆷ의 령혼과 육신이 잇ᄂᆞᆫ 고로 사ᄅᆞᆷ이시니라.

문139_ 예수ㅣ 참 텬쥬ㅣ시오 참 사ᄅᆞᆷ이 되신즉, 두 위라 닐ᄋᆞ랴?

답139_ 예수의 쥬셩 인셩이 결합ᄒᆞ야 ᄒᆞᆫ 위시니라.

문140_ 예수의 쥬셩 인셩을 엇더케 쓰시ᄂᆞ뇨?

답140_ 예수ㅣ 텬쥬셩으로ᄂᆞᆫ 텬쥬를 친ᄒᆞ시고, 인셩으로ᄂᆞᆫ 우리 사ᄅᆞᆷ을 친ᄒᆞ시니, 텬쥬와 우리 사ᄅᆞᆷ 사이에 거ᄒᆞ샤 화목 공부ᄒᆞ심이니라.

문141_ 텬쥬와 우리 사ᄅᆞᆷ이 엇지ᄒᆞ야 화목을 일헛ᄂᆞ뇨?

아래로 신민의 죄를 속贖하면, 이 태자太子의 일이 어찌 기묘한 큰 덕이 아니랴.

문138_ 성자가 강생하심에 이름을 무엇이라 부르느뇨?

답138_ 예수 그리스도라 부르니, 천주의 본성本性과 본체本體가 있는 고로 천주이시요, 사람의 영혼과 육신이 있는 고로 사람이시니라.

문139_ 예수가 참 천주이시요 참 사람이 되신즉, 두 위位라 이르랴?

답139_ 예수의 주성主性[128] 인성人性이 결합하여 한 위시니라.

문140_ 예수의 주성 인성을 어떻게 쓰시느뇨?

답140_ 예수가 천주성으로는 천주를 친하시고, 인성으로는 우리 사람을 친하시니, 천주와 우리 사람 사이에 거居하시어 화목和睦 공부工夫하심이니라.

문141_ 천주와 우리 사람이 어찌하여 화목和睦을 잃었느뇨?

---

128 주성(主性): 천주성(天主性)의 준말.

답141_ 셰샹 사룸이 본딕 텬쥬의 모샹과 갓훈 아돌노써 원조 범명을 인ᄒᆞ야 다 텬쥬끠 죄롤 엇어 그 셩춍을 일코, 도로혀 셰쇽의 아돌과 샤마의 죵이 되엿ᄂᆞ니라.

문142_ 예수ㅣ 텬쥬와 우리 사룸 사이에 거ᄒᆞ야, 엇더케 화목 공부롤 ᄒᆞ셧ᄂᆞ뇨?

답142_ 예수ㅣ 인셩으로써 만고만난을 밧아 십ᄌᆞ가에 못 박혀 죽으시고, 쥬셩으로써 그 보혈 공로롤 텬쥬 셩부끠 드리샤 사룸으로 ᄒᆞ여곰 다시 셩춍을 엇어 굿훈 아돌이 되게 ᄒᆞ심이니라.

문143_ 예수의 텬쥬셩은 고난을 밧지 아니ᄒᆞ셧거놀 엇지 텬쥬ㅣ 난을 밧아 죽으셨다 니ᄅᆞᄂᆞ뇨?

답143_ 비유컨대, 사룸이 령혼과 육신이 잇셔 셔로 합홈이어놀, 육신이 병드러 죽으매 엇지 홀노 육신이 죽엇다 ᄒᆞ리오. 반ᄃᆞ시 골오딕 그 사룸이 죽엇다 ᄒᆞ리라.

답141_ 세상 사람이 본디 천주의 모상模像과 같은 아들로서 원조元祖 범명犯命을 인하여 다 천주께 죄를 얻어 그 성총聖寵을 잃고, 도리어 세속의 아들과 사마邪魔[129]의 종이 되었느니라.

문142_ 예수는 천주와 우리 사람 사이에 거居하여, 어떻게 화목和睦 공부工夫를 하셨느뇨?

답142_ 예수가 인성人性으로써 만고만난萬苦萬難[130]을 받아 십자가에 못 박혀 죽으시고, 주성主性으로써 그 보혈寶血 공로功勞를 천주 성부께 드리시어 사람으로 하여금 다시 성총을 얻어 같은 아들이 되게 하심이니라.

문143_ 예수의 천주성天主性은 고난을 받지 아니하셨거늘 어찌 천주가 고난을[131] 받아 죽으셨다 이르느뇨?

답143_ 비유컨대, 사람이 영혼과 육신이 있어 서로 합合함이어늘, 육신이 병들어 죽음에 어찌 홀로 육신이 죽었다 하리오. 반드시 가로되 그 사람이 죽었다 하리라.

---

129 사마(邪魔): 덕을 닦는 데 방해가 되는 마귀. 사악한 마귀.

130 만고만난(萬苦萬難): 온갖 고통과 모든 어려움.

131 고난: 감준본에는 '난'으로만 되어 있다. 그러나 친필본을 참고할 때, 이는 필사 과정에서의 탈자(脫字)로 생각되어 '고난'으로 바로잡았다.

문144_ 예수ㅣ 셰샹 사ᄅᆞᆷ ᄉᆞ랑ᄒᆞ심을 엇더케 ᄒᆞ시ᄂᆞ뇨?

답144_ 예수ㅣ 지존ᄒᆞ신 톄로 ᄒᆞᆫ 졈 피만 흘녀도 가히 만민 죄ᄅᆞᆯ 씨셔 구쇽공로ㅣ 넉넉히 유여하깃시ᄃᆡ, 즐겨 죽기ᄭᆞ지 니ᄅᆞ시기ᄂᆞᆫ 특별이 그 ᄋᆡ졍의 지극무한ᄒᆞᆷ을 뵈심이니라.

문145_ 텬쥬ㅣ 강ᄉᆡᆼ구쇽ᄒᆞ심을 엇지ᄒᆞ야 고난으로쎠 표ᄅᆞᆯ 세우셧ᄂᆞ뇨?

답145_ 우리들의 구령ᄒᆞᄂᆞᆫ 도리 오직 감고감난ᄒᆞᆷ에 잇ᄉᆞᆷ을 뵈심이니라.

문146_ 오쥬 예수ㅣ 셩탄 후 팔 일에 할숀례ᄅᆞᆯ 밧으심은 무ᄉᆞᆷ 뜻이뇨?

답146_ 고교례ᄅᆞᆯ 의지ᄒᆞ야 슌명ᄒᆞ신 표ㅣ오, 또

문144_ 예수가 세상 사람 사랑하심을 어떻게 하시느뇨?

답144_ 예수가 지존至尊하신 체體로 한 점 피만 흘려도 가히 만민 죄를 씻어 구속공로救贖功勞가 넉넉히 유여有餘하겠으되, 즐겨 죽기까지 이르시기는 특별히 그 애정의 지극무한至極無限[132]함을 보이심이니라.

문145_ 천주가 강생구속降生救贖하심을 어찌하여 고난으로써 표表를 세우셨느뇨?

답145_ 우리들의 구령救靈하는 도리 오직 감고감난堪苦堪難[133]함에 있음을 보이심이니라.

문146_ 오주吾主 예수는 성탄 후 8일에 할손례割損禮[134]를 받으심은 무슨 뜻이뇨?

답146_ 고교례古敎禮[135]를 의지하여 순명順命하신 표表요, 또

132 지극무한(至極無限): 지극하고 한이 없음.

133 감고감난(堪苦堪難): 고난을 견디어 냄.

134 할손례(割損禮): 할례(割禮)의 옛말. 할례는 이스라엘 유대교 등의 통과의례 가운데 하나이다. 유대교의 경우는 하느님과 이스라엘 백성이 맺은 계약의 상징이었고 선민(選民)의 상징이기도 했다. 유대교는 남자 아기가 태어난 지 8일 만에 할례를 하도록 규정했다. 할례는 남자 아기의 성기 표피의 일부를 제거하는 일종의 수술(手術) 행위였다.

135 고교례(古敎禮): 구약시대의 유대교 규정. 친필본에서는 고교법(古敎法)이란 단어를 사용하고 있다.

삼십삼 년 슈난ᄒᆞ실 긔약을 지완이 넉여, 몬뎌 그 할 숀ᄒᆞ신 피로 흘녀 시죽ᄒᆞ심이니라.

문147_ 예수ㅣ 삼십삼 년 ᄉᆞ이에 나자릐 고을에 거ᄒᆞ샤 셩모와 셩 요셉으로 더브러 무슴 일을 ᄒᆞ셧ᄂᆞ뇨?

답147_ 예수ㅣ 친이 싱애 일을 ᄒᆞ샤, 간난을 감슈ᄒᆞ시고 효슌ᄒᆞ신 표양을 세우샤, 특별이 후셰 사ᄅᆞᆷ의 탐ᄌᆡ홈과 헛된 톄면과 교오ᄒᆞᆫ 모든 죄로 증계ᄒᆞ심이니라.

문148_ 예수ㅣ 광야에셔 사십 일 대ᄌᆡᄒᆞ심은 무슴 일을 위ᄒᆞ심이뇨?

답148_ 그 구쇽ᄒᆞ실 공부를 예비ᄒᆞ심이니라.

문149_ 예수ㅣ 구쇽 공부를 엇더케 예비ᄒᆞ셧ᄂᆞ뇨?

답149_ 슈난ᄒᆞ실 일을 묵샹ᄒᆞ샤 셩부ᄭᅴ 긔구

33년 수난하실 기약期約[136]을 지완遲緩[137]히 여겨, 먼저 그 할손割損하신 피를 흘려 시작始作하심이니라.

문147_ 예수는 33년 사이에 나자렛Nazareth 고을에 거하시어 성모와 성 요셉Joseph으로 더불어 무슨 일을 하셨느뇨?

답147_ 예수가 친히 생애生涯 일을 하시어, 간난艱難을 감수甘受하시고 효순孝順하신[138] 표양表樣을 세우시어, 특별히 후세 사람의 탐재貪財함과 헛된 체면體面과 교오驕傲한[139] 모든 죄를 징계懲戒하심이니라.

문148_ 예수는 광야에서 40일 대재大齋[140]하심은 무슨 일을 위하심이뇨?

답148_ 그 구속救贖하실 공부工夫를 예비豫備하심이니라.

문149_ 예수는 구속 공부를 어떻게 예비하셨느뇨?

답149_ 수난受難하실 일을 묵상默想하시어 성부聖父께 기구祈求

136 기약(期約): 때를 정하여 약속함, 또는 그런 약속.
137 지완(遲緩): 느리고 더딤.
138 효순(孝順)하다: 효도하고 순명하다.
139 교오(驕傲)하다: 잘난 체하고 뽐내며 건방지다.
140 대재(大齋): 오늘날 가톨릭 용어로 단식재(斷食齋)를 말한다.

ᄒᆞ시고, 또 념경ᄒᆞ샤 우리들 신공에 착ᄒᆞᆫ 표양을 세우심이니라.

문150_ 예수ㅣ 욜당 하에셔 요안 밥지스다의게 셰ᄅᆞᆯ 밧으심은 무ᄉᆞᆷ 뜻이뇨?

답150_ 장차 성셰ᄅᆞᆯ 세우실 표ㅣ오, 또 셰샹 사ᄅᆞᆷ의 그 죄 통회홈을 ᄀᆞᄅᆞ치심이니라.

문151_ 예수ㅣ 삼년 젼교ᄒᆞ실 때에, 셩적을 만이 힝ᄒᆞ심은 무ᄉᆞᆷ 뜻이뇨?

답151_ 그 밋어 좃ᄂᆞᆫ 사ᄅᆞᆷ의 신덕을 견고케 코져 ᄒᆞ심이니라.

문152_ 예수ㅣ 엇지ᄒᆞ야 우몽비쳔ᄒᆞᆫ 사ᄅᆞᆷ을 ᄲᆡ혀 열두 종도ᄅᆞᆯ 뎡ᄒᆞ셧ᄂᆞ뇨?

답152_ 후셰 사ᄅᆞᆷ으로 ᄒᆞ여곰 셩교ㅣ 만셰만방

하시고, 또 염경念經하시어 우리들 신공神工에 착한 표양表樣을 세우심이니라.

문150_ 예수가 요르단Jordan 하河에서 요한 밥디스다Johannes Baptista에게 세洗를 받으심은 무슨 뜻이뇨?

답150_ 장차 성세聖洗를 세우실 표表요, 또 세상 사람의 그 죄 통회痛悔함을 가르치심이니라.

문151_ 예수가 3년 전교하실 때에, 성적聖蹟[141]을 많이 행하심은 무슨 뜻이뇨?

답151_ 그 믿어 좇는 사람의 신덕信德을 견고케 하고자 하심이니라.

문152_ 예수는 어찌하여 우몽비천愚蒙卑賤[142]한 사람을 뽑아 열두 종도宗徒[143]를 정하셨느뇨?

답152_ 후세 사람으로 하여금 성교聖敎가 만세만방萬世萬邦[144]

---

141 감준본에서는 '성적(聖蹟)'으로 되어 있다. 이는 영적(靈蹟)과 같은 뜻으로 생각된다. 영적은 기적을 가리키는 옛 교회 용어. 기적은 하느님에 의해 이루어졌다고 믿어지는 불가사의한 현상을 말한다.

142 우몽비천(愚蒙卑賤): 어리석고 신분이 낮음.

143 종도(宗徒): 예수가 가려 뽑은 열두 제자인 사도(使徒)의 옛 용어.

144 만세만방(萬世萬邦): 모든 세대와 모든 나라.

에 젼ᄒᆞᆷ이 이에 텬쥬의 일이오, 사ᄅᆞᆷ의 ᄌᆡ능과 셰력으로써 못 ᄒᆞᄂᆞᆫ 줄을 알게 코져 ᄒᆞ심이니라.

문153_ 예수ㅣ 다불 산에셔 텬쥬 셩용을 나타내심은 무ᄉᆞᆷ 뜻이뇨?

답153_ 종도들노 ᄒᆞ여곰 당신의 죽기ᄅᆞᆯ 달게 밧으시ᄂᆞᆫ 줄을 알아 그 당ᄒᆞᄂᆞᆫ바 셰샹 고난을 겁내지 말며 ᄉᆞ양치 말고져 ᄒᆞ심이니라.

문154_ 예수ㅣ 슈난 젼날에 셩톄 대례ᄅᆞᆯ 세우심은 무ᄉᆞᆷ 뜻이뇨?

답154_ 이ᄂᆞᆫ 예수ㅣ 지극히 ᄉᆞ랑ᄒᆞ시ᄂᆞᆫ 졍이 세 ᄭᅳᆺ치 니ᄉᆞᆷ이니, 우리 사ᄅᆞᆷ으로 더브러 친합ᄒᆞ야 영원이 떠ᄂᆞ지 아니코져 ᄒᆞᆷ이 ᄒᆞ나히오, ᄌᆞ긔 보혈노써 착ᄒᆞᆫ 벗의 령신 량식이 되고져 ᄒᆞᆷ이 둘이오, 우리들노 ᄒᆞ여곰 ᄒᆞᆫ 가지로 텬당 진복을 누리고져 ᄒᆞ

에 전함이 이에 천주의 일이요, 사람의 재능과 세력으로써 못 하는 줄을 알게 하고자 하심이니라.

문153_ 예수가 타볼Tabol 산에서 천주 성용聖容[145]을 나타내심은 무슨 뜻이뇨?[146]

답153_ 종도들로 하여금 당신의 죽기를 달게 받으시는 줄을 알아 그 당하는바 세상 고난을 겁내지 말며 사양치 말고자 하심이니라.

문154_ 예수가 수난受難 전날에 성체聖體 대례大禮[147]를 세우심은 무슨 뜻이뇨?

답154_ 이는 예수가 지극히 사랑하시는 정情이 세 끝이 있음이니, 우리 사람으로 더불어 친합親合하여[148] 영원히 떠나지 아니하고자 함이 하나요, 자기 보혈寶血[149]로써 착한 벗의 영신靈神 양식糧食이 되고자 함이 둘이요, 우리들로 하여금 한가지로 천당 진복眞福을 누리고자 하

145 성용(聖容): 성스러운 얼굴, 예수의 얼굴.
146 예수의 거룩한 변모: 마태 9,2-8, 루카 9,24-36 참조.
147 대례(大禮): 중대한 의식.
148 친합(親合)하다: 가깝게 일치를 이루다.
149 보혈(寶血): 예수의 거룩하고 보배스러운 피.

심이 셰히니라

문155_ 예수ㅣ 산원에셔 피똠을 흘녀다 ᄒᆞ심은 무슴 뜻이뇨?
답155_ 예수ㅣ 만셰만민의 죄롤 깁히 앏하ᄒᆞ샤 지대지즁ᄒᆞᆫ 고난을 둘게 밧아 죽으시되, 후셰 사롬이 오히려 이 은혜롤 빅반ᄒᆞ고 디옥에 빠지ᄂᆞᆫ 쟈ㅣ 만흘지라. 예수ㅣ 싱각이 이에 밋ᄎᆞ시매 ᄆᆞ음이 민망ᄒᆞ시고 긔운이 답답ᄒᆞ샤 털구멍이 열려 피 소샤 똠ᄀᆞᆺ치 흘너 싸흘 젹심이니라.

문156_ 예수ㅣ 악당의 결박홈을 즐겨 밧으심은 무슴 뜻이뇨?
답156_ 텬쥬의 젼능을 깁히 감초시고 오직 그 량슌ᄒᆞ신 착ᄒᆞᆫ 표양을 뵈심이니라.

문157_ 예수ㅣ 아나스 아문에셔 빰치ᄂᆞᆫ 욕을 밧

심이 셋이니라.

문155_ 예수가 산원山園에서 피땀을 흘렸다 하심은 무슨 뜻이뇨?[150]

답155_ 예수가 만세만민萬歲萬民의 죄罪를 깊이 아파하시어 지대지중至大至重[151]한 고난을 달게 받아 죽으시되, 후세後世 사람이 오히려 이 은혜를 배반하고 지옥에 빠지는 자가 많을지라. 예수가 생각이 이에 미치심에 마음이 민망憫惘하시고 기운氣運이 답답하시어 털구멍이 열려 피 솟아 땀같이 흘러 땅을 적심이니라.

문156_ 예수가 악당惡黨의 결박結縛함을 즐겨 받으심은 무슨 뜻이뇨?

답156_ 천주의 전능全能을 깊이 감추시고 오직 그 양순良順하신 착한 표양表樣을 보이심이니라.

문157_ 예수가 안나스Annas[152] 아문衙門[153]에서 뺨치는 욕을 받

---

150 산원에서의 기도: 마태 26,36-42, 마르 14,32, 루카 22,39-46 참조.

151 지대지중(至大至重): 지극히 크고 지극히 엄중함.

152 안나스(Annas): 친필본과 감준본 모두 '아나스'로 나온다. AD 1세기에 작성된『역대 제사장 명단』에는 헤로데 대왕 시절 제49대 대제사장은 아나넬

으심은 무숨 뜻이뇨?

답157_ 특별이 닌내ᄒᆞ시ᄂᆞᆫ 덕을 뵈샤, 우리들노 ᄒᆞ여곰 셰샹에셔 능욕을 돌게 밧ᄂᆞᆫ 착ᄒᆞᆫ 표양을 알게 코져 ᄒᆞ심이니라.

문158_ 예수ㅣ ᄀᆡ바스 아문에셔 낫ᄎᆡ 침 밧ᄂᆞᆫ 욕을 밧으심은 무숨 뜻이뇨?

답158_ 특별이 겸손ᄒᆞ신 덕을 나타내샤 우리들노 ᄒᆞ여곰 그 톄면의 헛되고 거즛됨을 알게 ᄒᆞ심이니라.

문159_ 예수ㅣ 헤로데 아문에셔 ᄭᅳ을니ᄂᆞᆫ 옷술 닙히고 밋친 사ᄅᆞᆷ으로 지목ᄒᆞᄂᆞᆫ 욕을 밧으심은 무숨

으심은 무슨 뜻이뇨?[154]

답157_ 특별히 인내하시는 덕德을 보이시어, 우리들로 하여금 세상에서 능욕凌辱을 달게 받는 착한 표양을 알게 하고자 하심이니라.

문158_ 예수가 가야파Kaipas[155] 아문에서 낯에 침 받는 욕을 받으심은 무슨 뜻이뇨? [156]

답158_ 특별히 겸손하신 덕을 나타내시어 우리들로 하여금 그 체면의 헛되고 거짓됨을 알게 하심이니라.

문159_ 예수가 헤로데Herodes[157] 아문에서 끌리는 옷을 입히고 미친 사람으로 지목指目하는 욕을 받으심은 무슨

(Ananel)이다. 그러나 신약성경에서는 예수시대 대사장이 안나스로 기록되어 있다. 그는 대제사장으로 군림하면서 사위인 가야파 제사장 배후에서 권력을 휘둘렀다.

153 아문(衙門): 관아(官衙), 관청(官廳)에 대한 총칭이다. 그러나 성경에서는 간혹 성전(聖殿)을 아문으로 표현하기도 했다.

154 안나스…뜻이뇨?: 요한 18,19-24, 마태 26,59-66, 마르 14,55-64, 루카 22,66-71 참조.

155 가이파스(Kaipas): 친필본과 감준본 원문에서는 'ᄀ]바ᄉᆞ'로 나온다. ᄀ]바ᄉᆞ>가이파스(Kaipas)>가야파.

156 가야파…뜻이뇨?: 마태 56,57-69, 마르 14,53-65, 루카 22,54-55, 요한 18,12-14, 19-24 참조.

157 헤로데: 헤로데스(Herodes, BC 73~AD 4). 유데아의 왕.

뜻이뇨?

답159_ 텬쥬의 덕능을 낫타내지 아니ᄒᆞ시고, 셰샹 사ᄅᆞᆷ이 못 갓지 아니ᄒᆞᆫ 옷시 샤치ᄒᆞᆫ 거ᄉᆞᆯ 닙기 됴화ᄒᆞᆷ을 증계코져 ᄒᆞ심이니라.

문160_ 예수ㅣ 비라도 아문에셔 무수ᄒᆞᆫ 편틔 밧으심은 무ᄉᆞᆷ 뜻이뇨?

답160_ 예수의 거륵ᄒᆞ신 몸의 가족과 살이 샹치 아니ᄒᆞᆫ 곳이 업ᄉᆞᆷ은 우리들의 ᄉᆞ욕으로 육신 기ᄅᆞᄂᆞᆫ 죄를 보쇽ᄒᆞ심이니라.

문161_ 예수ㅣ 홍포를 닙히고 유더아 룡왕이라 닐ᄏᆞᄅᆞᆷ을 밧으심은 무ᄉᆞᆷ 뜻이뇨?

답161_ 예수ㅣ 능모ᄒᆞᄂᆞᆫ 욕을 밧으샤, 만셰 사ᄅᆞᆷ

뜻이뇨?[158]

답159_ 천주의 덕능德能을 나타내지 아니하시고, 세상 사람이 맛갖지 아니한 옷에 사치한 것을 입기 좋아함을 징계하고자 하심이니라.

문160_ 예수가 비라도Pilato 아문에서 무수無數한 편태鞭笞[159]를 받으심은 무슨 뜻이뇨?[160]

답160_ 예수의 거룩하신 몸의 가죽과 살이 상傷치 아니한 곳이 없음은 우리들의 사욕私慾으로 육신 기르는 죄를 보속補贖하심이니라.

문161_ 예수가 홍포紅布[161]를 입히고 유데아 융왕隆王[162]이라 일컬음을 받으심은 무슨 뜻이뇨?

답161_ 예수가 능모陵侮하는[163] 욕을 받으시어, 만세萬歲 사람

---

158 헤로데…뜻이뇨: 루카 6,6-12 참조.

159 편태(鞭笞): 매를 때릴 때 쓰는 가는 나뭇가지, 회초리 또는 가죽 채찍.

160 비라도…뜻이뇨?: 마태 27,1-2/27,11-26 참조.

161 홍포(紅布): 붉은 천의 옷.

162 융왕(隆王): 감준본 본문은 '룽왕'으로 되어 있다. 굳이 한자로 옮긴다면 '융왕(隆王)' 즉 '크고 높은 왕'으로 쓸 수 있겠으나, 이러한 단어의 용례는 찾을 수 없다. 한편, 친필본에서는 '임금'으로만 기록되어 있다. 그렇다면 감준본에서 사용된 '룽'은 연문(衍文)일 가능성이 있다.

163 능모(陵侮)하다: 업신여기며 깔보고 모욕하다.

의 영명 탐ᄒᆞᄂᆞᆫ 죄ᄅᆞᆯ 보쇽ᄒᆞ심이니라.

문162_ 예수ㅣ 거륵ᄒᆞ신 머리에 가시관을 씨우ᄂᆞᆫ 욕을 밧으심은 무슴 뜻이뇨?

답162_ 예수 그 능멸ᄒᆞᄂᆞᆫ 욕을 ᄎᆞᆷ아 밧으샤 우리들의 교오ᄒᆞ야 우희ᄅᆞᆯ 도화ᄒᆞᄂᆞᆫ 죄ᄅᆞᆯ 보쇽ᄒᆞ심이니라.

문163_ 예수ㅣ 숀에 ᄎᆞᆷ딗갑이ᄅᆞᆯ 잡고, 친이 국왕의 권병의 영명英名[164] 탐하는 죄를 보속補贖하심이니라.

문162_ 예수가 거룩하신 머리에 가시관을 씌우는 욕을 받으심은 무슨 뜻이뇨?

답162_ 예수 그 능멸하는 욕을 참아 받으시어 우리들의 교오驕傲하여 '위에를'[165] 좋아하는 죄를 보속補贖하심이니라.

문163_ 예수가 손에 참대갑이[166]를 잡고, 친히 국왕의 권병

---

164 영명(英名): 뛰어난 영예나 명성.

165 위에를: 감준본에서는 '우희ᄅᆞᆯ'로 나온다. 이는 '위에를'로 옮겨지는데, '윗자리'에 해당하는 단어이다.

166 참대갑이: 원문은 'ᄎᆞᆷᄃᆡ갑이'이다. 이는 ᄎᆞᆷ+ᄃᆡ가비의 형태다. '참대'는 ᄎᆞᆷᄃᆡ> ᄎᆞᆷ대> 참대로 변이되었다. 참대는 볏과에 속하는 대의 하나로 왕대와 비슷하나 높이는 20미터이고 지름은 4센티가량으로 일반 대나무보다는 작다. 한편, 때로는 '갈대'를 '참대'로 쓰기도 했다. 현재 제주도 방언에는 'ᄎᆞᆷ대'라는 말이 남아 있다. 제주 방언인 'ᄎᆞᆷ대낚시'라는 단어는 가늘고 작은 낚싯대로 낚시를 하는 일을 말한다. 한편, '갑이'에서 갑(笚)은 대나무의 일종을 말한다. '대갑'은 '역전앞'이란 말에서 '전(前)'과 '앞'이 중복되어 사용되듯이, '대'와 '갑(笚)'이 중복되어 만들어진 단어로 볼 수도 있다. 한편, 'ᄎᆞᆷ대갑이'를 'ᄎᆞᆷ+대+갑이'로 인식하는 경우에서라면, '갑이'라는 단어는 '갑이> 가비'로 생각된다. '가비'는 '조가비'가 조개의 껍데기인 것처럼 여기서는 껍데기를 의미할 수 있다. 패갑(貝甲)은 조가비의 한자어, 성경에서는 이 장면이 마태 27,29 "가시나무로 관을 엮어 그분 머리에 씌우고 오른손에 갈대를 들리고서는 그분 앞에 무릎을 꿇고 유다인들의 임금님 만세하며 조롱하였다"와 마르 15,19 "또 갈대로 그분의 머리를 때리고 침을 뱉고서는 무릎을 꿇고 엎드려 예수님께 절하였다."와 연관이 있다. 여기에서 예수가 들고 있는 '갈대'는 국왕이 들고 있는 권위의 상징물인 권병(權柄)에 대칭되는 개념이다.

잡은 희롱을 밧으심은 무슴 뜻이뇨?

답163_ 우리들노 ᄒᆞ여곰 예전의 헛되고 환릉홈인 줄을 알게 코져 ᄒᆞ심이오, 또 그 람권ᄒᆞᄂᆞᆫ 죄를 쇽ᄒᆞ심이니라.

문164_ 예수ㅣ 슈죡에 못 박히심은 무슴 뜻이뇨?

답164_ 예수ㅣ 그 겸비ᄒᆞ신 ᄆᆞ음으로 긔 극쳔ᄒᆞᆫ 형벌을 즐겨 밧으샤, 써, 우리들의 손으로 범ᄒᆞ고, ᄇᆞᆯ노 걸닌 죄를 쇽ᄒᆞ심이니라.

문165_ 예수ㅣ 륵방에 창으로 찌름을 밧으샤 피와 물을 다 흘리심은 무슴 뜻이뇨?

답165_ 그 셩혈과 셩슈로써 만셰만민 ᄆᆞ음쇽에 은밀ᄒᆞᆫ 모든 죄를 탕쳑ᄒᆞ야 쇽ᄒᆞ심이니라.

權柄[167] 잡은 희롱戱弄을 받으심은 무슨 뜻이뇨?

답163_ 우리들로 하여금 예전의 헛되고 환릉幻愣[168]함인 줄을 알게 하고자 하심이요, 또 그 남권하는濫權[169] 죄를 속贖하심이니라.

문164_ 예수가 수족手足에 못 박히심은 무슨 뜻이뇨?

답164_ 예수가 그 겸비謙卑하신[170] 마음으로 그 극천極賤한 형벌刑罰을 즐겨 받으시어, 우리들의 손으로 범하고, 발로 걸린 죄를 속贖하심이니라.

문165_ 예수가 늑방肋肪[171]에 창槍으로 찌름을 받으시어 피와 물을 다 흘리심은 무슨 뜻이뇨?

답165_ 그 성혈聖血과 성수聖水로써 만세만인萬歲萬人 마음속에 은밀한 모든 죄를 탕척蕩滌하여[172] 속贖하심이니라.

---

167 권병(權柄): 권력으로 사람을 마음대로 좌우할 수 있는 힘. 또는 그런 지위나 신분을 나타내는 상징물을 말한다.

168 환릉(幻愣): 허깨비 같고 멍청함.

169 남권(濫權)하다: 함부로 권력을 휘두르다.

170 겸비(謙卑)하다: 자신을 겸손하게 낮추다.

171 늑방(肋肪): 옆구리.

172 탕척(蕩滌)하다: 죄명이나 전과(前科) 등을 깨끗이 씻어내다.

문166_ 예수ㅣ 십ᄌᆞ가 우희셔 닐곱 말ᄉᆞᆷ ᄒᆞ심은 무ᄉᆞᆷ 뜻이뇨?

답166_ 예수ㅣ 임의 만셰만민의 대부ㅣ 되시ᄂᆞᆫ 고로 림죵 때를 당ᄒᆞ시매 특별이 그 ᄌᆞ숀을 ᄉᆞ랑ᄒᆞᄂᆞᆫ ᄆᆞᄋᆞᆷ으로써 말ᄉᆞᆷ을 끼쳐 훈계를 드리우시니라.

문167_ 뎨일 말ᄉᆞᆷ은 "뎌들이 ᄒᆞᆯ 바를 아지 못홈이라." ᄒᆞ셧시니 무ᄉᆞᆷ 뜻이뇨?

답167_ 예수가 당신 고난은 니져버리시고 악당들을 불샹이 보샤, 써, 우리들의게 원슈 ᄉᆞ랑ᄒᆞᄂᆞᆫ 표를 뵈심이니라.

문168_ 뎨이 말ᄉᆞᆷ은 우도의게 텬당복락 누

문166_ 예수가 십자가 위에서 일곱 말씀[173]을 하심은 무슨 뜻이뇨?

답166_ 예수가 이미 만세만민의 대부大父가 되시는 고로 임종臨終 때를 당하심에 특별히 그 자손을 사랑하는 마음으로써 말씀을 끼쳐 훈계를 드리우시니라.

문167_ 제일第一 말씀[174]은 "저들이 할 바를 알지 못함이라." 하셨으니 무슨 뜻이뇨?

답167_ 예수가 당신 고난은 잊어버리시고 악당들을 불쌍히 보시어, 써, 우리들에게 원수怨讎 사랑하는 표를 보이심이니라.

문168_ 제이第二 말씀[175]은 우도右盜[176]에게 천당복락天堂福樂 누

173 일곱 말씀: 한문 서학서에서는 '가상칠언(架上七言)'으로 되어 있다. 예수가 십자가 위에서 한 일곱 마디의 말씀으로 세상을 떠나면서 한 사세구(辭世句) 또는 임종게(臨終偈)이다. 네 복음서에 흩어져 있는 마지막 말씀 일곱 마디를 모아서 한 편으로 엮었다. 다만, 이 말씀의 순서가 교회 내에서 배열한 전통적 순서대로 했다는 객관적 증거는 없다. 유럽의 교회에서는 이 가상칠언을 음악화하였는데, 하이든(Franz Joseph Haydn)의 오라토리오 '십자가 위에서 한 일곱 말씀(Die sieben letzen Worten unseres Erlösers am Kreuz)' 등이 있다.

174 제일 말씀: 루카 23,34. 예수가 원수에 대한 사랑을 몸소 실천한 말로 해석되어 왔다.

림을 허락ᄒᆞ셧시니 무숨 쓰이뇨?

답168_ 예수ㅣ 크게 ᄋᆡ련하신 졍을 발ᄒᆞ샤, ᄡᅧ, 우리들의게 사ᄅᆞᆷ 용셔ᄒᆞᄂᆞᆫ 덕을 훈계ᄒᆞ심이니라.

문169_ 뎨삼 말ᄉᆞᆷ은 셩모ᄅᆞᆯ 향ᄒᆞ야 요왕을 ᄀᆞᄅᆞ쳐 니르ᄉᆞᄃᆡ, “뎌ㅣ 너의 아ᄃᆞᆯ이라.” ᄒᆞ시고, 요왕을 향ᄒᆞ야 셩모ᄅᆞᆯ ᄀᆞᄅᆞ쳐 닐ᄋᆞ샤ᄃᆡ “뎌ㅣ 너의 모친이라” ᄒᆞ셧시니, 무ᄉᆞᆷ ᄯᅳᆺ이뇨?

답169_ 예수ㅣ 크게 인효ᄒᆞ신 졍을 발ᄒᆞ샤, ᄡᅧ, 우리들이 맛당이 부모ᄅᆞᆯ 효셩ᄒᆞ야 슌명홈을 ᄀᆞᄅᆞ

림을 허락許諾하셨으니 무슨 뜻이뇨?

답168_ 예수가 크게 애련愛憐하신[177] 정情을 발發하시어, 써, 우리들에게 사람 용서容恕하는 덕을 훈계하심이니라.

문169_ 제삼第三言 말씀[178]은 성모를 향하여 요왕[179]을 가리켜 이르되, "저가 너의 아들이라." 하시고, 요왕을 향하여 성모를 가리켜 이르시되, "저가 너의 모친이라." 하셨으니, 무슨 뜻이뇨?

답169_ 예수가 크게 인효仁孝하신[180] 정을 발하시어, 써, 우리들이 마땅히 부모를 효성孝誠하여 순명順命함을 가르

---

175 제이 말씀: 루카 23,34. 유대 사상에서는 의인들이 죽어서 하느님과 함께 있는 곳을 낙원으로 불렀는데, 루카는 예수 자신과 함께 있는 곳이 낙원임을 말해 주고 있다.

176 우도(右盜): 갈바리아 산에서 예수의 십자가 오른편에 달려 있던 죄수. 교회 전승에서는 우도의 이름은 '디스마스(Dismas)'로, 좌도(左盜)는 '게스타스(Gestas)'로 전해져 오고 있다.

177 애련(愛憐)하다: 어리거나 약한 사람을 가엽고 애처롭게 여기다.

178 제삼 말씀: 요한 19,26-27. 어머니 마리아와 요한의 새로운 관계를 말하고 있다. 여기에서 마리아는 이스라엘 백성을 상징하고, 요한은 그리스도 교회를 상징하는 언어로 해석되기도 했다.

179 요왕: 박해시대 조선 교회에서는 성경에 나오는 요한(Johannes) 가운데 '세례자 요한'은 '요안'으로 불렀고 '사도 요한'은 '요왕'으로 구별하여 불렀다. 그러나 『소원신종』이 저술될 당시에는 이러한 원칙이 확립되지 않아, 『소원신종』(문 204)에서는 '요안'과 '요왕'에 대한 뚜렷한 구분 없이 '사도 요안'으로 쓰고 있다.

180 인효(仁孝)하다: 어질고 효성스럽다.

치심이니라.

문170_ 뎨ᄉ 말솜은 "목ᄆᆞᄅᆞ다." ᄒᆞ셧시니 무슴 뜻이뇨?

답170_ 예수ㅣ 크게 사ᄅᆞᆷ 구ᄒᆞ기에 목ᄆᆞᄅᆞᆫ듯 ᄒᆞ시ᄂᆞᆫ 졍을 발ᄒᆞ샤, 써, 우리들이 의ᄅᆞᆯ 즐겨 사ᄅᆞᆷ의 령혼 구홈을 목마ᄅᆞᆷ깃치 ᄒᆞᄂᆞᆫ 표양을 ᄀᆞᄅᆞ치심이니라.

문171_ 뎨오 말솜은 "우리 텬쥬여, 우리 텬쥬여, 엇지 나ᄅᆞᆯ 노아 ᄇᆞ리시ᄂᆞ잇가." ᄒᆞ심은 무슴 뜻이뇨?

답171_ 예수ㅣ 크게 빌어 ᄇᆞ라ᄂᆞᆫ 졍을 발ᄒᆞ샤, 써, 우리들이 위급ᄒᆞᆫ 곤경을 당ᄒᆞ거든 반ᄃᆞ시 우러러 텬쥬의 보우ᄒᆞ심 구홈을 ᄀᆞᄅᆞ치심이니라.

문172_ 뎨육 말솜은 "ᄆᆞᆺᄎᆞᆺ다." ᄒᆞ시니 무슴 뜻이뇨?

치심이니라.

문170_ 제사第四 말씀[181]은 "목마르다." 하셨으니 무슨 뜻이뇨?

답170_ 예수가 크게 사람 구하기에 목마르듯 하시는 정을 발하시어, 써, 우리들이 의義를 즐겨 사람의 영혼 구함을 목마름같이 하는 표양을 가르치심이니라.

문171_ 제오第五 말씀[182]은 "우리 천주여, 우리 천주여, 어찌 나를 놓아 버리시나이까." 하심은 무슨 뜻이뇨?

답171_ 예수가 크게 빌어 바라는 정을 발하시어, 써, 우리들이 위급한 곤경困境을 당하거든 반드시 우러러 천주의 보우保佑하심[183]을 구함을 가르치심이니라.

문172_ 제육 말씀[184]은 "마쳤다." 하시니 무슨 뜻이뇨?

---

181 제사 말씀: 요한 19,26. 이는 예수가 구속사업을 완성하려는 열의를 나타내는 말로 해석되어 왔다. 단, '십자가 위에서 한 일곱 말씀' 가운데 '목마르다'는 일반적으로는 제4 말씀이 아닌 제5 말씀으로 배치되어 있다. 김기호는 이를 제4 말씀에 배치하고 있다.

182 제오 말씀: 마르 15,34. 마르코 복음에 있는 하나뿐인 임종게(臨終偈)의 일종이다. 예수는 어떠한 극한 상황에서도 하느님께 구원의 희망을 걸었음을 나타내는 말로 해석되어 왔다. 일반적으로는 제5 말씀이 아닌 제4 말씀으로 배치하고 있다. 그러나 김기호는 이를 제5 말씀에 배치했다.

183 보우(保佑)하다: 보살피고 도와주다.

답172_ 예수ㅣ 크게 원만ᄒᆞ신 경을 발ᄒᆞ샤, 써, 우리들이 션을 ᄒᆞ매 맛당이 션죵ᄒᆞᆷ을 ᄀᆞᄅᆞ치심이니라.

문173_ 뎨칠 말ᄉᆞᆷ은 "내 신령을 네게 브치ᄂᆞ이다." ᄒᆞ심은 무ᄉᆞᆷ 뜻이뇨?

답173_ 예수ㅣ 크게 쳥슌ᄒᆞ시ᄂᆞᆫ 경을 발ᄒᆞ샤, 써, 우리들이 일의 슌역과 쳐디의 험이ᄅᆞᆯ 당ᄒᆞ거든, 맛당이 ᄒᆞᆫᄀᆞᆯᄀᆞᆺ치 텬쥬의 명을 조차 감히 조곰도 어긔지 못ᄒᆞᆷ을 ᄀᆞᄅᆞ치심이니라.

문174_ 예수ㅣ 어ᄂᆞ 곳에셔 못박혀 죽으셧ᄂᆞ뇨?

답174_ 예루살늠 셩 밧 갈와랴 산이니라.

답172_ 예수가 크게 원만하신 정을 발하시어, 써, 우리들이 선을 함에 마땅히 선종함을 가르침이니라.

문173_ 제칠第七 말씀[185]은 "내 신령神靈[186]을 네게 부치나이다."[187] 하심은 무슨 뜻이뇨?

답173_ 예수가 크게 청순聽順하시는[188] 정情을 발하시어, 써, 우리들이 일의 순역順逆과 처지處地의 험이險易를 당하거든, 마땅히 한결같이 천주의 명命을 좇아 감히 조금도 어기지 못함을 가르치심이니라.

문174_ 예수가 어느 곳에서 못 박혀 죽으셨느뇨?

답174_ 예루살렘Jerusalem[189] 성城 밖 갈바리아Galvaria[190] 산이니라.

---

184 제육 말씀: 요한 19,30. 성부께서 뜻하신 일, 인류를 위한 구속사업을 마치면서, 그 구속사업에 대한 염원을 드러낸 말로 해석되고 있다.

185 제칠 말씀: 루카 23,46. 이 말씀은 원래 유대인이 저녁때 바치던 기도문이었다. 예수가 자신의 임종을 수락했던 의미로 해석되기도 했다.

186 신령(神靈): 본 소원신종에서 영혼이란 단어는 59회에 걸쳐 나온다. 반면에 '신령'은 인간 영혼의 속성을 가리키는 말로 문답 26조목의 답에서 한 번 사용되고 있고, 예수의 영혼을 나타내는 이 구절에서 나오고 있다. 이로 미루어 볼 때, 신령은 영혼과 동의어로, 하느님 예수의 영혼을 특별히 지칭하는 말로 생각된다.

187 부치다: 맡기다, 넘기다.

188 청순(聽順)하다: 말씀을 들어 순종하다.

189 예루살렘(Jerusalem) 성: 감준본 원문은 '예루사름 셩'이라고 되어 있다.

190 갈바리아(Galvaria) 산: 감준본 원문에는 '갈와랴 산'이라고 되어 있다.

문175_ 예수ㅣ 죽으시매 그 육신을 장ᄉᆞᄒᆞ엿ᄂᆞ냐?

답175_ 새 셕춍에 장ᄉᆞᄒᆞ엿ᄂᆞ니라.

문176_ 예수 셩시롤 뉘 십ᄌᆞ가에 프러 ᄂᆞ렷ᄂᆞ뇨?

답176_ 셩 요셉과 셩 마리마리아와 밋 니거더모와 다른 문도ㅣ니라

문177_ 이때 죵도들이 어ᄂᆞ 곳에 잇셧ᄂᆞ뇨?

답177_ 종도ㅣ 다 ᄆᆞ음이 셥ᄒᆞ야 흣터져 숨으니라.

문178_ 예수ㅣ 십ᄌᆞ가에 돌리신 때에 뉘 셩가 겻ᄒᆡ에 잇셧ᄂᆞ뇨?

답178_ 셩모와 셩 요왕과 셩녀 막다릐나와 밋 다른 셩녀ㅣ니라.

문175_ 예수가 죽으심에 그 육신을 장사葬事하였느냐?

답175_ 새 석총石塚[191]에 장사하였느니라.

문176_ 예수 성시聖屍를 누가 십자가十字架에 풀어 내렸느뇨?

답176_ 성 요셉[192]과 성 마리아[193]와 및 니코데모Nicodemo[194]와 다른 문도門徒이니라.

문177_ 이때 종도宗徒들이 어느 곳에 있었느뇨?

답177_ 종도가 다 마음이 섭섭하여 흩어져 숨으니라.

문178_ 예수가 십자가에 달리신 때에 누가 성가聖架[195] 곁에 있었느뇨?

답178_ 성모聖母와 성聖 요안Johannes[196]과 성녀 막달레나Magdalena[197]와 및 다른 성녀聖女이니라.

---

191 석총(石塚): 돌무덤.

192 요셉(Joseph): 예수의 양부 요셉이 아니다. 친필본에서는 '요셉 아리마테아'라고 정확히 밝히고 있으나, 감준본에서는 이를 '성 요셉'이라고만 기록하였다.

193 마리아: 감준본 원문에는 '마리마리아'로 나오나, 이는 전사 과정에서 '마리'가 중복 전사된 것으로 판단되므로 '마리아'로 바로잡았다.

194 니코데모(Nicodemo): 감준본 원문은 '니거더모'로 되어 있다.

195 성가(聖架): 예수가 못 박힌 성스러운 십자가.

196 요안(Johannes): 감준본 원문은 '요왕'으로 나온다.

197 막달레나(Magdalena): 감준본 원문은 '막다릐나'로 나온다.

문179_ 셩모ㅣ 이때를 당ᄒᆞ야 엇더케 통고ᄒᆞ셧ᄂᆞ뇨?

답179_ 예수와 더브러 일톄로 난을 밧으시며 죽음을 밧으샤 통고ᄒᆞ시니라.

문180_ 예수ㅣ 죽으신 후에 그 령혼이 어ᄃᆡ로 가시뇨?

답180_ 림보 고셩소에 ᄂᆞ리샤 위로ᄒᆞ시고 구ᄒᆞ시니라.

문181_ 예수ㅣ 죽으신 후에 그 텬쥬셩은 어ᄃᆡ 계셧ᄂᆞ뇨?

답181_ 예수의 쥬셩이 ᄒᆞᆫ번 인셩과 결합ᄒᆞ시매 영원이 떠ᄂᆞ지 아니ᄒᆞ시ᄂᆞᆫ 고로 ᄒᆞᆫ가지로 림보와 새 셕춍 안에 계시니라.

문182_ 예수ㅣ 죽으신 후에 부활ᄒᆞ심이 업ᄂᆞ냐?

답182_ 예수ㅣ 젼에 ᄒᆞ신 말숨ᄀᆞᆺ치 삼 일 부활ᄒᆞ시니라.

문179_ 성모聖母는 이때를 당하여 어떻게 통고痛苦하셨느뇨?[198]

답179_ 예수와 더불어 일체一體로 고난[199]을 받으시며 죽음을 받으시어 통고하시니라.

문180_ 예수가 죽으신 후에 그 영혼이 어디로 가시뇨?

답180_ 림보Limbo[200] 고성소古聖所에 내리시어 위로하시고 구하시니라.

문181_ 예수가 죽으신 후에 그 천주성天主性은 어디 계셨느뇨?

답181_ 예수의 주성主性이 한번 인성과 결합하심에 영원히 떠나지 아니하시는 고로 한가지로 림보와 새 석총石塚 안에 계시니라.

문182_ 예수가 죽으신 후에 부활復活하심이 없느냐?

답182_ 예수가 전에 하신 말씀과 같이 삼일三日 부활하시니라.

---

198 통고(痛苦)하다: 고통을 당하다.

199 고난: 감준본 원문에는 '난을'로 되어 있다. 친필본을 참고하여 '고난'으로 보완했다.

200 림보: 예수의 강생구속 이전에 태어나 선한 사람들이 사후에 천당에는 미처 가지 못하고 머물던 장소, 또는 본죄 없이 죽은 아이들의 영혼이 머무는 곳이다. 그러나 림보에 관한 설명은 교회의 믿을 교리는 아니다.

문183_ 예수ㅣ 부활ᄒᆞ실 때에 뉘 보왓ᄂᆞ뇨?

답183_ 무덤 직희던 악졸이 ᄒᆞᆫ가지로 엇더 보았ᄂᆞ니라.

문184_ 악졸이 엇지ᄒᆞ야 무덤을 직희엿ᄂᆞ뇨?

답184_ 뎌희 예수의 뎨ᄌᆞㅣ 그 셩시를 몰ᄂᆡ 파 ᄀᆞᆯ가 의심ᄒᆞᆷ으로 그 당을 불너 무덤을 직희게 ᄒᆞ니라.

문185_ 예수ㅣ 부활ᄒᆞ시매 뉘게 몬뎌 낫타나 뵈시뇨?

답185_ 몬뎌 셩모ᄁᆡ 뵈시고 모든 셩인 셩녀와 종도들의게 ᄎᆞ례로 낫타나 뵈시니라.

문186_ 예수ㅣ 부활ᄒᆞ신 후에 무ᄉᆞᆷ 일을 ᄒᆞ시뇨?

답186_ 셩교 도리를 확실이 ᄇᆞᆰ히고 셩ᄉᆞ지젹을 비뎡ᄒᆞ시니라.

문187_ 예수ㅣ 승텬ᄒᆞ심이 업ᄂᆞ냐?

답187_ 부활ᄒᆞ신 후 ᄉᆞ십 일에 승텬ᄒᆞ샤, 셩부 우편에 계시니라.

문183_ 예수가 부활하실 때에 누가 보았느뇨?

답183_ 무덤 지키던 악졸惡卒이 한가지로 얻어 보았느니라.

문184_ 악졸이 어찌하여 무덤을 지켰느뇨?

답184_ 저희 예수의 제자가 그 성시聖屍[201]를 몰래 파 갈까 의심하므로 그 당黨을 불러 무덤을 지키게 하니라.

문185_ 예수가 부활하심에 누구에게 먼저 나타나 보이시뇨?

답185_ 먼저 성모께 보이시고 모든 성인聖人 성녀聖女와 종도宗徒들에게 차례로 나타나 보이시니라.

문186_ 예수가 부활하신 후에 무슨 일을 하시뇨?

답186_ 성교聖教 도리를 확실히 밝히고 성사지적聖事之跡[202]을 배정配定하시니라.

문187_ 예수가 승천昇天하심이 없느냐?

답187_ 부활하신 후 40일에 승천하시어, 성부聖父 우편右便에 계시니라.

201 성시(聖屍): 예수 수난 이후 부활할 때까지의 성스러운 시체.
202 성사지적 (聖事之跡): 일곱 가지의 성사.

문188_ 예수ㅣ 어느 곳에셔 승텬ᄒᆞ셧ᄂᆞ뇨?

답188_ 아리와산 우희셔 텬신들이 ᄂᆞ려 호위ᄒᆞ고 풍류ᄅᆞᆯ 알외면셔 예수ㅣ 셩신을 소사 ᄂᆞᆯ라오르시니라.

문189_ 예수ㅣ 승텬ᄒᆞ실 때에 몃 사ᄅᆞᆷ이 보왓ᄂᆞ뇨?

답189_ 셩모와 모든 ᄌᆞᆼ도와 칠십이 문도와 모든 셩인 셩녀 ᄒᆞᆫ가지로 일빅이십인이 ᄇᆞᆰ이 보고 우러러 쳠양ᄒᆞ니라.

문190_ 예수ㅣ 부활ᄒᆞ신 후에 승텬을 아니 ᄒᆞ시고 셰샹에 머물너 계시면 엇지 모든 사ᄅᆞᆷ의 경힝ᄒᆞᆷ이 아니냐?

답190_ 오쥬ㅣ 승텬ᄒᆞ심이 세 가지 긴관ᄒᆞᆫ ᄭᅳᆺ치 잇ᄉᆞ니, 구셰ᄒᆞ신 공로ᄅᆞᆯ 인ᄒᆞ야 맛당이 텬당 영광을 누림이 ᄒᆞ나히오, ᄯᅩ 그 공로로ᄡᅧ 셰샹 사ᄅᆞᆷ을 위ᄒᆞ야 텬당 복락을 예비ᄒᆞᆷ이 둘이오, ᄯᅩ 그 공로ᄅᆞᆯ 셩부

문188_ 예수가 어느 곳에서 승천하셨느뇨?

답188_ 오리와Oliva산 위에서 천신들이 내려 호위護衛하고 풍류를 아뢰면서 예수가 성신聖身[203]을 솟아 날아오르시니라.[204]

문189_ 예수가 승천하실 때에 몇 사람이 보았느뇨?

답189_ 성모와 모든 종도와 72문도門徒와 모든 성인 성녀 한가지로 120인이 밝히 보고 우러러 첨앙瞻仰[205]하니라.

문190_ 예수가 부활하신 후에 승천을 아니 하시고 세상에 머물러 계시면 어찌 모든 사람의 경행慶幸[206]함이 아니냐?

답190_ 오주吾主가 승천하심이 세 가지 긴관緊關[207]한 끝이 있으니, 구세救世하신 공로를 인하여 마땅히 천당 영광을 누림이 하나요, 또 그 공로로써 세상 사람을 위하여 천당 복락을 예비함이 둘이요, 또 그 공로를 성부

203 성신(聖身): 예수의 거룩하신 몸. 친필본에서는 '거룩하신 몸'으로 쓰고 있다.

204 오리와산…오르시니라: 루카 24,50-51에서는 예수의 승천 장소를 베다니아 근처라고 했다.

205 첨앙(瞻仰): 우러러 사모함.

206 경행(慶幸): 경사스럽고 다행한 일.

207 긴관(緊關): 매우 절실한 관계.

끠 드리고 우리 사룸을 위ᄒᆞ야 긔구홈이 세히라. 오쥬ㅣ 만일 승텬치 아니ᄒᆞ시면 뉘 능히 텬당문을 열니오.

문191_ 예수ㅣ 승텬ᄒᆞ실 때 문도들의 쳠앙ᄒᆞ며 창망ᄒᆞᄂᆞᆫ 싱각을 엇더케 위로ᄒᆞ셧ᄂᆞ뇨?

답191_ 승텬ᄒᆞ신 후 뎨십 일에 셩신이 강림ᄒᆞ샤 안위ᄒᆞ실 뜻으로써 텬신을 명ᄒᆞ야 효유ᄒᆞ시니라.

문192_ 셩신이 엇더케 위로ᄒᆞ셧ᄂᆞ뇨?

답192_ 셩모와 모든 셩인 셩녀 일빅이십 인이 ᄒᆞᆫ 당에 모듸여 긔도ᄒᆞ더니, 십 일을 당ᄒᆞ야 진시경에 큰 바룸이 홀연 니러나 뎐각을 움죽여 흔들며, 불혀 형샹ᄀᆞᆺ치 모든 사룸의 니마 우희 강림ᄒᆞ야 현능ᄒᆞ니라.

께 드리고 우리 사람을 위하여 기구함이 셋이라. 오주吾主가 만일 승천하지 아니하시면 누가 능히 천당문天堂門을 열리요.

문191_ 예수가 승천하실 때 문도門徒들의 첨앙瞻仰하며 창망悵惘하는[208] 생각을 어떻게 위로하셨느뇨?

답191_ 승천하신 후 제10일에 성신聖神이 강림하시어 안위安慰하실[209] 뜻으로써 천신天神을 명하여 효유曉諭하시니라.[210]

문192_ 성신聖神이 어떻게 위로하셨느뇨?

답192_ 성모와 모든 성인 성녀 120인 한 당堂에 모여 기도하더니, 10일을 당하여 진시辰時[211]경에 큰 바람이 홀연忽然 일어나 전각殿閣을 움직여 흔들며, 불혀 형상形像같이 모든 사람의 이마 위에 강림降臨하여 현능衒能하니라.[212]

---

208 창망(悵惘)하다: 근심과 걱정으로 경황이 없다.

209 안위(安慰)하다: 마음을 위로하고 몸을 편하게 하다.

210 효유(曉諭)하다: 알아듣게 타이르다.

211 진시(辰時): ① 십이시의 다섯째 시로, 오전 일곱 시부터 아홉 시까지. ② 이십사시의 아홉째 시로 오전 일곱시 반부터 여덟 시 반 사이.

212 현능(衒能)하다: 자기의 재능을 드러내어서 자랑하다.

문193_ 불혀 형샹은 무ᄉᆞᆷ 뜻이뇨?

답193_ 셩신 은춍을 밧은 사ᄅᆞᆷ의 ᄆᆞ음이 불ᄀᆞᆺ치 뜨겁고, 혀가 능히 만국 방언과 이상ᄒᆞᆫ 말을 통ᄒᆞ야 그 ᄃᆡᄒᆞᄂᆞᆫ 사ᄅᆞᆷ마다 ᄯᆞ라가며 잘 ᄀᆞᄅᆞ침이니라.

문193_ 불혀 형상形像은 무슨 뜻이뇨?

답193_ 성신 은총 받은 사람의 마음이 불같이 뜨겁고, 혀가 능히 만국萬國 방언方言과 이상한 말을 통하여 그 대하는 사람마다 따라가며 잘 가르침이니라.

셩ᄉᆞ 칠젹의 은혜라

문194_ 셩교회ᄂᆞᆫ 무엇시뇨?

답194_ 예수ㅣ 친이 세우신 교ㅣ니, 보텬하 교즁 사ᄅᆞᆷ이 ᄒᆞᆫ 몸과 ᄀᆞᆺ치 ᄒᆞᆫ 회ᄅᆞᆯ 일움이니라. 지극히 ᄎᆞᆷ되매, 오직 ᄒᆞ나히오 둘이 업ᄉᆞ며, 지극히 거륵ᄒᆞ매 셩인을 만이 일우며, 지극히 공번되매 만셰만방에 잇ᄉᆞᆷ이오, 또 종도로브터 젼ᄒᆞ야 오ᄂᆞᆫ 권이 잇ᄉᆞ니 다ᄅᆞᆫ 교와 더브러 크게 분별이 잇ᄂᆞ니라.

문195_ 셩교회 안에 잇ᄂᆞᆫ 사ᄅᆞᆷ이 엇더케 은춍을 엇ᄂᆞ뇨?

제6장

성사聖事 칠적七蹟의 은혜라

[문194~문260: 소계 67 문답]

문194_ 성교회聖教會는 무엇이뇨?

답194_ 예수가 친히 세우신 교이니, 보천하普天下[213] 교중教中[214] 사람이 한 몸과 같이 한 회會를 이룸이니라. 지극히 참됨에, 오직 하나요 둘이 없으며, 지극히 거룩함에 성인聖人을 많이 이루며, 지극히 공번됨에 만세만방萬歲萬邦에 있음이요, 또 종도宗徒로부터 전하여 오는 권權이 있으니 다른 교教와 더불어 크게 분별이 있느니라.

문195_ 성교회 안에 있는 사람이 어떻게 은총[215]을 얻느뇨?

---

213 보천하(普天下): 온 세상.

214 교중(教中): 같은 교회에 속하는 신자들을 가리키는 말이다. 조선에 교회가 세워졌던 18세기 말엽부터 출현한 용어이다. 이는 당시 사회에서 강력히 형성되기 시작한 혈연 중심의 문중(門中)에 대한 대칭어로써 신앙공동체를 가리키는 말로 신자들이 쓰기 시작하여 20세기 초까지도 통용되던 용어였다.

215 은총: 거룩하신 하느님의 은혜라는 점에서 성총이라고도 한다. 소원신종에서는 이 '성총'과 '은총'을 함께 쓰고 있다. 또한 감준본 문답 202에서는 '주총(主寵)'이란 용어도 나온다.

답195_ 텬쥬의 은춍이 두 가지 잇ᄉᆞ니, 니ᄅᆞᆫ바 격외셩춍이 ᄒᆞ나히오, 니ᄅᆞᆫ바 평샹셩춍이 하나히니라.

문196_ 격외셩춍은 무엇시뇨?

답196_ 텬쥬ㅣ 특별이 사ᄅᆞᆷ의게 주샤, ᄒᆞ여곰 그 사언힝을 착ᄒᆞ게 ᄒᆞ시ᄂᆞᆫ 은혜니라.

문197_ 평샹셩춍은 무엇시뇨?

답197_ 텬쥬ㅣ 특별이 대죄 범치 아니ᄒᆞᆫ 사ᄅᆞᆷ의게 ᄐᆡ와 주샤, ᄒᆞ여곰 그 령혼을 아ᄅᆞᆷ답게 꿈여 쥬로 더브러 친합ᄒᆞ게 ᄒᆞ시ᄂᆞᆫ 은혜니라.

문198_ 엇더케 셩춍을 엇ᄂᆞ뇨?

답198_ 엇던 사ᄅᆞᆷ과 엇던 디방과 엇던 때ᄅᆞᆯ 의론치 말고 가이 셩춍을 엇을 거시로ᄃᆡ, 홀노 셩ᄉᆞ 때에 셩춍 엇기

답195_ 천주의 은총이 두 가지 있으니, 이른바 격외성총格外聖寵이 하나요, 이른바 평상성총平常聖寵이 하나이니라.[216]

문196_ 격외성총格外聖寵은 무엇이뇨?

답196_ 천주가 특별히 사람에게 주시어, 하여금 그 사언행思言行[217]을 착하게 하시는 은혜니라.

문197_ 평상성총은 무엇이뇨?

답197_ 천주가 특별히 대죄大罪 범하지 아니한 사람에게 태워 주시어, 하여금 그 영혼을 아름답게 꾸며 주主로 더불어 친합親合하게 하시는 은혜니라.

문198_ 어떻게 성총을 얻느뇨?

답198_ 어떤 사람과 어떤 지방과 어떤 때를 의론치 말고 가히 성총을 얻을 것이로되, 홀로 성사 때에 성총 얻기

---

216 은총이…하나이니라: 성총론(聖寵論) 또는 은총론(恩寵論)에서는 성총 즉 은총을 상존(常存)성총과 조력(助力)성총으로 나누기도 한다. 상존성총을 성화(聖化)성총 또는 평상성총으로도 부르며, 조력성총은 창조된 은총, 또는 격외은총으로도 불린다.

217 사언행(思言行): 사언행위(思言行爲)의 준말. 생각과 말과 행위를 말한다.

가 더옥 쉽고 또 후ᄒᆞ니라.

문199_ 셩춍이 사ᄅᆞᆷ의게 엇더케 귀즁ᄒᆞᆷ이뇨?

답199_ 그 령혼의 ᄉᆡᆼ명 되ᄂᆞᆫ 연고ㅣ니라.

문200_ 셩춍이 엇지ᄒᆞ야 령혼의 ᄉᆡᆼ명이 되ᄂᆞ뇨?

답200_ 비유컨대, 육신이 령혼을 떠ᄂᆞ면 죽고, 령혼이 셩춍을 떠ᄂᆞ면 죽ᄂᆞ니라.

문201_ 령혼이 본ᄃᆡ ᄉᆡᆼ활ᄒᆞᆫ 톄니, 엇지ᄒᆞ야 죽는다 니ᄅᆞᄂᆞ뇨?

답201_ 사ᄅᆞᆷ이 대죄ᄅᆞᆯ 범ᄒᆞ면 셩춍이 곳 그 령혼을 떠ᄂᆞᆷ이니, 비록 아모 션공이 잇셔도 쥬 ᄃᆡ젼에 잇셔 온젼이 샹ᄉᆡᆼᄒᆞᄂᆞᆫ 공로ᄅᆞᆯ 엇음이 업ᄂᆞᆫ 고로, 죽은 사ᄅᆞᆷ과 ᄀᆞᆺᄒᆞᆷ이니라.

문202_ 셩교회에 사ᄅᆞᆷ의 죄ᄅᆞᆯ 샤ᄒᆞᄂᆞᆫ 권이 잇ᄂᆞ냐?

답202_ 셩ᄉᆞㅣ 잇ᄉᆞ니, 오쥬 예수ㅣ 친이 셰우샤 사ᄅᆞᆷ의

가 더욱 쉽고 또 후厚하니라.

문199_ 성총이 사람에게 어떻게 귀중함이뇨?

답199_ 그 영혼의 생명이 되는 연고緣故이니라.

문200_ 성총이 어찌하여 영혼의 생명이 되느뇨?

답200_ 비유컨대, 육신이 영혼을 떠나면 죽고, 영혼이 성총을 떠나면 죽느니라.

문201_ 영혼이 본디 생활한 체體니, 어찌하여 죽는다 이르느뇨?

답201_ 사람이 대죄를 범하면 성총이 곧 그 영혼을 떠남이니, 비록 어떤 선공善功이 있어도 주 대전臺前에 있어 온전히 상생하는 공로를 얻음이 없는 고로, 죽은 사람과 같음이니라.

문202_ 성교회에 사람의 죄를 사赦하는 권權이 있느냐?

답202_ 성사가 있으니, 오주 예수가 친히 세우시어 사람의 죄ᄅᆞᆯ 샤ᄒᆞ시고 쥬총을 회복게 ᄒᆞ심이니, 이 유형ᄒᆞᆫ 셩ᄉᆞ에 특별이 무형ᄒᆞᆫ 셩총을 ᄐᆡ와 주심이니라.

문203_ 셩ᄉᆡ 몃 가지 잇ᄂᆞ뇨?

답203_ 닐곱 가지 잇ᄉᆞ니, 성셰와 견진과 고ᄒᆡ와 셩톄와 죵부와 신픔과 혼ᄇᆡ니라.

문204_ 성셰ᄂᆞᆫ 엇더케 니ᄅᆞᆷ이뇨?

답204_ 쥬ᄅᆞᆯ 알아 공경ᄒᆞᄂᆞᆫ 사ᄅᆞᆷ의 원죄와 본죄ᄅᆞᆯ 탕쳑ᄒᆞ야 곳 텬쥬와 셩교회의 의ᄌᆡ 되게 ᄒᆞᄂᆞ니라.

문205_ 지각이 업ᄂᆞᆫ 영ᄒᆡᄂᆞᆫ 엇더케 ᄒᆞᄂᆞ뇨?

답205_ 외인의 ᄌᆞ녀ᄂᆞᆫ 죽을 위험이 잇ᄉᆞᆫ 연후에야 맛당이 성셰ᄅᆞᆯ 붓칠 거시오, 교우의 ᄌᆞ녀ᄂᆞᆫ 난 후 삼 일 안에 맛당히 성셰ᄅᆞᆯ 붓치ᄃᆡ, 본 회장이나 셰권

죄를 사하시고, 주총主寵[218]을 회복케 하심이니, 이 유형한 성사에 특별히 무형無形한 성총을 태워 주심이니라.

문203_ 성사가 몇 가지 있느뇨?

답203_ 일곱 가지 있으니, 성세聖洗와 견진堅振과 고해告解와 성체聖體와 종부終傅와 신품神品과 혼배婚配니라.

문204_ 성세聖洗는 어떻게 이름이뇨?

답204_ 주主를 알아 공경하는 사람의 원죄原罪와 본죄本罪를 탕척蕩滌하여 곧 천주와 성교회聖教會의 의자義子[219]가 되게 하느니라.

문205_ 지각知覺이 없는 영해嬰孩는 어떻게 하느뇨?

답205_ 외인外人의 자녀는 죽을 위험이 있은 연후에야 마땅히 성세를 부칠 것이요, 교우教友의 자녀는 난 후 3일 안에 마땅히 성세를 부치되,[220] 본 회장會長이나 세권洗權

218 주총(主寵): 천주의 성총(聖寵).
219 의자(義子): 수양아들, 의로 맺은 아들.
220 마땅히 성세를 부치되: 감준본 원문에는 '셩셰를'에 이어서 '셩셰'가 나온다.

잇ᄂᆞᆫ 사ᄅᆞᆷ을 쳥ᄒᆞ야 ᄇᆞᆺ칠 거시오, 만일 위급ᄒᆞ면 비록 그 부모ㅣ라도 맛당이 셰ᄅᆞᆯ ᄇᆞᆺ칠지니라.

문206_ ᄒᆞᆫ번 셩ᄉᆞ의 은혜ᄅᆞᆯ 엇은 쟈ᄂᆞᆫ 다 구령ᄒᆞᄂᆞ냐?

답206_ 그러치 아니ᄒᆞ니, 대개 대죄ᄅᆞᆯ 범치 아니ᄒᆞ거나 휴범ᄒᆞ엿거든, 샤ᄒᆞ시ᄂᆞᆫ 은혜ᄅᆞᆯ 엇은 후에 감히 승텬ᄒᆞᄂᆞ니라.

문207_ 셩셰ᄅᆞᆯ 영ᄒᆞᆫ 후에 다시 범죄 ᄒᆞᆷ이 잇ᄉᆞ면 맛당이 엇더케 ᄒᆞᄂᆞ뇨?

답207_ 타당이 고ᄒᆡ셩ᄉᆞᄅᆞᆯ 밧을지니라.

문208_ 엇더케 ᄒᆞᆷ이 고ᄒᆡ뇨?

답208_ 령셰ᄒᆞᆫ 후 범ᄒᆞᆫ 바 죄샹을 ᄌᆞ셰히 신부 압희 고ᄒᆞ야 풀ᄃᆡ, 셩찰·통회·뎡긔·고명, 보쇽 다ᄉᆞᆺ 가지 요긴ᄒᆞᆫ 규구ㅣ 잇ᄂᆞ니라.

있는 사람을 청하여 부칠 것이요, 만일 위급하면 비록 그 부모라도 마땅히 세를 부칠지니라.

문206_ 한번 성사의 은혜를 얻은 자는 다 구령救靈하느냐?

답206_ 그렇지 아니하니, 대개 대죄大罪를 범치 아니하거나 휴범休犯하였거든,[221] 사赦하시는 은혜를 얻은 후에 감히 승천昇天하느니라.

문207_ 성세를 영領한 후에 다시 범죄 함이 있으면 마땅히 어떻게 하느뇨?

답207_ 타당히 고해성사告解聖事를 받을지니라.

문208_ 어떻게 함이 고해告解뇨?

답208_ 영세한 후 범한 바 죄상罪狀을 자세히 신부 앞에 고하여 풀되, 성찰省察·통회痛悔·정개定改·고명告明·보속補贖 다섯 가지 요긴要緊한 규구規矩[222]가 있느니라.

221 휴범(休犯)하다: 범죄를 그만두다.
222 규구(規矩): 일상생활에서 지켜야 할 규칙·규정.

문209_ 셩찰은 엇더케 홈이뇨?

답209_ 그 싱각과 말과 힝홈과 궐홈으로써 텬쥬 십계와 셩교 ᄉᆞ규와 칠죄죵의 모든 것흘 ᄯᆞ라 범훈 것솔 ᄌᆞ세히 살펴 알아냄이니라.

문210_ ᄌᆞ긔 죄룰 솔피고져 홀진대, 요긴훈 규구ㅣ 몃 가지 잇ᄂᆞ뇨?

답210_ 구규ㅣ 셰 가지 잇ᄉᆞ니, 골온 시긱셩찰이오, 골온 일 셩찰이오, 골온 도셩찰이니라.'

문211_ 시긱셩찰은 엇더케 홈이뇨?

답211_ 무솜 일을 힝ᄒᆞ던지, 무솜 말을 내던지, 무솜 싱각을 발ᄒᆞ던지, 무심이 지내지 말고 시긱을 넘지 말아 묵량 ᄒᆞ야 스ᄉᆞ로 솔피ᄃᆡ, 이 과연 텬쥬 셩의에 합ᄒᆞ냐 아니냐 홀지니라.

문209_ 성찰省察은 어떻게 함이뇨?

답209_ 그 생각과 말과 행함과 궐厥함으로써 천주 십계十戒와 성교사규聖教四規와 칠죄종七罪種의 모든 것을 따라 범한 것을 자세히 살펴 알아냄이니라.

문210_ 자기 죄를 살피고자 할진대, 요긴한 규구가 몇 가지 있느뇨?

답210_ 구규가 세 가지 있으니, 가로되 시각성찰時刻省察[223]이요, 가로되 일성찰日省察이요, 가로되 도성찰都省察이니라.

문211_ 시각성찰은 어떻게 함이뇨?

답211_ 무슨 일을 행하든지, 무슨 말을 내든지, 무슨 생각을 발하든지, 무심히 지내지 말고 시각時刻을 넘지 말아 묵량默量하여[224] 스스로 살피되, 이 과연 천주 성의聖意에 합合하냐 아니냐 할지니라.

---

223 시각성찰(時刻省察): 감준본 원문의 경우에는 '시ᄀᆡᆨ성찰'로 되어 있다. 그러나 본 감준본 문답 17 천지창조를 설명하는 부분에서 김기호는 제4일의 사건으로 "하ᄂᆞᆯ에 일월과 셩수ᄅᆞᆯ 두어 이 셰샹 만물을 쟝양케 ᄒᆞ시며, 그 시ᄀᆡᆨ과 졀후ᄅᆞᆯ 분ᄇᆡᄒᆞ심이니라."고 하고 있다. 여기에서 그는 15분 정도의 시간 단위를 의미하는 '각(刻)'이란 단어를 '객'으로 발음하고 있었음을 알 수 있다. 따라서 원문의 '시ᄀᆡᆨ성찰'은 시각성찰(時刻省察)로 바로잡는다.

224 묵량(默量)하다: 조용히 헤아려 보다.

문212_ 일셩찰은 엇더케 홈이뇨?

답212_ 만과 때에 맛당이 그 아촘브터 ᄒᆞᆫ바 ᄉᆞ언힝졀을 ᄉᆞᆲ필 지니라.

문213_ 도셩찰은 엇더케 홈이뇨?

답213_ 혹 ᄒᆞᆫ 쥬일이나, 혹 ᄒᆞᆫ ᄃᆞᆯ 안에 ᄒᆞᆫ바 ᄉᆞ언힝졀을 도합 ᄒᆞ야 셩찰홈이니라.

문214_ 통회ᄂᆞᆫ 엇더케 홈이뇨?

답214_ 그 ᄌᆞ긔 셩찰ᄒᆞᆫ 죄ᄅᆞᆯ 앏하 뉘웃츰이니, 샹등통회와 하등통회의 분별이 잇ᄂᆞ니라.

문215_ 샹등통회ᄂᆞᆫ 엇더케 홈이뇨?

답215_ 텬쥬ᄅᆞᆯ 만유 우희 ᄉᆞ랑ᄒᆞᄂᆞᆫ ᄆᆞ음으로써 스ᄉᆞ로 증 ᄉᆞᄒᆞ야, 이에 앏하 뉘웃츰이니라.

문216_ 사ᄅᆞᆷ이 이ᄀᆞᆺ치 상등통회ᄅᆞᆯ 하면 그 효험이 엇더ᄒᆞ뇨?

문 212_ 일성찰日省察은 어떻게 함이뇨?

답 212_ 만과晩課 때에 마땅히 그 아침부터 한바 사언행절思言行節[225]을 살필지니라.

문 213_ 도성찰都省察은 어떻게 함이뇨?

답 213_ 혹 한 주일週日이나, 혹 한 달 안에 한바 사언행절思言行節을 도합하여 살필지니라.

문 214_ 통회痛悔는 어떻게 함이뇨?

답 214_ 그 자기 성찰한 죄를 아파 뉘우침이니, 상등통회上等痛悔와 하등통회下等痛悔의 분별이 있느니라.

문 215_ 상등통회는 어떻게 함이뇨?

답 215_ 천주를 만유萬有 위에 사랑하는 마음으로써 스스로 증사曾思하여,[226] 이에 아파 뉘우침이니라.

문 216_ 사람이 이같이 상등통회를 하면 그 효험이 어떠하뇨?

225 사언행절(思言行節): 생각과 말과 행동.

226 증사(曾思)하다: 거듭하여 신중히 생각하다.

답216_ 위급ᄒᆞᆫ 때를 당ᄒᆞ야 고ᄒᆡᄒᆞᆯ 원의 잇고, 이ᄀᆞᆺ치 죄를 뉘우ᄎᆞ면 곳 샤죄의 은혜를 입ᄂᆞ니라.

문217_ 하등통회ᄂᆞᆫ 엇더케 홈이뇨?
답217_ ᄌᆞ긔 죄 텬쥬 ᄃᆡ젼에 견ᄃᆡ기 어려옴을 인ᄒᆞ야 깁히 디옥에 벌을 두려워홈이니라.

문218_ 사ᄅᆞᆷ이 이ᄀᆞᆺ치 하등통회를 ᄒᆞ면 그 효험이 엇더ᄒᆞ뇨?
답218_ 다ᄒᆡᆼ이 신부를 만나 타당이 고ᄒᆡᄒᆞᆫ 연후에야 가히 샤죄의 은혜를 닙ᄂᆞ니라.

문219_ 고ᄒᆡᄒᆞᄃᆡ 통회 업ᄉᆞ면 샤죄의 은혜를 엇지 못ᄒᆞᄂᆞ냐?
답219_ 범죄ᄒᆞ고 통회치 아니홈은 이에 죄를 ᄉᆞ랑ᄒᆞᄂᆞᆫ 춤 빙거ㅣ 되ᄂᆞᆫ 고로, 오직 샤죄의 은혜를 엇지 못ᄒᆞᆯ 쁜 아니라 도로혀 예수의 셩혈을 쳔답ᄒᆞᄂᆞᆫ 큰 죄안을 더ᄒᆞᄂᆞ니라.

문220_ 셜사 열 가지 죄 잇ᄉᆞ면 맛당이 그 수를 ᄯᆞᄅᆞ 낫낫

답216_ 위급한 때를 당하여 고해告解할 원의가 있고, 이같이 죄를 뉘우치면 곧 사죄赦罪의 은혜를 입느니라.

문217_ 하등통회는 어떻게 함이뇨?

답217_ 자기 죄 천주 대전에 견디기 어려움을 인因하여 깊이 지옥의 벌을 두려워함이니라.

문218_ 사람이 이같이 하등통회를 하면 그 효험이 어떠하뇨?

답218_ 다행히 신부를 만나 타당히 고해한 연후에야 가히 사죄赦罪의 은혜를 입느니라.

문219_ 고해하되 통회 없으면 사죄의 은혜를 얻지 못하느냐?

답219_ 범죄하고 통회치 아니함은 이에 죄를 사랑하는 참 빙거憑據가 되는 고로, 오직 사죄의 은혜를 얻지 못할 뿐 아니라 도리어 예수의 성혈聖血을 천답踐踏하는[227] 큰 죄안罪案[228]을 더하느니라.

문220_ 설사 열 가지 죄가 있으면 마땅히 그 수를 따라 낱낱

---

227 천답(踐踏)하다: 밟다, 짓밟다.

228 죄안(罪案): 범죄 사실을 적은 기록.

치 통회ᄒᆞ냐?

답220_ 만일 ᄒᆞᆫ 가지 큰 죄ᄅᆞᆯ 흘려 통회치 아니ᄒᆞ면 도모지 샤죄ᄒᆞᆷ을 엇지 못하ᄂᆞ니, 비컨대 대인을 욕ᄒᆞᆷ이 열 번이 잇ᄂᆞᆫᄃᆡ 아홉 번은 샤과ᄒᆞ고 ᄆᆞᆺᄎᆞᆷ내 ᄒᆞᆫ 번은 샤과치 아니ᄒᆞ면, 대인이 반ᄃᆞ시 그 아홉 번 샤과ᄒᆞᆫ 목ᄭᆞ지 ᄯᆞ라 끄러 아오로 ᄎᆡᆨ벌ᄒᆞᆷ과 ᄀᆞᆺᄒᆞ니라.

문221_ 고ᄒᆡ 때ᄅᆞᆯ 당ᄒᆞ야 별노 셩찰ᄒᆞᆫ 죄 업ᄉᆞ면 통회 어ᄃᆡ로조차 발ᄒᆞ야 ᄂᆞ리오?

답221_ 평ᄉᆡᆼ의 그ᄅᆞᆺᄒᆞᆷ과 밋 이왕의 고ᄒᆡᄒᆞᆫ 죄 ᄒᆞᆫ두 가지ᄅᆞᆯ 깁히 ᄉᆡᆼ각ᄒᆞ야, 써, 통회ᄒᆞᄂᆞᆫ 졍을 도아 발ᄒᆞᆯ지니라.

문222_ 뎡ᄀᆡᄂᆞᆫ 엇더케 ᄒᆞᆷ이뇨?

답222_ 임의 회죄ᄒᆞᄂᆞᆫ ᄆᆞᄋᆞᆷ이 잇ᄉᆞ면 이후에ᄂᆞᆫ ᄎᆞᆯ하리 죽을지언뎡 그 감이 두 번 젼죄ᄅᆞᆯ 범치 아니키ᄅᆞᆯ ᄀᆞᆺ이 뎡ᄒᆞᆷ이니라.

이 통회하느냐?

답220_ 만일 한 가지 큰 죄를 흘려 통회하지 아니하면 도무지 사죄함을 얻지 못하느니, 비유컨대 대인大人을 욕함이 열 번이 있는데 아홉 번은 사과하고 마침내 한 번은 사과치 아니하면, 대인이 반드시 그 아홉 번 사과한 몫까지 따라 끌어 아울러 책벌責罰함과 같으니라.

문221_ 고해 때를 당하여 별로 성찰한 죄 없으면 통회 어디로조차 발發하여 내리오?

답221_ 평생의 그릇함과 및 이왕의 고해한 죄 한두 가지를 깊이 생각하여,[229] 써, 통회하는 정을 도와 발發할지니라.

문222_ 정개定改는 어떻게 함이뇨?

답222_ 이미 회죄悔罪[230]하는 마음이 있으면 이후에는 차라리 죽을지언정 그 감히 두 번 전죄前罪를 범하지 아니하기를 굳이 정함이니라.

---

229 생각하여: 감준본에는 '싁각ᄒᆞ야'로 되어 있다. 이는 '싱각ᄒᆞ야'의 오자(誤字)로 판단되므로 이를 바로잡았다.

230 회죄(悔罪): 죄를 뉘우침.

문223_ 이제 과연 죄ᄅᆞᆯ 범치 이니키로 뜻을 뎡ᄒᆞ고 후ᄅᆡ에 두 번 범ᄒᆞᆷ은이 엇더ᄒᆞᆫ 연유ㅣ뇨?

답223_ 이ᄂᆞᆫ 우리 령혼의 힘이 심이 렬약ᄒᆞᆫ 연고ㅣ니라.

문224_ 령혼이 임의 이ᄀᆞᆺ치 렬약ᄒᆞᆫ즉, 엇더케 조쳐ᄒᆞ여야 맛당ᄒᆞ뇨?

답224_ 맛당이 뎡ᄀᆡᄒᆞᄂᆞᆫ 뜻으로써 텬쥬ᄭᆡ 밧으려 드리고, 우리 신력 도아주심을 간긔ᄒᆞᆯ ᄯᆞᄅᆞᆷ이니라.

문225_ 고명은 엇더케 ᄒᆞᆷ이뇨?

답225_ ᄌᆞ긔 셩찰ᄒᆞᆫ 죄ᄅᆞᆯ ᄂᆞᆺᄂᆞᆺ치 신부 압희 고ᄒᆞ야 ᄇᆞᆰ히ᄃᆡ, 죄의 연유와, 죄의 번수와, 죄의 악 더ᄒᆞᆷ을 ᄒᆞ나토 감이 은휘치 못ᄒᆞᄂᆞ니라.

문226_ 죄의 연유ᄂᆞᆫ 엇더ᄒᆞᆷ이뇨?

문223_ 이제 과연 죄를 범하지 아니하기로 뜻을 정하고 후래後來에 두 번 범함은 이 어떠한 연유이뇨?

답223_ 이는 우리 영혼의 힘이 열약劣弱한 연고이니라.

문224_ 영혼이 이미 이같이 열약한즉, 어떻게 조처措處하여야 마땅하뇨?

답224_ 마땅히 정개定改하는 뜻으로써 천주께 받들어 드리고, 우리 신력信力[231] 도와주심을 간기懇祈할[232] 따름이니라.

문225_ 고명告明[233]은 어떻게 함이뇨?

답225_ 자기 성찰한 죄를 낱낱이 신부 앞에 고하여 밝히되, 죄의 연유와 죄의 번수와 죄의 악 더함을 하나도 감히 은휘隱諱하지[234] 못하느니라.

문226_ 죄의 연유緣由는 어떠함이뇨?

---

231 신력(信力): 원래는 불교 용어로, 부처를 믿음으로써 생기는 힘을 뜻한다. 여기에서는 천주를 믿고 의지하면 생기는 힘을 말한다.

232 간기(懇祈)하다: 정성스럽게 기도하다.

233 고명(告明): 오늘날 교회에서 사용하는 고해(告解) 또는 고백(告白)의 옛말.

234 은휘(隱諱)하다: 꺼리어 감추거나 숨기다.

답226_ 죄의 경즁과 대소ㅣ 됴닌 바ㅣ니, 니르량이면 ᄌᆡ롤 범ᄒᆞᆫ 죄 ᄌᆡ날을 니져버림이 다ᄅᆞ고, ᄌᆡ 직희기롤 슬히 여홈이 다ᄅᆞ고, 톄면에 ᄁᆞ을님이 다룸이오, 또 분노ᄒᆞᆫ 죄가 존쟝의게 범홈이 다ᄅᆞ고, 슈하의게 브림이 다ᄅᆞ고, 시긱에 잠간 발홈이 다ᄅᆞ고, 어러 날 노롤 ᄌᆡ움이 다ᄅᆞ니, 이런 긴관ᄒᆞᆫ 연고ㅣ니라.

문227_ 죄의 번수ᄂᆞᆫ 엇더홈이뇨?

답227_ 몃 날이나 몃 ᄃᆞᆯ 간 범ᄒᆞᆫ바 각 죄의 수와 죄의 경즁이 ᄒᆞᆫ 번 범홈이 다ᄅᆞ고, 두 번 범홈이 다ᄅᆞ니라.

문228_ 죄의 악을 더홈은 엇지홈이뇨?

답228_ 비유컨대 투도ᄂᆞᆫ 칠계롤 범ᄒᆞᄃᆡ, 만일 셩당 물

답226_ 죄의 경중輕重과 대소大小가 달린 바이니, 말하자면[235] 재齋를 범한 죄罪가 잿날[齋日]을 잊어버림이 다르고, 재齋를 지키기 싫어함이 다르고, 체면에 끌림이 다름이요, 또 분노한 죄가 존장尊長에게 범함이 다르고, 수하手下에게 부림이 다르고, 시각時刻에 잠간 발함이 다르고, 여러 날 노怒를 재움[236]이 다르니, 이런 긴관緊關[237]한 연고이니라.

문227_ 죄의 번수番數는 어떠함이뇨?

답227_ 몇 날이나 몇 달간 범한바 각 죄의 수數와 죄의 경중輕重이 한 번 범함이 다르고, 두 번 범함이 다르니라.

문228_ 죄의 악을 더함은 어찌 함이뇨?

답228_ 비유컨대 투도偸盜는 칠계七戒를 범하되, 만일 성당 물

---

235 말하자면: 감준본 원문에는 '니르량이면'이다. 이는 '이르자면', '말하자면'이라는 의미이다. 단, 친필본에서는 이 단어를 대신하여 '비컨대'라는 말이 나온다. 닐ᄋᆞ다(말하다, 알게 하다, 알리다, 통지하다, 알려 주다)에서 온 말. 닐ᄋᆞ다〉니르다〉이르다(말하다, 가르침이 되는 말을 전하다).

236 재움: 감준본 원문은 ᄌᆡ움. ᄌᆡ우다〉재우다. 재우다의 명사형. 재우다는 부풀어 있던 것을 눌러 푹 꺼지게 하다의 의미로 본문에서는 화를 잠재우다, 꺼지게 하다의 의미로 쓰였다.

237 긴관(緊關): 아주 절실한 관계.

건을 투도ᄒᆞ엿시면 이ᄂᆞᆫ 일층을 더ᄒᆞ야 일계를 범홈이오, 또 ᄒᆞᆫ 푼만 투도ᄒᆞ여도 이에 죄니, 만일 열 냥을 투도ᄒᆞ엿시면 그 악을 더홈이오, 또 남의 ᄆᆞ음을 샹해홈이 오계를 범홈이로ᄃᆡ, 만일 부모와 관장의 ᄆᆞ음을 샹해ᄒᆞ엿시면 일층을 더ᄒᆞ야 ᄉᆞ계를 범홈이니, 그 죄 더홈이니라.

문229_ 고ᄒᆡ홀 때에 무슴 요긴ᄒᆞᆫ 도리 잇ᄂᆞ뇨?
답229_ 요긴ᄒᆞᆫ 도리 세 가지 잇ᄉᆞ니, ᄒᆞ나흔 진실홈이오, 둘은 조심홈이오, 세흔 겸숀홈이니라.

문230_ 진실홈은 무어시뇨?
답230_ 스ᄉᆞ로 그 죄를 숑ᄉᆞᄒᆞ야 진실홈으로ᄡᅧ 바로 고ᄒᆞ야 에두르거나 공교이 꿈이거나 칭탁ᄒᆞᄂᆞᆫ 말이 업슴이니라.

문231_ 조심홈은 엇더케 홈이뇨?
답231_ ᄆᆞ음에 방죵홈이 업셔 쓸ᄃᆡ업ᄂᆞᆫ 말을 발치 말건을 투도하였으면 이는 일층을 더하여 일계一戒를 범함이요, 또 한 푼만 투도하여도 이에 죄이니, 만일 열 냥을 투도하였으면 그 악을 더함이요, 또 남의 마음을 상해傷害함이 오계五戒를 범함이로되, 만일 부모와 관장의 마음을 상해하였으면 일층을 더하여 사계四戒를 범함이니, 그 죄 더함이니라.

문229_ 고해告解할 때에 무슨 요긴한 도리가 있느뇨?

답229_ 요긴한 도리 세 가지 있으니, 하나는 진실함이요, 둘은 조심操心함이요, 셋은 겸손謙遜함이니라.

문230_ 진실함은 무엇이뇨?

답230_ 스스로 그 죄를 송사訟事하여 진실함으로써 바로 고하여 에두르거나 공교工巧히 꾸미거나 칭탁稱託하는[238] 말이 없음이니라.

문231_ 조심함은 어떻게 함이뇨?

답231_ 마음에 방종放縱함이 없어 쓸데없는 말을 발發하지 말

238 칭탁(稱託)하다: 사정이 어떠하다고 핑계를 대다.

며, 요긴치 아니ᄒᆞᆫ 일을 당긔지 말며, 남의 죄ᄅᆞᆯ 드러 내지 말지니라.

문232_ 겸손홈은 엇더케 홈이뇨?

답232_ 말을 슌케 ᄒᆞ야, 다토ᄂᆞᆫ ᄃᆞᆺ시 ᄒᆞ지 말며, 몸을 ᄂᆞᆽ초아 붓그러음을 이긔지 못ᄒᆞᄂᆞᆫ ᄃᆞᆺ시 ᄒᆞ야, 써, 그 통ᄒᆞᆫᄒᆞᄂᆞᆫ 착ᄒᆞᆫ 표양을 낫타낼지니라.

문233_ 고명ᄒᆞᆯ 때에 혹 죄가 ᄲᅢ져 온젼이 못 ᄒᆞ엿시면 엇더케 ᄒᆞᄂᆞ뇨?

답233_ ᄌᆞ긔 죄ᄅᆞᆯ 알고도 회ᄒᆞ야 고치 아니ᄒᆞ엿시면, 신부ㅣ 비록 샤죄경을 념ᄒᆞ셔도 텬쥬 ᄃᆡ젼에 샤죄의 은혜ᄅᆞᆯ 엇지 못ᄒᆞᆯ ᄲᅮᆫ 아니라 도로혀 모고히ᄒᆞᆫ 즁죄ᄅᆞᆯ 범ᄒᆞᄂᆞ니라.

문234_ 보쇽은 엇더케 홈이뇨?

며, 요긴要緊하지 아니한 일을 당기지 말며, 남의 죄를 드러내지 말지니라.

문232_ 겸손함은 어떻게 함이뇨?

답232_ 말을 순하게 하여 다투는 듯이 하지 말며, 몸을 낮추어 부끄러움을 이기지 못하는 듯이 하여, 써, 그 통한痛恨하는[239] 착한 표양을 나타낼지니라.

문233_ 고명告明할 때에 혹 죄가 빠져 온전히 못 하였으면 어떻게 하느뇨?

답233_ 자기 죄를 알고도 회廻하여[240] 고하지 아니하였으면, 신부가 비록 사죄경赦罪經을 염하셔도 천주 대전에 사죄의 은혜를 얻지 못할 뿐 아니라 도리어 모고해冒告解[241]한 중죄重罪를 범하느니라.

문234_ 보속補贖은 어떻게 함이뇨?

---

239 통한(痛恨)하다: 몹시 분하거나 억울하여 한스럽게 여기다.

240 회(廻)하다: 피하다

241 모고해(冒告解): 모령성사(冒領聖事)의 일종이다. 모령성사는 자격을 갖추지 못했음에도 성사를 함부로 받는다는 의미이다. 모고해, 모령성체(冒領聖體) 등을 들 수 있다.

답234_ 우리 사룸이 텬쥬끠 죄롤 범ᄒᆞ고 비록 고히ᄒᆞ여도 놈은 벌이 잇ᄂᆞ니, 비컨대 사룸의게 빗솔 졋ᄉᆞ면 맛당이 아오로 그 본젼과 및 변리롤 갑흘지라. 고히홈으로써 본젼을 갑흠이오 보쇽홈으로써 변리롤 갑흠이니, 텬쥬ㅣ 뎡ᄒᆞ신 보쇽이 ᄒᆞ나히오 신부ㅣ 벌ᄒᆞᄂᆞᆫ 보쇽이 ᄒᆞ나히니라.

문235_ 텬쥬ㅣ 뎡ᄒᆞ신 보쇽은 엇더케 홈이뇨?

답235_ 사룸이 날노 인ᄒᆞ야 밧은바 모든 해롤 기워 갑흠이니, 비유컨대 공번되지 아니ᄒᆞᆫ ᄌᆡ물이 잇거든 맛당이 그 수롤 기워 갑고, 놈의 명셩을 문희쳣거든 맛당이 그 갑솔 기워 갑고, 놈과 화목을 일헛거든 맛당이 기워 화히ᄒᆞ고, 놈의게 득죄ᄒᆞ엿거든 맛당이 기워 샤과ᄒᆞ고, 내 표양을 문희침이 잇거든 맛당이 기워 착ᄒᆞᆫ ᄒᆡᆼ실을 새롭게 홈이니, 맛당이 보쇽홀 만ᄒᆞᄃᆡ 보쇽지 아니ᄒᆞ면 그 죄 쇽홈을 엇지 못ᄒᆞᄂᆞ니라.

답234_ 우리 사람이 천주께 죄를 범하고 비록 고해하여도 남은 벌이 있느니, 비유컨대 사람에게 빚을 졌으면 마땅히 아울러 그 본전과 및 변리를 갚을지라. 고해함으로써 본전을 갚음이요 보속함으로써 변리를 갚음이니, 천주가 명하신 보속이 하나요 신부가 벌하는 보속이 하나이니라.

문235_ 천주가 정하신 보속은 어떻게 함이뇨?

답235_ 사람이 나로[242] 인하여 받은바 모든 해害를 기워 갚음이니, 비유컨대 공번되지 아니한 재물이 있거든 마땅히 그 수를 기워 갚고, 남의 명성을 무너뜨렸거든 마땅히 그 값을 기워 갚고, 남과 화목을 잃었거든 마땅히 기워 화목하고, 남에게 득죄得罪하였거든 마땅히 기워 사과하고, 내 표양表樣을 무너뜨림이 있거든 마땅히 기워 착한 행실을 새롭게 함이니, 마땅히 보속할 만하되 보속하지 아니하면 그 죄 속贖함을 얻지 못하느니라.

242 나로: 감준본이나 친필본에서는 '날노'로 되어 있다.

문236_ 신부ㅣ 벌ᄒᆞᄂᆞᆫ 보쇽은 무어시뇨?

답236_ 텬쥬 ᄃᆡ젼에 맛당이 들닐 경과 대소ᄌᆡ와 ᄋᆡ긍ᄒᆞᄂᆞᆫ 그런 신공이니라.

문237_ 우리 사ᄅᆞᆷ이 고ᄒᆡᄅᆞᆯ 령하면 그 효험이 엇더ᄒᆞ뇨?

답237_ 다시 젼에 일흔바 셩춍을 회복ᄒᆞ야 텬쥬의 착ᄒᆞᆫ 아ᄃᆞᆯ이 되ᄂᆞ니라.

문238_ 견진은 엇더케 ᄒᆞᆷ이뇨?

답238_ 특별이 령셰ᄒᆞᆫ 사ᄅᆞᆷ의게 셩춍을 ᄐᆡ와 주어 그 신덕을 견고케 ᄒᆞ야 능히 예수의 용병이 되게 ᄒᆞᆷ이니라.

문239_ 도리ᄅᆞᆯ ᄇᆞᆰ히지 못ᄒᆞᆫ 영ᄋᆞᄂᆞᆫ 견진을 령치 못ᄒᆞ냐?

답239_ 그 명오 열님을 기ᄃᆞ려 이 큰 은혜ᄅᆞᆯ 밧음이 가하ᄃᆡ, 만일 죽을 위험이 잇ᄉᆞ면 또ᄒᆞᆫ 맛당이 견진을 령ᄒᆞᄂᆞ니라.

문236_ 신부가 벌하시는 보속은 무엇이뇨?

답236_ 천주 대전臺前에 마땅히 드릴 경經[243]과 대소재大小齋와 애긍哀矜하는 그런 신공神功[244]이니라.

문237_ 우리 사람이 고해를 영領하면 그 효험이 어떠하뇨?

답237_ 다시 전에 잃은바 성총을 회복하여 천주의 착한 아들이 되느니라.

문238_ 견진堅振은 어떻게 함이뇨?

답238_ 특별히 영세한 사람에게 성총聖寵을 태워 주어 그 신덕信德을 견고케 하여 능히 예수의 용병勇兵이 되게 함이니라.

문239_ 도리를 밝히지 못한 영아嬰兒는 견진을 영領하지 못하느냐?

답239_ 그 명오明悟 열림을 기다려 이 큰 은혜를 받음이 가하되, 만일 죽을 위험이 있으면 또한 마땅히 견진을 영하느니라.

---

243 경(經): 경문(經文) 즉 기도문(祈禱文)을 말한다.

244 신공(神功): 옛 교회 용어로, 기도(祈禱)와 선공(善功)을 아우르는 말이다.

문240_ 명오ㅣ 열니지 아니ᄒᆞᆫ 영ᄋᆞㅣ 죽을 때 견진을 령ᄒᆞ면 무ᄉᆞᆷ 신효ㅣ 잇ᄂᆞ뇨?

답240_ 견진의 인호를 엇은 고로, 그 령혼이 맛치 쟝셩ᄒᆞᆫ 사ᄅᆞᆷ갓ᄒᆞ야 승텬ᄒᆞ매 그 영광을 더ᄒᆞᄂᆞ니라.

문241_ 견진이 구령ᄒᆞᆷ에 십분 요긴ᄒᆞ냐?

답241_ 비록 령셰와 ᄀᆞᆺ치 십분 요긴튼 아니ᄒᆞᄃᆡ, 맛당이 령ᄒᆞᆯ 만ᄒᆞᆫ 터에 령치 아니ᄒᆞ면 죄 잇ᄂᆞ니라.

문242_ 뉘가 견진을 힝ᄒᆞᄂᆞᆫ 권이 잇ᄂᆞ뇨?

답242_ 이ᄂᆞᆫ 쥬교의 본직이로ᄃᆡ, 쥬교 ᄒᆞᆫ 위 두루 각 ᄃᆡ방에 ᄃᆞᆫ이며 견진을 힝ᄒᆞᆯ 수 업ᄂᆞᆫ 고로, 교화황의 명을 인ᄒᆞ야 쥬교의 관면이 잇ᄉᆞ면 신부도 ᄯᅩᄒᆞᆫ 쥬교의 권을 ᄃᆡ신ᄒᆞ야 견진을 힝ᄒᆞᄂᆞ니라.

문243_ 견진을 령하면 셩신 은춍을 엇더케 밧ᄂᆞ뇨?

답243_ 닐곱 가지 은혜 잇ᄉᆞ니, ᄒᆞ나흔 ᄀᆞᆯ온 지혜요, 둘은 ᄀᆞᆯ온 통달이오, 세흔 ᄀᆞᆯ온 의견이오, 네흔 ᄀᆞᆯ온 의용이오, 다ᄉᆞᆺᄉᆞᆫ ᄀᆞᆯ온 지식이

문240_ 명오가 열리지 아니한 영아가 죽을 때 견진을 영하면 무슨 신효神效가 있느뇨?

답240_ 견진의 인호印號를 얻은 고로, 그 영혼이 마치 장성長成한 사람같이 승천昇天함에 그 영광 더하느니라.

문241_ 견진이 구령救靈함에 십분十分 요긴하냐?

답241_ 비록 영세와 같이 십분 요긴하지는 아니하되, 마땅히 영할 만한 터에 영하지 아니하면 죄 있느니라.

문242_ 누가 견진을 행하는 권權이 있느뇨?

답242_ 이는 주교主教의 본직本職이로되, 주교 한 위位가 두루 각 지방에 다니며 견진을 행할 수 없는 고로, 교화황敎化皇의 명命을 인因하여 주교의 관면寬免이 있으면 신부도 또한 주교의 권을 대신하여 견진을 행하느니라.

문243_ 견진堅振을 영領하면 성신聖神 은총恩寵을 어떻게 받느뇨?

답243_ 일곱 가지 은혜가 있으니, 하나는 가로되 지혜요, 둘은 가로되 통달通達이요, 셋은 가로되 의견意見이요, 넷은 가로되 의용義勇이요, 다섯은 가로되 지식知識이오, 여숫순 골온 효경이오, 닐곱은 골온 공구홈이니라.

문244_ 이 칠은을 밧으면 그 신효ㅣ 엇더ᄒᆞ뇨?

답244_ 능이 ᄉᆞ쥬구령ᄒᆞᄂᆞᆫ ᄉᆞ경을 통달ᄒᆞ야 맛ᄂᆞᆫ 간난을 ᄎᆞᆷ아 밧으며, 삼구의 조당홈을 듯지 아니ᄒᆞ고, 능이 신덕을 굿게 ᄒᆞ며, 또 신력을 떨쳐 악을 피ᄒᆞ고 션을 힝ᄒᆞ야 ᄒᆞ여곰 능이 텬당 길노 ᄃᆞᆺ게 ᄒᆞᄂᆞ니라.

문245_ 견진을 령ᄒᆞᆫ 사ᄅᆞᆷ이 무ᄉᆞᆷ 본분이 잇ᄂᆞ뇨?

답245_ 본분이 셰 가지 잇ᄉᆞ니, 능이 용덕을 발ᄒᆞ야 고난을 ᄃᆞᆯ게 밧아 쥬ᄅᆞᆯ 위ᄒᆞ야 치명ᄭᆞ지라도 홈이 ᄒᆞ나히오, 됴흔 교우의 본분 다ᄒᆞ기ᄅᆞᆯ 긔탄치 아니홈이 ᄒᆞ나히오, 닝담ᄒᆞᆫ 이ᄅᆞᆯ 뎨셩ᄒᆞ며 외교인을 권화ᄒᆞ야 ᄒᆞ여곰 샤특홈을 버리고 바ᄅᆞᆫ ᄃᆡ 도라오게 홈이 ᄒᆞ나히니라.

요, 여섯은 가로되 효경孝敬이요, 일곱은 가로되 공구恐懼함이니라.

문244_ 이 칠은七恩을 받으면 그 신효神效가 어떠하뇨?

답244_ 능히 사주구령事主救靈[245]하는 사정事情을 통달通達하여 만나는 간난艱難을 참아 받으며, 삼구三仇의 조당阻擋함을 듣지 아니하고, 능히 신덕信德을 굳게 하며, 또한 신력神力을 떨쳐 악을 피하고 선을 행하여 하여금 능히 천당天堂 길로 닿게 하느니라.

문245_ 견진을 영領한 사람이 무슨 본분이 있느뇨?

답245_ 본분이 세 가지 있으니, 능히 용덕勇德을 발하여 고난을 달게 받아 주를 위하여 치명致命까지라도 함이 하나요, 좋은 교우의 본분 다하기를 기탄忌憚치 아니함이 하나요, 냉담冷淡한 이를 제성提醒하며 외교인外教人을 권화勸化하여 하여금 사특邪慝함을 버리고 바른 데로 돌아오게 함이 하나이니라.

245 사주구령(事主救靈): 천주를 섬기고 자기 영혼을 구하는 일.

문246_ 셩톄ᄂᆞᆫ 무어시뇨?

답246_ 오쥬 예수의 쥬셩 인셩 지극히 거륵ᄒᆞ신 톄시니, 세샹 사ᄅᆞᆷ의 령혼 량식이오. 셩교의 졔례오, 예수 슈난의 끼친 표ㅣ니라.

문247_ 셩톄 엇지ᄒᆞ야 령혼 량식이 되ᄂᆞ뇨?

답247_ 셩톄 육졍을 누ᄅᆞ고, ᄉᆞ욕을 금지ᄒᆞ고, 셩춍을 더우고, 신력을 발ᄒᆞ야 능히 텬당 길노 ᄃᆞᆺ게 ᄒᆞᄂᆞ니라.

문248_ 셩톄 엇지ᄒᆞ야 셩교의 졔례 되ᄂᆞ뇨?

답248_ 미샤 즁에 셩톄ᄅᆞᆯ 일우매 예수의 셩신과 셩혈이 온젼이 졔ᄃᆡ 샹에 계시니, 신부ㅣ 셩톄ᄅᆞᆯ 밧드러 텬쥬 셩부끠 드림이라. 이ᄂᆞᆫ 고교 례에 고양으로 졔헌ᄒᆞ던 례ᄅᆞᆯ ᄃᆡ신ᄒᆞᆷ이니, 그 ᄎᆞᆷ되고 귀즁ᄒᆞᆷ이 비ᄒᆞᆯ ᄃᆡ 업ᄂᆞ니라.

문249_ 셩톄 엇지ᄒᆞ야 슈난의 표ㅣ 되ᄂᆞ뇨?

문246_ 성체聖體는 무엇이뇨?

답246_ 오주 예수의 주성主性 인성人性 지극히 거룩하신 체體시니, 세상 사람의 영혼 양식이요, 성교聖教의 제례祭禮요, 예수 수난의 끼친 표表이니라.

문247_ 성체 어찌하여 영혼 양식이 되느뇨?

답247_ 성체는 육정肉情을 누르고, 사욕私慾을 금지하고, 성총을 더하고, 신력神力을 발하여 능히 천당 길로 닿게[246] 하느니라.

문248_ 성체 어찌하여 성교회聖教會의 제례 되느뇨?

답248_ 미사 중에 성체를 이룸에 예수의 성신聖身과 성혈聖血이 온전히 제대祭臺 상에 계시니, 신부가 성체를 받들어 천주 성부聖父께 드림이라. 이는 고교古教 예에 고양羔羊[247]으로 제헌祭獻하던 예禮를 대신함이니, 그 참되고 귀중함이 비할 데 없느니라.

문249_ 성체 어찌하여 수난受難의 표表가 되느뇨?

---

246 닿게: 감준본 원문에는 '돗게'로 나와 있다. 돗다>닿다. 다다르다의 의미이다.
247 고양(羔羊): 새끼 양, 어린 양.

답249_ 예수ㅣ 슈난ᄒᆞ샤 십ᄌᆞ가 샹에 죽으심은 그 거륵ᄒᆞ신 몸으로써 텬쥬 셩부끠 드리심이니, 이제 미샤 즁에 셩톄를 축셩ᄒᆞ심은 또ᄒᆞᆫ 예수 슈난ᄒᆞ신 례로써 텬쥬 셩부끠 졔헌ᄒᆞ심이라. 슬프다. 셰샹 사ᄅᆞᆷ이 날마다 죄를 텬쥬끠 엇ᄂᆞᆫ 고로, 날마다 미샤 즁에 셩톄를 졔헌홈은이 만셰가 날마다 범ᄒᆞᆫ 죄를 구쇽ᄒᆞᄂᆞᆫ 표양이니라.

문250_ 셩톄를 령ᄒᆞ면 무ᄉᆞᆷ 리익이 잇ᄂᆞ뇨?
답250_ 령혼 육신의 다 리익이 잇ᄉᆞ니, 오쥬 예수와 결합ᄒᆞ야 그 령혼의 셩춍을 더홈이오, 육신도 또ᄒᆞᆫ 부활ᄒᆞ야 샹싱을 누릴 빙거ㅣ 되ᄂᆞ니라.

문251_ 죵부ᄂᆞᆫ 엇더케 홈이뇨?
답251_ 특별이 병인의게 셩춍을 틔와주어 ᄒᆞ여곰 텬당에 오르게 ᄒᆞ고, 또 그 령혼 육신의 곤궁과 고로옴을 감ᄒᆞ야 경케 홈이니라.

문252_ 죵부를 령하면 그 령혼이 곳 텬당에 오르ᄂᆞ냐?
답252_ 예수의 공로를 인ᄒᆞ야 실노 전대샤의 은혜를 엇답249_ 예수가 수난하시어 십자가十字架 상에 죽으심은 그 거룩하신 몸으로서 천주 성부聖父께 드리심이니, 이제 미사 중에 성체를 축성하심은 또한 예수 수난하신 예禮로써 천주 성부께 제헌하심이라. 슬프다. 세상 사람이 날마다 죄를 천주께 얻는 고로, 날마다 미사 중에 성체를 제헌함은 만세가 날마다 범한 죄를 구속救贖하는 표양表樣이니라.

문250_ 성체를 영領하면 무슨 이익利益이 있느뇨?

답250_ 영혼 육신에 다 이익이 있으니, 오주吾主 예수와 결합하여 그 영혼의 성총聖寵을 더함이요, 육신도 또한 부활하여 상생常生을 누릴 빙거憑據가 되느니라.

문251_ 종부終傅는 어떻게 함이뇨?

답251_ 특별히 병인病人에게 성총을 태워 주어 하여금 천당에 오르게 하고, 또 그 영혼 육신의 곤궁困窮과 괴로움을 감減하여 경輕하게 함이니라.

문252_ 종부를 영領하면 그 영혼이 곧 오르느냐?

답252_ 예수의 공로를 인하여 실로 전대사全大赦의 은혜를 얻음이니, 련옥벌을 다 소멸ᄒᆞ고 곳 텬당에 오ᄅᆞᄂᆞ니라.

문253_ 신픔은 무어시뇨?

답253_ 이 령신의 칠픔이니 특별이 셩ᄉᆞ의 권을 밧고, 아오로 셩춍을 틔와 주어 ᄒᆞ여곰 능히 셩ᄉᆞ를 잘 힝케 ᄒᆞᄂᆞ니라.

문254_ 신부ㅣ 샤죄ᄒᆞᄂᆞᆫ 권을 어ᄃᆡ로조차 밧앗ᄂᆞ뇨?

답254_ 종도로조차 ᄂᆞ려오ᄂᆞᆫ 권이니 교화황과 쥬교와 밋 신부ㅣ 다 이 권이 잇ᄂᆞᆫ지라. 예수ㅣ 일ᄌᆞᆨ 종도ᄃᆞ려 닐너 골오샤ᄃᆡ, 너희들이 셰상에셔 ᄑᆞᆫ 죄ᄂᆞᆫ 나ㅣ 또ᄒᆞᆫ 하ᄂᆞᆯ에셔 플짓노라 ᄒᆞ시니라.

문255_ 혼비ᄂᆞᆫ 엇더케 홈이뇨?

답255_ 특별이 바ᄅᆞᆫ 쟝부와 바ᄅᆞᆫ 안ᄒᆡ의게 셩춍을 틔와 주어, ᄒᆞ여곰 화목ᄒᆞ고 ᄌᆞ녀를 나하 잘 ᄀᆞᄅᆞ치고 기음이니, 연옥벌煉獄罰을 다 소멸消滅하고 곧 천당에 오르느니라.

문253_ 신품神品은 무엇이뇨?

답253_ 이는 영신靈神의 칠품七品이니 특별히 성사聖事의 권權을 받고, 아울러 성총을 태워 주어 하여금 능히 성사를 잘 행하게 하느니라.

문254_ 신부神父가 사죄하는 권權을 어디로조차 받았느뇨?

답254_ 종도宗徒로조차 내려오는 권이니 교화황敎化皇[248]과 주교主敎와 및 신부가 다 이 권이 있는지라. 예수가 일찍이 종도宗徒께 일러 가라사대, 너희들이 세상에서 푼 죄는 내가 또한 하늘에서 풀겠노라 하시니라.

문255_ 혼배婚配는 어떻게 함이뇨?

답255_ 특별히 바른 장부丈夫와 바른 아내에게 성총을 태워 주어, 하여금 화목하고 자녀를 낳아 잘 가르치고 기

248 교화황(敎化皇): 교황(敎皇). 김기호는 자신의 저서에서 '교황'과 '교화황'이란 용어를 같이 쓰고 있다. 이는 김기호가 이 책을 지었던 19세기 후반까지 교황이란 용어가 확립되지 않았음을 뜻한다.

ᄅᆞ게 ᄒᆞᆷ이니라.

문256_ 텬쥬ㅣ 혼ᄇᆡ롤 세우심은 무슴 뜻이뇨?

답256_ 세 가지 일이 잇ᄉᆞ니, 부부로 ᄒᆞ여곰 죵신토록 화목 ᄒᆞ고 서로 위로ᄒᆞ야 서로 평안케 ᄒᆞᆷ이 ᄒᆞ나ᄒᆞ오, 그 육신의 욕심 불을 감멸ᄒᆞ야 ᄒᆞ여곰 샤음죄롤 범치 아니케 ᄒᆞᆷ이 ᄒᆞ나히오, 그 ᄌᆞ녀롤 나하 기ᄅᆞ고 ᄀᆞᄅᆞ쳐 ᄒᆞ여곰 텬쥬롤 밧드러 섬기게 ᄒᆞᆷ이 ᄒᆞ나히니라.

문257_ 텬쥬의 셩춍 엇기롤 위ᄒᆞ야 셩ᄉᆞ롤 세우매 엇지 홀노 칠젹만 잇셧ᄂᆞ뇨?

답257_ 셰샹 사름의 일노써 비유컨대, 셩세를 령ᄒᆞᆷ은 텬쥬 의 ᄌᆞ로써 비로소 텬당에 남이오, 견진을 령ᄒᆞᆷ은 셩신 은 춍으로써 쟝셩ᄒᆞᆷ이오, 고ᄒᆡ롤 령ᄒᆞᆷ은 마치 병이 잇ᄉᆞ 매 약으로써 치료ᄒᆞᆷ과 ᄀᆞᆺᄒᆞᆷ이오, 셩톄롤 령ᄒᆞᆷ은 마치 병후에 신량으로써 보익ᄒᆞᆷ과 ᄀᆞᆺᄒᆞᆷ이오, 죵부롤 령ᄒᆞᆷ

르게 함이니라.

문256_ 천주가 혼배를 세우심은 무슨 뜻이뇨?

답256_ 세 가지 일이 있으니, 부부로 하여금 종신토록 화목하고 서로 위로하여 서로 평안케 함이 하나요, 그 육신의 욕심 불을 감멸減滅하여 하여금 사음죄邪淫罪를 범하지 아니하게 함이 하나요, 그 자녀를 낳아 기르고 가르쳐 하여금 천주를 받들어 섬기게 함이 하나이니라.

문257_ 천주의 성총을 얻기를 위하여 상사를 세움에 어찌 홀로 칠적七跡만 있었느뇨?

답257_ 세상 사람의 일로써 비유컨대, 성세聖洗를 영함은 천주의 의자義子로서 비로소 천당에 남이요, 견진堅振을 영함은 성신聖神 은총恩寵으로써 장성長成함이요, 고해告解를 영함은 마치 병이 있음에 약으로써 치료함과 같음이요, 성체聖體를 영함은 마치 병후病後에 신량神糧[249]으로써 보익補益함과 같음이요, 종부終傅를 영함

249 신량(神糧): 영혼의 양식.

은 마치 노ᄌᆞ로써 그 힝력을 건장케 홈과 ᄀᆞᆺ홈이오, 신픔을 령홈은 마치 ᄒᆞᆫ 집에 잇슨즉 반ᄃᆞ시 ᄒᆞᆫ 쥬쟝이 잇셔 다ᄉᆞ려 ᄀᆞ츄게 홈과 ᄀᆞᆺ홈이오, 혼ᄇᆡ를 령홈은 아들이 잇ᄉᆞ매 반ᄃᆞ시 쟝가 들이고져 ᄒᆞ며 ᄯᆞᆯ이 잇ᄉᆞ매 반ᄃᆞ시 시집 보내고져 ᄒᆞ야, 두 집이 친을 ᄆᆡᄌᆞ 셔로 됴화홈이니, 이 일곱 가지 셩ᄉᆞㅣ 더홀 것도 업고 감홀 것도 업ᄂᆞ니라.

문258_ 칠셩ᄉᆞ 즁에 어ᄂᆞ 셩ᄉᆞㅣ 뎨일 요긴ᄒᆞ뇨?

답258_ 사름이 령셰를 아니 ᄒᆞ면 원본죄를 인ᄒᆞ야 마귀 죵과 ᄌᆞ식이 되고 텬쥬 셩춍이 업ᄂᆞ 고로 아오로 다른 셩ᄉᆞ의 은혜를 밧을 길이 업ᄂᆞ니라.

문259_ 칠셩ᄉᆞ 즁에 어ᄂᆞ 셩ᄉᆞㅣ 뎨일 크고 귀즁ᄒᆞ뇨?

답259_ 다른 셩ᄉᆞᄂᆞᆫ 텬쥬ㅣ 다만 셩춍만 ᄂᆡ와 주시ᄃᆡ 셩톄셩ᄉᆞ에ᄂᆞᆫ 셩춍의 근원이신 텬쥬의 젼톄로써 특별이 사름의게 주심이니라.

문260_ 칠셩ᄉᆞ 즁에 사름이 능히 두 번 령치 못ᄒᆞᄂᆞᆫ 셩ᄉᆞㅣ 몃 가지뇨?

은 마치 노자路資로써 그 행력行力을 건장健壯하게 함과 같음이요, 신품神品을 영함은 마치 한 집에 있은즉 반드시 한 주장이 있어 다스려 갖추게 함과 같음이요, 혼배婚配를 영함은 아들이 있음에 반드시 장가들이고자 하며 딸이 있음에 반드시 시집보내고자 하여 두 집이 친親을 맺어 서로 좋아함이니, 이 일곱 가지 성사가 더할 것도 없고 감할 것도 없느니라.

문258_ 칠성사七聖事 중에 어느 성사가 제일 요긴하뇨?

답258_ 사람이 영세를 아니 하면, 원본죄原本罪를 인因하여 마귀 종과 자식이 되고, 천주 성총이 없는 고로 아울러 다른 성사의 은혜를 받을 길이 없느니라.

문259_ 칠성사 중에 어느 성사가 제일 크고 귀중하뇨?

답259_ 다른 성사는 천주가 다만 성총만 태워 주시되, 성체성사에는 성총의 근원이신 천주의 전체로써 특별히 사람에게 주심이니라.

문260_ 칠성사 중에 사람이 능히 두 번 못하는 성사가 몇 가지뇨?

답260_ 셩세와 견진과 신픔 세 가지 셩ᄉᆞㅣ니, 그 령혼의 인호ㅣ 잇ᄂᆞᆫ 연고이니라.

답260_ 영세와 견진과 신품 세 가지 성사이니, 그 영혼의 인호印號가 있는 연고이니라.

죽을 때 옴은 면홀 수 업솜이라

문261_ 무룻 사룸이 엇지ᄒᆞ야 죽ᄂᆞ뇨?

답261_ 원죄롤 인ᄒᆞ야 반ᄃᆞ시 죽음이오, 또 셰샹 만물이 다 근본으로 도라가ᄂᆞᆫ 연고ㅣ니라.

문262_ 사룸의 근본이 어ᄃᆡ 잇ᄂᆞ뇨?

답262_ 사룸마다 각각 령혼과 육신 두 가지 톄 잇ᄉᆞ니, 령혼은 텬쥬끠로조차 낫다가 뭇츰내 텬쥬끠 도라감이오, 육신은 흙 긔운으로 조차 낫다가 뭇츰내 흙으로 도라감이니라.

문263_ 육신이 흙으로 도라감은 일즉 알앗건이와, 각 령혼이 다 텬쥬끠로 환본ᄒᆞᄂᆞ냐?

답263_ 션쟈의 령혼은 반ᄃᆞ시 텬쥬끠로 도라가 환본ᄒᆞ건이와, 악쟈의 령혼은 반ᄃᆞ시 디옥에 떠러져

제7장

죽을 때 옴은 면할 수 없음이라

[문261~답280; 소계 20문답]

문261_ 무릇 사람이 어찌하여 죽느뇨?

답261_ 원죄를 인因하여 반드시 죽음이요, 또 세상 만물이 다 근본根本으로 돌아가는 연고緣故이니라.

문262_ 사람의 근본根本이 어디에 있느뇨?

답262_ 사람마다 각각 영혼과 육신 두 가지 체體 있으니, 영혼은 천주께로조차 낳았다가 천주께 돌아감이요, 육신은 흙 기운氣運으로조차 낳았다가 마침내 흙으로 돌아감이니라.

문263_ 육신이 흙으로 돌아감은 일찍 알았거니와 각 영혼이 다 천주께로 환본還本하느냐?[250]

답263_ 선자善者의 영혼은 반드시 천주께로 돌아가 환본하거니와, 악자惡者의 영혼은 반드시 지옥에 떨어져

250 환본(還本)하다: 근본으로 돌아가다.

실본홈이니라.

문264_ 사름의 죽을 때 각 뎡홈이 잇셔, 각각 스ᄉ로 아ᄂ냐?

답264_ 죽을 때가 정홈이 업셔, 혹 어려서도 죽고, 쟝셩ᄒ여서도 죽고, 늙어서도 죽ᄂ니 도모지 그 때를 아지 못ᄒᄂ니라.

문265_ 무릇 사름이 엇지ᄒ야 죽ᄂ뇨?

답265_ 령혼이 그 육신을 떠남ㅣ니, 령혼은 죽도 아니코 멸도 아니컨이와, 육신은 오직 죽어 멸ᄒᄂ니라.

문266_ 사름이 잘 죽고 악ᄒ게 죽는 분별이 잇ᄂ냐?

답266_ 쥬를 알아 공경ᄒ야 죄 업는 사름은 가히 잘 죽는다 니를 거시오, 쥬를 빈반ᄒ야 만흘 사름은 가히 악ᄒ게 죽는다 니를지니다.

실본失本함[251]이니라.

문264_ 사람이 죽을 때 각各 정定함이 있어서 각각 스스로 아느냐?

답264_ 죽을 때가 정함이 없어, 혹 어려서도 죽고, 장성長成하여서도 죽고, 늙어서도 죽느니 도무지 그 때를 알지 못하느니라.

문265_ 무릇 사람이 어찌하여 죽느뇨?

답265_ 영혼이 그 육신을 떠남이니, 영혼은 죽지도 아니하고 멸滅하지도 아니하거니와, 육신은 오직 죽어 멸하느니라.

문266_ 사람이 잘 죽고 악하게 죽는 분별分別이 있느냐?

답266_ 주主를 알아 공경하여 죄 없는 사람은 가히 잘 죽는다 이를 것이요, 주를 배반하여 만홀漫忽한 사람은 가히 악하게 죽는다 이를지니라.

---

251 실본(失本)하다: 근본을 잃어버리다, 본전에서 밑지거나 손해를 보다.

문267_ 예로브터 죽지 아니ᄒᆞᆫ 사ᄅᆞᆷ이 잇ᄂᆞ냐?

답267_ 부귀ᄒᆞ고 ᄌᆡ능ᄒᆞᆫ 사ᄅᆞᆷ을 의론치 말고 도모지 죽을 때 잇ᄂᆞ니라.

문268_ 그러면 이 셰샹은 도모지 죽ᄂᆞᆫ 셰샹이냐?

답268_ 각 사ᄅᆞᆷ의 ᄉᆡᆼ명이 비컨대 아ᄎᆞᆷ 니ᄉᆞᆯ의 ᄆᆞᄅᆞ기 쉬옴과 물거품꼿의 뒤쳐놀님과 번ᄀᆡ불의 ᄒᆞᆯ연 번쩍홈과 갓하야, ᄀᆞᄇᆞ얍고 잠간 되ᄂᆞᆫ 사소ᄒᆞᆫ 물건이니라.

문269_ 사ᄅᆞᆷ이 죽을 때 그 졍경이 엇더ᄒᆞ뇨?

답269_ 육신의 ᄎᆞᆷ혹홈과 령혼의 가련홈을 아오로 가히 형언 ᄒᆞᆯ 수 업ᄂᆞ니라.

문270_ 육신은 엇더케 참혹ᄒᆞ뇨?

문267_ 예로부터 죽지 아니한 사람이 있느냐?

답267_ 부귀富貴하고 재능才能한 사람을 의론치 말고 도무지 죽을 때 있느니라.

문268_ 그러면 이 세상世上은 도무지 죽는 세상이냐?

답268_ 각 사람의 생명이 비유하건대 아침 이슬의 마르기 쉬움과 물거품꽃의 뒤쳐날림[252]과 번갯불의 홀연忽然 번쩍함과 같아서, 가볍고 잠깐 되는[253] 사소한 물건이니라.

문269_ 사람이 죽을 때 그 정경情景이 어떠하뇨?

답269_ 육신의 참혹慘酷함과 영혼의 가련可憐함을 아울러 가히 형언形言할 수 없느니라.

문270_ 육신은 어떻게 참혹하뇨?

---

252 뒤쳐날림: 감준본 원문에는 '뒷쳐놀님'으로 나온다. 뒤치다+날리다의 명사형. 엎치락뒤치락하면서 날리는 모양을 표현한 말. 뒤치다: 사람의 몸이나 물건을 젖혀 놓거나 엎어 놓다. '뒤치락엎치락', '엎치락뒤치락'의 형태로 자주 쓰인다. 감준본 원문에서 쓰인 '뒷치다'와 같은 의미이다.

253 잠깐 되다: 감준본 원문에서는 '잠간 되는'으로 나온다. '잠간(暫間)'은 현대어 '잠깐'의 어원이 된다. 원래 '잠간'은 일반적으로 '잠시', '잠깐', '갑자기', '별안간' 등의 부사로 사용된다.

답270_ 병셰 위급ᄒᆞ매 평샹 요 우희 누어 뒷치락젓치락 ᄒᆞ며 눈은 껌껌ᄒᆞ고 귀ᄂᆞᆫ 괄괄하ᄒᆞ고, 코ᄂᆞᆫ ᄐᆞ고, 입시울은 검으며, ᄆᆡᆨ은 어ᄌᆞᆯ업고, 소ᄅᆡᄂᆞᆫ 벙어리 같하아 장ᄎᆞ 썩고 문허저 베레 먹을 물건이 됨이니라

문271_ 령혼은 엇더케 가련하뇨?

답271_ 일ᄉᆡᆼ에 ᄒᆞᆫ 바ᄅᆞᆯ 돌녀 ᄉᆡᆼ각컨대, “오직 죄악만 잇고, 도모지 쥬ᄅᆞᆯ 알아 ᄉᆞ랑ᄒᆞᆫ 일은 업ᄉᆞ니, 비록 속히 원통ᄒᆞ나 때느저 밋ᄎᆞᆯ 길이 업ᄂᆞ니라.

문272_ 령혼이 육신을 떠ᄂᆞᆯ 때에 무ᄉᆞᆷ 물건을 가지고 가ᄂᆞ뇨?

답272_ 도모지 텨ᄌᆞ와 ᄌᆡ산 등물을 던져ᄇᆞ리고, 가지고 가ᄂᆞᆫ 밧 쟈ㅣ 오직 공과 죄 따ᄅᆞᆷ이니, 천쥬 ᄃᆡ젼에 니ᄅᆞ러 엄심판을 듯ᄂᆞ니라.

답 270_ 병세病勢 위급危急함에 평상平床 요 위에 누워 엎치락뒤치락하며, 눈은 껌껌하고, 귀는 왁자지껄하고,[254] 코는 타고, 입시울은 검으며, 맥은 어지럽고, 소리는 벙어리 같아 장차 무너져 벌레 먹을 물건이 됨이니라.

문 271_ 영혼은 어떻게 가련하뇨?

답 271_ 일생一生에 한 바를 돌려 생각하건대, 오직 죄악만 있고 도무지 주를 알아 사랑한 일은 없으니, 비록 속이 원통하나 때늦어 미칠 길이 없느니라.

문 272_ 영혼이 육신을 떠날 때에 무슨 물건을 가지고 가느뇨?

답 272_ 도무지 처자妻子와 재산財産 등물等物을 던져 버리고, 가지고 가는 바는[255] 오직 공功과 죄罪 따름이니, 천주 대전에 이르러 엄심판嚴審判을 듣느니라.

254 왁자지껄하다: 감준본 원전에는 '괄괄聒聒하다'로 나온다. 이는 '떠들썩한' 또는 '왁자지껄'한 소리를 말한다.

255 가지고 가는 바는: '감준본 원문에는 '가지고 가는 밧 쟈ㅣ'로 나온다. 이를 현대 한국어로 옮기면, '가지고 가는 바의 것은' 또는 '가지고 가는 것은', '가지고 가는 바는'이다.

문273_ 우리 사름이 날마다 죽을 때를 싱각홈이 무솜 리익 잇노뇨?

답273_ 리익이 셰 가지 잇스니, 셰물을 ᄀ부야이 봄이 ᄒ나히오, ᄉ욕을 압복홈이 ᄒ나히오, 션공을 브ᄌ런이 힝ᄒ야, 그 쥬 디젼에 잇솜을 예비홈이 ᄒ나히니라.

문274_ 셰물을 ᄀ부야이 봄은 엇지함이뇨?

답274_ 사름이 이 셰상에 젹신으로 왓다가 젹신으로 가는 것 시니, 셰물과 셰복이 형셰 심이 렬약ᄒ야 능히 쥬인으로 ᄒ여곰 죽지 아니케 못ᄒ고, 도로혀 쥬인을 비쳑ᄒ야 ᄒ가지로 거취ᄒ지 못ᄒ는 ᄉ졍을 붉이 알고 ᄌ셰히 솔피는 고로, 그 셰물을 경천이 넉임이니라.

문275_ ᄉ욕을 압복홈은 엇지홈이뇨?

답275_ 므룻 사름이 본디 ᄉ욕으로 죽는 디 걸님이라. ᄉ욕 방문273_ 우리 사람이 날마다 죽을 때를 생각함이 무슨 이익利益이 있느뇨?

답273_ 이익이 세 가지 있으니, 세물世物을 가볍게 봄이 하나요, 사욕私慾을 압복壓服[256]함이 하나요, 선공善功을 부지런히 행하여 그 주 대전에 있음을 예비함이 하나이니라.

문274_ 세물世物을 가벼이 봄은 어찌함이뇨?

답274_ 사람이 이 세상에 적신赤身으로 왔다가 적신으로 가는 것이니, 세물과 세복世福[257]이 형세形勢 심히 열약劣弱하여, 능히 주인으로 하여금 죽지 아니케 못하고, 도리어 주인을 배척排斥하여 한가지로 거취去就하지 못하는 사정을 밝히 알고 자세히 살피는 고로, 그 세물을 경천輕賤[258]히 여김이니라.

문275_ 사욕私慾을 압복함은 어찌함이뇨?

답275_ 무릇 사람이 사욕私慾으로 죽는 데 걸림이라. 사욕 방

---

256 압복(壓服): 친필본에는 '눌러 항복받음'으로 나온다. 감준본 원문에는 이를 한자어로 바꾸어 기록했다.

257 세복(世福): 세상의 복락.

258 경천(輕賤): 가볍고 천하게 여김.

ᄉᆞᄒᆞᆫ 사ᄅᆞᆷ을 밀위여 ᄉᆡᆼ각ᄒᆞ건대, 어제날 죽어 무덤에 드러갓더니, 오날 어ᄃᆡ 잇ᄂᆞ뇨? ᄌᆡ흙 ᄯᆞᄅᆞᆷ인즉, 가이 셰물 셰복이 도모지 이 헛거시오, 잠간되ᄂᆞᆫ 줄을 알지니라.

문276_ 션공을 브ᄌᆞ런이 ᄒᆡᆼᄒᆞ야 쥬 ᄃᆡ젼에 잇ᄉᆞᆷ을 예비ᄒᆞᆷ은 엇지ᄒᆞᆷ이뇨?

답276_ 사ᄅᆞᆷ이 죽으매 곳 쥬 ᄃᆡ젼에 니ᄅᆞ러 심판을 드ᄅᆞᆷ이니, 이제 ᄉᆡᆼ각건대, 뉘 감이 악을 닉히고 션을 게얼니 ᄒᆞ야 텬쥬ᄭᆡ 죄ᄅᆞᆯ 엇어 그 령혼 대ᄉᆞᄅᆞᆯ 해롭게 하리오.

문277_ 사ᄅᆞᆷ이 죽ᄂᆞᆫ 때 엇지ᄒᆞ야 이ᄀᆞᆺ치 관계ᄒᆞᆷ이 잇ᄂᆞ뇨?

답277_ 각 사ᄅᆞᆷ의 죽엄이 뎡ᄒᆞᆫ 때 업ᄉᆞ니, ᄒᆞᆯ홀간 ᄒᆞᆫ번 죽어 심판을 당하면 영원의 결단이 잇ᄂᆞᆫ 연고이

사放肆한[259] 사람을 미루어 생각건대, 어젯날 죽어 무덤에 들어갔더니, 오늘 어디 있느뇨? 재灰와 흙일 따름인즉, 가可히 세물 세복이 도무지 헛것이요, 잠깐 되는 줄을 알지니라.

문276_ 선공善功을 부지런히 행하여 주主 대전臺前에 있음을 예비함은 어찌함이뇨?

답276_ 사람이 죽음에 곧 주 대전에 이르러 심판審判을 들음이니, 이제 생각건대 누가 감히 악을 익히고 선을 게을리하여 천주께 죄를 얻어 그 영혼靈魂 대사大事를 해롭게 하리요.

문277_ 사람이 죽는 때 어찌하여 이같이 관계關係함이 있느뇨?

답277_ 각 사람의 죽음이 정定한 때 없으니, 훌홀간欻忽間[260] 한 번 죽어 심판을 당하면 영원[261]의 결단이 있는 연고이

259 방사(放肆)하다: 제멋대로 행동하며 거리끼고 어려워하는 데가 없다.

260 훌홀간(欻忽間): '훌(欻)'은 '문득' '갑자기'이고, '홀(忽)'은 '갑자기', '돌연'으로 옮길 수 있는 부사이거나, 소수(小數)의 단위로 10^{-5}에 해당하는 작은 수를 말한다. 여기에서는 '돌연' 혹은 '갑자기'의 의미이다.

261 영원(永遠): 감준본에는 '영원'으로 나오나, 친필본에는 '심판을 당ᄒᆞ면 령혼일이 영영이 결단되는 연고ㅣ니라'로 나온다. 이를 감안하면 감준본의 '영원'

니라.

문278_ 텬쥬ㅣ 사름으로 ᄒᆞ여곰 스ᄉᆞ로 죽을 때를 아지 못ᄒᆞ게 ᄒᆞ심은 무슴 뜻이뇨?

답278_ 맛치 도적의 옴이 아츰에 잇슬지 저녁에 잇슬지 아지 못홈과 ᄀᆞᆺ하, 맛당이 깁히 자지말고 ᄭᆡ여 방비홈과 ᄀᆞᆺᄒᆞ니라.

문279_ 사름의 졍이 죽기를 꺼림은 무슴 뜻이뇨?

답279_ 홍샹 사ᄂᆞᆫ 혼이 잇ᄂᆞᆫ 고로, 홍샹 살 ᄆᆞ음이 잇슴이오, 또 죽은 후에 반ᄃᆞ시 엄심판을 들어 영원 대ᄉᆞ의 결단이 잇ᄂᆞᆫ 고로, 그 ᄆᆞ음의 긔탄홈이 잇ᄂᆞ니라.

문280_ 영원은 엇더홈이뇨?

답280_ 우리 사름이 ᄒᆞᆫ 번 죽으매 오직 그 공과 죄로써, 혹 텬당에 오르거나 디옥에 ᄂᆞ리거나 도모지 이 셰샹과 더브러 샹관치 아니ᄒᆞ고 억억만만세에 영원무궁ᄒᆞ니라.

니라.

답278_ 천주가 사람으로 하여금 스스로 죽을 때를 알지 못하게 하심은 무슨 뜻이뇨?

답278_ 마치 도적의 옴이 아침에 있을지 저녁에 있을지 알지 못함과 같아, 마땅히 깊이 자지 말고 깨어 방비防備함과 같으니라.

문279_ 사람의 정이 죽기를 꺼림은 무슨 뜻이뇨?

답279_ 항상恒常 사는 혼魂이 있는 고로, 항상 살 마음이 있음이요, 또 죽은 후에 반드시 엄심판嚴審判을 들어 영원 대사大事의 결단이 있는 고로, 그 마음의 기탄忌憚함이 있느니라.

문280_ 영원은 어떠함이뇨?

답280_ 우리 사람이 한 번 죽음에, 오직 그 공과 죄로써 혹 천당에 오르거나 지옥에 내리거나, 도무지 이 세상과 더불어 상관치 아니하고 억억만세億億萬歲에 영원무궁永遠無窮하니라.

은 '영혼(靈魂)'으로 볼 수 있는 가능성도 있다.

심판의 엄홈은 당홀 수 업솜이라

문281_ 심판은 엇더케 홈이뇨?

답281_ 텬쥬ㅣ 사룸의 공과 죄롤 솔피샤 샹벌을 판단ᄒᆞ심이 니라.

문282_ 심판이 몃 가지 잇ᄂᆞ뇨?

답282_ ᄉᆞ심판과 공심판의 분별이 잇ᄂᆞ니라.

문283_ ᄉᆞ심판은 엇더케 홈이뇨?

답283_ 사룸이 죽으매 그 령혼은이 텬쥬 ᄃᆡ젼에 니ᄅᆞ러 홀노 심판을 드룸이니, 공 잇ᄂᆞᆫ 이ᄂᆞᆫ 샹을 밧아 텬당에 오ᄅᆞ고, 죄 잇ᄂᆞᆫ 이ᄂᆞᆫ 벌을 밧아 디옥에 ᄂᆞ리ᄂᆞ니라.

문284_ 공심판은 엇더케 홈이뇨?

답284_ 텬디 뭇출 때에 녜로브터 죽은 쟈ㅣ 일제히 부활ᄒᆞ야 텬쥬 ᄃᆡ젼에 니ᄅᆞ러 ᄒᆞᆫ가지로 심판을 들어, 션

제8장

심판의 엄함은 당할 수 없음이라

[문답281~문답308; 소계 28 문답]

문281_ 심판審判은 어떻게 함이뇨?

답281_ 천주가 사람의 공功과 죄罪를 살피시어 상벌을 판단判斷하심이니라.

문282_ 심판이 몇 가지 있느뇨?

답282_ 사심판私審判과 공심판公審判의 분별이 있느니라.

문283_ 사심판은 어떻게 함이뇨?

답283_ 사람이 죽음에 그 영혼은 이 천주 대전臺前에 이르러 홀로 심판을 들음이니, 공 있는 이는 상을 받아 천당에 오르고, 죄 있는 이는 벌을 받아 지옥에 내리느니라.

문284_ 공심판은 어떻게 함이뇨?

답284_ 천지天地 마칠 때에 예로부터 죽은 자가 일제히 부활하여 천주 대전에 이르러 한가지로 심판을 들어, 선쟈의 령혼과 육신은 혼가지로 텬당에 올녀 영복을 누리게 ᄒᆞ시고, 악쟈의 령혼과 육신은 혼가지로 디옥에 ᄂᆞ리워 영벌을 밧게 ᄒᆞ시ᄂᆞ니라.

문285_ 텬쥬ㅣ 임의 뭇사름의 공과 죄를 심판ᄒᆞ셧거놀 엇지ᄒᆞ야 다시 공심판을 힝ᄒᆞ시ᄂᆞ뇨?

답285_ 텬쥬ㅣ 크게 지공지의의 극진ᄒᆞ심을 낫타내샤 다시 공심판을 힝ᄒᆞ시ᄂᆞᆫ 셩의 여러 가지 잇ᄉᆞ니, ᄒᆞ나흔 예수의 구쇽ᄒᆞ신 공로를 인ᄒᆞ야 그 영광을 나타내심이오, ᄒᆞ나흔 만셰만민의 숨은 션과 숨은 악을 뭇사름 압희 드러내여 그 혼가지로 알게 코져 ᄒᆞ심이오, ᄒᆞ나흔 사름의 령혼과 육신이 임의 혼가지로 션과 악을 힝혼 고로, 그 혼가지로 샹과 벌을 밧게 코져 ᄒᆞ심이니라.

문286_ 오쥬 예수ㅣ 엇지ᄒᆞ야 심판의 권을 맛타 계시뇨?

답286_ 텬쥬 셩ᄌᆞ의 존귀ᄒᆞ심으로써 강싱ᄒᆞ샤 사름이 되여 셰샹 죄를 구쇽ᄒᆞ샤 크게 그 보혈의 영광을 낫타내신 연고ㅣ니라.

자善者의 영혼과 육신은 한가지로 천당에 올려 영복永福을 누리게 하시고, 악자惡者의 영혼과 육신은 한가지로 지옥에 내리어 영벌永罰을 받게 하시나니라.

문285_ 천주가 이미 뭇사람의 공과 죄를 심판하셨거늘 어찌하여 다시 공심판을 행하시느뇨?

답285_ 천주가 크게 지공지의至公至義의 극진하심을 나타내시어 다시 공심판을 행하시는 성의聖意 여러 가지 있으니, 하나는 예수의 구속救贖하신 공로功勞를 인하여 그 영광을 나타내심이요, 하나는 만세만민萬世萬民의 숨은 선善과 숨은 악惡을 뭇사람 앞에 드러내어 그 한가지로 알게 하고자 하심이요, 하나는 사람의 영혼과 육신이 이미 한가지로 선과 악을 행하는 고로, 그 한가지로 상賞과 벌罰을 받게 하고자 하심이니라.

문286_ 오주吾主 예수가 어찌하여 심판의 권權을 맡아 계시뇨?

답286_ 천주 성자聖子의 존귀하심으로써 강생降生하시어 사람이 되어 세상世上 죄를 구속하시어 크게 그 보혈寶血의 영광을 나타내신 연고緣故이니라.

문287_ 예수ㅣ 미리 심판을 말솜ᄒᆞ셧ᄂᆞ냐?

답287_ 일후 셰계 ᄆᆞᆺ출 때 ᄂᆞ려와 심판ᄒᆞ실 긔약은 말솜치 아니ᄒᆞ시고, 오직 이때 증죠롤 드러 미리 말솜ᄒᆞ야 뵈시니라.

문288_ 이때 증죠ㅣ 몃 가지 잇ᄂᆞ뇨?

답288_ 만물이 다 변ᄒᆞ야 증죠ㅣ 비록 만흐나, 가이 다 긔록지 못ᄒᆞ고, 대개 몃 ᄭᅳᆺ흘 드러 말ᄒᆞ노라.

문289_ 뎨일 증죠ᄂᆞᆫ 무엇시뇨?

답289_ 거ᄌᆞᆺ 션지쟈ㅣ 만으니, 오쥬의 거륵ᄒᆞ신 일흠을 비러 셰샹 사ᄅᆞᆷ을 쇽임이니라.

문290_ 뎨이 증죠ᄂᆞᆫ 무엇시뇨?

답290_ 만방 모든 님군이 화목지 아니ᄒᆞ고, 셔로 침노ᄒᆞ고 셔로 싸와 긋처 쉴 때 업ᄉᆞ리라.

문291_ 뎨삼 증죠ᄂᆞᆫ 무엇시뇨?

답291_ 샤교ㅣ 크게 힝ᄒᆞ고 악인이 벌 ᄯᅦᆺ치 니러나, 때때와 곳곳이 셩교 착ᄒᆞᆫ 사ᄅᆞᆷ을 ᄉᆞ로잡아 죽임이니라.

문287_ 예수가 미리 심판審判을 말씀하셨느냐?

답287_ 일후日後 세계 마칠 때 내려와 심판하실 기약期約은 말씀하지 아니하시고, 오직 이때 징조徵兆를 들어 미리 말씀하여 보이시니라.

문288_ 이때 징조가 몇 가지 있느뇨?

답288_ 만물萬物이 다 변하여 징조가 비록 많으나, 가히 다 기록하지 못하고, 대개 몇 끝[端]을 들어 말하노라.

문289_ 제일 징조는 무엇이뇨?

답289_ 거짓 선지자先知者가 많으니, 오주吾主의 거룩하신 이름을 빌려 세상 사람을 속임이니라.

문290_ 제이 징조는 무엇이뇨?

답290_ 만방萬邦 모든 임금이 화목和睦치 아니하고, 서로 침노侵擄하고 서로 싸워 그쳐 쉴 때 없으리라.

문291_ 제삼 징조는 무엇이뇨?

답291_ 사교邪教가 크게 행하고 악인이 벌 떼같이 일어나, 때때와 곳곳이 성교聖教 착한 사람을 사로잡아 죽임이니라.

문292_ 뎨ᄉᆞ 증죠ᄂᆞᆫ 무엇시뇨?

답292_ 오쥬의 원슈 안디 그리스도ㅣ 셰상에 나셔 션인을 초멸코져 ᄒᆞ매, 능이 그 악ᄒᆞᆫ 해ᄅᆞᆯ 다 말ᄒᆞᆯ 수 업ᄂᆞ니라.

문293_ 뎨오 증죠ᄂᆞᆫ 무어시뇨?

답293_ 셩교 복음이 멀니 만방에 퍼져 듯지 아니ᄒᆞᆫ 사ᄅᆞᆷ이 업ᄉᆞ리니, 유더아 악당의 ᄌᆞ숀ᄭᆞ지 귀화ᄒᆞᆯ 쟈ㅣ 잇ᄉᆞ리라.

문294_ 뎨륙 증죠ᄂᆞᆫ 무어시뇨?

답294_ 셰샹 증후ㅣ 임의 만흐매, 하ᄂᆞᆯ 증후ㅣ 니어 니러나 사ᄒᆡᆼ이 크게 변ᄒᆞ야 셰샹 사ᄅᆞᆷ이 다 놀나고, 바다물이 끄러넘치고, 괴이ᄒᆞᆷ이 공즁에 만이 낫문292_ 제사 징조는 무엇이뇨?

답292_ 오주吾主의 원수怨讐 안티 그리스도anti-Christo[262]가 세상에 나서 선인善人을 초멸剿滅하고자 함에, 능히 그 악한 해를 다 말할 수 없느니라.

문293_ 제오 징조는 무엇이뇨?

답293_ 성교 복음福音이 멀리 만방萬邦에 퍼져 듣지 아니한 사람이 없으리니, 유데아 악당의 자손까지 귀화歸化할 자가 있으리라.

문294_ 제육 징조는 무엇이뇨?

답294_ 세상 징후徵候가 이미 많음에, 하늘 징후가 이어 일어나 사행四行[263]이 크게 변하여 세상 사람이 다 놀라고, 바닷물이 끓어넘치고, 괴이함이 공중에 많이 나

262 안티 그리스도: 루카 21,7-19 참조.

263 사행(四行): 친필본에는 '사원행(四元行)'으로 나온다. 고대 그리스 시대의 자연철학에서 논의되던 모든 물질의 기본 원소에 대한 논의로, 사원소설이라고도 한다. 엠페도클레스(Empedocles, BC490~430)는 바람·물·불·흙을 모든 물질의 네 가지 근본 원소로 보았다. 이 설은 아리스토텔레스(Aristoteles, BC384~322)에게 계승되었다. 그는 모든 물질은 바람·물·불·흙으로 구성되었고, 그 특유한 성격인 건조함·습함·따뜻함·차가움의 조합으로 형성된다고 주장했다. 사원행은 이 네 가지 원소의 상호작용을 말한다.

타나고, 모든 하ᄂᆞᆯ이 그 ᄎᆞ셔ᄅᆞᆯ 일어 때 ᄲᆞᄅᆞ며 때 더ᄃᆡ고, 해와 ᄃᆞᆯ이 빗흘 일코, 부ᄌᆞ와 형뎨 셔로 분별치 아니ᄒᆞ리라.

문295_ 뎨칠 증죠ᄂᆞᆫ 무어시뇨?

답295_ 큰 불이 공중으로브터 나려와 싸의 가득ᄒᆞ리라. 이 불이 네 가지 긔이홈이 잇ᄉᆞ니, 초목, 금슈 등물을 ᄐᆡ와 멸홈이 ᄒᆞ나히오, 악인을 ᄐᆡ와 죽임이 둘이오, 션인의 미ᄒᆞᆫ 죄ᄅᆞᆯ 단련홈이 세히오, 능히 ᄉᆞ힝이 셕겨 붓치인 바 육신을 고로이 ᄒᆞ야, ᄒᆞ여곰 그 결쳥케 홈이 네히니라.

문296_ 사ᄅᆞᆷ의 죽은 몸이 엇더케 부활ᄒᆞᄂᆞ뇨?

답296_ 텬쥬ㅣ 젼능으로써 텬신을 명ᄒᆞ야 호긔ᄅᆞᆯ 불매, 각 사ᄅᆞᆷ의 본 몸이 일제히 다시 사라나 션쟈의 몸은 네 가지 긔이ᄒᆞᆫ 은혜 잇고, 악쟈타나고, 모든 하늘이 그 차서次序를 잃어 때 빠르며 때 더디고,[264] 해와 달이 빛을 잃고, 부자와 형제가 서로 분별치 아니하리라.

문295_ 제칠 징조는 무엇이뇨?

답295_ 큰불이 공중으로부터 내려와 땅에 가득하리라. 이 불이 네 가지 기이奇異함이 있으니, 초목, 금수 등물等物을 태워 멸滅함이 하나요, 악인惡人을 태워 죽임이 둘이요, 선인善人의 미微한 죄를 단련鍛鍊함이 셋이요, 능히 사행四行이 섞여 붙이인바 육신을 괴롭게 하여, 하여금 그 결청潔淸하게[265] 함이 넷이니라.

문296_ 사람의 죽은 몸이 어떻게 부활하느뇨?

답296_ 천주가 전능全能으로써 천신天神을 명命하여 호기號器를 불음에, 각 사람의 본 몸이 일제히 다시 살아나 선자善者의 몸은 '네 가지 기이한 은혜'[266] 있고, 악자

264 때 빠르며 때 더디고: 친필본에는 '때로 빠르고 때로 더디며'로 나온다.
265 결청(潔淸)하다: 청결하다. 맑고 깨끗하다.
266 네 가지 기이한 은혜: 부활한 착한 이에게 나타나는 네 가지의 특이한 은총으로 '사기지은(四奇之恩)'이라고도 한다. 토마스 아퀴나스는 부활한 영원한 영혼의 실존적 현실을 나타내는 네 가지의 은총으로 썩지 않음[無傷損, ipassibilitas], 빛남[光明, claritas]과 빠름[迅速, agilitas]과 사무치거나 예민

의 몸은 더럽고 무거워 움죽이기 어려오니라.

문297_ 텬쥬ㅣ 심판ᄒᆞ실 때에 션인 악인의 모양이 엇더ᄒᆞ뇨?

답297_ 션인의 령혼 육신은 서로 결합ᄒᆞ야 희열ᄒᆞᆫ ᄆᆞᄋᆞᆷ으로 예수 ᄃᆡ젼에 추창ᄒᆞ야 뵈고, 악인의 령혼 육신은 서로 더부러 봉착ᄒᆞ매 원혼ᄒᆞᄂᆞᆫ ᄆᆞᄋᆞᆷ으로 따에 엎ᄃᆡ여 감이 우러러보지 못ᄒᆞᄂᆞ니라.

문298_ 사ᄅᆞᆷ의 죽은 몸이 임의 금슈의 쪼아먹은 바되여 보존ᄒᆞᆷ이 업ᄂᆞᆫ 쟈ᄂᆞᆫ 엇더케 ᄒᆞᄂᆞ뇨?

답298_ 텬쥬의 젼능으로써 무ᄉᆞᆷ 어려옴이 잇ᄉᆞ리오. 각인 육신이 본ᄃᆡ 업거ᄂᆞᆯ 텬쥬ㅣ ᄒᆞᆫ 번 명ᄒᆞ시매 잇셧시니. 이제 비록 ᄇᆡᆨ번 변ᄒᆞᆫ 후ㅣ나 명ᄒᆞ샤 다시 살아 잇게 ᄒᆞ심을 반ᄃᆞ시 의심ᄒᆞᆯ 거시 업ᄂᆞ니라.

문299_ 션쟈의 부활ᄒᆞᆫ 육신은 무ᄉᆞᆷ 모양이뇨?

惡者의 몸은 더럽고 무거워 움직이기 어려우니라.

문297_ 천주가 심판審判하실 때에 선인善人 악인惡人의 모양模樣이 어떠하뇨?

답297_ 선인의 영혼 육신은 서로 결합하여 희열喜悅한 마음으로 예수 대전에 추장推奬하여[267] 뵙고, 악인의 영혼 육신은 서로 더불어 봉착逢着함에 원한怨恨하는 마음으로 땅에 엎드려 감히 우러러보지 못하느니라.

문298_ 사람의 죽은 몸이 이미 금수禽獸의 쪼아먹은 바 되어 보존함이 없는 자는 어떻게 하느뇨?

답298_ 천주의 전능으로써 무슨 어려움이 있으리오. 각인各人 육신이 본디 없거늘 천주가 한 번 명하심에 있었으니, 이제 비록 백 번 변한 후이나 명하시어 다시 살아 있게 하심을 반드시 의심할 것이 없느니라.

문299_ 선자의 부활한 육신은 무슨 모양이뇨?

함[透徹, 사무침, subtilitas]함을 말했다. 사도행전 8,26-40; 요한 6,44-51 등 참조. 천주교 요리문답 108조목 참조.

267 추장(推奬)하다: 좋은 점을 들어 추천하다.

답299_ 다 오쥬 예수의 삽십삼셰 모양이 되여, 늙음도 업고 어림도 업ᄉᆞ며 병신의 분별이 업ᄂᆞ니라.

문300_ 공심판ᄒᆞ실 곳은 어ᄃᆡ 잇ᄂᆞ뇨?

답300_ 아리와산 요사베 골이니, 오쥬 예수ㅣ 승텬ᄒᆞ실 때에 텬신을 명ᄒᆞ야 종도들의게 닐ᄋᆞ시ᄃᆡ, '예수ㅣ 이에셔 승텬ᄒᆞ시고, 이에셔 심판ᄒᆞ리라 ᄒᆞ셧ᄂᆞ니라.

문301_ 심판 때에 텬쥬 엄위 엇더ᄒᆞ시뇨?

답301_ 하ᄂᆞᆯ문이 크게 열니고 모든 텬신이 오쥬의 못 박혀 죽으신 십ᄌᆞ가를 밧드러 뫼셧시매, 예수ㅣ ᄎᆡ ᄉᆡᆨ 구름을 ᄐᆞ시고 공즁으로브터 강림ᄒᆞ시ᄂᆞ니라.

답299_ 다 오주 예수의 삽십삼세 모양이 되어, 늙음도 없고 어림도 없으며 병신의 분별[268]이 없나니라.

문300_ 공심판하실 곳은 어디 있느뇨?

답300_ 올리브 산 여호사팟 골[269]이니 오주吾主 예수가 승천하실 때에 천신을 명하여 종도들에게 이르시되, "예수가 이에서 승천昇天하시고, 이에서 심판審判하리라." 하셨느니라.

문301_ 심판 때에 천주 엄위嚴威 어떠하시뇨?

답301_ 하늘문이 크게 열리고 모든 천신이 오주吾主의 못 박혀 죽으신 십자가十字架를 받들어 모셨음에, 예수가 채색彩色 구름을 타시고 공중空中으로부터 강림하시느니라.

---

268 분별: 감수본에는 '분벌'로 되어 있으나, 친필본과 비교하여 바로잡았다.

269 올리브 산 여호사팟 골: 올리바 산은 친필본에는 'ᄋ리와 산'으로, 감준본 원문에서는 '아리와 산'으로 나온다. 이는 올리바(Oliva) 산 즉 현대 영어로 옮기면 '올리브 산'을 말한다. '여호사팟 골'은 감준본 원문에서는 '요사베 골'로 나온다. '요사베 골'은 요엘기 4장에 나오는 '여호사팟 골짜기'를 말한다. '여호사팟 골짜기'는 '기드론 골짜기'를 이르는 말로, 여호사팟이라는 단어의 어원은 심판의 골짜기라는 뜻을 지닌다.

문302_ 심판을 ᄆᆞᆺᄎᆞ시고 샹벌을 뎡ᄒᆞᆫ 후에 오쥬ㅣ 엇더케 ᄒᆞ셧ᄂᆞ뇨?

답302_ 예수ㅣ 깃거은 낫ᄎᆞ로써 올흔편을 향ᄒᆞ야 션쟈ᄃᆞ려 닐ᄋᆞ시ᄃᆡ, "와 너ᄅᆞᆯ 위ᄒᆞ야 예비ᄒᆞ신 텬당 진복을 누리라."ᄒᆞ시고, 노ᄒᆞ신 낫ᄎᆞ로 왼편을 향ᄒᆞ야 악쟈ᄃᆞ려 닐ᄋᆞ시ᄃᆡ, "ᄂᆞ려 마귀ᄅᆞᆯ 위ᄒᆞ야 마련ᄒᆞ신 디옥 진화ᄅᆞᆯ 밧으라." ᄒᆞ시ᄂᆞ니라.

문303_ 예수ㅣ 이ᄀᆞᆺ치 판명ᄒᆞ신 후에 다시 무엇 ᄒᆞ셧ᄂᆞ뇨?

답303_ 션인은 텬신으로 더부러 ᄒᆞᆫ가지로 ᄀᆡ가ᄅᆞᆯ 브ᄅᆞ면셔 깁히 깃버ᄒᆞᄂᆞᆫ ᄆᆞ음으로써 텬당에 올나 기리 복을 누리고, 악인은 샤마로 더브러 ᄒᆞᆫ가지로 통곡ᄒᆞ며 원ᄒᆞᆫᄒᆞᄂᆞᆫ ᄆᆞ음으로써 디옥에 ᄂᆞ려 기리 나오지 못ᄒᆞᄂᆞ니라.

문304_ 심판ᄒᆞ시ᄂᆞᆫ 날은 이 어떠ᄒᆞᆫ 날이뇨?

문302_ 심판을 마치시고 상벌賞罰을 정한 후에 오주가 어떻게 하셨느뇨?

답302_ 예수가 기꺼운 낯으로써 오른편을 향하여 선자善者에게 이르시되, "와서 너를 위하여 예비하신 천당天堂 진복眞福을 누리라." 하시고, 노怒하신 낯으로 왼편을 향向하여 악자惡者에게 이르시되, "내려가 마귀魔鬼를 위하여 마련하신 지옥地獄 진화瞋火[270]를 받으라." 하시느니라.

문303_ 예수가 이같이 판명判明하신[271] 후에 다시 무엇을 하셨느뇨?

답303_ 선인은 천신으로 더불어 한가지로 개가를 부르면서 깊이 기뻐하는 마음으로써 천당에 올라 길이 복을 누리고, 악인은 사마邪魔로 더불어 한가지로 통곡하며 원한怨恨하는 마음으로써 지옥에 내려 길이 나오지 못하느니라.

문304_ 심판하시는 날은 어떠한 날이뇨?

---

270 진화(瞋火): 활활 타오르는 불.
271 판명(判明)하다: 어떤 사실을 판단하여 명백히 밝히다.

답304_ 이에 텬쥬의 날이니, 션인의게ᄂᆞᆫ 심이 깃버 즐기ᄂᆞᆫ ᄂᆞᆯ이오, 악인의게ᄂᆞᆫ 심이 놀나 두리ᄂᆞᆫ ᄂᆞᆯ이니라.

문305_ 셰샹의 날이 다 텬쥬의 날이어ᄂᆞᆯ, 엇지ᄒᆞ야 심판 날이 홀노 텬쥬의 날이라 니ᄅᆞᄂᆞ뇨?

답305_ 다ᄅᆞᆫ 날은 셰샹 사ᄅᆞᆷ의게 맛겨 두어 션ᄒᆞᆫ 쟈ᄂᆞᆫ 션을 힝ᄒᆞ고 악ᄒᆞᆫ 쟈ᄂᆞᆫ 악을 힝ᄒᆞ니, 가이 사ᄅᆞᆷ의 날이라 니ᄅᆞᆯ 거시오, 심판날에 니ᄅᆞ러 텬쥬ㅣ 공번되이 큰일을 결단ᄒᆞ시ᄂᆞᆫ 날이니 가이 텬쥬의 날이라 니ᄅᆞᆯ지니라.

문306_ 심판ᄒᆞ시ᄂᆞᆫ 날에 사ᄅᆞᆷ의 공과 죄 다 스ᄉᆞ로 드러ᄂᆞ냐?

답306_ 텬쥬의 ᄇᆞᆰ은 거울이 비컨대 태양이 하ᄂᆞᆯ 가온ᄃᆡ ᄒᆞ야 빗최여 ᄉᆞᄆᆞᆺ촘과 ᄀᆞᆺᄒᆞ시니, 공죄의 크고 젹음이 가이 그 형샹과 그림ᄌᆞᄅᆞᆯ 숨기지 못ᄒᆞᆯ 거시오, 텬쥬ㅣ 또 손에 지극히 공번되신 져울을 잡으샤 그 공과 죄ᄅᆞᆯ ᄃᆞ라 사호됴 차착ᄒᆞᆷ이 업ᄂᆞ니라.

답304_ 이에 천주의 날이니, 선인善人에게는 심히 기뻐 즐기는 날이요, 악인惡人에게는 심히 놀라 두려워하는 날이니라.

문305_ 세상의 날이 다 천주의 날이거늘, 어찌하여 심판 날이 홀로 천주의 날이라 이르느뇨?

답305_ 다른 날은 세상 사람에게 맡겨 두어 선善한 자는 선을 행하고 악한 자는 악을 행하니 가히 사람의 날이라 이를 것이요, 심판 날에 이르러 천주가 공번되이 큰일을 결단하시는 날이니 가히 천주의 날이라 이를지니라.

문306_ 심판하시는 날에 사람의 공과 죄 다 스스로 드러나느냐?

답306_ 천주의 밝은 거울이 비유컨대 태양이 하늘 가운데 하여 비추어 사무침과 같으시니, 공죄의 크고 작음이 가히 그 형상과 그림자를 숨기지 못할 것이요, 천주가 또 손에 지극히 공번되신 저울을 잡으시어 그 공과 죄를 달아 사호絲毫[272]도 차착錯錯[273]함이 없느니라.

문307_ 셩인의 션공이 텬당에 잇셔 크게 영광이 되건이와, 셰샹에 잇셔 다만 샤죄의 은혜만 엇은 쟈ᄂᆞᆫ 그 영광이 엇더ᄒᆞ뇨?

답307_ 사ᄅᆞᆷ이 뉘가 죄 업ᄉᆞ리오. 죄가 크매 뉘웃츰이 츰되여 진심으로 고히ᄒᆞ엿시면, 도로혀 션공이 됨으로 크게 텬쥬의 인ᄌᆞᄒᆞ신 덕을 낫타내샤 그 영복을 더ᄒᆞ시ᄂᆞ니라.

문308_ 심판 날에 븟그럽고 두림을 혹 엇어 면ᄒᆞᆯ 법이 잇ᄉᆞ냐?

답308_ 셩교에 신통ᄒᆞᆫ 법이 잇ᄉᆞ니, 혹 큰 죄ᄅᆞᆯ 범치 말거나, 범ᄒᆞ엿거든 즉시 통회 고히ᄒᆞ고 보쇽을 힝홈이니라.

문307_ 성인의 선공善功이 천당에 있어서 크게 영광이 되거니와, 세상에 있어 다만 사죄赦罪의 은혜만 얻은 자는 그 영광이 어떠하뇨?

답307_ 사람이 누가 죄 없으리요? 죄가 큼에 뉘우침이 참되어 진심으로 고해하였으면, 도리어 선공이 되므로 크게 천주의 인자하신 덕을 나타내시어 그 영복榮福을 더하시느니라.

문308_ 심판 날에 부끄럽고 두려움을 혹 얻어 면할 법이 있으냐?

답308_ 성교聖教에 신통神通한 법이 있으니, 혹 큰 죄를 범하지 말거나, 범하였거든 즉시 통회 고해하고 보속을 행함이니라.

---

272 사호(絲毫): 극히 적은 수량.

273 차착(差錯): 어긋나거나 뒤섞임.

소원신종
친필본

입력문

人皆爲善

幼蒙問答 八本

溯原愼終

유몽문답 팔본

역주문

인개위선人皆爲善
유몽문답幼蒙問答 팔본八本
소원신종溯源愼終
유몽문답 팔본

유몽문답 팔본

텬쥬'텬쥬ㅣ' 조셩문답'ᄒᆞ심을 의론홈이라'

문01_ 하늘은 누가 내셧ᄂᆞ뇨

답01_ 내신 님ᄌᆞㅣ 계시니라

문02_ 뉘 하늘을 내신 님ᄌᆞㅣ되시ᄂᆞ뇨'시뇨'

답02_ 일흠ᄒᆞ기 어려오나 텬쥬ㅣ라 브ᄅᆞᄂᆞ니라

문03_ 텬쥬ㅣ 몃치 계시뇨

답03_ 다만 ᄒᆞ나히 계시니 ᄒᆞᆫ 톄에 세 위롤 포함ᄒᆞ시니라

문04_ 세 위ᄂᆞᆫ 무어시라 브ᄅᆞᄂᆞ뇨

답04_ 셩부ㅣ니 거륵ᄒᆞ신 아비라 말이오 셩ᄌᆞㅣ니 거

유몽문답 팔본

제1장

천주가 조성하심을 의론함이라

[문1~문38; 소계 38문답]

문01[1]_ 하늘은 누가 내셨느뇨?

답01_ 내신 임자가 계시니라.

문02_ 누가 하늘을 내신 임자가 되시냐뇨?'시뇨?'

답02_ 이름하기 어려우나 천주라 부르느니라.

문03_ 천주는 몇이 계시뇨?

답03_ 다만 하나가 계시니 한 체體에 세 위位를 포함하시니라.

문04_ 세 위는 무엇이라 부르느뇨?

답04_ 성부이니 거룩하신 아버지라는 말이요, 성자이니 거

1 문 01: 『소원신종』원본에는 문답에 일련번호가 부여되어 있지 않다. 그러나 본 정리본에서는 연구자의 편의를 위하여 일련번호를 부여했다. 한편 친필본에서 필자 김기호 본인이 삭제한 부분을 가능한 복원하여 이를 파란색으로 표기했다. 그리고 삭제된 단어 대신 들어간 글자는 ' '를 넣어 표기했다. 친필본 입력문 경우 주석을 최소화 했다. 친필본에서 궁금한 단어는 감수본 입력문을 참조하면 된다.

륵ᄒᆞ신 아ᄃᆞᆯ이라 말이오 셩신이니 거륵ᄒᆞ신 신이라 말이니라

문05_ 텬쥬의 톄 엇더ᄒᆞ시뇨

답05_ 신령ᄒᆞ샤 눈으로 보지 못ᄒᆞ고 손으로 ᄆᆞᆫ지지 못ᄒᆞᄂᆞᆫ 톄시니 젼능ᄒᆞ시고 젼지ᄒᆞ시고 젼션ᄒᆞ시니라

문06_ 젼능은 무어시뇨

답06_ 온젼이 능ᄒᆞ샤 못 ᄒᆞ실 일이 업ᄉᆞᆷ이니라

문07_ 젼지ᄂᆞᆫ 무어시뇨

답07_ 온젼이 알으샤 ᄀᆞᆯ'ᄀᆞ'리옴이 업시 ᄉᆞᄆᆞᆺ차 빗최심이니라

문08_ 젼션은 무어시뇨

답08_ 온젼이 션ᄒᆞ샤 잘못ᄒᆞ시ᄂᆞᆫ 일이 ᄒᆞ나토'도모지' 업ᄉᆞ시니라

문09_ ᄒᆞᆫ 톄에 엇지ᄒᆞ야 세 위 계시다 ᄒᆞᄂᆞ뇨

답09_ 텬쥬의 톄 본ᄃᆡ 지극히 아름다우시고 지극히 ᄇᆰ으

룩하신 아들이란 말이요, 성신이니 거룩하신 신이라는 말이니라.

문05_ 천주의 체體는 어떠하시뇨?

답05_ 신령하시어 눈으로 보지 못하고 손으로 만지지 못하는 체體이시니, 전능全能하시고 전지全知하시고 전선全善하시니라.

문06_ 전능은 무엇이뇨?

답06_ 온전히 능能하시어 못 하실 일이 없음이니라.

문07_ 전지는 무엇이뇨?

답07_ 온전히 아시어 가리움이 없이 사무치어 비치심이니라.

문08_ 전선全善은 무엇이뇨?

답08_ 온전히 선善하시어 잘못하시는 일이 하나도 '도무지' 없으심이니라.

문09_ 한 체體에 어찌하여 세 위位가 계시다고 하느뇨?

답09_ 천주의 체는 본디 지극히 아름다우시고 지극히 밝으시고 지극히 아ᄅᆞᆷ다옴을 됴화ᄒᆞ심이니 비컨대 아ᄅᆞᆷ다온 얼골을 ᄇᆞᆰ은 거울에 빗최면 ᄀᆞᆺᄒᆞᆫ 얼골이 서로 ᄃᆡᄒᆞ야 ᄉᆞ랑ᄒᆞᄂᆞᆫ 졍을 발ᄒᆞᆷ과 ᄀᆞᆺ치 아ᄅᆞᆷ다온 본 얼골이 ᄒᆞ나히오 ᄀᆞᆺᄒᆞᆫ 얼골이 ᄒᆞ나히오 서로 ᄉᆞ랑ᄒᆞᄂᆞᆫ 졍이 ᄒᆞ나히시니라

문10_ 텬쥬ㅣ 어ᄃᆡ로조차 나시뇨

답10_ 만일 텬쥬ᄅᆞᆯ 내신 이가 잇ᄉᆞ면 그 내신 이ᄅᆞᆯ 텬쥬ㅣ라 ᄒᆞᆯ거시니 우리 텬쥬ᄂᆞᆫ 비로ᄉᆞᆷ도 업ᄉᆞ시고 ᄆᆞᆺᄎᆞᆷ도 업스샤 스ᄉᆞ로 계신 쟈ㅣ니라

문11_ 이러ᄒᆞ신 텬주ㅣ 무ᄉᆞᆷ 일을 ᄒᆞ시ᄂᆞ뇨

답11_ 텬지와 만물과 텬신과 사ᄅᆞᆷ을 조셩ᄒᆞ시고 보존ᄒᆞ시고 다ᄉᆞ리시고 샹벌 ᄒᆞ시ᄂᆞ니라

문12_ 텬쥬ㅣ 무어ᄉᆞᆯ 가지고 텬디 신인 만물을 조셩ᄒᆞ시뇨

시고 지극히 아름다움을 좋아하심이니, 비유하건대 아름다운 얼굴을 밝은 거울에 비추면 같은 얼굴이 서로 대하여 사랑하는 정情을 발發함과 같이, 아름다운 본本 얼굴이 하나이요, 같은 얼굴이 하나이요, 서로 사랑하는 정情이 하나이시니라.

문10_ 천주는 어디로부터 나셨느뇨?

답10_ 만일 천주를 내신 이가 있다면 내신 이를 천주라고 할 것이니, 우리 천주는 비롯음[2]도 없으시고 마침도 없으시어 스스로 계신 자이니라.

문11_ 이러하신 천주는 무슨 일을 하시느뇨?

답11_ 천지와 만물과 천신과 사람을 조성하시고, 보존하시고, 다스리시고, 상벌 하시느니라.[3]

문12_ 천주는 무엇을 가지고 천지 신인神人 만물을 조성하시뇨?

---

2 비롯음: 원문은 '비로숨'이다. 현재 국립국어원의 표준국어대사전을 비롯한 일반 사전류에 등재되지 않은 단어이다. '처음으로 시작하다'라는 뜻의 '비롯하다'에서 파생된 순수 한국어 단어로, 박해시대 이래 천주교 기록에서 발견되는 용어이다.

3 cf. Thomas Aquinas, Summa *Theologiae*, I, 1a q.65 a.1 『신학대전』 제1부 제1장 제65문항.

답12_ 당신 젼능으로 아모 ᄌᆡ료 업시 힘을 슈고치 아니ᄒᆞ시고 ᄯᅢ를 허비치 아니ᄒᆞ샤 ᄒᆞᆫ 번 명ᄒᆞ시매 텬디 신인 만물이 다 명을 응ᄒᆞ야 일우니라

문13_ 텬디 신인 만물을 조셩ᄒᆞ신 ᄎᆞ례 업ᄂᆞ냐

답13_ ᄎᆞ례 잇ᄉᆞ니 여ᄉᆞᆺ 날 동안에 공부ᄒᆞ시니라

문14_ 뎨일일은 무엇 ᄒᆞ시뇨

답14_ 붉은 빗과 샹층 하놀과 무수ᄒᆞᆫ 텬신과 물과 ᄯᅡ흘 내시니라

문15_ 뎨이일은 무엇 ᄒᆞ시뇨

답15_ 각층 ᄒᆞᄂᆞᆯ을 안ᄇᆡᄒᆞ샤 텬디를 분ᄀᆡ ᄒᆞ시니라

답12_ 당신 전능으로 아무 재료 없이 힘을 수고하지 아니하시고 때를 허비하지 아니하시어, 한 번 명하심에 천지 신인 만물이 다 명에 응하여 이루니라.[4]

문13_ 천지 신인神人, 만물을 조성하신 차례가 없느냐?

답13_ 차례가 있으니, 여섯 날 동안에 일하시니라.[5]

문14_ 제1일은 무엇을 하셨느뇨?

답14_ 밝은 빛과 상층上層 하늘과 무수한 천신과 물과 땅을 내시니라.[6]

문15_ 제2일은 무엇을 하셨느뇨?

답15_ 각층各層 하늘을 안배安排하시어[7] 하늘과 땅을 나누시니라.[8]

---

4 창세기 1장의 내용을 본 소원신종 문답 13번부터 20번 사이에 요약하고 있다.

5 일하시니라: 원문에는 '공부ᄒᆞ시니라'로 되어 있다. '공부(工夫)'는 오늘날에 이르러 '학문이나 기술을 배우고 익히는 일'로 되어 있다. 그러나 여기에서 사용되고 있는 '공부'는 청대(淸代) 백화문(白話文)으로 오늘날 통용되는 '공부'라는 의미와는 차이가 있다.

6 창세기 1,3-5 참조.

7 안배(安排)하시어: '섭리(攝理)'라는 뜻이다. 19세기 조선 교회에서는 '섭리'라는 단어 대신에 '안배'라는 단어를 사용해 왔다.

8 창세기 1,5-8 참조.

문16_ 뎨삼일은 무엇 ᄒᆞ시뇨

답16_ 놉흔 ᄃᆡᄂᆞᆫ 산이 되며 나즌 ᄃᆡᄂᆞᆫ 바다히 되게 ᄒᆞ시고 ᄯᅡ희 모든 곡식과 실과와 각ᄉᆡᆨ 초목을 나게 ᄒᆞ시니라

문17_ 뎨ᄉᆞ일은 무엇 ᄒᆞ시뇨

답17_ 하ᄂᆞᆯ에 ᄒᆡ와 ᄃᆞᆯ과 별을 두샤 이 셰샹을 비최여 춘하추동과 시ᄀᆞᆨ졀후ᄅᆞᆯ 분별케 ᄒᆞ시니라

문18_ 뎨오일은 무엇 ᄒᆞ시뇨

답18_ 물에 만흔 고기와 산에 모든 새ᄅᆞᆯ 내시니라

문19_ 뎨륙일은 무엇 ᄒᆞ시뇨

답19_ ᄯᅡ희 긔ᄂᆞᆫ 즘승과 모든 버레ᄅᆞᆯ 내시고 나죵에 사ᄅᆞᆷ을 내시니라

문16_ 제3일은 무엇을 하셨느뇨?

답16_ 높은 데는 산이 되며 낮은 데는 바다가 되게 하시고, 또 땅의 모든 곡식과 실과와 각색各色 초목을 나게 하시니라.[9]

문17_ 제4일은 무엇을 하셨느뇨?

답17_ 하늘에 해와 달과 별을 두시어 이 세상을 비추어 춘하추동과 시각절후時刻節候[10]를 분별하게 하시니라.[11]

문18_ 제5일은 무엇을 하셨느뇨?

답18_ 물에 많은 고기와 산에 모든 새를 내시니라.[12]

문19_ 제6일은 무엇을 하셨느뇨?

답19_ 땅에 기는 짐승과 모든 벌레를 내시고 나중에 사람을 내시니라.[13]

---

9 창세기 1,9-13 참조.

10 시각절후(時刻節候): 원문에는 '시긱졀후'로 되어 있다. 김기호는 자신의 『소원신종』에서 한자어 '刻'을 '긱'으로 발음하여 기록하고 있다. 이를 현대음으로 바로잡아 옮겼다.

11 창세기 1,14-19 참조.

12 창세기 1,20-22 참조.

13 창세기 1,23-31 참조.

문20_ 사름을 엇더케 내셧ᄂᆞ뇨

답20_ 텬쥬ㅣ 젼능으로 황토(누른 흙이라 말)를 가져 ᄒᆞᆫ 육신을 ᄆᆡᆫᄃᆞ시고 ᄯᅩ 당신 모샹과 갓치 신묘ᄒᆞᆫ 령혼을 ᄐᆡ와 주셧ᄂᆞ니라

문21_ 이 령혼이 엇지ᄒᆞ야 텬쥬의 모샹과 ᄀᆞᆺ다 ᄒᆞᄂᆞ뇨

답21_ 텬쥬ㅣ 형샹 업스샤 삼위일톄로 계시거ᄂᆞᆯ 령혼도 형샹 업서 삼ᄉᆞ를 포함ᄒᆞᆷ이오 ᄯᅩ 텬쥬ㅣ 아니 계신 곳이 업ᄉᆞ시거ᄂᆞᆯ 령혼도 ᄉᆞ지ᄇᆡᆨ톄에 ᄉᆞᄆᆞᆺ차 아니 잇ᄂᆞᆫ 곳이 업슴이니라

문22_ 령혼 삼ᄉᆞᄂᆞᆫ 무엇시뇨

답22_ ᄀᆡ함과 명오와 ᄋᆡ욕이니라

문23_ ᄀᆡ함은 무엇시뇨

답23_ 아모 일이라도 ᄉᆡᆼ각ᄒᆞ야 냄이니라 '모든 일을 ᄀᆡ록ᄒᆞ야 ᄉᆡᆼ각ᄒᆞᆷ이니라'

문20_ 사람을 어떻게 내셨느뇨?

답20_ 천주의 전능으로 황토(누른 흙이라는 말)를 가져다가 한 육신을 만드시고, 또 당신 모상模像과 같이 신묘한 영혼을 태워 주셨느니라.

문21_ 이 영혼이 어찌하여 천주의 모상과 같다고 하느뇨?

답21_ 천주는 형상이 없으시어 삼위일체로 계시거늘, 영혼도 형상이 없어 삼사三司를 포함함이오. 또 천주는 아니 계신 곳이 없으시거늘, 영혼도 사지백체四肢百體에 사무쳐 아니 있는 곳이 없음이니라.

문22_ 영혼 삼사靈魂三司는 무엇이뇨?

답22_ 기함記含과 명오明悟와 애욕愛欲이니라.

문23_ 기함은 무엇이뇨?

답23_ 아무 일이라도, 생각해 냄이니라. '모든 일을 기록하여 생각함이니라.'[14]

14 글자 가운데로 지우는 선을 넣은 부분은 이 책의 원저자인 김기호(金起浩)가 자신의 원고에서 삭제한 부분을 뜻한다.

문24_ 명오ᄂᆞᆫ 무어시뇨

답24_ 아모거시라도 분별ᄒᆞ야 앎이니라

문25_ ᄋᆡ욕은 무어시뇨

답25_ ᄉᆞ랑ᄒᆞ야 ᄒᆞ고져 ᄒᆞᆷ이니라

문26_ 령혼이 죽으랴 아니 죽으랴

답26_ 신령ᄒᆞᆫ 톄니 칼노 버히지 못ᄒᆞ고 불노 ᄐᆡ오지 못ᄒᆞ야 죽지 아니ᄒᆞᄂᆞ니라

문27_ 텬쥬ㅣ 무어ᄉᆞᆯ 위ᄒᆞ야 텬디 만물을 내셧ᄂᆞ뇨

답27_ 당신 영광 낫'나'타내시기ᄅᆞᆯ 위ᄒᆞᆷ이오 ᄯᅩ 셰샹 사ᄅᆞᆷ을 위ᄒᆞ심이니라

문28_ 엇지ᄒᆞ야 사ᄅᆞᆷ을 위함이 되ᄂᆞ뇨

답28_ 하ᄂᆞᆯ노써 사ᄅᆞᆷ을 덥흐시고, ᄶᅡ흐로써 사ᄅᆞᆷ을 시ᄅᆞ시니 마치 셰샹 부모ㅣ가 ᄌᆞ식을 위ᄒᆞ야 집을 지음과 ᄀᆞᆺ고 ᄯᅩ 사ᄅᆞᆷ이 먹고 쓰고 구경ᄒᆞᆯ'ᄒᆞᄂᆞᆫ' 만 가지 물건을 내심은 ᄌᆞ식의게 살이'간사리'ᄒᆞ기ᄅᆞᆯ 위ᄒᆞ야 ᄇᆡ치ᄒᆞᆷ과 ᄀᆞᆺᄒᆞᆷ이'치 ᄒᆞ심이'라

문24_ 명오明悟는 무엇이뇨?

답24_ 아무것이라도 분별하여 앎이니라.

문25_ 애욕은 무엇이뇨?

답25_ 사랑하여 하고자 함이니라.

문26_ 영혼이 죽으랴, 아니 죽으랴?

답26_ 신령한 체體이니, 칼로 베지 못하고 불로 태우지 못하여 죽지 아니하느니라.

문27_ 천주는 무엇을 위하여 천지 만물을 내셨느뇨?

답27_ 당신 영광을 나타내시기를 위함이오. 또 세상 사람을 위하심이니라.

문28_ 어찌하여 사람을 위함이 되느뇨?

답28_ 하늘로써 사람을 덮히시고 땅으로써 사람을 실으시니, 마치 세상 부모가 자식을 위하여 집을 지음과 같고, 또 사람이 먹고 쓰고 구경하는 만 가지 물건을 내심은 자식에게 간수하기를 위하여 배치配置함과 같이 하심이니라.

문29_ ᄉᆞᄅᆞᆷ은 무어ᄉᆞᆯ 위ᄒᆞ야 내셧ᄂᆞ뇨

답29_ 각 사ᄅᆞᆷ이 셰샹에 잇서 텬쥬ᄅᆞᆯ 공경ᄒᆞ고 ᄉᆞ랑ᄒᆞ야 밧드러 섬기게 코져 ᄒᆞ심이니라

문30_ 텬쥬ㅣ 처음 내신 사ᄅᆞᆷ의 일ᄒᆞᆷ은 무어시뇨

답30_ 원조(웃듬 조샹이라 말) 아담이니라

문31_ 텬쥬ㅣ 처음에 원조 ᄒᆞᆫ 사ᄅᆞᆷ만 내셧ᄂᆞ뇨'냐'

답31_ 또 원모(웃듬 어미라 말) 에와ᄅᆞᆯ 내셧ᄂᆞ니라

문32_ 에와도 원조와 ᄀᆞᆺ치 황토로 내셧ᄂᆞ냐

답32_ 그러치 아니ᄒᆞ니 아담의 갈이위ᄲᅧ ᄒᆞ나ᄒᆞᆯ 취ᄒᆞ야 에와의 육신을 일우고 또 당신 모샹 ᄀᆞᆺᄒᆞᆫ 령혼 ᄒᆞ나ᄒᆞᆯ ᄐᆡ와 주시니라

문33_ 에와의 몸을 아담의 ᄲᅧ로 일우심은 무ᄉᆞᆷ 뜻이뇨

답33_ 부부 두 사ᄅᆞᆷ이 서로 위로ᄒᆞ고 ᄉᆞ랑ᄒᆞ야 한 몸과 ᄀᆞᆺ게 ᄒᆞ심이니라

문29_ 사람은 무엇을 위하여 내셨느뇨?

답29_ 각 사람이 세상에서 천주를 공경하고 사랑하여 받들어 섬기게 하고자 하심이니라.

문30_ 천주가 처음 내신 사람의 이름은 무엇이뇨?

답30_ 원조元祖(으뜸 조상이라는 말) 아담Adam이니라.

문31_ 천주가 처음에 원조 한 사람만 내셨느냐?[15]

답31_ 또 원모(으뜸 어미라는 말) 에와Eva를 내셨나니라.

문32_ 에와도 원조와 같이 황토에서 내셨느냐?

답32_ 그렇지 아니하니 아담의 갈비뼈 하나를 취하여 에와의 육신을 이루고, 또 당신 모상模像 같은 영혼 하나를 태워 주시니라.

문33_ 에와의 몸을 아담의 뼈로 이루심은 무슨 뜻이뇨?

답33_ 부부 두 사람이 서로 위로하고 사랑하여 한 몸과 같게 하심이니라.

---

15 원문은 '내셧ᄂᆞ뇨냐'로 되어 있다. 제31조 이후로는 대체로 '하ᄂᆞ뇨'가 '하ᄂᆞ냐'로 바뀌었다.

문34_ 아담 에와의 몸이 즉금 부모의게로 갓난ᄋᆞᄒᆡ 몸과 ᄀᆞᆺᄒᆞ냐

답34_ 장셩ᄒᆞᆫ 어룬의 몸이니 그 몸의 광ᄎᆡ ᄒᆡ빗보다 더ᄒᆞ야 옷ᄉᆞᆯ 닙지 아니ᄒᆞ여도 빗나고 병도 업고 죽지 아니ᄒᆞᆯ 몸이니라

문35_ 원조 ᄂᆡ외ᄅᆞᆯ 어ᄂᆞ 디방에 살게 ᄒᆞ엿ᄂᆞ뇨

답35 _ 디당이라 ᄒᆞᄂᆞᆫ 곳이니라

문36_ 디당은 엇더ᄒᆞᆫ 곳이뇨 '원조 ᄂᆡ외ᄅᆞᆯ 어ᄂᆞ 디방에 살게 ᄒᆞ셧ᄂᆞ뇨'

답36_ 디당이니 칩지도 아니ᄒᆞ고'며' 덥지도 아니ᄒᆞ고 밧 갈지 아니ᄒᆞᄃᆡ 먹을 거시 넉넉ᄒᆞ야 살기 ᄆᆡ오 됴턴 곳이니라

문37_ 디당에 잇서 무어ᄉᆞᆯ 먹고 사ᄂᆞ뇨

답37_ ᄇᆡᆨ 가지 실과ᄅᆞᆯ 두어 ᄉᆡᆼ명케 ᄒᆞ시니라

문34_ 아담 에와의 몸이 지금 부모에게 갓난아이의 몸과 같으냐?

답34_ 장성한 어른의 몸이니 그 몸의 광채가 햇빛보다 더하여 옷을 입지 아니하여도 빛나고 병도 없고 죽지 아니할 몸이니라.

문35_ 원조 내외를 어느 지방에 살게 하셨느뇨?

답35_ 지당地堂이라 하는 곳이니라

문36_ 지당은 어떠한 곳이뇨? '원조 내외를 어느 지방에 살게 하셨느뇨?'

답36_ 지당이니, 춥지도 아니하며 덥지도 아니하고 밭을 갈지 아니하되 먹을 것이 넉넉하여 살기 매우 좋은 곳이니라.[16]

문37_ 지당地堂에 있으면서 무엇을 먹고 사느뇨?

답37_ 백 가지 실과實果를 두어 생명生命케 하시니라.

16 김기호의 초기 의도는 원조들이 사는 곳이 지당임을 먼저 밝히고, 별도로 지당의 특성에 관한 문답 조목을 설정하고자 한 듯하다. 그러다가 그는 이 두 조목을 한 조목으로 합쳐서 하나의 문답으로 작성했다.

문38_ 텬쥬ㅣ 디당 사름으로 ᄒᆞ여곰 무숨 일을 ᄒᆞ게 ᄒᆞ시뇨

답38_ 지션악슈ㅣ라 ᄒᆞᄂᆞᆫ 실과를 두고 먹지 말나 분부ᄒᆞ샤 그 명을 슌히 ᄒᆞ야 션ᄒᆞ면 텬당 영복으로 샹 주시고 명을 거ᄉᆞ려 악ᄒᆞ면 디옥 영고로 벌ᄒᆞ기를 시험ᄒᆞ심이니라

문38_ 천주는 지당 사람으로 하여금 무슨 일을 하게 하시뇨?

답38_ 지선악수知善惡樹라고 하는 실과를 두고 먹지 말라고 분부하시어, 그 명에 순종하여 선善하면 천당 영복永福으로 상을 주시고, 명을 거스려 악하면 지옥 영고永苦로 벌하기를 시험하심이니라.

텬당 즐거옴이 비홀ᄃᆡ 업슴이라

문39_ 텬당은 엇더ᄒᆞᆫ 곳이뇨

답39_ 텬쥬ㅣ 계신 본 쳐소ㅣ니 거륵한 서울이오 즐거온 나라히오 태평ᄒᆞᆫ ᄃᆡ경이오 불하ᄂᆞᆯ이니 ᄒᆞᆼ샹 ᄇᆰ아 밤이 업고 ᄒᆞᆼ샹 즐겨 다ᄒᆞᆷ이 업ᄂᆞ니라

문40_ 텬당을 엇지ᄒᆞ야 불하ᄂᆞᆯ이라 ᄒᆞᄂᆞ뇨

답40_ 무릇 불이 빗놈과 더온 것 두 가지 잇ᄉᆞ니 텬쥬ㅣ 큰 빗촐 두샤 비홀ᄃᆡ 업시 ᄇᆰ음이 ᄒᆞ나히오 □□ 신셩이 ᄒᆞᆫ 가지로 ᄉᆞ랑ᄒᆞ시ᄂᆞᆫ 열졍이 ᄒᆞ나히니라

문41_ 텬당이 어ᄂᆞ ᄣᆡ[브터]'에' 잇섯ᄂᆞ뇨

답41_ 텬쥬ㅣ 조셩ᄒᆞ시던 쳣날브터 잇ᄂᆞ니라

문42_ 이ᄀᆞᆺ치 '텬당을 비로소 ᄇᆡ치ᄒᆞ실 ᄊᆡ에' 텬쥬ㅣ 홀노 계

제2장

천당의 즐거움이 비할 데 없음이니라

[문39~문78; 소계 39문답]

문39_ 천당은 어떠한 곳이뇨?

답39_ 천주가 계시는 본本 처소이니, 거룩한 서울이요, 즐거운 나라이며 태평한 지경地境이요, 불[火]하늘이니, 항상 밝아 밤이 없고 항상 즐겨 다함이 없느니라.

문40_ 천당을 어찌하여 불하늘이라 하느뇨?

답40_ 무릇 불은 빛남과 더운 것 두 가지가 있으니, 천주가 큰 빛을 두시어 비할 데 없이 밝음이 하나이요, □□[17] 신성神性이 한가지로[18] 사랑하시는 열정이 하나이니라.

문41_ 천당이 어느 때에 있었느뇨?

답41_ 천주가 조성하시던 첫날부터 있느니라.

문42_ 이같이 천당을 비로소 배치하실 때에 천주가 홀로 계

17 □□: 판독 불능. '쥬간'으로 읽을 수 있을 듯하나 미상이다.
18 한가지로: 한결같이.

셧ᄂᆞ냐

답 42_ 무수 텬신을 두어 ᄉᆞ랑ᄒᆞ시고 ᄇᆞ리시ᄂᆞ니라

문 43_ 텬신이‘은’ 놉고 나촘이 업ᄂᆞ냐

답 43_ 샹즁하 삼부ㅣ 잇고 삼부에 각각 삼픔이 잇서 도모지 구픔이니 그 픔이 놉홀ᄉᆞ록 그 복과 덕과 능이 더욱 놉흐‘아룸다오’니라

문 44_ 샹부텬신이게‘의’ 일흠이 잇ᄂᆞ냐‘은 무엇시뇨’

답 44_ 샹부 뎨일픔은 치라 일흠ᄒᆞ니 텬쥬를 ᄉᆞ랑홈이 불ᄀᆞᆺ치 치셩홈이오 샹부 뎨이픔은 지라 일흠ᄒᆞ니 텬쥬의 긔묘ᄒᆞ심을 붉히 앎이오 샹부 뎨삼픔은 좌ㅣ라 일흠ᄒᆞ니 텬쥬를 갓가이 뫼서 좌뎡홈이니라

문 45_ 즁부텬신의 일흠은 무엇시뇨

답 45_ 뎨일픔은 권이라 일흠ᄒᆞ니 텬쥬의 권을 의지홈이오 뎨이픔은 쥬ㅣ라 일흠ᄒᆞ니 모든 신이 그 명

셨느냐?

답42_ 무수한 천신을 두어 사랑하시고 부리시느니라.

문43_ 천신은 높고 낮음이 없느냐?

답43_ 상중하 3부三部가 있고, 3부에 각각 3품三品이 있어서 도무지 9품이니, 그 품이 높을수록 그 복과 덕과 능能이 더욱 아름다우니라.

문44_ 상부천신上部天神의 이름이 있느냐은 무엇이뇨?

답44_ 상부 제1품은 치熾라 이름하니 천주를 사랑함이 불같이 치성함이요, 상부 제2품은 지知라 이름하니 천주의 기묘하심을 밝히 앎이요, 상부 제3품은 좌座라 이름하니 천주를 가까이 모셔서 좌정坐定함이니라.[19]

문45_ 중부천신中部天神의 이름은 무엇이뇨?

답45_ 제1품은 권權이라 이름하니 천주의 권權을 의지依持함이요, 제2품은 주主라고 이름하니 모든 신이 그 명命

19 상부천신(上部天神): 교회에서는 상부천신의 3등급을 치품(熾品, Seraphim), 지품(智品, Cherubim), 좌품(座品, Throni)으로 나누어 불렀다. cf, 尹亨重, 『詳解天主教要理』 上, 京鄉雜誌社, 1956, 106쪽.

을 텽슌ᄒᆞ야 쥬 명과 ᄀᆞᆺ치 홈이오 뎨삼픔은 능이라 일흠하니 마귀를 항복밧ᄂᆞᆫ 능이 잇슴이니라

문46_ 하부텬신의 일흠은 무엇시뇨

답46_ 뎨일픔은 력이라 일흠ᄒᆞ니 텬쥬ㅣ 큰일을 ᄒᆞ시려 ᄒᆞ면 미양 이 텬신의 힘으로 ᄒᆞ심이오 뎨이픔은 견ᄉᆞ지슈ㅣ라 일흠ᄒᆞ니 텬쥬ㅣ 보내여 브리시ᄂᆞᆫ 텬신 즁 머리됨이오 뎨삼픔은 견사쟈ㅣ라 일흠ᄒᆞ니 텬쥬ㅣ사룸의게 무숨 일을 뵈시려 ᄒᆞ면 홍샹 이 텬신을 보내심이오 ᄯᅩ 각 사룸을 호슈케 ᄒᆞ시ᄂᆞ니라

문47_ 텬쥬ㅣ 엇지ᄒᆞ야 각 사룸의게 호슈신을 주셧ᄂᆞ뇨

답47_ 사룸을 지극히 ᄉᆞ랑ᄒᆞ심이니 사룸이 이 삼구 위험ᄒᆞᆫ 셰상에 고독홈을 긍련이 넉이샤 ᄒᆞ여곰

을 청순하여 주主 명命과 같이 함이요, 제3품은 능能이라 이름하니 마귀를 항복받는 능이 있음이니라.[20]

문46_ 하부천신下部天神의 이름은 무엇이뇨?

답46_ 제1품은 역力이라 이름하니 천주가 큰일을 하시려 하면 매양 이 천신의 힘으로 하심이요, 제2품은 견사지수遣使之首라 이름하니 천주가 보내어 부리시는 천신 중에 머리 됨이요, 제3품은 견사자遣使者라 이름하니,[21] 천주가 사람에게 무슨 일을 보이시려 하면 항상 이 천신을 보내심이요, 또 각 사람을 호수護守하게 하시니라.

문47_ 천주가 어찌하여 각 사람에게 호수신護守神을 주셨느뇨?

답47_ 사람을 지극히 사랑하심이니 사람이 이 삼구三仇의 위험한 세상에 고독함을 긍련矜憐히 여기시어 하여금

20 중부천신(中部天神): 중부천신의 3등급은 권품(權品, Dominationes), 능품(能品, Principatus), 역품(力品, Potestates)으로 나누었다. cf, 尹亨重,『詳解天主教要理』上, 京鄉雜誌社, 1956, 106쪽.

21 하부천신(下部天神): 하부천신의 세 등급은 주품(主品, Virtutes), 대천신(大天神, Archangeli), 천신(天神, Angeli)으로 구분했다. 김기호는 여기에서 대천신을 '견사지수(遣使之首)'로 천신을 '견사자(遣使者)'로 설명했다. 이는 그가 참고하였을 한문 교리서에 근거를 두었으리라 생각된다. 소원신종의 원천 자료였을 한문 교리서에 대한 검토가 요청된다.

호슈ᄒᆞ야 붓드러 악을 피ᄒᆞ고 션을 힝케 ᄒᆞ심이니라

문48_ 텬당 무형ᄒᆞᆫ 디경을 가히 형용ᄒᆞ야 말ᄒᆞ랴

답48_ 사ᄅᆞᆷ의 소견으로 측량ᄒᆞᆯ 수 업ᄉᆞ나 셩인이 비유ᄒᆞ야 닐으ᄃᆡ 열두 문이 잇ᄉᆞ니 긔이ᄒᆞᆫ 보ᄇᆡ로 ᄭᆞᆷ이고 네 강이 잇ᄉᆞ니 텬쥬의 은혜 ᄉᆞ연으로 흐ᄅᆞ심을 표ᄒᆞᆷ이라 ᄒᆞ시니라

문49_ 텬당 열두 문이 동셔남북으로 각각 세 문식 향ᄒᆞᆷ은 무ᄉᆞᆷ ᄯᅳᆺ이뇨

답49_ 열두 종도ㅣ ᄂᆞ노ᄒᆞ여 보텬하 ᄉᆞ면으로 젼교ᄒᆞ심을 모샹ᄒᆞᆷ이니라

문50_ 텬당문을 보ᄇᆡ돌노 ᄭᆞᆷ임은 무ᄉᆞᆷ ᄯᅳᆺ이뇨

호수護守하여 붙들어 악을 피하고 선을 행하게 하심이니라.

문48_ 천당 무형한 지경을 가히 형용하여 말할 수 있는가?

답48_ 사람의 소견으로 측량할 수 없으나 성인이 비유하여 이르기를, 열두 문이 있으니 기이한 보배로 꾸미고, 네 강이 있으니 천주의 은혜 사연四緣[22]으로 흐르심을 표表함이라 하시니라.

문49_ 천당 열두 문이 동서남북으로 각각 세 문씩 향함은 무슨 뜻이뇨?

답49_ 열두 종도宗徒가 나뉘어 보천하 사면四面으로 전교傳教하심을 모상模像함이니라.

문50_ 천당문을 보배돌[寶石]로 꾸밈은 무슨 뜻이뇨?

---

22 사연(四緣): 이와 같은 천당에 대한 묘사는 천당을 물리적 존재로 이해한 결과이다. 그러나 천당을 인간이 직접 경험한 바 없으므로 이를 설명할 때 인간이 경험하고 있는 지구에 대비하여 설명하려 했다. 즉, 지구의 땅덩이를 동서남북(東西南北) 사방으로 이해할 때 이 네 방향의 가장자리를 '사연'이라고 했다. 이는 중세 서양의 천문관에 입각한 지구에 대한 이해이지만, 전통 중국의 천원지방설(天圓地方說)과도 합치하는 면이 있어서, 소원신종의 저자인 김기호는 이를 수용하고 있는 듯하다.

답50_ 셩교를 세우신 근거돌 곳치 굿고 평평홈을 표홈이오 또 승텬ᄒᆞᄂᆞᆫ 령혼이 단련ᄒᆞ야 굿고 졍홈을 뵈심이니라

문51_ 텬당 셩인의 복이 등급이 잇ᄂᆞ냐

답51_ 모든 신셩의 공번된 복이 그 공로ᄃᆡ로 혹 크고 혹 젹으나 각각 만족훈 외에 또 긔이훈 복이 삼등 분별이 잇ᄉᆞ니 치명쟈의 홍면류ㅣ ᄒᆞ나히오 동신쟈의 ᄇᆡᆨ면류ㅣ ᄒᆞ나히오 박학셩ᄉᆞ의 록면류ㅣ ᄒᆞ나히니라

문52_ 면류ᄂᆞᆫ 무삼 뜻이뇨

답52_ 셩인이 셰상에서 삼구를 ᄃᆡ뎍ᄒᆞ야 이김을 갑허하 샹주심이니라

문53_ 치명훈 이ᄂᆞᆫ 엇지ᄒᆞ야 홍면류ㅣ뇨

답50_ 성교聖教를 세우신 근기根基돌[23]같이 굳고 평평함을 표表함이요, 또 승천하는 영혼이 단련하여 굳고 정精함[24]을 보이심이니라.

문51_ 천당 성인의 복이 등급이 있느냐?

답51_ 모든 신성神聖의 공번된 복이 그 공로대로 혹 크고 혹 적으나 각각 만족한 외外에, 또 기이한 복이 삼등三等 분별이 있으니, 치명자의 홍면류紅冕旒가 하나요, 동신자童身者의 백면류白冕旒가 하나요, 박학성사博學聖事의 녹면류綠冕旒가 하나이니라.

문52_ 면류冕旒[25]는 무슨 뜻이뇨?

답52_ 성인이 세상에서 삼구三仇를 대적하여 이김을 갚아 상주심이니라.

문53_ 치명한 이는 어찌하여 홍면류이뇨?

---

23 근기돌: 초석(礎石), 주춧돌을 말한다.

24 정(精)함: 순수하고 깨끗한 것으로 만들기 위해 정련(精練)함.

25 면류(冕旒): 황제나 제후가 자신의 지위를 표시하기 위해 머리에 쓰던 관. 면류관.

답53_ 셰속 학왕의 형벌을 이긔여 '밧아' 피를 흘녀 예수의 셩혈 공로롤 '수난ᄒᆞ심을' 법 밧은 표니라

문54_ 동신 직힌 이ᄂᆞᆫ 엇지ᄒᆞ야 빅면류ㅣ뇨

답54_ 육신의 샤특ᄒᆞᆫ 졍과 더러온 락을 이긔여 몸이 조찰ᄒᆞᆷ을 표ᄒᆞᆷ이니라

문55_ 셩ᄉᆞ 박학ᄒᆞᆫ 이ᄂᆞᆫ 엇지ᄒᆞ야 록면류ㅣ뇨

답55_ 마귀의 악ᄒᆞᆫ 교와 숨은 쇠롤ㅣ 이긔여 '벽파ᄒᆞ야' 그 공덕이 놉고 거륵ᄒᆞᆷ을 표ᄒᆞᆷ이니라

문56_ 텬당 신락'복락' 즁에 ᄀᆞ장 참된 거시 무엇시뇨

답56_ 슌젼ᄒᆞ고 아롬다온 복이 여러 긋치 잇ᄂᆞ니라

문57_ 여섯'러' 가지 복은 무엇시뇨'이 어더ᄒᆞ뇨'

답57_ 쥬롤 뵈옴과 항샹 뎡ᄒᆞ고 싀투ㅣ 업슴과 니웃에 손치 아니ᄒᆞᆷ과 마음에 가득ᄒᆞᆷ과 오랠ᄉᆞ록 변치 아나ᄒᆞᆷ

답53_ 세속 학왕虐王[26]의 형벌을 이겨 '받아' 피를 흘려 예수의 성혈聖血 공로를 '수난受難하심을' 법法 받는[27] 표니라.

문54_ 동신童身 지킨 이는 어찌하여 백면류이뇨?

답54_ 육신의 사특한 정情과 더러운 낙樂을 이기어 몸이 조찰澡擦함[28]을 표함이니라.

문55_ 성사聖事 박학한 이는 어찌하여 녹면류이뇨?

답55_ 마귀의 악한 교巧[29]와 숨은 꾀를 이기어 벽파劈破하여 그 공덕이 높고 거룩함을 표함이니라.

문56_ 천당 신락神樂'복락福樂' 중에 가장 참된 것이 무엇이뇨?

답56_ 순전하고 아름다운 복이 여러 끝이 있느니라.

문57_ 여섯'러' 가지 복'이 어떠하뇨?'

답57_ 주를 뵈옴과 항상 정淨하고 시투猜妬가 없음과 이웃에 손損치 않음과 마음에 가득함과 오래도록 변치 아니함

---

26 학왕(虐王): 폭군(暴君).
27 법(法)받다: 본보기로 삼아 따르다.
28 조찰(澡擦)하다: 맑고 깨끗하다.
29 교(巧): 기교(技巧) 즉, 기술이나 솜씨.

이니라'옵고 ᄉᆞ랑ᄒᆞ고 찬양홈으로 인ᄒᆞ야 복락이 ᄀᆞ
득홈과 홍샹 손치 아니홈과 싀투ㅣ 업숨이니라'

문58_ 쥬룰 뵈옵ᄂᆞᆫ 복은 엇더ᄒᆞ뇨
답58_ 일톄삼위로 계신 텬쥬의 지극히 미호ᄒᆞ신 묘리룰 ᄆᆞ옴
에 알아 즐김이니라

문59_ 쥬룰 샤랑ᄒᆞᄂᆞᆫ 복은 엇더ᄒᆞ뇨
답59_ 텬쥬ㅣ 모든 복의 근원이 되샤 무한이 인ᄋᆡᄒᆞ신 고로
무한이 ᄉᆞ랑ᄒᆞ야 즐김이니라

문60_ 쥬룰 찬양ᄒᆞᄂᆞᆫ 복은 엇더ᄒᆞ뇨
답60_ 텬쥬ㅣ 만션만덕이 ᄀᆞᆽ초샤 모든 신셩 우희 지극히 거
륵ᄒᆞ신 고로 홍샹 찬양ᄒᆞ야 즐김이니라

문61_ ᄆᆞ옴에 ᄀᆞ득ᄒᆞᆫ 복은 엇더ᄒᆞ뇨
답61_ 비컨대 사룸의 식냥이 차매 됴흔 음식을 더 ᄇᆞ

이니라. '옵고 사랑하고 찬양함으로 인하여 복락이 가득함과 항상 손損[30]치 아니하고 시투[31]가 없음이니라.'

문58_ 주를 뵈옵는 복은 어떠하뇨?

답58_ 일체삼위一體三位로 계시는 천주의 지극히 미호美好하신 묘리妙理를 마음에 알아 즐김이니라.

문59_ 주를 사랑하는 복은 어떠하뇨?

답59_ 천주가 모든 복의 근원이 되시어 무한히 인애仁愛읍신 고로 무한히 사랑하여 즐김이니라.

문60_ 주를 찬양하는 복은 어떠하뇨?

답60_ 천주가 만선만덕萬善萬德을 갖추시어 모든 신성神聖[32] 위에 지극히 거룩하신 고로 항상 찬양하여 즐김이니라.

문61_ 마음에 가득한 복은 어떠하뇨?

답61_ 비유컨대 사람의 식량食量[33]이 차면 좋은 음식을 더 바

---

30 손(損): 덜다, 줄어들다, 감소하다.
31 시투(猜妬): 시기와 질투.
32 신성(神聖): 천신(天神)과 성인.
33 식량(食量): 음식을 먹는 분량.

라지 아니ᄒᆞ며 ᄋᆞᄒᆡ 몸에 만ᄂᆞᆫ 옷ᄉᆞᆯ 닙으매 어룬의 큰 옷ᄉᆞᆯ ᄇᆞ러워 아니홈과 ᄀᆞᆺ치 ᄆᆞᄋᆞᆷ이 만족ᄒᆞ니라

문62_ 홍샹 손치 아니ᄒᆞᄂᆞᆫ 복은 엇더하뇨

답62_ 셰샹 복과 ᄀᆞᆺ치 쇠잔ᄒᆞ거나 줄희여 홈이 업셔지지 아니ᄒᆞ야 오랠ᄉᆞ록 새로옴이니라

문63_ 싀투홈이 업ᄂᆞᆫ 복은 엇더ᄒᆞ뇨

답63_ 텬쥬의 공의로 그 공과 샹이 셔로 맛ᄀᆞᄌᆞᆷ을 보아 놈의 복을 슬희여ᄒᆞ거나 ᄇᆞ러워홈이 업셔 모든 신셩의 ᄆᆞᄋᆞᆷ이 셔로 평화홈이니라 ᄒᆞ니라

문64_ 오랠ᄉᆞ록 ᄉᆞ랑ᄒᆞᄂᆞᆫ 복은 엇더ᄒᆞ뇨

답64_ 텬쥬ㅣ 모든 신셩을 ᄉᆞ랑ᄒᆞ시ᄂᆞᆫ 은혜 영원무궁ᄒᆞᆫ 고로 그 신셩들이 셔로 ᄉᆞ랑ᄒᆞᄂᆞᆫ 복락이 텬당 안에 ᄀᆞ득ᄒᆞ야 날마다 새로오니라

문65_ 텬쥬ㅣ 이러ᄐᆞ시 텬당복락을 ᄇᆡ치ᄒᆞ심이 □□□ 우리 사ᄅᆞᆷ을 위ᄒᆞ심니냐

답65_ 몬뎌 당신을 위ᄒᆞ시고 ᄯᅩ 우리 '영광 나타내시기를 위

라지 아니하며, 아이가 몸에 맞는 옷을 입으면 어른의 큰 옷을 부러워 아니함과 같이 마음이 만족하니라.

문62_ 항상 손損치 아니하는 복은 어떠하뇨?

답62_ 세상 복과 같이 쇠잔하거나 줄어듦이 없어지지 아니하여 오랠수록 새로움이니라.

문63_ 시투猜妬함이 없는 복은 어떠하뇨?

답63_ 천주의 공의公義로 그 공功과 상賞이 서로 맞갖음을 보아 남의 복을 싫어하거나 부러워함이 없어 모든 신성神聖의 마음이 서로 평화함이니라.

문64_ 오랠수록 사랑하는 복은 어떠하뇨?

답64_ 천주가 모든 신성을 사랑하시는 은혜가 영원무궁한 고로 그 신성들이 서로 사랑하는 복락이 천당 안에 가득하여 날마다 새로우니라.

문65_ 천주가 이렇듯이 천당 복락을 배치하심이 □□□ 우리 사람을 위하심이느냐?

답65_ 먼저 당신을 위하시고 또 우리 '영광 나타내시기를 위

홈이오' 또 우리 사룸을 위ᄒᆞ심이 되ᄂᆞ니라

문66_ 셰샹 사룸이 다 텬당에 오라랴

답66_ 그러치 아니ᄒᆞ니 사룸이 텬쥬롤 알아 공경ᄒᆞ고 그 계명을 직희여 션ᄒᆞᆫ 이라야 상을 밧아 텬당 복을 누리ᄂᆞ니라

문67_ 사룸의 령혼이 그 샹을 '쳔쥬의 샹 주심을 령혼이' 밧ᄂᆞ냐 육신이 그 샹을 밧ᄂᆞ냐

답67_ 령혼도 밧고 육신도 밧ᄂᆞ니 령혼은 ᄉᆞ심판을 드룬 후에 즉시 텬당에 올녀 샹을 밧게 ᄒᆞ시고 육신은 텬디 뭇출 때 에다시 살아 공심판을 드룬 후에야 그 령혼과 ᄒᆞᆫ가지로 텬당에 올녀 샹을 밧게 ᄒᆞ시ᄂᆞ니라

문68_ 신자의 령혼 육신이 텬당에 오라매 곳치 복을 누리ᄂᆞ냐

답68_ 령혼에 밧ᄂᆞᆫ 은혜 다ᄅᆞ고 육신에 밧ᄂᆞᆫ 은혜 다ᄅᆞ니라

함이요,' 또 우리 사람을 위하심이 되느니라.

문66_ 세상 사람이 다 천당에 오르느냐?

답66_ 그렇지 아니하니 사람이 천주를 알아 공경하고 그 계명戒命을 지키어 선한 이라야 상을 받아 천당 복을 누리느니라.

문67_ 사람의 영혼이 그 상을 '천주의 상賞 주심을 영혼이' 받느냐 육신이 그 상을 받느냐?

답67_ 영혼도 받고 육신도 받느니, 영혼은 사심판私審判을 들은 후에 즉시 천당에 올려 상을 받게 하시고, 육신은 천지 마칠 때에 다시 살아 공심판公審判을 들은 후에야 그 영혼과 한가지로 천당에 올려 상을 받게 하시느니라.

문68_ 신자의 영혼과 육신이 천당에 오름에 같이 복을 누리느냐?

답68_ 영혼에 받는 은혜가 다르고 육신에 받는 은혜가 다르니라.

문69_ 령혼 은혜ᄂᆞᆫ 무엇시뇨

답69_ 우ᄒᆡ 닐ᄋᆞᆫ 바 여ᄉᆞᆺ 가지 복이니라

문70_ 육신 은혜ᄂᆞᆫ 무엇시뇨

답70_ 닐ᄋᆞᆫ바 네 가지 긔이ᄒᆞᆫ 은혜니라'광명과 신쇽과 투쳘과 무샹손이니라'

문71_ 네 가지 긔이ᄒᆞᆫ 은혜ᄂᆞᆫ 무엇시뇨

답71_ 광명과 신쇽과 투쳘과 무샹손이니라

문72_ 광명은 무엇시뇨

답72_ 그 몸에 발ᄒᆞᆫ 빗치 빗ᄂᆞ고 붉아 ᄒᆡ빗보다 닐곱 '몃' ᄇᆡ가 더ᄒᆞᆷ이니라

문73_ 신쇽은 무엇시뇨

문69_ 영혼 은혜는 무엇이뇨?

답69_ 위에서 말한바 여섯 가지 복[34]이니라.

문70_ 육신 은혜는 무엇이뇨?

답70_ 이른바 네 가지 기이한 은혜니라. '광명光名과 신속迅速과 투철透徹과 무상손無傷損이니라.'

문71_ 네 가지 기이한 은혜는 무엇이뇨?

답71_ 광명과 신속과 투철과 무상손이니라.[35]

문72_ 광명은 무엇이뇨?

답72_ 그 몸에서 발發한 빛이 빛나고 밝아 햇빛보다 일곱 '몇' 배가 더함이니라.

문73_ 신속은 무엇이뇨?

---

34 여섯 가지 복: 문답 57에 설명하고 있는 여섯 가지 복이다. 즉 주를 봄, 항상 정(淨)함, 시투(猜妬)가 없음, 이웃에 손(損)치 않음, 마음에 가득함, 오래도록 변(變)치 아니함 여섯 가지를 말한다. 그런데 문답 57의 경우에는 이 여섯 가지 복을 제시했던 부분에 삭제 표시가 되어 있다. 그러나 이 문답 69조목(條目)은 문답 57 조목을 삭제하기 전에 작성했던 원고임을 알 수 있다.

35 김기호는 문답 71이 문답 70과 겹치는 내용이므로 이를 삭제했다.

답73_ 멀고 갓가옴이 업시 발셥지 아니ᄒᆞ고 슌식 ᄉᆞ히에 니롬이니라

문74_ 투쳘은 무엇시뇨

답74_ 깁흔 산과 굿은 돌 속이라도 능히 ᄭᅬᄯᅮ러 걸님이 업슴이니라

문75_ 무샹손은 무엇시뇨

답75_ 질병과 긔갈과 물과 불과 칼과 톱 그런 거시라도 도모지 샹해홈이 업슴이니라

문76_ 텬당 령혼의 복과 육신의 복이 등급이 잇ᄂᆞ냐

답76_ 령혼삼ᄉᆞ의 누리ᄂᆞᆫ 복이 그 육신 오관으로 밧ᄂᆞᆫ 복에 비홀 수 업셔 멀니 승ᄒᆞ고 ᄯᅩ 셰샹에서 큰 공로 잇ᄂᆞᆫ 이의 복이 공로 적은 이의 복보다 더

답73_ 멀고 가까움이 없이 발섭跋涉[36]하지 아니하고 순식瞬息 사이[37]에 이름이니라.

문74_ 투철은 무엇이뇨?

답74_ 깊은 산과 굳은 돌 속이라도 능히 꿰뚫어 걸림이 없음이니라.

문75_ 무상손無傷損은 무엇이뇨?

답75_ 질병과 기갈飢渴과, 물과 불과, 칼과 톱 그런 것이라도 도무지 상해傷害함이 없음이니라.

문76_ 천당 영혼의 복과 육신의 복에 등급이 있느냐?

답76_ 영혼삼사靈魂三司[38]의 누리는 복이 그 육신 오관五官[39]으로 받는 복에 비할 수 없어 멀리 승勝[40]하고 또 세상에서 큰 공로 있는 이의 복이 공로 적은 이의 복보다 더

---

36 발섭(跋涉): 멀고 가까움이 없이 두루 돌아다님.

37 순식(瞬息) 사이: 눈 깜빡할 사이, 순식간(瞬息間).

38 영혼삼사(靈魂三司): 영혼의 세 가지 기능, 즉 기함(記含), 명오(明悟), 애욕(愛慾)을 말한다. 문답 22 참조.

39 오관(五官): 오감을 일으키는 다섯 가지 감각기관으로 눈(시각)·코(후각)·귀(청각)·입(미각)·피부(촉각)를 말한다.

40 승(勝): 이기다, 낫다, 뛰어나다.

욱 만흐니라

문77_ 텬상 신셩의 모든 복이 어듸로조차 나ᄂᆞ뇨

답77_ 텬쥬의 톄 안에 '만션미호ᄒᆞ신 톄롤 뵈옵고' 갓가이 뫼서 ᄉᆞ랑함이니 지극히 귀ᄒᆞ고 아름다와오니라 "즐기ᄂᆞᆫ 복이 '가온듸로조차' ᄂᆞᆺ니라"

문78_ 셩인셩녀ㅣ 텬당에 잇서 무슴 덕을 쥬쟝ᄒᆞᄂᆞ뇨

답78_ 임의 텬쥬롤 뵈옵고 텬당 복락을 누리ᄂᆞᆫ지라 다시 밋고 ᄇᆞ랄 거시 업고 오직 ᄉᆞ랑ᄒᆞᄂᆞᆫ 덕만 잇서 무궁셰에 ᄉᆞ랑이오 영원셰에 ᄉᆞ랑이니라

욱 많으니라.

문77_ 천상 신성神聖의 모든 복이 어디로부터 나느뇨?

답77_ 천주의 체 안에 '만선미호萬善美好하신 체體를 뵈옵고' 가까이 뫼셔 사랑함이니 지극히 귀하고 아름다우니라. "즐기는 복이 '가운데로부터' 나느니라."

문78_ 성인 성녀가 천당에 있어 무슨 덕을 주장하느뇨?

답78_ 이미 천주를 뵈옵고 천당 복락을 누리는지라 다시 믿고 바랄 것이 없고, 오직 사랑하는 덕만 있어 무궁세無窮歲에 사랑이요, 영원세永遠歲에 사랑이니라.

디옥 고로옴이 견ᄃᆡ기 어려옴이라

문79_ 디옥은 엇더ᄒᆞᆫ 곳이뇨

답79_ 디 즁심에 잇서 홍샹 어둡고 낫이 업ᄉᆞ니 마귀 본 처소ㅣ오 죄인이 형벌 밧ᄂᆞᆫ 밧ᄂᆞᆫ 옥이니라

문80_ 디옥 형벌의 고로옴이 엇더ᄒᆞ뇨

답80_ 사ᄅᆞᆷ이 무한이 놉흐신 텬쥬ᄭᅴ 지은 죄가 무한이 즁ᄒᆞᆫ 고로 그 벌의 고로옴이 무한ᄒᆞ야 가히 형샹하기 어려오니라

문81_ 디옥이 마귀 본 처소ㅣ라 ᄒᆞ니 마귀ᄂᆞᆫ 무엇시뇨

답81_ 본ᄃᆡ 샹픔텬신 누지ᄲᅮ리와 그 거ᄂᆞ린바 텬신들이 ᄒᆞᆫ가지로 텬쥬ᄭᅴ 죄롤 엇고 벌을 밧아 마귀 되엿ᄂᆞ니라

문82_ 천신이 마귀 누지ᄲᅮ리 어더케 죄롤 지엇ᄂᆞ뇨

답82_ 텬당에 잇서 근 총복이 과분ᄒᆞᆫ 즁에 감히 오

제3장

지옥 괴로움이 견디기 어려움이라

[문79~문112; 소계 33문답]

문79_ 지옥은 어떠한 곳이뇨?

답79_ 땅 중심에 있어 항상 어둡고 낮이 없으니, 마귀의 본 처소處所요, 죄인이 형벌 받는 옥獄이니라.

문80_ 지옥 형벌의 괴로움이 어떠하뇨?

답80_ 사람이 무한히 높으신 천주께 지은 죄가 무한히 중한 고로 그 벌의 괴로움이 무한하여 가히 형상하기 어려우니라.

문81_ 지옥이 마귀 본本 처소라 하니, 마귀는 무엇이뇨?

답81_ 본디 상품천신 루치페르Lucifer와 그 거느린 바 천신들이 한가지로 천주께 죄를 얻고 벌을 받아 마귀가 되었느니라.

문82_ 천신 마귀 루치페르가 어떻게 죄를 지었느뇨?

답82_ 천당에 있어서 '큰[41] 총복寵福이 과분한 중에, 감히 오

ᄒᆞᆫᄆᆞᄋᆞᆷ으로 텬쥬와 ᄀᆞᆺᄒᆞ로라 ᄒᆞ고 그 븟치인바 삼분 일 텬신을 부동ᄒᆞ야 텬쥬롤 비반ᄒᆞ고 뎌롤 셤기라 ᄒᆞᆫ 죄니라

문83_ 텬주ㅣ 엇더케 마귀롤 '반ᄒᆞᆫ 텬신을' 벌ᄒᆞ셧ᄂᆞ뇨

답83_ 그 직통ᄒᆞ던 명오와 '누리던 복락과' 아름다온 셩픔을 일코 인ᄒᆞ야 더럽고 질투ᄒᆞᄂᆞᆫ 마귀 되게 ᄒᆞ시니라

문84_ 텬신 즁 삼분 일이 마귀 되엿시면 그 수롤 가히 혜랴

답84_ 마귀 수도 쏘ᄒᆞᆫ 알 수 업ᄂᆞ니라

문85_ 마귀 디옥에만 잇ᄂᆞ냐

답85_ 이 셰샹에도 만히 츌입ᄒᆞ'잇'ᄂᆞ니라

문86_ 마귀 무어ᄉᆞᆯ 위ᄒᆞ야 셰샹에 ᄃᆞᆫ니ᄂᆞ뇨

傲한 마음[42]으로 천주와 같아지겠다 하고 그 따르던 바[43] 3분의 1 천신을 부동符同하여[44] 천주를 배반하고 저를 섬기라 한 죄이니라.

문83_ 천주가 어떻게 마귀를 '반叛한 천신을' 벌하셨느뇨?
답83_ 그 직통直通하던 명오明悟와 '누리던 복락福樂'과 아름다운 성품을 잃고, 인하여 더럽고 질투하는 마귀가 되게 하시니라.

문84_ 천신 중 3분의 1이 마귀가 되었다면, 그 수를 가히 헤아릴 수 있는가?
답84_ 마귀 수도 또한 알 수 없느니라.

문85_ 마귀는 지옥에만 있느냐?
답85_ 이 세상에도 많이 출입하 '있'느니라.

문86_ 마귀는 무엇을 위하여 세상을 다니느뇨?

---

41 큰: 원문에는 '근'으로 나오나, 이는 '큰'의 오자로 판단되어 '큰'으로 바로잡았다.
42 오(傲)한 마음: 거만(倨慢)한 마음, 교오(驕傲)한 마음.
43 따르던바: 원문은 '븟치인바'로 읽힐 수 있다. 이를 '따르던바'로 의역했다.
44 부동(符同)하다: 그른 일을 하기 위해 몇 명이 서로 모여 한통속이 됨.

답86_ 우리 사ᄅᆞᆷ을 속여 □'해코'져 ᄒᆞᆷ이니라

문87_ 마귀 무ᄉᆞᆷ 심슐노 사ᄅᆞᆷ을 속이려 ᄒᆞᄂᆞ뇨

답87_ 마귀 그 벌을 밧은 후에 텬쥬ᄅᆞᆯ 뮈워ᄒᆞᄂᆞᆫ 마ᄋᆞᆷ으로 그 영광을 문희치고져 ᄒᆞ야 사ᄅᆞᆷ을 속여 범명케 하기ᄅᆞᆯ ᄭᅬᄒᆞᆷ이오 ᄯᅩ 사ᄅᆞᆷ이 텬당에 올나 뎌희들 일흔 복락 자리ᄅᆞᆯ ᄎᆡ올가 ᄉᆡ투ᄒᆞ야 아모조록 디옥으로 ᄭᅳ을고져 ᄒᆞᆷ이니라

문88_ 텬쥬ㅣ 엇지ᄒᆞ야 마귀 작난ᄒᆞᆷ을 금치 아니ᄒᆞ시ᄂᆞ뇨

답88_ 사ᄅᆞᆷ을 시험ᄒᆞ야 단련코져 ᄒᆞ심이니라

문89_ 마귀 디옥에 잇서 무ᄉᆞᆷ 일을 ᄒᆞᄂᆞ뇨

답89_ 뎨 죄벌을 ᄒᆞᆼ샹 당ᄒᆞ고 ᄯᅩ 악인을 형벌ᄒᆞᄂᆞ니라

문90_ 마귀ᄂᆞᆫ 디옥벌을 밧지 아니ᄒᆞᆯ ᄯᅢ 잇ᄂᆞ냐

답90_ 그러치 아니ᄒᆞ니 셰샹에 ᄃᆞᆫ일 ᄯᅢ라도 ᄒᆞᆼ샹 본벌을 그 몸에 씌여 면치 못ᄒᆞᄂᆞ니라

답86_ 우리 사람을 속여 해하고자 함이니라.

문87_ 마귀는 무슨 심술로 사람을 속이려 하느뇨?

답87_ 마귀가 그 벌을 받은 후에, 천주를 미워하는 마음으로 그 영광을 무너뜨리고자 하여, 사람을 속여 범명犯命케 하기를 꾀함이요, 또 사람이 천당에 올라 저희들이 잃은 복락 자리를 채울까 시투猜妬하여, 아무쪼록 지옥으로 끌고자 함이니라.

문88_ 천주는 어찌하여 마귀의 장난함을 금치 아니하시느뇨?

답88_ 사람을 시험하여 단련하고자 함이니라.

문89_ 마귀는 지옥에 있어 무슨 일을 하느뇨?

답89_ 자신의 죄벌을 항상 당하고 또 악인을 형벌하느니라.

문90_ 마귀는 지옥벌을 받지 아니할 때가 있느냐?

답90_ 그렇지 아니하니 세상에 다닐 때라도 항상 본벌本罰을 그 몸에 띠어 면치 못하느니라.

문91_ 디옥 고로옴이 몃 가지 잇ᄂᆞ뇨

답91_ 두 가지 잇ᄉᆞ니 각고ㅣ라'ᄒᆞ난흔 각고ㅣ오' ᄒᆞ난흔 실고ㅣ니라

문92_ 각고ᄂᆞᆫ 무어시뇨

답92_ 삼ᄉᆞ오관의 죄악 경즁ᄃᆡ로 밧ᄂᆞᆫ 고로옴이니라

문93_ 긔함은'에ᄂᆞᆫ' 무ᄉᆞᆷ 고ᄅᆞᆯ 밧ᄂᆞ뇨

답93_ 셰샹에서 공연이 일락ᄒᆞ던 죄ᄅᆞᆯ ᄉᆡᆼ각ᄒᆞ고 ᄒᆞᆫᄒᆞᄂᆞᆫ 고로옴이니라

문94_ 명오에ᄂᆞᆫ 무ᄉᆞᆷ 고ᄅᆞᆯ 밧ᄂᆞ뇨

답94_ 셰샹에서 션 ᄒᆞᆯ 긔회 일허바린 줄을 알고 ᄒᆞᆫᄒᆞᄂᆞᆫ 고로옴이니라

문95_ ᄋᆡ욕은'에ᄂᆞᆫ' 무ᄉᆞᆷ 고ᄅᆞᆯ 밧ᄂᆞ뇨

답95_ 셰샹에서 죄ᄅᆞᆯ 엇음이 ᄌᆞ긔 스ᄉᆞ로 하지 못ᄒᆞ야 삼구

문91_ 지옥 괴로움이 몇 가지 있느뇨?

답91_ 두 가지 있으니, 각고覺苦이라. '하나는 각고이고,' 하나는 실고失苦이니라.

문92_ 각고는 무엇이뇨?

답92_ 삼사오관三司五官[45]의 죄악 경중대로 받는 괴로움이니라.

문93_ 기함記含은'에는' 무슨 고苦를 받느뇨?

답93_ 세상에서 공연히 일락逸樂하던 죄를 생각하고 한恨하는 괴로움이니라.

문94_ 명오明悟에는 무슨 고苦를 받느뇨?

답94_ 세상에서 선善을 행할 기회를 잃어버린 줄을 알고 한恨하는 괴로움이니라.

문95_ 애욕愛欲은'에는' 무슨 고苦를 받느뇨?

답95_ 세상에서 죄를 얻음이 자기 스스로 하지 못하여 삼구

45 삼사오관(三事五官): 영혼삼사(靈魂三事)와 육신오관(肉身五官)의 합성어이다. 영혼삼사는 영혼의 세가지 기능으로, 기함(記含)과 명오(明悟)와 애욕(愛欲)이고, 육신오관은 오감(五感)을 일으키는 다섯 개의 감각기관이니, 즉, 눈[視覺], 코[嗅覺], 귀[聽覺], 입[味覺], 피부[觸覺]를 말한다.

(세쇽 육신 마귀)의 쇽임이 된 줄을 ᄒᆞᆫ홈이니라 'ᄉᆞ랑ᄒᆞ야 짓던 죄ᄅᆞᆯ 뮈워 ᄒᆞᆫᄒᆞᄂᆞᆫ 고로옴이니라'

문96_ 눈으로ᄂᆞᆫ 무ᄉᆞᆷ 고ᄅᆞᆯ 밧ᄂᆞ뇨

답96_ 젼에 사특ᄒᆞᆫ 빗 보기ᄅᆞᆯ 됴화ᄒᆞᆫ'ᄒᆞ던' ᄐᆞᆺᄉᆞ로 이제 보ᄂᆞᆫ 바ㅣ 오직 마귀들의 흉악ᄒᆞ고 증그러온 형샹이니라

문97_ 귀로ᄂᆞᆫ 무ᄉᆞᆷ 고ᄅᆞᆯ 밧ᄂᆞ뇨

답97_ 젼에 례 아닌 말과 음탕ᄒᆞᆫ 소ᄅᆡ ᄃᆞᆺ기ᄅᆞᆯ 됴화한'ᄒᆞ던' ᄐᆞᆺᄉᆞ로 이제 ᄃᆞᆺᄂᆞᆫ 바ㅣ 오직 톄읍ᄒᆞ야 브ᄅᆞ지지ᄂᆞᆫ 소ᄅᆡᄲᆞᆫ이니라

문98_ 코로ᄂᆞᆫ 무ᄉᆞᆷ 고ᄅᆞᆯ 밧ᄂᆞ뇨

답98_ 젼에 향긔와 아ᄅᆞᆷ다온 내음ᄉᆡ ᄆᆞᆺ 기ᄅᆞᆯ 됴화ᄒᆞ던 ᄐᆞᆺᄉᆞ로 이제 ᄆᆞᆺᄂᆞᆫ '찌ᄅᆞᄂᆞᆫ' 바ㅣ 오직 더럽고 참혹'흉악'ᄒᆞᆫ 긔운이니라

문99_ 입으로ᄂᆞᆫ 무ᄉᆞᆷ 고ᄅᆞᆯ 밧ᄂᆞ뇨

답99_ 젼에 ᄃᆞᆯ고 ᄆᆞᆺ잇ᄂᆞᆫ 음식 탐ᄒᆞ기ᄅᆞᆯ 됴화ᄒᆞᄂᆞᆫ'던' ᄐᆞᆺᄉᆞ로 이제 ᄆᆞᆺ보ᄂᆞᆫ 바ㅣ 오직 독ᄒᆞ고 쓰고 쓴 쓸ᄀᆡ로ᄃᆡ

세속·육신·마귀의 속임이 된 줄을 한恨함이니라. '사랑하여 짓던 죄를 미워 한하는 괴로움이니라.'

문96_ 눈으로는 무슨 고苦를 받느뇨?

답96_ 전에 사특邪慝한 빛 보기를 좋아하던 탓으로, 이제 보는 바가 오직 마귀들의 흉악하고 징그러운 형상이니라.

문97_ 귀로는 무슨 고苦를 받느뇨?

답97_ 전前에 예禮 아닌 말과 음탕한 소리 듣기를 좋아한'하던' 탓으로, 이제 듣는 바가 오직 체읍涕泣하여 부르짖는 소리뿐이니라.

문98_ 코로는 무슨 고苦를 받느뇨?

답98_ 전前에 향기와 아름다운 냄새 맡기를 좋아하던 탓으로, 이제 맡는 '찌르는' 바는 오직 더럽고 참혹'흉악'한 기운이니라.

문99_ 입으로는 무슨 고苦를 받느뇨?

답99_ 전前에 달고 맛있는 음식 탐하기를 좋아하는'던' 탓으로 이제 맛보는 바는 오직 독하고 쓰고 쓴 쓸개로되

ᄒᆞᆼ샹 주리고 목ᄆᆞᄅᆞ니라

문100_ 손발노ᄂᆞᆫ 무ᄉᆞᆷ 고ᄅᆞᆯ 밧ᄂᆞ뇨

답100_ 젼에 더러온 거ᄉᆞᆯ 취ᄒᆞ야 문지며 '손으로' 살인이나 투도나 샤음의 ᄌᆞᆺᄉᆞᆯ ᄒᆞ며 발노 죄지을 ᄯᆞᄒᆞᆯ ᄇᆞᆲ아 ᄃᆞᆫ이기ᄅᆞᆯ 됴화ᄒᆞᆫ'ᄒᆞ던' ᄐᆞᆺᄉᆞ로 이제 밧ᄂᆞᆫ 바ㅣ오직 밧ᄂᆞᆫ 바ㅣ 오직 항쇄족쇄 ᄒᆞ야 임의로 동작ᄒᆞᆯ 수 업ᄉᆞᆷ이니라

문101_ 오관'이'외에ᄂᆞᆫ 그 몸으로 밧ᄂᆞᆫ 고ㅣ 업ᄂᆞ냐

답101_ 불바다와 어름 바다에 ᄲᅡ진 몸이 안밧 업시 고로옴이라 얼엇다 녹앗다 ᄒᆞᆷ과 서로 탓ᄒᆞ고 서로 원망하고 서로 눌니이ᄂᆞᆫ 만 가지 '갓가지' 형벌이 간단ᄒᆞᆷ이 업셔 복ᄶᅵ이고 ᄶᅩᆺ기이ᄂᆞᆫ ᄌᆞᆼ에 ᄌᆞᄀᆡ여온 마귀가 악척스러온 악인들을 긋칠 ᄉᆞ히 업시 봇치여 견ᄃᆡ게 ᄒᆞᄂᆞᆫ 고로옴을 다 측량 '형용'ᄒᆞᆯ 수 업ᄂᆞ니라

문102_ 실고ᄂᆞᆫ 무어시뇨

항상 주리고 목마르니라.

문100_ 손발로는 무슨 고苦를 받느뇨?

답100_ 전前에 더러운 것을 취하여 만지며 '손으로 살인이나 투도偸盜나 사음邪婬의 짓을 하며,' 발로 죄지을 땅을 밟아 다니기를 좋아한'하던' 탓으로, 이제 받는 바는 오직 항쇄項鎖·족쇄足鎖 하여 임의로 동작할 수 없음이니라.

문101_ 오관五官 '이'외에는 그 몸으로 받는 고苦가 없느냐?

답101_ 불바다와 얼음 바다에 빠진 몸은 안팎 없이 괴로움이라. 얼었다 녹았다 함과 서로 탓하고 서로 원망하고 서로 누르는 만 가지 '갖가지' 형벌이 간단間斷함 없이 볶기고[46] 찢기는 중에 지겨운 마귀가 악착스러운 악인들을 그칠 사이 없이 보채여 견디게 하는 괴로움을 다 측량 '형용'할 수 없느니라.

문102_ 실고失苦는 무엇이뇨?

46 간단(間斷)함 없이 볶기다: 쉬거나 그침이 없이 괴롭힘을 당하다.

답102_ 만션미호ᄒᆞ신 텬쥬와 만복이 갓ᄌᆞᆫ 텬당을 일허 '내 ᄐᆞᆺᄉᆞ로 일코' 다시 엇을 수 업ᄉᆞᆷ을 근심'ᄒᆞᆫᄐᆞᆫ'ᄒᆞᄂᆞᆫ 고ㅣ니라

문103_ 실고ᄅᆞᆯ 각고에 비ᄒᆞ면 엇더ᄒᆞ뇨

답103_ 실고ㅣ가 만만번 더ᄒᆞ니라

문104_ 엇지ᄒᆞ야 실고ㅣ가 더ᄒᆞ뇨

답104_ 므ᄅᆞᆺ 사ᄅᆞᆷ이 무어ᄉᆞᆯ 일흐면 ᄆᆞᄋᆞᆷ 고로옴이 잇ᄂᆞ니 일흔 바ㅣ 더옥 귀즁ᄒᆞᆯᄉᆞ록 고로옴이 더ᄒᆞ니라

문105_ 텬쥬의 존귀ᄒᆞ심이 엇더ᄒᆞ뇨

답105_ 텬쥬ᄂᆞᆫ 만션만복의 근원이신 고로 그 일흔 고로옴이 다시 비ᄒᆞᆯ ᄃᆡ 업ᄂᆞ니라

문106_ 텬당의 귀즁ᄒᆞᆷ은 엇더ᄒᆞ뇨

답106_ 텬당 복이 영원ᄒᆞ고 ᄯᅩ 사ᄅᆞᆷ마다 ᄒᆞᆫ 목시 잇ᄂᆞᆫ 거ᄉᆞᆯ 일흔 고로 그 고로옴이 지극ᄒᆞ니라

문107_ 실고나 각고ᄅᆞᆯ 밧을 ᄢᅢ에 그 ᄉᆡᆼ각이 엇더ᄒᆞ뇨

답102_ 만선미호萬善美好하신 천주와 만복이 갖추어진 천당을 잃어 '내 탓으로 잃고' 다시 얻을 수 없음을 근심'한탄'하는 고苦이니라.

문103_ 실고失苦를 각고覺苦에 비하면 어떠하뇨?
답103_ 실고가 만만번 더하니라.

문104_ 어찌하여 실고가 더하느뇨?
답104_ 무릇 사람이 무엇을 잃으면 마음 괴로움이 있느니 잃은 바가 더욱 귀중할수록 괴로움이 더하니라.

문105_ 천주의 존귀하심이 어떠하뇨?
답105_ 천주는 만선만복萬善萬福의 근원이신 고로 그 잃은 괴로움이 다시 비比할 데 없느니라.

문106_ 천당 귀중함은 어떠하뇨?
답106_ 천당 복이 영원하고 또 사람마다 한 몫이 있는 것을 잃은 고로 그 괴로움이 지극하니라.

문107_ 실고나 각고를 받을 때에 그 생각이 어떠하뇨?

답107_ 고로옴을 견듸기 어려워 살고 시픈 싱각이 업고 죽고 시픈 ᄆᆞ옴만 잇ᄉᆞ나 쏘ᄒᆞᆫ 임의듸로 죽을 수도 업ᄂᆞ니라

문108_ 디옥에 잇ᄂᆞᆫ 형벌이 유형이냐 무형이냐

답108_ 텬주ㅣ 젼능으로 유형ᄒᆞᆫ 형구롤 두어 무형한 령혼을 '악인의 령혼 육신을' 도모지 벌ᄒᆞ시ᄂᆞ니라

문109_ 디옥 고로옴이 혹 긋칠 때 있ᄉᆞ랴

답109_ 만억년이 지나가도 ᄒᆞᆫ날ᄀᆞᆺ치 단홀 '긋칠' 때 업ᄂᆞ니라

문110_ 봉교ᄒᆞᄂᆞᆫ 사름은 디옥으로 갈 이 업ᄂᆞ냐

답110_ 교우ㅣ라도 큰 죄 잇고 그 샤홈을 엇지 못ᄒᆞ엿시면 디옥에 싸질 쁜 아니라 그 고로옴이 외인보다 더홀 거시오 만일 이 죄롤 보쇽지 못ᄒᆞᆫ 벌이 잇ᄉᆞ면 련옥으로 가ᄂᆞ니라

문111_ 련옥은 엇더ᄒᆞᆫ 곳이뇨

답111_ 령혼의 죄벌을 단련ᄒᆞᄂᆞᆫ 쳐소ㅣ니 그 령혼이 슌젼

답107_ 괴로움을 견디기 어려워 살고 싶은 생각이 없고 죽고 싶은 마음만 있으나, 또한 임의대로 죽을 수도 없느니라.

문108_ 지옥에 있는 형벌이 유형有形하냐 무형無形하냐?

답108_ 천주가 전능으로 유형한 형구를 두어 무형한 영혼을 '악인의 영혼 육신을' 도무지 벌하시느니라

문109_ 지옥 괴로움이 혹或 그칠 때 있으랴?

답109_ 만억년이 지나도 한날같이 단斷할 '그칠' 때가 없느니라.

문110_ 봉교奉教하는 사람은 지옥으로 갈 리가 없느냐?

답110_ 교우라도 큰 죄 있고 그 사赦함을 얻지 못하였으면 지옥에 빠질 뿐 아니라 그 괴로움이 외인外人보다 더할 것이요, 만일 이 죄를 보속하지 못한 벌이 있으면 연옥으로 가느니라.

문111_ 연옥은 어떠한 곳이뇨?

답111_ 영혼의 죄벌을 단련하는 처소이니, 그 영혼이 순전純

ᄒᆞᆫ 금과 틔 업ᄂᆞᆫ 구슬ᄀᆞᆺ치 결졍ᄒᆞᆫ 연후에야 가히 텬당
으로 오ᄅᆞᄂᆞ니라

문112_ 셩셰를 밧지 못ᄒᆞᆫ 영ᄒᆞᆫ는 엇더케 되ᄂᆞ뇨
답112_ 텬당에ᄂᆞᆫ 갈 수 업고 디옥에 ᄂᆞ리되 그 본죄 업솜으로
각고 업ᄂᆞᆫ 영원이라 ᄒᆞ니라

全한 금과 티 없는 구슬같이 결정結晶한 연후에야 가히 천당으로 오르느니라.

문112_ 성세聖洗를 받지 못한 영해嬰孩는 어떻게 되느뇨?

답112_ 천당에는 갈 수 없고 지옥에 내리되, 그 본죄本罪는 없으므로 각고覺苦가 없는 영원永遠이라 하니라.

원조 범명홈을 의론홈이라 원조ㅣ 범명홈으로 셰샹이 문허짐이라

문113_ 텬쥬ㅣ 원조 닋외롤 디당에 두시고 무숨 명을 ᄒᆞ섯ᄂᆞ뇨

답113_ 션악과롤 먹지 말나 만일 먹으면 즉시 벌을 밧아 만셰 ᄌᆞ손ᄭᆞ지 다 죽으리라 ᄒᆞ시니라

문114_ 원조ㅣ 이 실과롤 과연 먹지 아니ᄒᆞ엿ᄂᆞ냐

답114_ 마귀의 쇽임을 닙어 ᄆᆞᆺ춤내 범명ᄒᆞ엿ᄂᆞ니라

문115_ 마귀 무숨 모양으로 디당에 가 속이ᄂᆞᆫ 말을 ᄒᆞ엿ᄂᆞ뇨

답115_ ᄇᆡ암의 몸으로 의탁ᄒᆞ야 능히 말ᄒᆞ니라

문116_ 마귀 엇지ᄒᆞ야 ᄇᆡ암의 몸에 븟치이뇨

답116_ 디당 모든 즘ᄉᆼ 즁에 ᄇᆡ암이 뎨일 가쟝 아롬다와 가히 ᄉᆞ랑홈을 위홈이니라

제4장

원조元祖 범명犯命함을 의론함이라'으로 세상이 무너짐이라'

[문113~문155; 소계 43문답]

문113_ 천주가 원조元祖 내외內外를 지당地堂에 두시고 무슨 명을 하셨느뇨?

답113_ '선악과를 먹지 말라. 만일 먹으면 즉시 벌을 받아 만세자손萬歲子孫까지 다 죽으리라 하시니라.

문114_ 원조가 실과實果를 과연 먹지 아니하였느냐?

답114_ 마귀의 속임에 넘어가 마침내 범명犯命하였느니라.

문115_ 마귀가 무슨 모양으로 지당에 가서 속이는 말을 하였느뇨?

답115_ 뱀의 몸으로 의탁倚託하여 능能히 말하니라.

문116_ 마귀는 어찌하여 뱀의 몸에 붙이었느뇨?

답116_ 지당 모든 짐승 중에 뱀이 제일 가장 아름다워 가히 사랑함을 위함이니라.

문117_ 마귀 디당에서 누구ᄅᆞᆯ 몬뎌 유감ᄒᆞ엿ᄂᆞ뇨

답117_ 에와ᄅᆞᆯ 몬뎌 유감ᄒᆞ니라

문118_ 마귀 무ᄉᆞᆷ 말노 에와ᄅᆞᆯ 속엿ᄂᆞ뇨

답118_ 선악과ᄅᆞᆯ ᄀᆞᄅᆞ치며 무러 ᄀᆞᆯ오ᄃᆡ 엇지ᄒᆞ야 이 실과ᄅᆞᆯ
먹지 아니ᄒᆞᄂᆞ뇨 하니라

문119_ 에와ㅣ 엇더케 ᄃᆡ답ᄒᆞ엿ᄂᆞ뇨

답119_ 텬쥬ㅣ 먹지 말나 ᄒᆞ신 고로 못 먹노라 ᄒᆞ니라

문120_ 마귀 ᄯᅩ 엇더케 말노 ᄒᆞ엿ᄂᆞ뇨

답120_ 텬쥬ㅣ 무ᄉᆞᆷ ᄯᅳᆺ으로 먹지 말나 ᄒᆞ셧ᄂᆞ냐 ᄒᆞ니라

문121_ 에와ㅣ ᄯᅩ 엇더케 ᄃᆡ답ᄒᆞ엿ᄂᆞ뇨

답121_ 텬쥬의 깁흐신 ᄯᅳᆺ은 아지 못ᄒᆞ노라 ᄒᆞ니라

문122_ 마귀 ᄆᆞᆺᄎᆞᆷ내 엇더케 쐬앗ᄂᆞ뇨

답122_ 이 실과의 아ᄅᆞᆷ다온 ᄆᆞᆺᄉᆞᆯ 사ᄅᆞᆷ이 ᄒᆞᆫ 번 먹으면 즉시
텬쥬의 능과 ᄀᆞᆺᄒᆞ지겟ᄂᆞᆫ 고로 텬쥬ㅣ 이ᄅᆞᆯ 슬희여ᄒᆞ샤
너희ᄃᆞ려 먹지 말나 ᄒᆞ신 연고ㅣ라 하니라

문117_ 마귀는 지당에서 누구를 먼저 유감하였느뇨?

답117_ 에와Eva를 먼저 유감하니라.

문118_ 마귀는 무슨 말로 에와를 속였느뇨?

답118_ 선악과를 가리키며 물어 말하되 '어찌하여 이 실과를 먹지 아니하뇨?' 하니라.

문119_ 에와는 어떻게 대답하였느뇨?

답119_ "천주가 먹지 말라 하신 고로 못 먹노라." 하니라.

문120_ 마귀가 또 어떻게 말하였느뇨?

답120_ "천주가 무슨 뜻으로 먹지 말라 하셨느냐?" 하니라.

문121_ 에와가 또 어떻게 대답하였느뇨?

문121_ "천주의 깊으신 뜻은 알지 못하노라." 하니라.

문122_ 마귀가 마침내 어떻게 꾀였느뇨?

답122_ "이 실과의 아름다운 맛을 사람이 한 번 먹으면 즉시 천주의 능과 같아지겠는 고로 천주가 이를 싫어하시어 너희에게 먹지 말라 하신 연고이니라." 하니라.

문123_ 에와ㅣ 그 말을 듯고 엇더케 ᄒᆞ엿ᄂᆞ뇨

답123_ 망녕되이 텬쥬와 ᄀᆞᆺ홀 ᄆᆞ음으로 잠도죄롤 범명ᄒᆞ야 즉시 션악과롤 ᄱᅡ 먹으니라

문124_ 에와ㅣ 혼자 먹엇ᄂᆞ냐

답124_ 그 장부롤 사랑하ᄂᆞᆫ 마음으로 '와' ᄒᆞᆫ가지로 텬쥬와 ᄀᆞᆺ기롤 위ᄒᆞ야 아암ᄃᆞ려 '이 실과롤' 먹으라 권ᄒᆞ엿ᄂᆞ니라

문125_ 아담이 안ᄒᆡ 권ᄒᆞᄂᆞᆫ 말을 듯고 긔탄업시 먹'엇더케 ᄒᆞ'엿ᄂᆞ뇨

답125_ 먹지 아니ᄒᆞ니 처음은 놀나다가 그 안ᄒᆡ ᄆᆞ음 어긔기롤 어렵게 넉여 조심 ᄆᆞᆺ촘내 먹으니라

문126_ 에와ㅣ 엇더케 장부롤 ᄭᅬ여 말ᄒᆞ엿ᄂᆞ뇨

답126_ 텬쥬ㅣ 우리들의게 이 실과 먹지 말라 ᄒᆞ신 ᄯᅳᆺ을 내가 알앗소 우리가 ᄒᆞᆫ 번 이 실과롤 먹으면 즉시 텬

문123_ 에와가 그 말을 듣고 어떻게 하였느뇨?

답123_ 망녕되이 천주와 같을 마음으로 잠도죄潛盜罪[47]를 범명犯命하여 즉시 선악과를 따 먹으니라.

문124_ 에와가 혼자 먹었느냐?

답124_ 그 장부丈夫를 사랑하는 마음으로'와' 한가지로 천주와 같기를 위하여 아담더러 '이 실과를' 먹으라 권하였느니라.

문125_ 아담이 안해[48]가 권하는 말을 듣고 기탄忌憚 없이 먹 '어떻게 하'였느뇨?

답125_ 먹지 아니하니 처음에는 놀라다가 그 아내의 마음을 어기기를 어렵게 여겨 조심 마침내 먹으니라.

문126_ 에와가 어떻게 장부丈夫를 꾀어 말하였느뇨?

답126_ 천주가 우리들에게 이 실과를 먹지 말라 하신 뜻을 내가 알았소. 우리가 한 번 이 실과를 먹으면 즉시 천

47 잠도죄: 몰래 훔친 죄.

48 안해: 우리말 표준어가 제정될 당시는 '아내'와 같이 표준어로 인정받아 왔으나, 지금은 '아내'가 표준어이고 '안해'는 비표준으로 되어 있다.

쥬의 능과 곳ᄒᆞ여 텬쥬ㅣ 우리롤 엇지홀 수 잇소 아모 겁 업ᄉᆞ□□□□ᄒᆞ니라

문 127_ 원조ㅣ 불힝이 범명ᄒᆞᆫ 후에 텬쥬ㅣ 엇더케 벌ᄒᆞ셧ᄂᆞ뇨

답 127_ 텬신을 명ᄒᆞ야 즉시 디당 밧긔 쪼차 보내매 그 빗나던 몸이 더럽고 병도 잇서 고로이 살다가 필경 죽게 되며 또 ᄉᆞ욕편졍이 잇고 또 칠죄종이 잇서 디옥 가게 될 쁜 아니라 그 령혼 삼ᄉᆞㅣ 글너져 죄만 짓게 되엇ᄂᆞ'도 글너져 디옥 가게 되엿ᄂᆞ'니라

문 128_ 원조ㅣ 범명 후에 그 육신의'로 그 육신 ᄉᆞ욕이' 엇ᄂᆞᆫ '삼긴' 즁에 칠죄종은 무엇시뇨

답 128_ 교오와 간린과 미식과 분노와 탐도와 히틔와 질투ㅣ니라

문 129_ 교오ᄂᆞᆫ 무엇시뇨

답 129_ 자긔롤 자랑하고 놈을 업수이 넉이ᄂᆞᆫ 버릇시니라

문 130_ 간린은 무엇시뇨

주의 능能과 같아서 천주가 우리를 어찌할 수 없소. 아무 겁 없으□□□□하니라.

문127_ 원조가 불행히 범명한 후에 천주가 어떻게 벌하셨느뇨?

답127_ 천신天神을 명하여 즉시 지당地堂 밖에 쫓아보냄에, 그 빛나던 몸이 더럽고 병도 있어 괴롭게 살다가 필경 죽게 되며, 또 사욕편정邪慾偏情이 있고, 또 칠죄종七罪宗이 있어 지옥 가게 될 뿐 아니라 그 영혼삼사가 글러져 죄만 짓게 되었나'도 글러져 지옥 가게 되었느'니라.

문128_ 원조가 범명犯命 후에 그 육신의'로 그 육신사욕이' □□ '생긴' 중에 칠죄종은 무엇이뇨?

답128_ 교오驕傲와 간린慳吝과 미색迷色과 분노와 탐도貪盜와 해태懈怠와 질투이니라.

문129_ 교오驕傲는 무엇이뇨?

답129_ 자기를 자랑하고 남을 업신여기는 버릇이니라.

문130_ 간린慳吝은 무엇이뇨?

답130_ ᄌᆡ물을 쓸ᄃᆡ 쓰지 못ᄒᆞ야 과히 앗기ᄂᆞᆫ 버ᄅᆞᆺ시니라

문131_ 미ᄉᆡᆨ은 무엇시뇨

답131_ 텬쥬의 남녀 두신 '남녀ᄅᆞᆯ 내신 텬쥬의' 본뜻을 아지 못ᄒᆞ고 ᄉᆡᆨ에 과히 미혹ᄒᆞᄂᆞᆫ 버ᄅᆞᆺ시니라

문132_ 분노ᄂᆞᆫ 무엇시뇨

답132_ 거ᄉᆞ리ᄂᆞᆫ 디경을 당ᄒᆞ야 ᄆᆞ옴에 골내거나 얼골빗ᄎᆞᆯ 변ᄒᆞ거나 말을 포악ᄒᆡ ᄒᆞ거나 ᄂᆞᆷ과 다토기ᄅᆞᆯ ᄎᆞᆷ지 못하ᄂᆞᆫ 버ᄅᆞᆺ시니라

문133_ 탐도ᄂᆞᆫ 무엇시뇨

답133_ 과분ᄒᆞᆫ 음식이나 량에 지나ᄂᆞᆫ 음식을 탐ᄒᆞᄂᆞᆫ 버ᄅᆞᆺ시니라

문134_ ᄒᆡᄐᆡᄂᆞᆫ 무엇시뇨

답134_ 령혼 일이나 육신 일이나 ᄌᆞ긔 본분을 힘쓰지 아니ᄒᆞᄂᆞᆫ 버ᄅᆞᆺ시니라

문135_ 질투ᄂᆞᆫ 무엇시뇨

답130_ 재물을 쓸 데 쓰지 못하여 과過히 아끼는 버릇이니라.

문131_ 미색迷色은 무엇이뇨?

답131_ 천주가 남녀를 두신 남녀를 내신 천주의 본뜻을 알지 못하고 색에 과히 미혹하는 버릇이니라.

문132_ 분노는 무엇이뇨?

답132_ 거스리는 지경地境을 당하여 마음에 골내거나 얼굴빛을 변하거나 말을 포악하게 하거나 남과 다투기를 참지 못하는 버릇이니라.

문133_ 탐도貪盜는 무엇이뇨?

답133_ 과분한 음식이나 양量에 지나는 음식을 탐하는 버릇이니라.

문134_ 해태懈怠는 무엇이뇨?

답134_ 영혼 일이나 육신 일이나 자기 본분을 힘쓰지 아니하는 버릇이니라.

문135_ 질투는 무엇이뇨?

답 135_ 나보다 승훈 이를 슬희여 ᄒᆞ야 못되게 코져 ᄒᆞ는 버릇시니라

문 136_ 이 닐곱 가지가 죄 □ 디옥을 면치 못ᄒᆞᄂᆞ냐?'가 엇지 ᄒᆞ야 죄종이 되ᄂᆞ뇨'

답 136_ 아모 큰 죄라도 이 닐곱 가지 본종을 인ᄒᆞ야 짓는 거시니라 디옥가는 연유ㅣ니라

문 137_ 원조ㅣ 범명 후에 령혼삼ᄉᆞㅣ 글너짐은 엇지홈이뇨 '엇더케 글너졋ᄂᆞ뇨'

답 137_ 텬쥬 모샹으로 삼긴 령혼이 ᄒᆞᆫ 번 명을 범ᄒᆞ매 삼ᄉᆞㅣ 그 셩총을 일어 바린 연고이'코 본셩을 변홈이'니라

문 138_ 긔함은 엇더케 글너졋ᄂᆞ뇨

답 138_ 텬쥬 은혜를 긔억ᄒᆞ기는 어렵고 죄 되는 싱각은 잘ᄒᆞ게 됨이니라

문 139_ 명오는 엇더케 글너졋ᄂᆞ뇨

답 139_ 텬쥬를 알기는 어렵고 죄 되는 리슷'ᄉᆞ욕'은 잘 분

답135_ 나보다 승勝한 이를 싫어하여 못되게 하고자 하는 버릇이니라.

문136_ 이 일곱 가지 죄가 □ 지옥을 면치 못하느냐'가 어찌하여 죄종罪이 되느뇨?'

답136_ 아무 큰 죄라도 이 일곱 가지 본종本宗으로 인하여 짓는 것이니라. 지옥 가는 연유이니라.

문137_ 원조가 범명한 후에 영혼 삼사三司가 글러짐은 어찌함이뇨 '어떻게 글러졌느뇨?'

답137_ 천주 모상模像으로 생긴 영혼이 한 번 명을 범함에 삼사가 그 성총聖聰을 잃어버린 연고이'코 본성을 변함이'니라.

문138_ 기함記含은 어떻게 글러졌느뇨?

답138_ 천주의 은혜를 기억하기는 어렵고, 죄 되는 생각은 잘하게 됨이니라.

문139_ 명오明悟는 어떻게 글러졌느뇨?

답139_ 천주를 알기는 어렵고, 죄 되는 이利끗사욕은 잘 분

변ᄒᆞᄂᆞ니라

문 140_ ᄋᆡ욕은 엇더케 글너젓ᄂᆞ뇨

답 140_ 텬쥬를 ᄉᆞ랑ᄒᆞ고 감샤ᄒᆞ기ᄂᆞᆫ 어렵고 도로혀 죄를 ᄉᆞ랑하게 됨이니라

문 141_ 령혼벌이 그 육신벌에 비ᄒᆞ면 더ᄒᆞ지 아니ᄒᆞ냐

답 141_ 령혼이 쥬쟝되ᄂᆞᆫ 연고로 그 벌이 몃 ᄇᆡ 더ᄒᆞ니라

문 142_ 원조ㅣ 범명치 아니ᄒᆞ엿시면 우리 사ᄅᆞᆷ이 이때ᄭᆞ지 디당 복을 누리랴

답 142_ 텬쥬ㅣ 안ᄇᆡ를 ᄒᆞ시어 어쩌케 ᄒᆞ실지 모로나 '텬쥬ㅣ 사ᄅᆞᆷ으로 ᄒᆞ여곰' 대개 디당에서 몃ᄇᆡᆨ 년식 '얼마 동안을 복되이' 살다가 산 몸ᄃᆡ로 텬당에 올니려 ᄒᆞ섯더니라

문 143_ 에와ᄂᆞᆫ 선악과를 먹고 아담은 아니 먹엇시면 쥬 벌이 엇더ᄒᆞ시겟ᄂᆞ뇨

답 143_ 텬쥬 셩의를 알 수 업ᄉᆞ나 그 벌이 아담의게ᄂᆞᆫ 밋

변하나 하게 됨이니라.

문140_ 애욕愛欲은 어떻게 글러졌느뇨?

답140_ 천주를 사랑하고 감사하기는 어렵고, 도리어 죄를 사랑하게 됨이니라.

문141_ 영혼벌靈魂罰이 그 육신벌肉身罰에 비하면 더하지 아니하냐?

답141_ 영혼이 주장主張되는 연고로 그 벌이 몇 배 더하니라.

문142_ 원조가 범명치 아니하였으면 우리 사람이 이때까지 다 지당 복을 누리랴?

답142_ 천주가 안배를 하시어 어떻게 하실지 모르나 '천주가 사람으로 하여금' 대개 지당에서 몇백 년씩 '얼마 동안 복되게' 살다가 산 몸대로 천당에 올리려 하셨더니라.

문143_ 에와는 선악과를 먹고 아담은 아니 먹었으면 주의 벌이 어떠하시겠느뇨?

답143_ 천주 성의를 알 수 없으나 그 벌이 아담에게는 미치

지 아니ᄒᆞ리라

문 144_ 에와의 죄롤 아담에 비ᄒᆞ면 누가 더 즁ᄒᆞ뇨

답 144_ 에와ㅣ 아담을 권ᄒᆞᆫ 아담이 쥬쟝되ᄂᆞᆫ 연고로 그 죄 더 크'ᄒᆞ'리라

문 145_ 에와의 죄 ᄇᆡ암에 비ᄒᆞ면 누가 더 중ᄒᆞᄂᆞ뇨

답 145_ ᄇᆡ암이 몬뎌 유감ᄒᆞᆫ 죄 더 즁ᄒᆞ니라

문 146_ 지공지의ᄒᆞ신 텬쥬ㅣ 이 죄롤 벌ᄒᆞ신 등급이 잇ᄂᆞ냐 '엇더케 벌하셧ᄂᆞ뇨'

답 146_ 각각 그 죄의 경즁을 ᄯᆞ라 벌ᄒᆞ시니라

문 147_ ᄇᆡ암은 엇더케'도' 벌ᄒᆞ셧ᄂᆞ뇨냐

답 147_ 텬쥬ㅣ 몬뎌 ᄇᆡ암을 벌ᄒᆞ샤 극히 흉ᄒᆞ고 더럽고 쳔ᄒᆞᆫ 즘승이 되여 ᄯᅡ에 긔고 흙을 먹고 살게 ᄒᆞᆯ ᄲᅮᆫ더러 일후에 ᄒᆞᆫ 녀인이 잇서 ᄇᆡ암의 머리롤 ᄇᆞᆲ으리라 ᄒᆞ시니라

문 148_ 에와롤 엇더케 벌ᄒᆞ셧ᄂᆞ뇨

답 148_ 텬쥬ㅣ 에와롤 벌ᄒᆞ샤 남ᄌᆞ의 아ᄅᆡ수 되여 슌명

지 아니하리라.

문144_ 에와의 죄를 아담에 비하면 누가 더 중하느뇨?

답144_ 에와가 아담을 권한 아담이 주장되는 연고로 그 죄 더 크'하'리라.

문145_ 에와의 죄를 뱀에 비하면 누가 더 중하느뇨?

답145_ 뱀이 먼저 유감誘感한 죄가 더 중하니라.

문146_ 지공지의至公至義하신 천주가 죄를 벌하신 등급이 있느냐? '어떻게 벌하셨느뇨?'

답146_ 각각 그 죄의 경중에 따라 벌하시니라.

문147_ 뱀은 어떻게'도' 벌하셨느뇨냐?

답147_ 천주가 먼저 뱀을 벌하시어 극히 흉하고 더럽고 천한 짐승이 되어 땅에 기고 흙을 먹고 살게 할 뿐더러 일후日後에 한 여인이 있어 뱀의 머리를 밟으리라 하시니라.

문148_ 에와를 어떻게 벌하셨느뇨?

답148_ 천주가 에와를 벌하시어 남자의 아랫수가 되어 순명

케 ᄒᆞ고 ᄯᅩ ᄒᆡ산의 고로옴과 밥 짓는 쳔역을 담당ᄒᆞ게'을 당ᄒᆞ게' ᄒᆞ시니라

문 149_ 아담을 엇더케 벌ᄒᆞ셧ᄂᆞ뇨

답 149_ 텬쥬ㅣ □□□ 아담을 벌ᄒᆞ샤 셰샹 모든 고ᄅᆞᆯ 밧아 밧갈아야 먹고 질삼ᄒᆞ여야 닙고 질병과 우환으로 구ᄎᆞ이 살다가 죽게 마련ᄒᆞ시니라

문 150_ 원조 ᄂᆡ외 범명ᄒᆞᆫ 벌이 그 두 몸에만 밋ᄂᆞ냐

답 150_ 만셰ᄌᆞ손ᄭᆞ지 다 그 죄 잇ᄂᆞ니라

문 151_ 만셰ᄌᆞ손이 각각 그 부모ㅣ 잇서 나니 엇더케 원죄를 닙ᄂᆞ뇨

답 151_ 비컨대 산ᄭᆡᆨ뒤'두'에 부은 물이 그 산 밋ᄭᆞ지 멀니 흘너 져즘과 ᄀᆞᆺ치 만셰ᄌᆞ손이 다 그 죄에 무드러 젼ᄒᆞᄂᆞ니라

문 152_ 실과 ᄒᆞᆫ 번 먹은 죄가 그ᄃᆡ도록 관즁ᄒᆞ야 만셰에 젼염ᄒᆞᄂᆞ냐

답 152_ 실과 먹은 죄는 비록 가ᄇᆡ야오나 지극히 놉흐신 텬쥬

케 하고 또 해산解産의 괴로움과 밥 짓는 천역賤役을 담당하게'을 당하게' 하시니라.

문149_ 아담을 어떻게 벌하셨느뇨?

답149_ 천주가 □□□ 아담을 벌하시어 세상 모든 고苦를 받아 밭 갈아야 먹고, 길쌈하여야 입고, 질병과 우환으로 구차히 살다가 죽게 마련하시니라.

문150_ 원조 내외 범명한 벌이 그 두 몸에만 미치느냐?

답150_ 만세자손萬世子孫까지 다 그 죄가 있느니라.

문151_ 만세자손이 각각 그 부모가 있었나니 어떻게 원죄를 입느뇨?

답151_ 비유컨대, 산꼭대기에 부은 물이 그 산 밑까지 멀리 흘러 젖음과 같이 만세자손이 다 그 죄에 물들어 전하느니라.

문152_ 실과實果 한 번 먹은 죄가 그토록 관중貫衆하여[49] 만세에 전염傳染하느냐?

답152_ 실과 먹은 죄는 비록 가벼우나 지극히 높으신 천주

싀 죄롤의 명을 범ᄒᆞᆫ 고로 그 죄가 지극히 크니라

문 153_ 인ᄌᆞᄒᆞ신 텬쥬ㅣ 죄롤 지은 '원조 ᄂᆡ외'만 벌ᄒᆞ시고 그 ᄌᆞ손들을 용샤ᄒᆞ시면 엇더ᄒᆞ뇨

답 153_ 비ᄒᆞ랍이면'컨대' ᄒᆞᆫ 신하ㅣ 잇서 벼술ᄒᆞ다가 님금씌 큰 죄롤 지엇시면 죽이던지 귀향 보내던지 ᄒᆞᆯ 쁜 아니라 그 몃 ᄃᆡ ᄌᆞ손이 다 폐족이 됨과 ᄀᆞᆺᄒᆞ니라

문 154_ 원조ㅣ 그 령혼을 구ᄒᆞᆫ 빙거ㅣ 있ᄂᆞ냐

답 154_ 구ᄇᆡᆨ 년을 '동안에' 깁히 통회홈이 그 승텬ᄒᆞᆫ 빙거ㅣ 되ᄂᆞ니라

문 155_ 텬쥬ᄂᆞᆫ 만셰만민의 대부모ㅣ시라 폐족과 ᄀᆞᆺ치 불샹ᄒᆞᆫ 만ᄃᆡᄌᆞ손을 도라보시지 아니ᄒᆞ랴

답 155_ 텬쥬ㅣ 그 셩ᄌᆞ위 '외아돌을' 보내샤 일후에 구쇽ᄒᆞ실 말솜을 미리 ᄒᆞ시니라

께 죄를의 명命을 범한 고로 그 죄가 지극히 크니라.

문153_ 인자하신 천주가 죄를 지은 '원조 내외'만 벌하시고 그 자손들을 용사하시면[50] 어떠하뇨?

답153_ 비유컨대, 한 신하가 있어서 벼슬하다가 임금께 큰 죄를 지었으면 죽이든지 귀향 보내든지 할 뿐 아니라 그 몇 대 자손이 다 폐족廢族[51]이 됨과 같으니라.

문154_ 원조가 그 영혼을 구한 빙거憑據가 있느냐?

답154_ 900년 동안 깊이 통회함이 그 승천한 빙거가 되느니라.

문155_ 천주는 만세만민의 대부모이시라, 폐족과 같이 불쌍한 만대자손을 돌아보시지 아니하랴.

답155_ 천주가 그 성자위聖子位 '외아들을' 보내시어 일후日後에 구속救贖하실 말씀을 미리 하시니라.

---

49 관중(貫衆)하다: 많은 이들에게까지 이어지다.

50 용사(容赦)하다: 용서하여 놓아주다.

51 폐족(廢族): 조상이 형(刑)을 받아 그 자손이 벼슬길에 나가지 못하게 되거나 또는 그러한 사람을 말한다.

텬쥬 강싱구쇽ᄒᆞ심으로 □□□□이라ᄒᆞ샤 셰샹을 구쇽ᄒᆞ심이라

문156_ 텬쥬ㅣ 무어ᄉᆞᆯ 위ᄒᆞ야 강싱ᄒᆞ시뇨

답156_ 뭇사ᄅᆞᆷ의 죄ᄅᆞᆯ 구ᄒᆞ고 쇽홈을 위ᄒᆞ심이니라

문157_ 텬쥬ㅣ 친히 강싱치 아니ᄒᆞ시면 사ᄅᆞᆷ의 죄ᄅᆞᆯ 구ᄒᆞ실 법이 업ᄂᆞ냐

답157_ 지극히 존귀ᄒᆞ신 텬쥬ᄭᅴ 범ᄒᆞᆫ 죄ᄅᆞᆯ 지극히 존귀ᄒᆞ신 텬쥬ㅣ 아니면 그 쇽죄ᄒᆞᆯ 갑시 만만번 부족ᄒᆞ니라

문158_ 텬쥬ㅣ 엇더케 강싱 ᄒᆞ시뇨

답158_ 동졍 마리아ᄅᆞᆯ ᄲᅢ샤 모친을 삼아 사ᄅᆞᆷ이 되여 나시니라

문159_ 텬쥬 삼위 즁 어ᄂᆞ 위 강싱하시뇨

답159_ 뎨이위 셩ᄌᆞㅣ 강싱ᄒᆞ시니라

문160_ 엇지ᄒᆞ야 셩ᄌᆞ위 강싱구쇽ᄒᆞ시라 ᄒᆞᄂᆞ뇨

제5장

천주 강생하시어 세상을 구속하심이라

[문156~문219; 소계 64문답]

문156_ 천주가 무엇을 위하여 강생降生하시뇨?

답156_ 뭇사람의 죄를 구하고 속贖함을 위하심이니라.

문157_ 천주가 친히 강생치 아니하시면 사람의 죄를 구하실 법이 없느냐?

답157_ 지극히 존귀하신 천주께 범한 죄를 지극히 존귀하신 천주가 아니면 그 속죄할 값이 만만번 부족하니라.

문158_ 천주가 어떻게 강생하시뇨?

답158_ 동정 마리아를 뽑으시어 모친을 삼아 사람이 되어 나시니라.

문159_ 천주 삼위三位 중 어느 위位가 강생하시뇨?

답159_ 제2위第二位 성자가 강생하시니라.

문160_ 어찌하여 성자위聖子位 강생구속降生救贖하시다 하느뇨?

답160_ 사ᄅᆞᆷ이 텬쥬 셩부씌 죄ᄅᆞᆯ 지은지라 비컨대 나라 ᄇᆡᆨ셩이 님금씌 득죄ᄒᆞ야 죽게 되엿거ᄂᆞᆯ 태ᄌᆞㅣ 그 ᄇᆡᆨ셩을 불샹이 넉여 부왕씌 픔쳥ᄒᆞ고 ᄃᆡ신 형벌을 밧아 죽기 ᄉᆡ지ᄒᆞ야 그 부왕 의노홈을 풀고 ᄇᆡᆨ셩의 죄ᄅᆞᆯ 쇽홈과 ᄀᆞᆺ치 ᄒᆞ심이니라

문161_ 셩ᄌᆞㅣ 강ᄉᆡᆼᄒᆞ시매 일홈을 무엇시라 불노ᄂᆞ뇨

답161_ 예수 그리스도ㅣ라 불ᄅᆞ니 텬쥬의 본셩과 본톄 계신 고로 ᄎᆞᆷ 텬쥬ㅣ시니라

문162_ 예수ㅣ ᄒᆞᆫ 위에 몃 톄 계시뇨 '임의 '텬쥬ㅣ시오 사ᄅᆞᆷ이시니 그 위 둘히시냐'

답162_ 텬쥬와 령혼과 육신 세 톄ᄅᆞᆯ 포함ᄒᆞ고 합ᄒᆞ야 '예수ㅣ 쥬셩과 인셩이 강ᄉᆡᆼ'계시나 위ᄂᆞᆫ 다만 ᄒᆞ나히시니라

문163_ 예수ㅣ ᄒᆞᆫ 위에 세 톄ᄅᆞᆯ 엇더케 쓰시ᄂᆞ뇨

답163_ 톄ᄂᆞᆫ 비록 세히시나 쓰시ᄂᆞᆫ 셩은 오직 둘히시니 텬쥬셩과 인셩이니라

답160_ 사람이 천주 성부께 죄를 지은지라. 비유컨대, 나라 백성이 임금께 득죄得罪하여 죽게 되었거늘 태자太子가 그 백성을 불쌍히 여겨 부왕父王께 품청稟請하고[52] 대신 형벌을 받아 죽기까지 하여 그 부왕의 의노義怒함을 풀고 백성의 죄를 속贖함과 같이 하심이니라.

문161_ 성자가 강생하심에 이름을 무엇이라 부르느뇨?

답161_ 예수 그리스도라 부르니 천주의 본성과 본체本體가 계신 고로 참 천주이시니라.

문162_ 예수가 한 위位에 몇 체體 계시뇨? '이미 천주이시요 사람이시니 그 위 둘이시냐?'

답162_ 천주와 영혼과 육신 세 체를 포함하고 합하여 '예수는 신성神性과 인성人性이 강생' 계시나 위位는 다만 하나이시니라.

문163_ 예수는 한 위位에 세 체體를 어떻게 쓰시느뇨?

답163_ 체는 비록 셋이시나, 쓰시는 성性은 오직 둘이시니 천주성天主性과 인성人性이니라.

---

52 품청(稟請)하다: 내려 주시기를 요청하다.

문164_ 예수ㅣ 텬쥬셩과 인셩을 엇더케 쓰시ᄂᆞ뇨

답164_ 텬쥬와 사ᄅᆞᆷ 두 사이에 거간이 되샤 화목 공부를 ᄒᆞ시니라

문165_ 텬쥬와 사ᄅᆞᆷ이 엇지ᄒᆞ야 화목을 일헛ᄂᆞ뇨

답165_ 원조ㅣ 범명ᄒᆞᆷ으로 조차 뭇사ᄅᆞᆷ이 죄악으로 인ᄒᆞ야 텬쥬의 셩춍을 일허 원슈 되고 마귀 죵과 셰쇽의 ᄌᆞ식이 되엿ᄃᆞ니라

문166_ 예수ㅣ 텬쥬와 사ᄅᆞᆷ의 화목ᄒᆞᆷ을 위ᄒᆞ야 엇더케 ᄒᆞ셧ᄂᆞ뇨

답166_ 셰상 '텬쥬 셩자ㅣ 강싱'□□ 만고만난을 밧으샤 필경 십ᄌᆞ가에 못 박혀 죽으심으로 ᄒᆞ시니라

문167_ 예수ㅣ 임의 텬쥬셩이 계시니 텬쥬도 고난을 밧으시ᄂᆞ냐

답167_ 그 인셩으로만 고난을 밧아 죽으시니라

문168_ 예수의 텬쥬셩이 고난을 밧지 아니ᄒᆞ엿시면 엇지 텬쥬ㅣ 죽으시다 ᄒᆞᄂᆞ뇨

문164_ 예수는 천주성과 인성을 어떻게 쓰시뇨?

답164_ 천주와 사람 두 사이에 거간居間이 되시어 화목和睦하게 하는 일을 하시니라.

문165_ 천주와 사람이 어찌하여 화목을 잃었느냐?

답165_ 원조가 범명犯命함으로 조차 뭇사람이 죄악으로 인하여 천주의 성총聖寵을 잃어 원수 되고 마귀 종과 세속의 자식이 되었느니라.

문166_ 예수는 천주와 사람의 화목함을 위하여 어떻게 하셨느뇨?

답166_ 세상 '천주 성자가 강생降生'□□ 만고만난萬苦萬難을 받으시고 필경 십자가에 못 박혀 죽으심으로 하시니라.

문167_ 예수는 이미 천주성天主性이 계시니 천주도 고난을 받으시느냐?

답167_ 그 인성으로만 고난을 받아 죽으시니라.

문168_ 예수의 천주성이 고난을 받지 아니하였으면 어찌 천주가 죽으시다 하느뇨?

답168_ 비컨대 사ᄅᆞᆷ이 령혼과 육신 두 가지 잇ᄉᆞ니 그 육신이 병드러 죽으면 엇지 육신이 죽엇다 말ᄒᆞ니오 반ᄃᆞ시 그 사ᄅᆞᆷ이 죽엇다 말함과 ᄀᆞᆺᄒᆞ니라

문169_ 예수ㅣ 사ᄅᆞᆷ ᄉᆞ랑을 엇더케 ᄒᆞ셧ᄂᆞ뇨

답169_ 당신 지극히 존귀ᄒᆞ신 몸의'으로' 한 점 피만 흘니서도 가히 만민의 죄ᄅᆞᆯ 다 씻서 쇽ᄒᆞᆯ거시어ᄂᆞᆯ 굿ᄒᆞ야 죽기ᄭᆞ지 하샤 더ᄒᆞᆯ 거시 업게 ᄒᆞ시니라

문170_ 텬쥬ㅣ 강ᄉᆡᆼ구쇽ᄒᆞ시매 엇지ᄒᆞ야 고난으로 표ᄅᆞᆯ 세우셧ᄂᆞ뇨

답170_ 우리들의 구령ᄒᆞᄂᆞᆫ 길이 불가불 고난을 ᄃᆞᆯ게 넉임에 잇ᄂᆞᆫ 줄을 뵈심이니라

문171_ 오쥬 예수ㅣ 셩탄 후 팔 일에 할손례ᄅᆞᆯ 밧으심은 무ᄉᆞᆷ ᄯᅳᆺ이뇨

답168_ 비유컨대, 사람이 영혼과 육신 두 가지 있으니 그 육신이 병들어 죽으면 어찌 육신이 죽었다고 말하리오. 반드시 그 사람이 죽었다고 말함과 같으니라 하니라.

문169_ 예수는 사람 사랑을 어떻게 하셨느뇨?

답169_ 당신의 지극히 존귀하신 몸의'으로' 한 점 피만 흘리셔도 가히 만민의 죄를 다 씻어 속贖할 것이시어늘 굳이 하여 죽기까지 하시어, 더할 것이 없게 하시니라.

문170_ 천주가 강생구속降生救贖하심에 어찌하여 고난으로 표表를 세우셨느뇨?

답170_ 우리들의 구령救靈하는 길이 불가불 고난을 달게 여김에 있는 줄을 보이심이니라.

문171_ 오주吾主 예수는 성탄 후 8일에 할손례割損禮[53]를 받으심은 무슨 뜻이뇨?

53 할손례(割損禮): 할례(割禮)의 옛말. 할례는 이스라엘 유대교 등의 통과의례 가운데 하나이다. 유대교의 경우는 하느님과 이스라엘 백성이 맺은 계약의 상징이었고 선민(選民)의 상징이기도 했다. 유대교는 남자 아기가 태어난 지 8일 만에 할례를 하도록 규정했다. 할례는 남자 아기의 성기 표피의 일부를 제거하는 일종의 수술 행위였다.

답171_ 고교법을 의지ᄒᆞ야 슌명ᄒᆞ시ᄂᆞᆫ 표오 ᄯᅩ 구쇽ᄒᆞ실 삼십삼 년 기약을 더듸 넉이샤 그 거륵ᄒᆞ신 피ᄅᆞᆯ 압서 흘이시니라

문172_ 예수ㅣ 삼십 년 동안에 나자릐 고을에서 셩모와 셩 요셉과 ᄒᆞᆫ가지로 무슴 일을 ᄒᆞ셧ᄂᆞ뇨

답172_ 싱ᄋᆡ 일을 친히 ᄒᆞ시고 간난을 돌게 넉이시고 부모의게 효슌ᄒᆞ신 표ᄅᆞᆯ 세우샤 후셰 사ᄅᆞᆷ으로 ᄒᆞ여곰 헛된 톄면과 탐ᄌᆡ홈과 교오홈을 징계코져 ᄒᆞ심이니라

문173_ 예수ㅣ 광야에서 ᄉᆞ십 일 대ᄌᆡᄒᆞ심은 무슴 ᄯᅳᆺ이뇨

답173_ 장ᄎᆞᆺ 구쇽ᄒᆞ실 공부ᄅᆞᆯ 예비ᄒᆞ심이니라

문174_ 예수ㅣ ᄉᆞ십 일 엄ᄌᆡᄒᆞ실 동안에 무삼 공부ᄅᆞᆯ ᄒᆞ

답171_ 고교법古教法[54]을 의지하여 순명하시는 표表요, 또 구속救贖하실 33년 기약[55]을 더디 여기시어 그 거룩하신 피를 앞서 흘리시니라.

문172_ 예수는 30년 동안에 나자렛 고을에서 성모와 성 요셉Joseph과 한가지로 무슨 일을 하셨느뇨?

답172_ 생애生涯 일을 친히 하시고, 간난艱難을 달게 여기시고, 부모에게 효순孝順하신 표를 세우시어, 후세 사람으로 하여금 헛된 체면과 탐재貪財함과 교오驕傲함을 징계하고자 하심이니라.

문173_ 예수가 광야에서 사십일 대재大齋하심은 무슨 일을하셨느뇨?

답173_ 장차 구속救贖하실 일을 예비豫備하심이니라.[56]

문174_ 예수는 사십 일 엄재嚴齋하실 동안에 무슨 일을 하

---

54 고교법(古教法): 구약시대의 유대교 규정.

55 기약(期約): 때를 정하여 약속함, 또는 그런 약속.

56 문답 173: 문답 173은 그다음에 나오는 문답 174와 거의 동일한 내용이다. 아마 문답 173을 삭제할 계획이었으나, 미처 원고본에 삭제 표시를 하지 않았다고 생각된다.

셧ᄂᆞ뇨

답174_ 당신 슈난ᄒᆞ실 일을 묵샹ᄒᆞ샤 셩부씌 긔도ᄒᆞ시고 또 념경ᄒᆞ샤 우리들의 표양을 세우시니라

문175_ 욜당 하에서 요안 밥디스다의게 셰롤 밧으심은 무ᄉᆞᆷ 뜻이뇨

답175_ 장ᄎᆞᆺ 셩셰롤 세우실 표오 또 사름의 통회홈을 ᄀᆞᄅᆞ치심이니라

문176_ 삼 년 젼교ᄒᆞ실 ᄯᅵ에 령젹을 만히 ᄒᆡᆼᄒᆞ심은 무ᄉᆞᆷ 뜻이뇨

답176_ 모든 사름의 신덕을 굿게 코져 ᄒᆞ심이니라

문177_ 예수ㅣ 엇지ᄒᆞ야 비쳔ᄒᆞ고 무식ᄒᆞᆫ 이롤 골희여 십이종도롤 뎡ᄒᆞ셧ᄂᆞ뇨

답177_ 셩교롤 세워 셰샹에 젼ᄒᆞ심은 텬쥬의 일이오 사름의 지능이나 셰력으로 홈이 아닌 줄을 알게코져 ᄒᆞ심이니라

문178_ 다볼 산에서 텬쥬 셩용을 나타내심은 무ᄉᆞᆷ

셨느뇨?

답174_ 당신 수난하실 일을 묵상하시어 성부께 기도하시고, 또 염경念經하시어 우리들의 표양表樣을 세우시니라.

문175_ 요르단Jordan 하河에서 요한 밥디스다Johannes Baptistus에게 세洗를 받으심은 무슨 뜻이뇨?

답175_ 장차 성세聖洗를 세우실 표表요 또 사람의 통회痛悔함을 가르치심이니라.

문176_ 3년 전교傳敎하실 때에 영적靈蹟을 많이 행하심은 무슨 뜻이뇨?

답176_ 모든 사람의 신덕信德을 굳게 하고자 하심이니라.

문177_ 예수는 어찌하여 비천하고 무식한 이를 가려서 12 종도宗徒를 정하셨느뇨?

답177_ 성교聖敎를 세워 세상에 전하심은 천주의 일이요, 사람의 재능이나 세력으로 함이 아닌 줄을 알게 하고자 하심이니라.

문178_ 타볼Tabol산에서 천주 성용聖容을 나타내심은 무슨

뜻이뇨

답178_ 당신 슈난ᄒᆞ야 죽으심이 ᄌᆞ원으로 ᄒᆞ심인 줄을 뵈샤 종도들노 ᄒᆞ여곰 겁홈이 업게 코져 ᄒᆞ심이니라

문179_ 슈난 젼날에 셩톄 대례롤 세우심은 무슴 뜻이뇨

답179_ 이ᄂᆞᆫ 지극히 ᄉᆞ랑ᄒᆞ시ᄂᆞᆫ 졍이 세 가지 잇슴이니 ᄒᆞ나흔 우리 사롬과 영원히 결합ᄒᆞ야 ᄯᅥᄂᆞ지 아니 코져 하심이오 하나흔 당신 보ᄇᆡ피로ᄡᅥ 착ᄒᆞᆫ 교우의 령혼 냥식을 삼고져 ᄒᆞ심이오 하ᄂᆞ흔 우리들노 ᄒᆞ여곰 당신과 ᄒᆞᆫ가지로 텬당 진복을 누릴게 코져 ᄒᆞ릴 '빙거롤 주'심이니라

문180_ ……

답180_ ……샹 사롬의 죄롤 당신이 날마다 슈난 구속ᄒᆞ시ᄂᆞᆫ 표ㅣ 되게 ᄒᆞ심이니라

문181_ 산원에서 피ᄯᆞᆷ을 흘니심은 무슴 뜻이뇨

답181_ 예수ㅣ 이긋티□슈난ᄒᆞ신 은혜롤 '만셰만민의 죄롤 압하ᄒᆞ샤 지극ᄒᆞᆫ 고난을 밧으시ᄃᆡ' 후셰 사롬

뜻이뇨?

답178_ 당신 수난受難하여 죽으심이 자원自願으로 하심인 줄을 보이시어 종도宗徒들로 하여금 겁怯함이 없게 하고자 하심이니라.

문179_ 수난 전날에 성체 대례大禮를 세우심은 무슨 뜻이뇨?

답179_ 이는 지극히 사랑하시는 정情이 세 가지 있음이니, 하나는 우리 사람과 영원이 결합하여 떠나지 아니하고자 하심이요, 하나는 당신 보배피[寶血]로써 착한 교우의 영혼 양식을 삼고자 하심이요, 하나는 우리들로 하여금 당신과 한가지로 천당 진복眞福을 누릴 빙거憑據를 주심이니라.

문180_ …

답180_ … 세상 사람의 죄를 당신이 날마다 수난 구속救贖하시는 표表가 되게 하심이니라.

문181_ 산원山園에서 피땀을 흘리심은 무슨 뜻이뇨?

답181_ 예수는 이같이 수난하신 은혜를 '만세만민萬歲萬民의 죄를 아파하시어 지극한 고난을 받으시되,' 후세 사람이 오히려 이 은혜를 빅반ᄒᆞ야 디옥에 ᄲᅡ질 쟈ㅣ 잇솔 줄을 생각ᄒᆞ시매 민망ᄒᆞ시고 답답ᄒᆞᆫ 긔운이 끌코 넘처 온몸에 털구멍이 다 열니고 피 소사 흘너 ᄯᅡ흘 젹심이니라

문182_ 예수ㅣ 악당의게 잡힘을 허락ᄒᆞ심은 무슴 뜻이뇨
답182_ 당신 젼능을 감초시고 량선ᄒᆞ신 표양을 세우심이니라

문183_ 아나ᄉᆞ 아문에서 ᄲᅣᆷ침을 밧으심은 무슴 뜻이뇨
답183_ 당신 참ᄂᆞᆫ 덕을 뵈심이오 ᄯᅩ 우리들노 ᄒᆞ여곰 능욕을 둘게 밧으라 ᄒᆞ심이니라

문184_ ᄀᆡ바ᄉᆞ 아문에서 거륵ᄒᆞ신 낫희 침'춤' 밧음을 당ᄒᆞ심은 무슴 뜻이뇨

이 오히려 이 은혜를 배반하여 지옥에 빠질 자가 있을 줄을 생각하심에 민망憫惘하시고 답답한 기운이 끓고 넘쳐 온몸에 털구멍이 다 열리고 피가 솟아 흘러 땅을 적심이니라.

문182_ 예수가 악당에게 잡힘을 허락하심은 무슨 뜻이뇨?

답182_ 당신 전능을 감추시고 양선良善하신 표양表樣을 세우심이니라.

문183_ 아나사Annas[57] 아문衙門[58]에서 뺨침을 받으심은 무슨 뜻이뇨?

답183_ 당신 참는 덕을 보이심이요 또 우리들로 하여금 능욕凌辱을 달게 받으라 하심이니라.

문184_ 개바사Kaipas[59] 아문衙門에서 거룩하신 낯에 침을 받음을 당하심은 무슨 뜻이뇨?

---

57 아나사: 안나스(Annas). AD 1세기에 작성된 『역대제사장 명단』에는 헤로데 대왕 시절 제49대 대제사장은 아나넬(Ananel)로 나온다. 그러나 신약성경에서 예수시대 대사장은 안나스로 기록되어 있다. 그는 대제사장으로 군림하면서 사위인 가야파 제사장 배후에서 권력을 휘둘렀다.

58 아문(衙門): 관아(官衙), 관청(官廳)에 대한 총칭.

59 게바사: 가이파스(Kaipas)

답184_ 비쳔홈을 밧으샤 당신 겸덕을 나타내심이오 또 우리들이 셰샹에 잇서 톄면을 가ᄇᆡ야이 넉이라 ᄒᆞ심이니라

문185_ 헤로데 아문에서 빅장의롤 닙히고 밋친 사ᄅᆞᆷ으로 지목홈을 밧으심은 무ᄉᆞᆷ 뜻이뇨

답185_ 당신 덕능을 숨기심이오 또 우리들의 맛갓지 아니ᄒᆞᆫ 옷ᄉᆞᆯ 닙기 됴화홈을 보쇽ᄒᆞ심이니라

문186_ 비라도 아문에서 무수ᄒᆞᆫ 편틔롤 밧으심은 무ᄉᆞᆷ 뜻이뇨

답186_ 우리들의 육신 ᄉᆞ욕 □□□□'모든' 죄롤 다 보쇽ᄒᆞ심이니라

문187_ 홍포롤 닙히고 유더아 님금이라 희롱홈을 밧으심은 무ᄉᆞᆷ 뜻이뇨

답187_ 우리들의 셰샹 공명'쇽 영광' 탐ᄒᆞᄂᆞᆫ 죄롤 보쇽ᄒᆞ심이니라

답184_ 비천鄙賤함을 받으시어 당신 겸덕謙德을 나타내심이요, 또 우리들이 세상에 있어 체면體面을 가볍게 여기라 하심이니라.

문185_ 헤로데Herodes[60] 아문에서 백장의白長衣를 입히고 미친 사람으로 지목함을 받으심은 무슨 뜻이뇨?

답185_ 당신 덕능德能을 숨기심이요, 또 우리들이 맛갓지 아니한 옷을 입기 좋아함을 보속補贖하심이니라.

문186_ 비라도Pirato 아문에서 무수한 편태鞭笞를 받으심은 무슨 뜻이뇨?

답186_ 우리들의 육신 사욕邪慾 □□□□ '모든' 죄를 다 보속하심이니라.

문187_ 홍포를 입히고 유데아 임금이라 희롱함을 받으심은 무슨 뜻이뇨?

답187_ 우리들의 세상 공명空名'속 영광'을 탐하는 죄를 다 보속하심이니라.

60 헤로데: 헤로데스[Herodes, BC 73~AD 4]. 유데아의 왕.

문188_ 거록ᄒᆞ신 머리에 가ᄉᆡ관을 씌우고 면□시'비소'ᄒᆞᆷ을 밧으심은 무ᄉᆞᆷ ᄯᅳᆺ이뇨

답188_ 우리들의 셰쇽의 영광 됴화ᄒᆞᄂᆞᆫ '교오ᄒᆞᆫ' 죄ᄅᆞᆯ 보쇽ᄒᆞ심이니라

문189_ 거록ᄒᆞ신 손에 ᄃᆡ갑이ᄅᆞᆯ 잡히고 님금의 권을 가젓다 희모함을 밧으심은 무ᄉᆞᆷ ᄯᅳᆺ이뇨

답189_ 우리들의 권셰 탐ᄒᆞᄂᆞᆫ 죄ᄅᆞᆯ 보쇽ᄒᆞ심이니라

문190_ 십ᄌᆞ가에 '거록ᄒᆞ신' 슈죡에 못 박음을 밧으심은 무ᄉᆞᆷ ᄯᅳᆺ이뇨

답190_ 당신 겸손ᄒᆞ신 ᄆᆞᄋᆞᆷ으로 극쳔ᄒᆞᆫ 형벌을 즐겨 밧으'당ᄒᆞ'심이오 ᄯᅩ 우리들의 손과 ᄇᆞᆯ노 범ᄒᆞᆫ 죄ᄅᆞᆯ 보쇽ᄒᆞ심이니라

문191_ 거록ᄒᆞ신 ᄅᆞᆨ방에 창을 밧으샤 피와 물 흘니

문188_ 거룩하신 머리에 가시관을 씌우고 면류冕旒라 비소誹笑[61]함을 받으심은 무슨 뜻이뇨?

답188_ 우리들이 세속의 영광을 좋아하는 '교오驕傲한' 죄를 보속하심이니라.

문189_ 거룩하신 손에 대갑이를 잡히고,[62] 임금의 권을 가졌다 희모戱冒함을 받으심은 무슨 뜻이뇨?

답189_ 우리들의 권세 탐하는 죄를 보속하심이니라.

문190_ 십자가에 거룩하신 수족에 못 박음을 받으심은 무슨 뜻이뇨?

답190_ 당신 겸손하신 마음으로 극천極賤한 형벌을 즐겨 받으 '당하'심이요, 또 우리들의 손과 발로 범한 죄를 보속함이니라.

문191_ 거룩하신 늑방肋防에 창槍을 받으시어 피와 물을 흘리

---

61 비소(誹笑): 비웃음. 본문에서 삭제된 글자는 '면류(冕旒)'로 추정된다. 즉, 가시관을 '면류'관이라고 비소함을 서술하려다가 이를 단순히 비소했다는 말로 바꾸었다.

62 대갑이를 잡히다: '갈대를 잡게 하다'는 뜻이다. 임금의 권위를 상징하는 권병(权柄)에 비교되는 개념이다.

심은 무ᄉᆞᆷ 뜻이뇨

답191_ 당신 피와 물노 모든 사ᄅᆞᆷ의 죄ᄅᆞᆯ 씨ᄉᆞᆷ이오 ᄯᅩ 모든 사ᄅᆞᆷ의 ᄆᆞ음죄ᄅᆞᆯ 다 보속하심이니라

문192_ 십ᄌᆞ가 우희서 닐곱 말ᄉᆞᆷ ᄒᆞ심은 무ᄉᆞᆷ 뜻이뇨

답192_ 당신이 우리 사ᄅᆞᆷ의 대부모ㅣ 되신 고로 림죵 ᄣᅢᄅᆞᆯ 당ᄒᆞ야 만셰ᄌᆞ손들의게 유언ᄒᆞ심이니라

문193_ 뎨일언에 져들이 ᄒᆞᆯ 바ᄅᆞᆯ 모름이라 ᄒᆞ심은 무ᄉᆞᆷ 뜻이뇨

답193_ 이ᄂᆞᆫ 당신 고난을 니져바리시고 원슈의 죄ᄅᆞᆯ 뎌ᄅᆞᆯ 죽이ᄂᆞᆫ 악당을 불샹이 넉이샤 우리들의게 원슈 ᄉᆞ랑ᄒᆞᆷ을ᄀᆞᄅᆞ치심이니라

문194_ 뎨이언에 우도의게 텬당복 누림을 허락ᄒᆞ심은 무ᄉᆞᆷ 뜻이뇨

답194_ 크게 불샹이 넉이ᄂᆞᆫ 경을 발ᄒᆞ샤 우리들의게 용쇠ᄒᆞᆷ과 ᄋᆡ긍ᄒᆞᄂᆞᆫ 덕을 ᄀᆞᄅᆞ치심이니라

심은 무슨 뜻이뇨?

답191_ 당신 피와 물로 모든 사람의 죄를 씻음이요, 또 모든 사람의 마음죄를 다 보속하심이니라.

문192_ 십자가 위에서 일곱 말씀을 하심은 무슨 뜻이뇨?

답192_ 당신이 우리 사람의 대부모가 되신 고로 임종 때를 당하여 만세 자손에게 유언하심이니라.

문193_ 제1언에 "저들이 할 바를 모름이라." 하심은 무슨 뜻이뇨?

답193_ 이는 당신 고난을 잊어버리시고 원수의 죄를 저를 죽이는 악당을 불쌍히 여기시어 우리들에게 원수 사랑함을 가르치심이니라.

문194_ 제2언에 우도右盜에게 천당복 누림을 허락하심은 무슨 뜻이뇨?

답194_ 크게 불쌍히 여기는 정情을 발發하시어 우리들에게 용서함과 애긍哀矜하는 덕을 가르치심이니라.

문195_ 뎨삼언에 요왕을 ᄀᆞᄅᆞ쳐 셩모의 아ᄃᆞᆯ이라 ᄒᆞ시고 셩모ᄅᆞᆯ ᄀᆞᄅᆞ쳐 요왕의 모친이라 ᄒᆞ심은 무슴 ᄯᅳᆺ이뇨

답195_ 이ᄂᆞᆫ 크게 인효ᄒᆞ신 졍을 발ᄒᆞ샤 우리들의게 맛당이 부모ᄅᆞᆯ 효경ᄒᆞ야 슌명홈을 ᄀᆞᄅᆞ치심이니라

문196_ 뎨ᄉᆞ언에 목ᄆᆞᄅᆞ다 ᄒᆞ심은 무슴 ᄯᅳᆺ이뇨

답196_ 이ᄂᆞᆫ 구쇽ᄒᆞ시기에 목ᄆᆞᄅᆞᆫ 졍을 크게 발ᄒᆞ심이니 우리들의게 맛당이 사ᄅᆞᆷ의 령혼 구ᄒᆞ기ᄅᆞᆯ 목ᄆᆞᄅᆞᆷᄀᆞᆺ치 ᄒᆞ라 ᄒᆞ심이니라

문197_ 뎨오언에 우리 쥬 우리 텬쥬여 엇지 참아 나ᄅᆞᆯ 바리시ᄂᆞ잇가 ᄒᆞ심은 무슴 ᄯᅳᆺ이뇨

답197_ 이ᄂᆞᆫ 셩부ᄭᅴ ᄇᆞ라시ᄂᆞᆫ 졍을 크게 발ᄒᆞ심이니 우리들의게 맛당이 위급ᄒᆞᆫ ᄣᅢᄅᆞᆯ 당ᄒᆞ거든 맛당이 텬쥬ᄭᅴ 긔구홈을 ᄀᆞᄅᆞ치심이니라

문195_ 제3언에 "요왕[63]을 가리켜 성모의 아들이라 하시고, 성모를 가리켜 요왕에게 모친이라." 하심은 무슨 뜻이뇨?

답195_ 이는 크게 인효仁孝하신[64] 정을 발하시어 우리들에게 마땅히 부모를 효경孝敬하여 순명함을 가르치심이니라.

문196_ 제4언에 "목마르다." 하심은 무슨 뜻이뇨?

답196_ 이는 구속하시기에 목마른 정을 크게 발하심이니, 우리들에게 마땅히 사람의 영혼 구하기를 목마름같이 하라 하심이니라.

문197_ 제5언에 "우리 주 우리 천주여, 어찌 차마 나를 버리시나이까." 하심은 무슨 뜻이뇨?

답197_ 이는 성부께 바라시는 정情을 크게 발하심이니, 우리들에게 마땅히 위급한 때를 당하거든 마땅히 천주께 기구祈求함을 가르치심이니라.

---

63 요왕: 박해시대 조선 교회에서는 성경에 나오는 요한(Johannes) 가운데 '세례자 요한'은 '요안'으로 불렀고 '사도 요한'은 '요왕'으로 구별하여 불렀다. 그러나 『소원신종』이 저술될 당시에는 이러한 원칙이 확립되지는 못해서, 『소원신종』 문 204에서는 '요안'과 '요왕'에 대한 뚜렷한 구분 없이 '사도 요안'으로 쓰고 있다.

64 인효(仁孝)하다: 어질고 효성스럽다.

문198_ 뎨륙언에 뭇ᄎᆞᆺ다 ᄒᆞ심은 무ᄉᆞᆷ 뜻이뇨

답198_ 이ᄂᆞᆫ 당신 구속 공로 뭇ᄎᆞᆷ을 다힝이 넉이심이니 우리들의게 션을 ᄒᆞᄃᆡ 맛당이뭇ᄎᆞᆷ내 잘홈을 ᄀᆞᄅᆞ치심이니라

문199_ 뎨칠언에 내 령혼을 네 손에 븟치노라 ᄒᆞ심은 무ᄉᆞᆷ 뜻이뇨

답199_ 이ᄂᆞᆫ 크게 슌명ᄒᆞ시ᄂᆞᆫ 졍을 발ᄒᆞ심이니 우리들의게 맛당이 텬쥬의 명을 조차 조곰도 어긔지 못홈을 ᄀᆞᄅᆞ치심이니라

문200_ 오쥬 예수ㅣ 어ᄂᆞ 곳에서 못 박혀 죽으시뇨

답200_ 예루사름 성 밧 갈와리아 산이니라

문201_ 예수ㅣ 죽으시매 그 육신을 장ᄉᆞᄒᆞ엿ᄂᆞ냐

답201_ 즉시 장ᄉᆞ 지내니라

문202_ 예수 셩시롤 누가 십ᄌᆞ가에 ᄂᆞ렷ᄂᆞ뇨

문198_ 제6언에 "마쳤다." 하심은 무슨 뜻이뇨?

답198_ 이는 당신 구속救贖 공로功勞 마침을 다행히 여기심이니, 우리들에게 선善을 하되 마땅히 마침내 잘함을 가르치심이니라.

문199_ 제7언에 "내 영혼을 네 손에 부치노라."[65] 하심은 무슨 뜻이뇨?

답199_ 이는 크게 순명하시는 정情을 발하심이니, 우리들에게 마땅히 천주의 명命을 좇아 조금도 어기지 못함을 가르치심이니라.

문200_ 오주吾主 예수가 어느 곳에서 못 박혀 죽으시뇨?

답200_ 예루살렘Jerusalem 성 밖 갈바리아Galvaria산이니라.

문201_ 예수가 죽으심에 그 육신을 장사葬事하였느냐?

답201_ 즉시 장사 지내니라.

문202_ 예수 성시聖屍를 누가 십자가에서 내렸느뇨?

---

65 부치다: 맡기다, 넘기다.

답202_ 셩 요셉 아리마디아와 니거더모와 다ᄅᆞᆫ 문도들이니라

문203_ 그때에 종도들은 다 어ᄃᆡ 갓ᄂᆞ뇨

답203_ 겁ᄒᆞ야 숨어 잇셧ᄂᆞ니라

문204_ 예수ㅣ 십ᄌᆞ가에 돌니신 때에 겻ᄒᆡ 누가 잇셧ᄂᆞ뇨

답204_ 셩모 마리아와 셩 요안 종도와 마다리나와 다ᄅᆞᆫ 셩녀 들이니라

문205_ 셩모ㅣ그때에 엇더케 통고ᄒᆞ셧ᄂᆞ뇨

답205_ 예수와 ᄒᆞᆫ가지로 죽으심과 ᄀᆞᆺ치 통고ᄒᆞ시니라

문206_ 예수ㅣ 죽으신 후에 그 령혼이 어ᄃᆡ로 가시뇨

답206_ 림보로 가샤 녯 셩인들의 령혼을 위로ᄒᆞ시니라

문207_ 예수의 텬쥬셩은 엇더케 ᄒᆞ '어ᄃᆡ 계'시뇨

답207_ 텬쥬셩이 인셩과 ᄒᆞᆫ 번 결합ᄒᆞ시매 다시 떠ᄂᆞ지 못ᄒᆞ 시ᄂᆞ니라

답202_ 성 요셉 아리마테아Josephus Arimateas와 니코데모Nicodemo와 다른 문도門徒들이니라.

문203_ 그때에 종도宗徒들은 다 어디 갔느뇨?
답203_ 겁怯나서 숨어 있었느니라.

문204_ 예수가 십자가에 달리신 때에 곁에 누가 있었느뇨?
답204_ 성모 마리아와 성 요안Johannes 종도宗徒와 막달레나Magdalena와 다른 성녀들이니라.

문205_ 성모는 그때에 어떻게 통고痛苦하셨느뇨?
답205_ 예수와 한가지로 죽으심과 같이 통고하시니라.

문206_ 예수가 죽으신 후에 그 영혼이 어디로 가시뇨?
답206_ 림보Limbo로 가시어 옛 성인들의 영혼을 위로하시니라.

문207_ 예수의 천주성天主性은 어디 계시뇨?
답207_ 천주성이 인성과 한 번 결합하심에 다시 떠나지 못하시느니라.

문208_ 예수ㅣ 다시 살으심이 업ᄂᆞ냐

답208_ 당신이 젼에 ᄒᆞ신 말솜과 ᄀᆞᆺ치 죽으신 후 삼 일에 부활ᄒᆞ시니라

문209_ 예수ㅣ 부활ᄒᆞ실 ᄣᅢ에 누가 보앗ᄂᆞ뇨

답209_ 무덤 직희던 악졸들이 보앗ᄂᆞ니라

문210_ 악졸이 엇지ᄒᆞ야 무덤을 직희엿ᄂᆞ뇨

답210_ 예수의 시톄롤 그 뎨ᄌᆞ들이 옴겨 갈가 의심ᄒᆞ고 겁홈'야 직힘'이니라

문211_ 예수ㅣ 부활ᄒᆞ시매 뉘게 몬뎌 뵈섯ᄂᆞ뇨

답211_ 셩모ᄭᅴ 몬뎌 뵈시고 모든 셩인 셩녀와 종도들의게 ᄎᆞᄎᆞ 뵈시니라

문212_ 예수ㅣ 부활ᄒᆞ신 후에 무솜 일을 ᄒᆞ시뇨

답212_ 셩교 도리롤 ᄇᆞᆰ히샤 셩ᄉᆞ지젹을 비뎡ᄒᆞ시니라

문213_ 예수ㅣ ᄒᆞ놀에 오ᄅᆞ심이 업ᄂᆞ냐

문208_ 예수가 다시 살으심이 없느냐?

답208_ 당신이 전에 하신 말씀과 같이 죽으신 후 3일에 부활하시니라.

문209_ 예수가 부활하실 때에 누가 보았느뇨?

답209_ 무덤 지키던 악졸惡卒들이 보았느니라.

문210_ 악졸이 어찌하여 무덤을 지켰느뇨?

답210_ 예수의 시체를 그 제자들이 옮겨 갈까 의심하고 겁怯함'여 지킴'이니라.

문211_ 예수가 부활하심에 누구에게 먼저 보이셨느뇨?

답211_ 성모께 먼저 보이시고 모든 성인 성녀와 종도宗徒들에게 차차 보이시니라.

문212_ 예수가 부활하신 후에 무슨 일을 하시뇨?

답212_ 성교聖教 도리를 밝히시어 성사지적聖事之跡을 배정하시니라.

문213_ 예수가 하늘에 오르심이 없느냐?

답 213_ 부활 후 ᄉᆞ십 일에 승텬ᄒᆞ시니라

문 214_ 예수ㅣ 어ᄂᆞ 곳에서 승텬ᄒᆞ시뇨

답 214_ 예루사름 셩 밧 산 우희서 거륵ᄒᆞ신 몸을 소샤 하놀에 오ᄅᆞ시니라

문 215_ 예수ㅣ 승텬ᄒᆞ실 때 몃 사롬이 보앗ᄂᆞ뇨

답 215_ 셩모와 모든 종도와 칠십이 문도와 모든 셩인 셩녀 합일빅이십 인 압‘들 희’서 완연이 승텬ᄒᆞ시니라

문 216_ 예수ㅣ 임의 부활ᄒᆞ시매 셰상에 오래 계시면 엇더ᄒᆞ뇨

답 216_ 오쥬ㅣ 승텬ᄒᆞ심이 세 가지 요긴한 뜻이 잇ᄉᆞ니 ᄒᆞ나흔 셰상 구속ᄒᆞ신 공로를 인ᄒᆞ야 ‘임의 맛ᄎᆞ시매 맛당이’ 텬당 영광을 누리심이오 ᄒᆞ나흔 셰상 사롬을 위ᄒᆞ야 텬당 복락을 예비ᄒᆞ심이오 ᄒᆞ나흔 텬당에셔 당신 공로를 셩부씌 밧쳐 우리를 위ᄒᆞ야 긔구ᄒᆞ심이니 당신이 만일 승텬치 아니ᄒᆞ시면 텬당문이 열릴 수 업ᄂᆞ니라

답213_ 부활 후 40일에 승천하시니라.

문214_ 예수가 어느 곳에서 승천하시뇨?

답214_ 예루살렘Jerusalem 성 밖 산 위에서 거룩하신 몸을 솟아 하늘에 오르시니라.

문215_ 예수가 승천하실 때 몇 사람이 보았느뇨?

답215_ 성모와 모든 종도宗徒와 72 문도門徒와 모든 성인 성녀 합 120인들 앞에서 완연히 승천하시니라.

문216_ 예수가 이미 부활하심에 세상에 오래 계시면 어떠하뇨?

답216_ 오주吾主가 승천하심이 세 가지 요긴한 뜻이 있으니, 하나는 세상 구속救贖하신 공로를 인하여 '이미 마치심에 마땅히' 천당 영광을 누리심이요, 하나는 세상 사람을 위하여 천당 복락福樂을 예비하심이요, 하나는 천당에서 당신 공로를 성부께 바쳐 우리를 위하여 기구祈求하심이니, 당신이 만일 승천하지 아니하시면 천당문이 열릴 수 없느니라.

문217_ 예수ㅣ 승텬ᄒᆞ실 때 문도들의 창연ᄒᆞᆫ ᄆᆞ음을 엇더케 위로ᄒᆞ시뇨

답217_ 승텬ᄒᆞ신 후에 안위ᄒᆞ실 셩신을 보내여 강림ᄒᆞ시기를 허락ᄒᆞ시니라

문218_ 셩신이 엇더케 강림ᄒᆞ시뇨

답218_ 셩모와 종도와 문도와 모든 셩인 셩녀 합 일빅이십 인이 ᄒᆞᆫ 당에 모히여 긔구ᄒᆞ더니 예수ㅣ 승텬 후 십 일에 진시를 당ᄒᆞ야 홀연 큰 바람이 집을 움즉이고 불혀 형샹이 모든 이의 니마 우희 돌녀 나타나ᄂᆞ니라

문219_ 불혀 형샹은 무슴 뜻이뇨

답219_ 셩신 은춍 밧ᄂᆞᆫ 이의 ᄆᆞ음을 불곳치 덥게 ᄒᆞ고 혀로 능히 이샹ᄒᆞᆫ 말삼을 ᄒᆞ야 만국 사ᄅᆞᆷ을 잘 ᄀᆞᄅᆞ치게 ᄒᆞ심이니라

문217_ 예수가 승천하실 때 문도들의 창연愴然한[66] 마음을 어떻게 위로하시뇨?

답217_ 승천하신 후에 안위安慰하실[67] 성신聖神을 보내어 강림降臨하시기를 허락하시니라.

문218_ 성신이 어떻게 강림하시뇨?

답218_ 성모와 종도와 문도와 모든 성인 성녀 합 120인이 한 당堂에 모여 기구하더니, 예수가 승천 후 10일에 진시辰時[68]를 당하여 홀연 큰 바람이 집을 움직이고 불혀 형상이 모든 이의 이마 위에 달려 나타나니라.

문219_ 불혀 형상은 무슨 뜻이뇨?

답219_ 성신 은총 받는 이의 마음을 불같이 덥게 하고, 혀로 능히 이상異常한 말씀을 하여 만국萬國 사람을 잘 가르치게 하심이니라.

---

66 창연(愴然)하다: 슬퍼하다, 서러워하다.

67 안위(安慰)하다: 마음을 위로하고 몸을 편하게 하다.

68 진시(辰時): ① 십이시의 다섯째 시로, 오전 일곱 시부터 아홉 시까지. ② 이십사시의 아홉째 시로, 오전 일곱 시 반부터 여덟 시 반 사이.

셩ᄉᆞ문답‘칠적을 세우신 은혜라’

문220_ 셩교회ᄂᆞᆫ 무엇시뇨

답220_ 오쥬 예수ㅣ 친히 세우샤 보텬하 사ᄅᆞᆷ이 ᄒᆞᆫ 몸과 ᄀᆞᆺ치 ᄒᆞᆫ 회ᄅᆞᆯ 일움이니 지극히 □□참되야‘여’ 하나ᄲᅮᆫ이며 지극히 거륵ᄒᆞ야 셩적이 ᄇᆰ음이오‘인을 일우며’ 지극히 공번되어‘여’ 만방 만셰에 잇숨이오‘ᄉᆞ며’ ᄯᅩ 종도로 조차 젼ᄒᆞ야 ᄂᆞ려오ᄂᆞᆫ 권이 잇서 다ᄅᆞᆫ 회와 크게 분별이 잇ᄂᆞ니라

문221_ 셩교회 안에 사ᄅᆞᆷ의긔 텬쥬ㅣ 주시ᄂᆞᆫ‘이 엇ᄂᆞᆫ바 텬쥬의’ 은춍은 무엇시뇨

답221_ 은춍이 두 가지 잇ᄉᆞ니 ᄒᆞ나흔 닐ᄋᆞᆫ 바 격외셩춍이오 ᄒᆞ나흔 닐ᄋᆞᆫ바 평샹셩춍이니라

문222_ 격외셩춍은 무엇시뇨

답222_ 텬쥬ㅣ 사ᄅᆞᆷ으로 ᄒᆞ여곰 착ᄒᆞᆫ ᄉᆡᆼ각이나 말이나 ᄒᆡᆼ위ᄅᆞᆯ ᄒᆞ게 ᄒᆞ시ᄂᆞᆫ 은혜라 이ᄂᆞᆫ 의인에 나리엇나니라

제6장

성사聖事 칠적七跡을 세우신 은혜라

[문220~문296: 소계 77문답]

문220_ 성교회聖敎會는 무엇이뇨?

답220_ 오주吾主 예수가 친히 세우시어 보천하普天下 사람이 한 몸과 같이 한 회會를 이룸이니, 지극히 □□참되어 하나뿐이며, 지극히 거룩하여 성적聖蹟이 밝음이오. '인을 이루며,' 지극히 공번되어 만방萬邦 만세萬歲에 있음이요.'으며,' 또 종도宗徒로 좇아 전하여 내려오는 권權이 있어서 다른 '회會'와 크게 분별이 있느니라.

문221_ 성교회 안에서 사람에게 천주가 주시는'이 얻는 바 천주의' 은총은 무엇이뇨?

답221_ 은총이 두 가지 있으니, 하나는 이른바 격외성총格外聖寵이요, 하나는 이른바 평상성총平常聖聰이니라.

문222_ 격외성총格外聖寵은 무엇이뇨?

답222_ 천주가 사람으로 하여금 착한 생각이나 말이나 행위를 하게 하시는 은혜라, 이는 의인義人에게 내리었느

'니라'

문223_ 평샹셩춍은 무엇시뇨

답223_ 셩샤ᄒᆞ고 아니 흠을 의론치 말고 '대'죄 업ᄂᆞᆫ 사ᄅᆞᆷ이면 텬쥬ㅣ ᄒᆞᆼ샹 ᄉᆞ랑ᄒᆞᄂᆞᆫ ᄌᆞ식이나 벗과 ᄀᆞᆺ치 ᄃᆡ졉ᄒᆞ샤 거륵ᄒᆞ신 은춍을 슷치지 아니ᄒᆞ심이니라 '그 령혼을 아름답게 꿈여 쥬와 친합ᄒᆞ게 ᄒᆞᄂᆞᆫ 은혜니라'

문224_ 셩춍을 엇더케 ᄒᆞ면 엇ᄂᆞ뇨

답224_ 셰샹 ᄌᆡ물이나 권력으로 사지 못 '아모 때라도 가히 엇을 거시로ᄃᆡ 칠'셩ᄉᆞ에ᄂᆞᆫ 더옥 엇기 쉽고 ᄯᅩᄒᆞᆫ 후ᄒᆞ게 엇ᄂᆞ니라

문225_ ……

답225_ ……ᄒᆞᄂᆞᆫ 갑시니라

문226_ 셩춍□□'이' 엇지ᄒᆞ야 그ᄃᆡ도록 '사ᄅᆞᆷ의게 ᄀᆞ쟝' 귀즁ᄒᆞ뇨

답226_ 령혼의 ᄉᆡᆼ명이 되ᄂᆞᆫ 연고ㅣ니라

'니라.'

문223_ 평상성총平常聖寵은 무엇이뇨?

답223_ 성사聖事를 하고 아니 함을 의론議論치 말고 '대'죄 없는 사람이면 천주가 항상 사랑하는 자식이나 벗과 같이 대접하시어 거룩하신 은총을 그치지 아니하심이니라. '그 영혼을 아름답게 꾸며, 주와 친합親合하게 하는 은혜니라.'

문224_ 성총聖寵을 어떻게 하면 얻느뇨?

답224_ 세상 재물이나 권력으로 사지 못 '아무 때라도 가히 얻을 것이로되, 칠'성사七聖事에는 더욱 얻기 쉽고 또한 후하게 얻느니라.

문225_ …

답225_ …하는 값이니라.

문226_ 성총聖寵이 어찌하여 그토록 '사람에게 가장' 귀중하뇨?

답226_ 영혼의 생명이 되는 연고緣故이니라.

문 227_ 셩춍이 엇더ᄒᆞ야'케' 령혼의 ᄉᆡᆼ명이 되ᄂᆞ뇨

답 227_ 마치 육신이 령혼을 ᄯᅥᄂᆞ면 죽음과 ᄀᆞᆺ치 령혼이 텬쥬 셩총을 ᄯᅥᄂᆞ면 죽ᄂᆞ니라

문 228_ 령혼이 본ᄃᆡ ᄉᆡᆼ활ᄒᆞᆫ 테니 엇지ᄒᆞ야 죽는다 ᄒᆞᄂᆞ뇨

답 228_ 사ᄅᆞᆷ이 대죄를 범ᄒᆞ면 셩총이 ᄯᅥᄂᆞ니 그 령혼이 아모 션공을 ᄒᆞ여도 쥬 ᄃᆡ젼에 샹ᄉᆡᆼ을 엇을 공로ㅣ 업ᄉᆞᆷ으로 죽음과 ᄀᆞᆺ다 ᄒᆞ니라

문 229_ 사ᄅᆞᆷ의 죄를 샤ᄒᆞ야 업시 ᄒᆞᄂᆞᆫ 법이 잇ᄂᆞ냐

답 229_ 셩사ㅣ 잇ᄉᆞ니 오쥬 예수ㅣ 친히 세우샤 사ᄅᆞᆷ의 죄를 샤ᄒᆞ고 텬쥬의 셩총을 ᄐᆡ와 주시ᄂᆞᆫ 례졀이니 무형ᄒᆞᆫ 셩춍의 유형ᄒᆞᆫ 모샹과 보ᄅᆞᆷ이니라

문 230_ 셩ᄉᆞㅣ 몃 가지 잇ᄂᆞ뇨

답 230_ 닐곱 가지 잇ᄉᆞ니 령셰와 고ᄒᆡ와 견진과 셩톄와 죵부와 신픔과 혼ᄇᆡ니라

문 231_ 령셰ᄂᆞᆫ 무엇시뇨

문227_ 성총이 어떻게 영혼의 생명이 되느뇨?

답227_ 마치 육신이 영혼을 떠나면 죽음과 같이, 영혼이 천주 성총을 떠나면 죽느니라.

문228_ 영혼은 본디 생활生活한 체體니, 어찌하여 죽는다 하느뇨

답228_ 사람이 대죄를 범하면 성총이 떠나니, 그 영혼이 아무 선공善功을 하여도, 주 대전臺前에 상생常生을 얻을 공로功勞가 없으므로 죽음과 같다 하니라.

문229_ 사람의 죄를 사하여 없이 하는 법이 있느냐?

답229_ 성사가 있으니 오주 예수가 친히 세우시어 사람의 죄를 사하고 천주의 성총聖寵을 태워 주시는 예절이니 무형無形한 성총의 유형有形한 모상模像과 보람이니라.

문230_ 성사聖事가 몇 가지 있느뇨?

답230_ 일곱 가지 있으니 영세領洗와 고해와 견진堅振과 성체聖體와 종부終傅와 신품神品과 혼배婚配니라.

문231_ 영세는 무엇이뇨?

답231_ 텬쥬를 알아 공경ᄒᆞ기를 원ᄒᆞᄂᆞᆫ 사ᄅᆞᆷ의 원죄와 본죄를 탕쳑ᄒᆞ야 업시 ᄒᆞ고 텬쥬와 셩교회의 올흔 ᄌᆞ식이 되게ᄒᆞᄂᆞ니라

문232_ 지각 업ᄂᆞᆫ 어린ᄋᆞᄒᆡᄂᆞᆫ 엇지 ᄒᆞᄂᆞ뇨

답232_ 외인의 ᄌᆞ식은 죽을 위험이 잇서야 셰를 븟칠 거시오 교우의 ᄌᆞ식은 난 후 삼 일 안에 셰를 븟치ᄃᆡ 회장이나 셰 주ᄂᆞᆫ 권 잇ᄂᆞᆫ 이를 쳥홀 거시니 만일 죽을 위험이 잇서 급ᄒᆞ면 뎨 부모ㅣ라도 맛당이 셰를 붓칠지니라

문233_ ᄒᆞᆫ 번 령셰ᄒᆞᆫ 사ᄅᆞᆷ은 다 구령ᄒᆞᄂᆞ냐

답233_ 다시 큰 죄를 짓지 아니ᄒᆞ거나 죄를 지엇서도 샤홈을 엇으면 승텬ᄒᆞᄂᆞ니라

문234_ 령세ᄒᆞᆫ 후에 죄를 지엇시면 엇더케 ᄒᆞᄂᆞ뇨

답234_ 고ᄒᆡ셩ᄉᆞ를 타당이 밧을지니라

문235_ 고ᄒᆡᄂᆞᆫ 무엇시뇨

답235_ 령셰ᄒᆞᆫ 후에 범ᄒᆞᆫ 바 죄를 신부 압희 고ᄒᆞ야 픎이니

답231_ 천주를 알아 공경하기를 원하는 사람의 원죄와 본죄를 탕척蕩滌하여 없이 하고 천주와 성교회聖教會의 옳은 자식이 되게 하느니라.

문232_ 지각知覺 없는 어린아이는 어찌 하느뇨?
답232_ 외인外人의 자식은 죽을 위험이 있어야 세洗를 부칠 것이요, 교우의 자식은 난 후 3일 안에 세를 부치되 회장이나 세洗 주는 권權이 있는 이를 청請할 것이니, 만일 죽을 위험이 있어 급하면 제 부모라도 마땅히 세를 부칠지니라.

문233_ 한 번 영세한 사람은 다 구령救靈하느냐?
답233_ 다시 큰 죄를 짓지 아니하거나 죄를 지었어도 사赦함을 얻으면 승천하느니라.

문234_ 영세한 후 죄를 지었으면 어떻게 하느뇨?
답234_ 고해성사를 타당히 받을지니라.

문235_ 고해는 무엇이뇨?
답235_ 영세한 후에 범한바 죄를 신부 앞에 고告하여 풂이니

라'셩찰과 통회와 뎡긔와 고명과 보쇽 다ᄉᆞᆺ 가지 요긴
ᄒᆞᆫ 규구ㅣ 잇ᄂᆞ니라'

문236_ 고ᄒᆡ에 몃 가지 요긴ᄒᆞᆫ 법이 잇ᄂᆞ뇨

답236_ 다ᄉᆞᆺ 가지 잇ᄉᆞ니 셩찰과 통회와 뎡긔와 고명과 보쇽
이니라

문237_ 셩찰은 무엇시뇨

답237_ ᄉᆡᆼ각으로나 말노나 ᄒᆡᆼ홈으로나 궐홈으로 텬쥬 십계와
셩교ᄉᆞ규와 칠죄종 ᄎᆞ례ᄃᆡ로 ᄯᆞ라 범ᄒᆞᆫ바 죄롤 ᄌᆞ세
히 살펴 알아냄이니라

문238_ 셩찰ᄒᆞ려 ᄒᆞ매 큰 죈지 적은 죈지 아지 못ᄒᆞ면 엇
지ᄒᆞᄂᆞ뇨 '요긴ᄒᆞᆫ 규구 몃 가지 잇ᄂᆞ뇨'

답238_ 맛당이 텬쥬와 셩모ᄭᅴ 춍광을 빗최샤 내 죄롤 잘 알
게 ᄒᆞ심을 ᄭᆞ러 구홀지니라 세 가지 잇ᄉᆞ니 시직셩찰
과 일셩찰과 도셩찰이니라'

문239_ 죄롤 지엇던지 아니 지엇던지 모로면 엇지ᄒᆞᄂᆞ뇨

답239_ 그 모양ᄃᆡ로 셩찰ᄒᆞᄂᆞ니라

라 '성찰省察과 통회痛悔와 정개定改와 고명告明과 보속補贖 다섯 가지 요긴한 규구規矩가 있느니라.'

문236_ 고해에 몇 가지 요긴한 법이 있느뇨?

답236_ 다섯 가지 있으니, 성찰과 통회와 정개와 고명과 보속이니라.

문237_ 성찰은 무엇이뇨?

답237_ 생각으로나 말로나 행함으로나 궐厥함으로 천주 십계와 성교사규聖教四規와 칠죄종七罪種 차례대로 따라 범한바 죄를 자세히 살펴 알아냄이니라.

문238_ 성찰하려 함에 큰 죄인지 적은 죄인지 알지 못하면 어찌하느뇨'요긴要緊한 규구規矩 몇 가지 있느뇨?'

답238_ 마땅히 천주와 성모께 총광寵光을 비추어 내 죄를 잘 알게 하심을 꿇어 구할지니라 '세 가지 있으니 시각성찰時刻省察과 일성찰日省察과 도성찰都省察이니라.'

문239_ 죄를 지었는지 아니 지었는지 모르면 어찌하느뇨?

답239_ 그 모양模樣대로 성찰하느니라.

문240_ 죄의 번수를 모로면 엇지 ᄒᆞᄂᆞ뇨

답240_ 힘을 다ᄒᆞ야 셩찰ᄒᆞ되 쪽쪽지 못하거든 몃 날이나 몃 돌 동안에 대개 몃 번이라 홀지니라

문241_ 시각셩찰은 무엇시뇨

답241_ 무숨 일을 ᄒᆞ엿던지 무숨 말을 ᄒᆞ엿던지 무숨 싱각을 ᄒᆞ엿던지 무심이 지내지 말고 즉시 살펴 □'믁량'ᄒᆞ되 이거시 텬쥬 셩의에 합ᄒᆞ냐 합ᄒᆞ지 아니ᄒᆞ냐 홀지니라

문242_ 일셩찰은 무엇시뇨

답242_ 져녁 만과 째에 그날 아참브터 ᄒᆞᆫ 싱각과 말과 일을 낫낫치 살핌이니라

문243_ 도셩찰은 무엇시뇨

문240_ 죄의 번수番數를 모르면 어찌 하느뇨?

답240_ 힘을 다하여 성찰하되 똑똑치 못하거든 몇 날이나 몇 달 동안에 대개 몇 번이라 할지니라.

문241_ 시각성찰時刻省察[69]은 무엇이뇨?

답241_ 무슨 일을 하였던지, 무슨 말을 하였던지, 무슨 생각을 하였던지, 무심히 지내지 말고 즉시 살펴 묵량默量하되[70] 이것이 천주 성의聖意에 합合하냐 합하지 아니하냐 할지니라.

문242_ 일성찰日省察은 무엇이뇨?

답242_ 저녁 만과晩課 때에 그날 아침부터 한 생각과 말과 일을 낱낱이 살핌이니라.

문243_ 도성찰都省察은 무엇이뇨?

---

69 시각성찰(時刻省察): 원문의 경우에는 '시ᄀᆡᆨ셩찰'로 되어 있다. 그러나 본 문답17 천지 창조를 설명하는 부분에서 김기호는 제4일의 사건으로 "하ᄂᆞᆯ에 ᄒᆡ와 달과 별들을 두샤 이 셰샹을 비최여 춘하추동과 시ᄀᆡᆨ졀후를 분별케 ᄒᆞ시니라"라고 하고 있다. 여기에서 그는 15분 정도의 시간 단위를 의미하는 '각(刻)'이란 단어를 '객'으로 발음하고 있었음을 알 수 있다. 따라서 원문의 '시ᄀᆡᆨ셩찰'은 시각성찰(時刻省察)로 바로잡는다.

70 묵량(默量)하다: 조용히 헤아려 보다.

답243_ 훈 주일이나 훈 둘 동안에 지낸바 ᄉᆞ언힝위를 합ᄒᆞ야 도모지 살펴 앎이니라

문244_ 통회ᄂᆞᆫ 무엇시뇨

답244_ 셩찰훈 죄를 앎하 뉘웃쳐 훈흠이니 샹등과 하등 두 가지 분별이 잇ᄂᆞ니라

문245_ 샹등통회ᄂᆞᆫ 엇지 훔이뇨

답245_ 만션미호ᄒᆞ신 텬쥬를 만유 우희 ᄉᆞ랑ᄒᆞᄂᆞᆫ ᄆᆞ음으로 내 죄를 앎하 훈흠이니라

문246_ 이러훈 샹등통회ᄂᆞᆫ 그 효험이 엇더ᄒᆞ뇨

답246_ 병든 째나 혹 위급훈 째를 '디경을' 당ᄒᆞ야 고히를 못 ᄒᆞ여도 고히홀 원의를 두고 샹등통회를 발ᄒᆞ면 사죄 ᄒᆞ시ᄂᆞᆫ 은혜를 엇ᄂᆞ니라

문247_ 하등통회ᄂᆞᆫ 엇지 훔이뇨

답247_ ᄌᆞ긔 죄를 인ᄒᆞ야 텬쥬 압희서 견ᄃᆡ기 어려옴을 위ᄒᆞ거나 디옥벌 밧음을 무서워ᄒᆞ야 죄를 훈흠이니라

답243_ 한 주일이나 한 달 동안에 지낸바 사언행위思言行爲를 합하여 도무지 살펴 앎이니라.

문244_ 통회痛悔는 무엇이뇨?

답244_ 성찰한 죄를 아파 뉘우쳐 한恨함이니, 상등上等과 하등下等 두 가지 분별이 있느니라.

문245_ 상등통회上等痛悔는 어찌 함이뇨?

답245_ 만선미호萬善美好하신 천주를 만유萬有 위에 사랑하는 마음으로 내 죄를 아파 한恨함이니라.

문246_ 이러한 상등통회는 그 효험이 어떠하뇨?

답246_ 병든 때나 혹 위급한 때를 '지경地境을' 당하여 고해를 못 하여도 고해할 원의願意를 두고 상등통회를 발하면 사죄하시는 은혜를 얻느니라.

문247_ 하등통회는 어찌 함이뇨?

답247_ 자기 죄를 인因하여 천주 앞에서 견디기 어려움을 위爲하거나 지옥벌地獄罰 받음을 무서워하여 죄를 한恨함이니라.

문248_ 이곳훈 통회는 그 효험이 엇더ᄒᆞ뇨

답248_ 신부를 만나 고히를 못 ᄒᆞ면 죄 샤홈을 엇지 못ᄒᆞᄂᆞ니라

문249_ 통회 업시 고히ᄒᆞ여도 죄 샤홈을 엇ᄂᆞ냐

답249_ 만만코 못 ᄒᆞᄂᆞ니 죄를 통회치 아니홈은 죄를 ᄉᆞ랑ᄒᆞ는 빙거ㅣ 되는 고로 죄 샤홈을 엇지 못홀 쁜 아니라 도로혀 예수의 셩혈을 쳔답ᄒᆞ는 큰 죄를 더ᄒᆞᄂᆞ니라

문250_ 죄가 가령 열 가지면 열 가지를 다 통회ᄒᆞᄂᆞ냐

답250_ 훈 가지라도 큰 죄 잇고 통회치 아니ᄒᆞ면 도모지 죄 샤ᄒᆞ는 은혜를 엇지 못ᄒᆞᄂᆞ니라

문251_ 통회ᄒᆞ려 ᄒᆞ매 셩찰훈 죄 별로 업ᄉᆞ면 엇지 ᄒᆞᄂᆞ뇨

답251_ 이젼 고히훈 훈두 가지 죄나 혹 평싱의 그릇훈 거슬 싱각ᄒᆞ야 통회ᄒᆞ는 경을 도아 발홀지니라

문252_ 뎡긔는 무엇시뇨

답252_ 죄를 임의 통회ᄒᆞ는 ᄆᆞ음으로 출하리 죽을지언뎡 다

문248_ 이 같은 통회는 그 효험이 어떠하뇨?

답248_ 신부를 만나 고해를 못 하면 죄 사함을 얻지 못하느니라.

문249_ 통회 없이 고해하여도 죄 사함을 얻느냐?

답249_ 만만코 못 하느니, 죄를 통회치 아니함은 죄를 사랑하는 빙거憑據가 되는 고로, 죄 사함을 얻지 못할 뿐 아니라 도리어 예수의 성혈聖血을 천답踐踏하는 큰 죄를 더하느니라.

문250_ 죄가 가령 열 가지면 열 가지 다 통회하느냐?

답250_ 한 가지라도 큰 죄 있고 통회하지 아니하면 도무지 죄 사하는 은혜를 얻지 못하느니라.

문251_ 통회하려 함에 성찰한 죄 별로 없으면 어찌 하느뇨?

답251_ 이전 고해한 한두 가지 죄나 혹 평생의 그릇한 것을 생각하여 통회하는 정情을 도와 발發할지니라.

문252_ 정개定改는 무엇이뇨?

답252_ 죄를 이미 통회하는 마음으로 차라리 죽을지언정 다

시 죄롤 범치 아니키롤 뎡홈이니라

문253_ 죄롤 다시 짓지 아니켓다 ᄒᆞ다가 다시 범죄홈은 무솜 연고ㅣ뇨

답253_ 이ᄂᆞᆫ 우리 령혼의 힘이 녈약ᄒᆞᆫ 연고ㅣ니라

문254_ 령혼 힘이 약ᄒᆞ면 엇지 홀고'ᄒᆞᄂᆞ뇨'

답254_ 텬쥬씌 뎡ᄀᆡ홀 원의롤 밧치고 령혼의 힘 더어 주시기롤 구홀지니라

문255_ 죄가 가령 열 가지면 열 가지를 다 통회ᄒᆞ랴

답255_ 한[번에] '가지'라도 통회치 아니ᄒᆞ면 도모지 죄 샤홈을 엇지 못ᄒᆞᄂᆞ니라

문256_ 고명은 무엇시뇨

답256_ ᄌᆞᄀᆡ셩찰ᄒᆞᆫ 죄롤 낫낫치 신부씌 고ᄒᆞ야 붉힘이니 죄의 연유와 죄의 번수와 죄악의 더음 되ᄂᆞᆫ 거솔 ᄒᆞ나토 감히 긔이지 못ᄒᆞ야 온젼케 홈이니라

시 죄를 범犯치 아니하기를 정定함이니라.

문253_ 죄를 다시 짓지 아니하겠다 하다가 다시 범죄함은 무슨 연고이뇨?

답253_ 이는 우리 영혼의 힘이 열약한 연고緣故이니라.

문254_ 영혼의 힘이 약하면 어찌 할고? '하느뇨?'

답254_ 천주께 정개定改할 원의願意를 바치고 영혼의 힘을 더해 주시기를 구할지니라.

문255_ 죄가 가령 열 가지면 열 가지를 다 통회하랴?

답255_ 한 가지라도 통회하지 아니하면 도무지 죄 사함을 얻지 못하느니라.

문256_ 고명告明[71]은 무엇이뇨?

답256_ 자기성찰한 죄를 낱낱이 신부께 고하여 밝힘이니, 죄의 연유와, 죄의 번수와, 죄악의 더음 되는 것을 하나도 감히 기棄이지[72] 못하여 온전케 함이니라.

---

71 고명(告明): 오늘날 교회에서 사용하는 고해 또는 고백(告白)의 옛말.

72 기(棄)하다: 버리다. 꺼리어 멀리하다.

문257_ 엇더케 ᄒᆞ여야 죄를 ᄇᆞᆰ여 고ᄒᆞᄂᆞ뇨

답257_ 범한바 죄의 연유를 ᄇᆞᆰ이 고홀 ᄲᅮᆫ 아니라 그 죄의 번수와 악의 더음 되는 거ᄉᆞᆯ ᄒᆞ나도 감히 긔하지 못ᄒᆞ야 온젼이 고홈이니라

문258_ 죄의 연유ᄂᆞᆫ 무엇시뇨

답258_ 죄의 대소경즁이 ᄆᆡ힌 바ㅣ니 비컨대 ᄌᆔ를 범ᄒᆞᆫ 죄가 ᄌᆔ날을 니져바렷ᄂᆞᆫ지 ᄌᆔ를 직희기 슬희여 홈인지 톄면에 ᄭᅳ을님인지 ᄯᅩ 분노ᄒᆞᆫ 죄가 웃사ᄅᆞᆷ의게 ᄒᆞ엿ᄂᆞᆫ지 아ᄅᆡ사ᄅᆞᆷ의게 ᄒᆞ엿ᄂᆞᆫ지 잠간 동안을 ᄒᆞ엿ᄂᆞᆫ지 몃날을 오래ᄒᆞ엿ᄂᆞᆫ지 이런 연유를 ᄇᆞᆰ힘이니라

문259_ 죄의 죄의 번수ᄂᆞᆫ 무엇시뇨

답259_ 몃 쥬일이나 몃 ᄃᆞᆯ 동안에 범ᄒᆞᆫ바 각 죄의 수ㅣ니 죄의 경즁이 ᄒᆞᆫ 번 범ᄒᆞ야 ᄃᆞᄅᆞ고 두 번 범홈이 ᄃᆞᄅᆞ니라

문260_ 죄악의 더음 됨은 무엇시뇨

답260_ 비컨대 칠계를 범ᄒᆞᄃᆡ 셩당 물건을 투도

문257_ 어떻게 하여야 죄를 밝혀 고하느뇨?

답257_ 범한바 죄의 연유緣由를 밝혀 고할 뿐 아니라, 그 죄의 번수와, 악의 더음 되는 것을 하나도 감히 기棄하지 못하여 온전히 고함이니라.

문258_ 죄의 연유緣由는 무엇이뇨?

답258_ 죄의 대소경중大小輕重이 매인 바이니, 비유컨대 재齋를 범한 죄가 잿날[齋日]을 잊어버렸는지, 재齋를 지키기 싫어서 함인지, 체면體面에 끌림인지, 또 분노한 죄가 윗 사람에게 하였는지, 아랫사람에게 하였는지, 잠깐 동안을 하였는지, 몇 날을 오래하였는지, 이런 연유를 밝힘이니라.

문259_ 죄의 번수番數는 무엇이뇨?

답259_ 몇 주일이나 몇 달 동안에 범한바 각 죄의 수數이니, 죄의 경중輕重이 한 번 범犯하여 다르고, 두 번 범함이 다르니라.

문260_ 죄악의 더음 됨은 무엇이뇨?

답260_ 비유컨대, 칠계七戒를 범하되, 성당聖堂 물건을 투도偸盜

ᄒᆞ엿시면 일계를 더ᄒᆞ야 범홈이오 오계를 범ᄒᆞᄃᆡ 부모ㅣ나 님금의 ᄆᆞ옴을 샹해ᄒᆞ엿시면 ᄉᆞ계를 더ᄒᆞ야 범홈이니라

문261_ 고명홀 때에 무숨 요긴ᄒᆞᆫ 도리 잇ᄂᆞ뇨

답261_ 요긴ᄒᆞᆫ 도리 세 가지 잇ᄉᆞ니 ᄒᆞ나흔 고지식ᄒᆞ게 홈이오 ᄒᆞ나흔 조심홈이오 ᄒᆞ나흔 겸손ᄒᆞ게 홈이니라

문262_ 고지식ᄒᆞ게 홈은 엇지 홈이뇨

답262_ 실샹ᄃᆡ로 홈이니 에둘너 말ᄒᆞ지 말며 공교ᄒᆞᆫ 말을 말며 숨이지 말며 핑계ᄒᆞ지 못홈이니라

문263_ 조심ᄒᆞ야 홈은 엇지 홈이뇨

답263_ 쓸ᄃᆡ 업ᄂᆞᆫ 말을 말며 요긴치 아니ᄒᆞᆫ 일을 ᄯᅥ러ᄃᆞ리지 말며 연고 업시 놈의 죄를 드러내지 못홈이니라

문264_ 겸손ᄒᆞ게 홈은 엇지 홈이뇨

답264_ 다토ᄂᆞᆫ ᄃᆞ시 말ᄒᆞ지 말ᄒᆞ지 말며 ᄌᆞ긔를 낫초아 븟그리고 앏하ᄒᆞᄂᆞᆫ 모양으로 홈이니라

하였으면 일계一戒를 더하여 범함이요, 오계五戒를 범하되 부모나 임금의 마음을 상해傷害하였으면 사계四戒를 더하여 범함이니라.

문261_ 고명告明할 때에 무슨 요긴한 도리가 있느뇨?

답261_ 요긴한 도리 세 가지 있으니, 하나는 고지식하게 함이요, 하나는 조심操心함이요, 하나는 겸손하게 함이니라.

문262_ 고지식하게 함은 어찌 함이뇨?

답262_ 실상實狀대로 함이니, 에둘러 말하지 말며, 공교工巧한 말을 말며, 꾸미지 말며, 핑계하지 못함이니라.

문263_ 조심操心하여 함은 어찌 함이뇨?

답263_ 쓸데 없는 말을 말며, 요긴하지 아니한 일을 끌어들이지 말며, 연고緣故 없이 남의 죄를 드러내지 못함이니라.

문264_ 겸손하게 함은 어찌 함이뇨?

답264_ 다투는 듯이 말하지 말며, 자기를 낮추어 부끄럽고 아파하는 모양으로 함이니라.

문265_ 고명ᄒᆞ기ᄅᆞᆯ 규구답게 '온젼케' 못 ᄒᆞ면 엇더ᄒᆞ뇨

답265_ 신부ㅣ 샤죄경을 념ᄒᆞ실지라도 죄 샤ᄒᆞᆷ을 엇지 못ᄒᆞ고 도로혀 모령셩ᄉᆞᄒᆞᄂᆞᆫ 죄ᄅᆞᆯ 더ᄒᆞᄂᆞ니라

문266_ 보쇽은 무엇시뇨

답266_ ᄌᆞ긔 범ᄒᆞᆫ 모든 죄ᄅᆞᆯ 기워 갑흠이니 쳔쥬ㅣ 명ᄒᆞ신 보쇽이 ᄒᆞ나히오 신부ㅣ 벌ᄒᆞ시ᄂᆞᆫ 보쇽이 ᄒᆞ나히니라

문267_ 텬쥬ㅣ 뎡ᄒᆞ신 보쇽은 무엇시뇨

답267_ ᄂᆞᆷ이 날노 인ᄒᆞ야 밧은 모든 해ᄅᆞᆯ 기ᄋᆞᆷ이니 비컨대 공번되지 아니ᄒᆞᆫ ᄌᆡ물이 잇거든 기워 갑고 ᄂᆞᆷ의 명셩을 문희쳣거든 깁고 ᄂᆞᆷ과 화목을 잇헛거든 샤과'화목'ᄒᆞ고 ᄂᆞᆷ의게 득죄ᄒᆞ엿거든 샤과ᄒᆞ고 표양을 문희쳣거든 힝실을 새로이 ᄒᆞᆯ지니 맛당이 ᄒᆞᆯ 만한 거ᄉᆞᆯ 아니 ᄒᆞ면 죄 샤ᄒᆞᆷ을 엇지 못ᄒᆞᄂᆞ니라

문268_ 신부ㅣ 벌ᄒᆞ시ᄂᆞᆫ 보쇽은 무엇시뇨

문265_ 고명하기를 규구規矩답게 '온전케' 못 하면 어떠하뇨?

답265_ 신부가 사죄경赦罪經을 염念하실지라도 죄 사함을 얻지 못하고 도리어 모령성사冒領聖事[73]하는 죄를 더하느니라.

문266_ 보속補贖은 무엇이뇨?

답266_ 자기 범한 모든 죄를 기워 갚음이니 천주가 명하신 보속이 하나요, 신부가 벌하시는 보속이 하나이니라.

문267_ 천주가 정하신 보속補贖은 무엇이뇨?

답267_ 남이 나로 인하여 받은 모든 해를 기움이니, 비유컨대 공번되지 아니한 재물이 있거든 기워 갚고, 남의 명성을 무너뜨렸거든 깁고, 남과 화목和睦을 잃었거든 사과'화목'하고, 남에게 득죄得罪하였거든 사과'화목'하고, 표양表樣을 무너뜨렸거든 행실을 새로이 할지니, 마땅히 할 만한 것을 아니 하면 죄 사함을 얻지 못하느니라.

문268_ 신부가 벌하시는 보속은 무엇이뇨?

---

73 모령성사(冒領聖事): 자격을 갖추지 못했음에도 성사를 함부로 받는다는 의미이다. 모고해(冒告解), 모령성체(冒領聖體) 등을 들 수 있다.

답268_ 텬쥬 ᄃᆡ젼에 드릴 경이나 대소지나 ᄋᆡ긍ᄒᆞᄂᆞᆫ 모든 신공이니라

문269_ 텬쥬ㅣ 뎡ᄒᆞ신 보쇽을 홀 만ᄒᆞᆫ 거ᄉᆞᆯ 아니 ᄒᆞ고 고ᄒᆡᄒᆞ면 무ᄉᆞᆷ 죄 잇ᄂᆞ뇨

답269_ 텬쥬ᄅᆞᆯ 릉멸ᄒᆞᄂᆞᆫ 큰 죄ᄅᆞᆯ 범ᄒᆞᄂᆞ니라

문270_ 고ᄒᆡ셩ᄉᆞᄅᆞᆯ 타당이 ᄒᆞ면 무ᄉᆞᆷ 효험 잇ᄂᆞ뇨

답270_ 이젼 죄로 인ᄒᆞ야 일헛던 셩춍을 도로 엇어 다시 텬쥬의 착ᄒᆞᆫ ᄌᆞ식이 되ᄂᆞ니라

문271_ 견진은 무엇시뇨

답271_ 령셰ᄒᆞᆫ 사ᄅᆞᆷ의게 셩춍을 ᄐᆡ와 주어 그 신덕을 견고케 ᄒᆞ야 능히 예수의 용ᄆᆡᆼᄒᆞᆫ 군사ㅣ 되게 ᄒᆞᄂᆞ니라

문272_ 어린ᄋᆞᄒᆡᄂᆞᆫ 견진을 못 ᄒᆞᄂᆞ냐

답272_ 명오ㅣ 열님을 기ᄃᆞ려 이 큰 은혜ᄅᆞᆯ 밧음이 맛당ᄒᆞᄃᆡ 만일 죽을 위험이 잇ᄉᆞ면 ᄯᅩᄒᆞᆫ 견진을 령ᄒᆞᄂᆞ

답 268_ 천주 대전臺前에 드릴 경經[74]이나, 대소재大小齋나, 애긍哀矜하는 모든 신공神功[75]이니라.

문 269_ 천주가 정하신 보속을 할 만한 것을 아니 하고 고해하면 무슨 죄 있느뇨?
답 269_ 천주를 능멸凌蔑하는 큰 죄를 범하느니라.

문 270_ 고해성사를 타당히 하면 무슨 효험 있느뇨?
답 270_ 이전 죄로 인하여 잃었던 성총聖寵을 도로 얻어 다시 천주의 착한 자식이 되느니라.

문 271_ 견진堅振은 무엇이뇨?
답 271_ 영세한 사람에게 성총을 태워 주어 그 신덕信德을 견고케 하여 능히 예수의 용맹한 군사가 되게 하느니라.

문 272_ 어린아이는 견진을 못 하느냐?
답 272_ 명오明悟가 열림을 기다려 이 큰 은혜를 받음이 마땅하되, 만일 죽을 위험이 있으면 또한 견진을 영領하느

---

74 경(經): 경문(經文) 즉 기도문을 말한다.
75 신공(神功): 옛 교회 용어로, 기도와 선공(善功)을 아우르는 단어이다.

니라

문273_ 우히 죽을 때에 견진을 령후면 무숨 효험이 잇느뇨

답273_ 견진을 령후면'의' 인호ㅣ 박힌 고로 그 령혼이 쟝셩훈 어룬 모양이니 텬당에서 영광 더으기를 위홈이니라

문274_ 견진이 구령홈에 요긴후냐

답274_ 령세셩亽와 궃치 십분 요긴튼 아니후나 홀 만훈 사룸이 아니후면 죄 되느니라

문275_ 뉘 견진의 권을 힝후느뇨

답275_ 이눈 쥬교의 본직이로딕 쥬교 훈 위 각 디방에 견진을 다 주실 수 업눈 고로 교화황의 명을 인후야 쥬교의 관면이 잇亽면 신부도 쏘훈 견진을 힝후느니라

니라.

문273_ 아이가 죽을 때에 견진을 영領하면 무슨 효험이 있느뇨?

답273_ 견진을 영하면'의' 인호印號가 박힌 고로 그 영혼이 장성한 어른 모양이니 천당에서 영광 더하기를 위함이니라.

문274_ 견진이 구령救靈함에 요긴要緊하냐?

답274_ 영세領洗성사와 같이 십분十分 요긴하지는 아니하나, 할 만한 사람이 아니하면 죄 되느니라.

문275_ 누가 견진의 권權을 행하느냐?

답275_ 이는 주교主教의 본직本職이로되, 주교 한 위位 각 지방에 견진을 다 주실 수 없는 고로, 교화황教化皇[76]의 명命을 인하여 주교의 관면寬免이 있으면 신부도 또한 견진을 행하느니라.

76 교화황(教化皇): 교황(教皇). 김기호는 자신의 저서에서 '교황(教皇)'과 '교화황'이란 용어를 같이 쓰고 있다. 이는 김기호가 이 책을 지었던 19세기 후반까지 교황이란 용어가 확립되지 않았음을 뜻한다.

문276_ 셩신의 은혜 몃 가지 잇ᄂᆞ뇨 '견진을 령ᄒᆞ매 셩신의 은혜 몃 가지 잇ᄂᆞ뇨'

답276_ 닐곱 가지 잇ᄉᆞ니 ᄒᆞ나흔 슬긔오 둘은 통달ᄒᆞᆷ이오 세흔 의견이오 네흔 굿셈이오 다ᄉᆞᆺᄉᆞᆫ 지식이오 여ᄉᆞᆺᄉᆞᆫ 효경이오 닐곱은 두려워ᄒᆞᆷ이니라

문277_ 이 셩신칠은을 밧으매 그 효험이 엇더ᄒᆞ뇨

답277_ ᄉᆞ쥬구령ᄒᆞᄂᆞᆫ 모든 ᄉᆞ경을 능히 통달ᄒᆞ야 맛나ᄂᆞᆫ바 간난을 ᄎᆞᆷ아 밧고 삼구의 조당ᄒᆞᆷ을 듯지 아니ᄒᆞᄂᆞᆫ 신덕을 더어 악을 피ᄒᆞ고 션을 ᄒᆡᆼᄒᆞ야 텬당으로 ᄃᆞᆺ게 ᄒᆞᄂᆞ니라

문278_ …… ᄀᆞᆺᄒᆞ냐

답278_ 갓치 신친이 되ᄂᆞ니 ᄃᆡᄌᆞ ᄃᆡ녀와 아우로 그 부모와 도모지 혼ᄇᆡᄒᆞ지 못ᄒᆞᄂᆞ니라

문279_ 견진을 ᄒᆡᆼ령ᄒᆞᆫ 사ᄅᆞᆷ이 무ᄉᆞᆷ 본분이 잇ᄂᆞ뇨

답279_ 본분이 세 가지 잇ᄉᆞ니 ᄒᆞ나흔 용덕을 발ᄒᆞ야 고난을 ᄃᆞᆯ게 밧아 치명ᄭᆞ지라도 ᄒᆞᆷ이오 ᄒᆞ나흔 됴흔 교우의 본분 다ᄒᆞ기를 무서워 아니ᄒᆞᆷ이오 ᄒᆞ

문 276_ 성신의 은혜 몇 가지 있느뇨? '견진을 영領함에 성신의 은혜 몇 가지 있느뇨?'

답 276_ 일곱 가지 있으니, 하나는 슬기요, 둘은 통달함이요, 셋은 의견意見이요, 넷은 굳셈이요, 다섯은 지식이요, 여섯은 효경孝敬이요, 일곱은 두려워함이니라.

문 277_ 이 성신칠은聖神七恩을 받음에 그 효험이 어떠하뇨?

답 277_ 사주구령事主救靈하는 모든 사정事情을 능히 통달하여 만나는바 간난艱難을 참아 받고, 삼구三仇의 조당阻擋함을 듣지 아니하는 신덕信德을 더해, 악을 피하고 선을 행하여 천당으로 닿게 하느니라.

문 278_ … 같으냐?

답 278_ 같이 신친神親이 되느니 대자代子 대녀代女와 아울러 그 부모와 도무지 혼배婚配하지 못하느니라.

문 279_ 견진을 행行'영領'한 사람이 무슨 본분이 있느뇨?

답 279_ 본분이 세 가지 있으니 하나는 용덕勇德을 발하여 고난을 달게 받아 치명致命까지라도 함이요, 하나는 좋은 교우의 본분 다하기를 무서워하지 아니함이요, 하

나흔 닝담흔 이를 톄셩ᄒᆞ고 외교인을 귀화케 홈이니
라

문280_ 셩톄ᄂᆞᆫ 무엇시뇨

답280_ 오주 예수의 거륵ᄒᆞ신 톄니 셰샹 사ᄅᆞᆷ의 령혼 냥식이
오 셩교의 졔례오 예수 슈난의 ᄭᅵ친 표ㅣ 되ᄂᆞ니라

문281_ 셩톄 엇더케 령혼 냥식이 되ᄂᆞ뇨

답281_ 셩톄 육졍을 누ᄅᆞ고 ᄉᆞ욕을 금지홀 쁜 아니라 셩춍을
더으고 신력을 발ᄒᆞ야 능히 텬당으로 ᄃᆞᆺ게 ᄒᆞᄂᆞ니라

문282_ 셩톄 엇더케 셩교회 졔례 되ᄂᆞ뇨

답282_ 셩교의 셩체 제례ᄂᆞᆫ □□□ ᄯᆞ에ᄂᆞᆫ 미사 즁에 셩톄를
일우매 예수의 거륵ᄒᆞ신 몸과 피 온젼이 졔대 샹에
계시니 신부ㅣ 셩톄를 밧드러 텬쥬셩부ᄭᅴ 드림은이
고교 ᄯᅢ 드린 졔례를 ᄃᆡ신홀 쁜 아

나는 냉담冷淡한 이를 제성提醒하고 외교인을 귀화하게 함이니라.

문280_ 성체聖體는 무엇이뇨?

답280_ 오주 예수의 거룩하신 체體니, 세상 사람의 영혼 양식이요, 성교聖敎의 제례祭禮요, 예수 수난의 끼친 표表가 되느니라.

문281_ 성체 어떻게 영혼 양식이 되느뇨?

답281_ 성체 육정肉情을 누르고 사욕을 금지할 뿐 아니라, 성총을 더하고 신력神力을 발하여, 능히 천당에 닿게 하느니라.

문282_ 성체 어떻게 성교회 제례祭禮 되느뇨?

답282_ 성교聖敎의 성체 제례는 □□□ 때에는 미사 중에 성체를 이룸에 예수의 거룩하신 몸과 피가 온전히 제대祭臺 상上에 계시니, 신부가 성체를 받들어 천주 성부께 드림은[77] 고교古敎 때 드린 제례를 대신할 뿐 아

---

77 드림은: 원문은 '드림은이'로 되어 있다. 이는 19세기 한국어에서 드러나는 주격 조사의 중복현상이다. 답283 등에서도 '십ᄌᆞ가에 죽으심은이'로 동일한

니라 그 츰되고 귀즁홈이 비훌 곳이 업ᄂᆞ니라

문283_ 셩톄 엇더케 슈난의 표ㅣ 되ᄂᆞ뇨

답283_ 예수ㅣ 고난을 밧아 십ᄌᆞ가에 죽으심은 이 당신 몸을 가져 텬쥬 셩부씌 졔ᄉᆞ홈이오 이제 미사 즁에 신부ㅣ 셩톄롤 드림'일움'도 쏘훈 예수의 슈난ᄒᆞ신 몸을 텬쥬 셩부씌 드림이니 만셰 사룸들이 날마다 죄롤 짓ᄂᆞᆫ지라 날마다 미사 즁에 셩톄롤 드리심이 그 날마다 짓ᄂᆞᆫ 죄롤 새로이 구쇽ᄒᆞ시ᄂᆞᆫ 표ㅣ 되ᄂᆞ니라

문284_ 엇던 ᄉᆞ롬이 가히 셩톄롤 령ᄒᆞᄂᆞ뇨

답284_ 므롯 봉교ᄒᆞᄂᆞᆫ 쟈ㅣ ᄆᆡ년에 지극히 적어도 ᄒᆞᆫ 번은 셩톄롤 령훌지니라

문285_ 셩톄롤 령ᄒᆞ려 ᄒᆞ매 엇더케 예비ᄒᆞᄂᆞ뇨

답285_ 령혼과 육신의 다 예비 잇ᄉᆞ니 령혼은 타당훈 고히롤 ᄒᆞ야 죄롤 픒이오 육신은 공심지롤 직히ᄂᆞ니라

니라 그 참되고 귀중함이 비할 곳이 없느니라.

문283_ 성체 어떻게 수난의 표表가 되느뇨?

답283_ 예수가 고난을 받아 십자가에 죽으심은 당신 몸을 가져 천주 성부께 제사함이요, 이제 미사 중에 신부가 성체를 이룸도 또한 예수의 수난하신 몸을 천주 성부께 드림이니, 만세萬世 사람들이 날마다 죄를 짓는지라, 날마다 미사 중에 성체를 드리심이 그 날마다 짓는 죄를 새로이 구속救贖하시는 표表가 되느니라.

문284_ 어떤 사람이 가히 성체를 영領하느뇨?

답284_ 무릇 봉교奉教하는 자는 매년 지극히 적어도 한 번은 성체를 영할지니라.

문285_ 성체를 영領하려 하매 어떻게 예비하느뇨?

답285_ 영혼과 육신의 다 예비 있으니, 영혼은 타당한 고해를 하여 죄를 풀음이요, 육신은 공심재空心齋를 지키느니라.

현상이 드러난다.

문286_ 셩톄롤 령ᄒᆞ면 무숨 리익이 잇ᄂᆞ뇨

답286_ 령혼과 육신에 다 리익이 잇ᄉᆞ니 오쥬 예수와 ᄒᆞᆫ가지로 합ᄒᆞ야 령혼의 셩춍과 셩우로 더ᄒᆞ고 육신이 다시 살아 샹싱을 누릴 빙거ㅣ 되ᄂᆞ니라

문287_ 죵부ᄂᆞᆫ 무엇시뇨

답287_ 병인의게 셩춍을 티와 주어 텬당에 오ᄅᆞ게 ᄒᆞ고 쏘 그 령신과 육신의 곤궁과 고로움을 감ᄒᆞ야 ᄀᆞᄇᆡ얍게 ᄒᆞᄂᆞ니라

문288_ 죵부롤 밧고 죽은 사ᄅᆞᆷ은 그 령혼이 바로 텬당 승텬ᄒᆞᄂᆞ냐

답288_ 예수의 공로롤 인ᄒᆞ야 젼대ᄉᆞ롤 '젼대ᄉᆞ' 은혜롤 온젼이'롤 실다히' 엇으면 련옥의 보쇽ᄒᆞᆯ 벌을 다 면ᄒᆞ고 바로 승텬ᄒᆞᄂᆞ니라

문289_ 신픔은 무엇시뇨

답289_ 이ᄂᆞᆫ 령신칠픔이니 셩ᄉᆞ의 권을 븟치고 쏘

문 286_ 성체를 영領하면 무슨 이익이 있느뇨?

답 286_ 영혼과 육신에 다 이익이 있으니, 오주 예수와 한가지로 합合하여 영혼의 성총聖寵과 성우聖佑[78]로 더하고 육신이 다시 살아 상생常生을 누릴 빙거憑據가 되느니라.

문 287_ 종부終傅는 무엇이뇨?

답 287_ 병인病人에게 성총을 태워 주어 천당에 오르게 하고 또 그 영신靈神과 육신의 곤궁과 괴로움을 감하여 가볍게 하느니라.

문 288_ 종부를 받고 죽은 사람은 그 영혼이 바로 천당 '승천昇天'하느냐?

답 288_ 예수의 공로를 인하여 전대사를 '전대사全大赦' 은혜를 온전히'를 실다悉多히'[79] 얻으면 연옥煉獄의 보속補贖할 벌을 다 면하고 바로 승천하느니라.

문 289_ 신품神品은 무엇이뇨?

답 289_ 이는 영신靈神 칠품七品이니, 성사의 권權을 부치고, 또

---

78 성우(聖佑): 하느님의 특별한 은혜와 사랑을 나타내는 교회 용어.
79 실다(悉多)히: 온전히에 해당되는 19세기 조선어.

ᄒᆞᆫ 셩춍을 ᄐᆡ와 셩ᄉᆞᄅᆞᆯ 잘 힝케 ᄒᆞᆷ이니라

문290_ 신부ㅣ 샤죄ᄒᆞᄂᆞᆫ 권을 어ᄃᆡ로 조차'셔' 밧앗ᄂᆞ뇨

답290_ 종도로 조차 교화황과 쥬교와 신부씌 젼ᄒᆞ야 ᄂᆞ려오ᄂᆞᆫ 권이니 예수ㅣ 종도들ᄃᆞ려 ᄀᆞᆯᄋᆞ샤ᄃᆡ 너희가 셰샹에서 푸러주ᄂᆞᆫ 죄ᄂᆞᆫ 나ㅣ 하ᄂᆞᆯ에서 풀니라 ᄒᆞ시니라

문291_ 혼ᄇᆡᄂᆞᆫ 무엇시뇨

답291_ 바ᄅᆞᆫ 장부와 바ᄅᆞᆫ 안ᄒᆡ의게 셩춍을 ᄐᆡ와 주어 서로 화목ᄒᆞ고 ᄌᆞ식을 나아 잘 ᄀᆞᄅᆞ치게 ᄒᆞᄂᆞ니라

문292_ 텬쥬ㅣ 혼ᄇᆡᄅᆞᆯ 세우심은 무ᄉᆞᆷ 뜻이뇨

답292_ 세 가지 거륵ᄒᆞ신 뜻이 잇ᄉᆞ니 부부ㅣ ᄒᆞᆫ 몸과 ᄀᆞᆺ치 종신토록 서로 위로ᄒᆞ야 화합고져 ᄒᆞ심이 ᄒᆞ나이오 육신의 더러온 욕심불을 멸ᄒᆞ야 사음죄ᄅᆞᆯ 범치 아니케 코져 ᄒᆞ심이 ᄒᆞ나히오 ᄋᆞ녀ᄅᆞᆯ 나하 길너 후ᄉᆞᄅᆞᆯ 니어 텬쥬ᄅᆞᆯ 밧드러 셤기게 코져 ᄒᆞ심이 ᄒᆞ나히니라

한 성총聖寵을 태워 성사를 잘 행行하게 함이니라.

문290_ 신부가 사죄하는 권權을 어디로 좇아'서' 받았느뇨?

답290_ 종도宗徒로부터 교화황敎化皇과 주교와 신부께 전하여 내려오는 권權이니, 예수가 종도들에게 가라사대, 너희가 세상에서 풀어 주는 죄는 나도 하늘에서 풀리라 하시니라.

문291_ 혼배婚配는 무엇이뇨?

답291_ 바른 장부丈夫와 바른 아내에게 성총聖寵을 태워 주어 서로 화목하고 자식을 낳아 잘 가르치게 하느니라.

문292_ 천주가 혼배를 세우심은 무슨 뜻이뇨?

답292_ 세 가지 거룩하신 뜻이 있으니, 부부가 한 몸과 같이 종신토록 서로 위로하여 화합코자 하심이 하나이요, 육신의 더러운 욕심불을 멸하여 사음죄邪淫罪를 범치 아니하게 하고자 하심이 하나이요, 아녀兒女를 낳아 길러 후사를 이어 천주를 받들어 섬기게 하고자 하심이 하나이리라.

문293_ 셩교회의 셩사를 엇지ᄒᆞ야 닐곱 가지만 세우셧ᄂᆞ뇨

답293_ 셰샹 사ᄅᆞᆷ의 일과 ᄀᆞᆺᄒᆞ니 령세ᄒᆞᆷ은 텬쥬의 ᄌᆞ식으로 텬당에 남이오 견진ᄒᆞᆷ은 셩신 은춍으로 자람이오 고히ᄒᆞᆷ은 병들매 약으로 곳침이오 셩톄를 령ᄒᆞᆷ은 신량으로 보건ᄒᆞᆷ이오 죵부ᄒᆞᆷ은 텬당으로 가ᄂᆞᆫ 길이오'령혼의 힘을 건장케 ᄒᆞᆷ이오' 신픔은 마치 각 집의 쥬장이 잇슴이오 '셩교회 사ᄅᆞᆷ과 일을 다ᄉᆞ려 쥬쟝ᄒᆞᆷ이오' 혼비ᄒᆞᆷ은 자녀를 나하 후셰를 니음과 ᄀᆞᆺᄒᆞ '인류 젼ᄒᆞᄂᆞᆫ 법을 츅셩ᄒᆞᆷ이'니 이 칠젹을 더ᄒᆞᆯ 것도 업고 감ᄒᆞᆯ 것도 업ᄂᆞ니라

문294_ 칠셩ᄉᆞ 즁에 뎨일 요긴ᄒᆞᆫ 셩ᄉᆞㅣ 무엇시뇨

답294_ 령셰셩ᄉᆞㅣ니 사ᄅᆞᆷ이 령셰를 못 ᄒᆞ면 원본죄를 인ᄒᆞ야 텬쥬의 셩춍을 아조 일고이 업슴으로 마귀 죵과 ᄌᆞ식을 면치 못ᄒᆞᄂᆞ니라'고 ᄯᅩ한 다른 셩ᄉᆞ의 은혜를 ᄒᆞ나로 통ᄒᆞᆯ 길이 업ᄂᆞ니라'

문295_ 칠셩ᄉᆞ 즁에 뎨일 큰 '놉고 귀즁ᄒᆞᆫ' 셩ᄉᆞᄂᆞᆫ 무엇시뇨

답295_ 셩톄셩ᄉᆞㅣ니 다른 셩ᄉᆞ에ᄂᆞᆫ 셩춍만 틔와 주실 ᄲᅮᆫ이오 이 셩ᄉᆞ에ᄂᆞᆫ 셩춍의 근원이신 텬쥬의 톄

문293_ 성교회의 성사를 어찌하여 일곱 가지만 세우셨느뇨?

답293_ 세상 사람의 일과 같으니, 영세함은 천주의 자식으로 천당에 남이요, 견진함은 성신 은총으로 자람이요, 고해함은 병듦에 약으로 고침이요, 성체를 영함은 신량神糧으로 보건保健함이요, 종부終傅함은 천당으로 가는 길이요, '영혼의 힘을 건장케 함이요,' 신품神品은 마치 각 집의 주장主掌이 있음이요. '성교회 사람과 일을 다스려 주장함이요,' 혼배함은 자녀를 낳아 후세를 이음과 같아 '인류 전傳하는 법을 축성祝聖함이'니 이 칠적七跡을 더할 것도 없고 감할 것도 없느니라.

문294_ 칠성사七聖事 중에 제일 요긴한 성사가 무엇이뇨?

답294_ 영세성사領洗聖事이니 사람이 영세를 못 하면 원본죄原本罪를 인하여 천주의 성총聖寵을 아주 잃고이 없으므로 마귀 종과 자식을 면免치 못하느니라. '고 또한 다른 성사의 은혜를 하나로 통할 길이 없느니라.'

문295_ 칠성사 중에 제일 큰 '높고 귀중한' 성사는 무엇이뇨?

답295_ 성체성사聖體聖事이니 다른 성사에는 성총만 태워 주실 뿐이요, 이 성사에는 성총의 근원이신 천주의 체

ᄅᆞᆯ 온젼이 주시ᄂᆞ니라

문296_ 칠셩ᄉᆞ 즁에 두 번 밧지 못ᄒᆞᄂᆞᆫ 셩ᄉᆞㅣ 몃 가지뇨

답296_ 령셰와 견진과 신픔 세 가지 '셩ᄉᆞ'ㅣ니 그 인호ᄅᆞᆯ 령혼에 밧ᄂᆞᆫ 연고ㅣ니라

體를 온전히 주시느니라.

문296_ 칠성사 중에 두 번 받지 못하는 성사가 몇 가지뇨?

답296_ 영세와 견진과 신품 세 가지 '성사'이니 그 인호印號를 영혼에 받는 연고이니라.

ᄉᆞ후시긔문답의 옴을 면ᄒᆞᆯ 수 업ᄉᆞᆷ이라

문297_ ᄉᆞᄅᆞᆷ이 엇지ᄒᆞ야 죽ᄂᆞ뇨

답297_ 원죄ᄅᆞᆯ 인하야 죽게 됨이오 ᄯᅩ 셰샹 만물이 다 근본으로 도라가ᄂᆞᆫ 연고ㅣ니라

문298_ ᄉᆞᄅᆞᆷ의 근본이 어ᄃᆡ 잇ᄂᆞ뇨

답298_ ᄉᆞᄅᆞᆷ이 령혼 육신 두 가지 잇ᄉᆞ니 령혼은 텬쥬씌서 낫다가 텬쥬 테 안으‘씌’로 도라갈 거시오 육신은 흙에셔 ‘긔운으’로 삼겨낫다가 흙으로 도라가ᄂᆞ니라

문299_ 육신은 다 흙으로 도라가ᄂᆞᆫ 줄을 알거니와 령혼마다 다 텬쥬씌로 도라가 승텬ᄒᆞᄂᆞ냐

답299_ 션쟈의 령혼은 텬당으로 가려니와 악쟈의 령혼은 근본을 일코 하침ᄒᆞᄂᆞ니라

문300_ ᄉᆞᄅᆞᆷ이 죽을 째ᄅᆞᆯ 뎡ᄒᆞ야 능히 아ᄂᆞ냐

제7장

사후死後의 옴을 면할 수 없음이라

[문297~문316; 소계 20문답]

문297_ 사람이 어찌하여 죽느뇨?

답297_ 원죄를 인因하여 죽게 됨이요, 또 세상 만물이 다 근본으로 돌아가는 연고緣故이니라.

문298_ 사람의 근본이 어디 있느뇨?

답298_ 사람의 영혼 육신 두 가지 있으니, 영혼은 천주께서 낳았다가 천주 체 안으'께'로 돌아갈 것이요, 육신은 흙에서 '기운氣運으'로 생겨났다가 흙으로 돌아가느니라.

문299_ 육신은 다 흙으로 돌아가는 줄을 알거니와, 영혼마다 다 천주께로 돌아가 승천하느냐?

답299_ 선자善者의 영혼은 천당으로 가려니와, 악자惡者의 영혼은 근본을 잃고 하침下沈하느니라.

문300_ 사람이 죽을 때를 정定하여 능히 아느냐?

답300_ 뎡흔 때 업ᄉᆞ니 혹 어려서도 죽고 장셩ᄒᆞ여서도 죽고 늙어서도 죽ᄂᆞᆫ 줄을 아지 못ᄒᆞᄂᆞ니라

문301_ 사롬이 죽ᄂᆞᆫ다 말이 엇지 홈이뇨

답301_ 령혼이 육신을 써남이니 령혼은 죽지 아니ᄒᆞ고 육신만 죽ᄂᆞ니라

문302_ 사람이 잘 죽고 잘못 죽ᄂᆞᆫ 분별이 잇ᄂᆞ냐

답302_ 텬쥬룰 알아 공경ᄒᆞ야 죄 엇'업'ᄉᆞ면 잘 죽을 거시오 텬쥬룰 모로거나 비반ᄒᆞ야 죄 잇ᄉᆞ면 잘 '비반ᄒᆞ야 그 명을 크게 거ᄉᆞ리면 잘'못 죽을 사롬이니라

문303_ 녜로븟터 죽지 아니훈 사롬이 잇ᄂᆞ냐

답303_ 부귀훈 이도 죽고 지ᄂᆞᆼ한 이도 다 죽으딕 혹 텬쥬의 특별ᄒᆞ신 명이 계ᄉᆞ면 죽지 아님도 잇솔지니라'ᄂᆞ니라'

문304_ 그러면 이 셰샹이 도모지 죽ᄂᆞᆫ 셰샹이냐

답304_ 각 사롬의 싱명이 다 잠간이오 헛거시니'니' 비컨대 아참 니슬이오 물거픔이오 번긔불이라 ᄒᆞ엿ᄂᆞ니라

답300_ 정定한 때 없으니, 혹 어려서도 죽고, 장성하여서도 죽고, 늙어서도 죽는 줄을 알지 못하느니라.

문301_ 사람이 죽는다는 말이 어찌 함이뇨?

답301_ 영혼이 육신을 떠남이니, 영혼은 죽지 아니하고 육신만 죽느니라.

문302_ 사람이 잘 죽고 잘못 죽는 분별이 있느냐?

답302_ 천주를 알아 공경하여 죄 없으면 잘 죽을 것이요, 천주를 모르거나 배반하고 죄 있으면 잘 '배반하여 그 명을 크게 거스리면 잘'못 죽을 사람이니라.

문303_ 예로부터 죽지 아니한 사람이 있느냐?

답303_ 부귀富貴한 이도 죽고, 재능才能한 이도 다 죽으되, 혹 천주의 특별하신 명命이 계시면 죽지 아님도 있을지니라.'느니라.'

문304_ 그러면 이 세상이 도무지 죽는 세상이냐?

답304_ 각 사람의 생명이 다 잠깐이요, 헛것이니.'니,' 비컨대 아침 이슬이요, 물거품이요, 번갯불이라 하였느니라.

문305_ 죽을 때에 니르러 그 모양이 엇더ᄒᆞ뇨

답305_ 육신과 령혼의 모양이 다 참혹ᄒᆞ고 가련ᄒᆞ니라

문306_ 육신은 무솜 모양이뇨

답306_ 병셰 위급ᄒᆞ매 눈은 캄캄ᄒᆞ고 귀ᄂᆞᆫ 왜왜ᄒᆞ야 정신을 슈습홀 길이 업ᄉᆞ니 불구에 썩고 썩어 버레 목시 될지라 엇지 참혹지 아니ᄒᆞ리오

문307_ 령혼은 무솜 모양이뇨

답307_ 평싱 지낸바 일을 싱각건대 오직 죄악쁜이오 텬쥬룰 알아 공경훈 거시 도모지 업ᄉᆞ니 이룰 엇지 홀고 이돌고 원통ᄒᆞ나 쓸 ᄃᆡ 업도다 ᄒᆞ리니 엇지 가련치 아니ᄒᆞ리오

문308_ 령혼이 육신을 ᄯᅥ날 때에 무어술 가지고 가ᄂᆞ뇨

답308_ 셰상 물건은 ᄉᆞ랑ᄒᆞ던 쳐ᄌᆞ와 ᄌᆡ산ᄭᆞ지 다 더뎌 바리고 오직 공이나 죄룰 가지고 쥬 ᄃᆡ젼에 이ᄅᆞ러 심판을 듯ᄂᆞ니라

문309_ 사룸이 날마다 죽을 줄을 싱각ᄒᆞ면 무솜 리익이 잇

문305_ 죽을 때에 이르러 그 모양이 어떠하뇨?

답305_ 육신과 영혼의 모양이 다 참혹하고 가련하니라.

문306_ 육신은 무슨 모양이뇨?

답306_ 병세 위급함에 눈은 캄캄하고 귀는 왜왜哇哇하여 정신을 수습할 길이 없으니, 불구不久에 썩어 벌레 몫이 될지라. 어찌 참혹치 아니하리요.

문307_ 영혼은 무슨 모양이뇨?

답307_ 평생 지낸바 일을 생각건대, "오직 죄악뿐이요, 천주를 알아 공경한 것이 도무지 없으니 이를 어찌할고, 애달프고 원통하나 쓸 데 없도다." 하리니 어찌 가련치 아니하리요.

문308_ 영혼이 육신을 떠날 때에 무엇을 가지고 가느뇨?

답308_ 세상 물건은 사랑하던 처자妻子와 재산까지 다 던져버리고, 오직 공功이나 죄를 가지고 주 대전에 이르러 심판을 듣느니라.

문309_ 사람이 날마다 죽을 줄을 생각하면 무슨 이익이 있

ᄂᆞ뇨

답309_ 세 가지 리익이 잇ᄉᆞ니 ᄒᆞᄂᆞ흔 셰지‘셰’물을 가ᄫᅧ야이 녁임이오 ᄒᆞᄂᆞ흔 교오롤‘ᄉᆞ욕을’ 눌너 항복 밧음이니라‘이오 ᄒᆞ나흔 악을 피ᄒᆞ고 션을 브ᄌᆞ런이 힝ᄒᆞ야 쥬딕젼에 가기롤 예비홈이니라’

문310_ 지‘셰’물을 가ᄫᅧ야이 녁임은 엇지 홈이뇨

답310_ 사ᄅᆞᆷ이 젹신으로 셰샹에 낫다가 젹신으로 셰상을 바리ᄂᆞ니 지물‘셰복’의 형셰 심히 녈약ᄒᆞ야 그 님ᄌᆞ롤 븟드러 죽지 아니케 못ᄒᆞ고 ᄯᅩ 님자롤 비반ᄒᆞ야 ᄯᆞ라가지 아니ᄒᆞᄂᆞᆫ 줄을 가히 알지니라

문311_ 교오롤 ‘ᄉᆞ욕을’ 눌너 항복 밧음은 엇지 홈이뇨

답311_ 그 죄롤 ‘ᄉᆞ욕으로’ 인ᄒᆞ야 사ᄅᆞᆷ이 죽을죄에 걸니ᄂᆞᆫ 거시라 이제 ᄉᆡᆼ각건대 온갓 ‘ᄉᆞ욕을 방ᄌᆞ히 ᄒᆞ던’ 사ᄅᆞᆷ이 죽어 어젯날 무덤에 드러갓더니 오ᄂᆞᆯ날 어ᄃᆡ 잇ᄂᆞ뇨 흙과 지 ᄯᆞ롬인즉 그 셰욕이 다 헛되고 잠간 거신 줄을 가히 알지니라

문312_ 악을 피ᄒᆞ고 션을 힝ᄒᆞ야 쥬 ᄃᆡ젼에 가기롤 예비

느뇨?

답309_ 세 가지 이익이 있으니, 하나는 세재世財'세물世物'을 가볍게 여김이요, 하나는 교오를'사욕私慾을' 눌러 항복받음이니라이요, 하나는 악을 피하고 선善을 부지런히 행하여 주 대전에 가기를 예비함이라.

문310_ 재'세'물世物을 가벼이 여김은 어찌 함이뇨?

답310_ 사람이 적신赤身으로 세상에 났다가 적신으로 세상을 버리나니 재물'세복世福'의 형세形勢 심히 열약劣弱하여 그 임자를 붙들어 죽지 아니케 못하고, 또 임자를 배반하여 따라가지 아니하는 줄을 가히 알지니라.

문311_ 교오驕傲를 '사욕을' 눌러 항복 받음은 어찌 함이뇨?

답311_ 그 죄를 '사욕으로 인하여 사람이 죽을죄에 걸리는 것이라. 이제 생각건대 온갖 '사욕을 방자히 하던' 사람이 죽어 어젯날 무덤에 들어가더니, 오늘날 어디 있느뇨? 흙과 재 따름인즉, 그 세욕世慾이 다 헛되고 잠깐 것인 줄을 가히 알지니라.

문312_ 악을 피하고 선을 행하여 주主 대전臺前에 가기를 예비

홈은 엇지 홈이뇨

답312_ 사룸이 죽으면 즉시 쥬 디젼에 니르러 엄심판을 듯느니 이제 싱각건대 감히 텬쥬씌 득죄호야 즈긔 령혼을 조곰도 해롭게 못 홀 줄을 가히 알지니라

문313_ 사룸의 스후ㅣ 엇지호야 이러케 관계 잇느뇨

답313_ 각 사룸의 죽음이 훈 번이오 또 뎡훈 때 업셔 □연홀연이 심판을 당호면 령혼 일이 영영이 결단되는 연고ㅣ니라

□□ㅣ니라

문314_ 텬쥬ㅣ 사룸의게 죽을 때를 뵈지 아니심은 무솜 뜻이오

답314_ 홍샹 죽음을 예비케 코져 호심이라 죽음이 원슈도젹곳치 모해호야 아참에 니를지 져녁에 니를지 아지 못호니 맛당이 겁히지□ '방심치' 말고 씨여 방비홀지니라

문315_ 사룸이 죽기를 슬희여홈은 무솜 뜻이뇨 '연고ㅣ뇨'

답315_ 홍샹 사는 령혼이 잇는 연고ㅣ으 또 심판을 드러 영원대스를 그릇칠가 두림이니라

함은 어찌 함이뇨?

답312_ 사람이 죽으면 즉시 주 대전에 이르러 엄심판嚴審判을 듣느니, 이제 생각건대, 감히 천주께 득죄得罪하여 자기 영혼을 조금도 해롭게 못 할 줄을 가히 알지니라.

문313_ 사람의 사후가 어찌하여 이렇게 관계 있느뇨?

답313_ 각 사람의 죽음이 한 번이요, 또 정定한 때 없어 홀연히 심판을 당하면 영혼 일이 영영 결단되는 연고이니라.

문314_ 천주가 사람에게 죽을 때를 보이지 아니하심은 무슨 뜻이오?

답314_ 항상 죽음을 예비케 하고자 하심이라. 죽음이 원수'도적'같이 모해謀害하여 아침에 이를지 저녁에 이를지 알지 못하니 마땅히 □□□□ '방심치' 말고 깨어 방비防備할지니라.

문315_ 사람이 죽기를 싫어함은 무슨 뜻이뇨? '연고이뇨?'

답315_ 항상 사는 영혼이 있는 연고緣故요, 또 심판을 들어 영원永遠 대사大事를 그르칠까 두려워함이니라.

문 316_ 영원은 무엇시뇨

답 316_ 사름이 훈 번 죽으면 공이나던지 죄롤'악을' 가지고 텬당에 오루던지 디옥에 빠지던지 억억만만셰에 무궁훈 영원이니라

문316_ 영원은 무엇이뇨?

답316_ 사람이 한 번 죽으면 공이나든지 죄를'악을' 가지고 천당에 오르든지 지옥에 빠지든지 억억만만세億億萬萬歲에 무궁한 영원이니라.

심판지엄을 의론홈이니라의 엄홈을 당홀 수 업솜이라

문317_ 심판은 무엇시뇨

답317_ 텬쥬ㅣ 사름의 공과 죄롤 살펴 판단ᄒᆞ심이니라

문318_ 심판이 몃 가지 잇ᄂᆞ뇨

답318_ ᄉᆞ심판과 공심판 두 가지니라

문319_ ᄉᆞ심판은 무엇시뇨

답319_ 사름이 죽으매 텬쥬 ᄃᆡ젼에 니ᄅᆞ러 혼자 심판을 드룸이니 공 잇ᄂᆞᆫ 이ᄂᆞᆫ 샹을 밧아 승텬ᄒᆞ고 죄 잇ᄂᆞᆫ 이ᄂᆞᆫ 벌을 밧아 하침ᄒᆞᄂᆞ니라

문320_ 공심판은 무엇시뇨

답320_ 텬디 ᄆᆞᆺ촐 ᄣᆡ에 녜로븟터 죽은 뭇사름이 다시 살아나 ᄒᆞᆫ가지로 텬쥬 압희서 심판을 드룸이니 션쟈의 령혼 육신은 ᄒᆞᆫ가지로 '아오로' 텬당에 오ᄅᆞ고 악쟈의 령혼 육신은 ᄒᆞᆫ가지로 '아오로' 디옥에 ᄂᆞ리

제8장

심판의 엄함을 당할 수 없음이라

[문317~문348: 소계 32문답]

문317_ 심판은 무엇이뇨?

답317_ 천주가 사람의 공功과 죄를 살펴 판단하심이니라.

문318_ 심판이 몇 가지 있느뇨?

답318_ 사심판私審判과 공심판公審判 두 가지니라.

문319_ 사심판은 무엇이뇨?

답319_ 사람이 죽음에 천주 대전臺前에 이르러 혼자 심판을 들음이니, 공功 있는 이는 상을 받아 승천하고, 죄 있는 이는 벌을 받아 하침下沈하느니라.

문320_ 공심판은 무엇이뇨?

답320_ 천지天地 마칠 때에 예로부터 죽은 뭇사람이 다시 살아나 한가지로 천주 앞에서 심판을 들음이니, 선자善者의 영혼 육신은 한가지로 '아울러' 천당에 오르고, 악자의 영혼 육신은 한가지로 '아울러' 지옥에 내리

ᄂᆞ니라

문321_ 텬쥬ㅣ 임의 뭇사ᄅᆞᆷ의 공과 죄ᄅᆞᆯ ᄒᆞᆫ 번 심판ᄒᆞ신지라 엇지ᄒᆞ야 다시 공심판을 ᄒᆞ시ᄂᆞ뇨

답321_ 텬쥬ㅣ 지극ᄒᆞ신 공의ᄅᆞᆯ 나타내샤 공심판을 ᄒᆞ시ᄂᆞᆫ ᄯᅳᆺ이 여러 ᄭᅳᆺ치 잇ᄉᆞ니 ᄒᆞ나흔 예수의 구쇽ᄒᆞ신 공로ᄅᆞᆯ 현양ᄒᆞ야 영광케 ᄒᆞ려 ᄒᆞ심이오 ᄒᆞ나흔 만셰 모든 사ᄅᆞᆷ의 숨은 션과 숨은 악을 드러내여 알게 ᄒᆞ려 ᄒᆞ심이오 ᄒᆞ나흔 사ᄅᆞᆷ의 령혼이 그 육신과 ᄒᆞᆫ가지로 션이나 악을 힝ᄒᆞ엿신즉 상과 벌을 ᄒᆞᆫ가지로 밧게 ᄒᆞ려 ᄒᆞ심이니라

문322_ 오쥬 예수 엇지ᄒᆞ야 심판의 권을 맛하 계시뇨

답322_ 텬쥬 셩ᄌᆞㅣ 강싱ᄒᆞ야 사ᄅᆞᆷ이 되샤 셰샹을 구ᄒᆞ신 연고ㅣ니라

문323_ 예수ㅣ 심판ᄒᆞ심을 미리 말ᄉᆞᆷᄒᆞ셧ᄂᆞ냐

답323_ 일후 셰샹 ᄆᆞᆺ촐 ᄢᅢ에 다시 나려와 심판ᄒᆞ실 긔약은 말ᄉᆞᆷ 아니 ᄒᆞ시고 다만 그ᄢᅢ 징조ᄅᆞᆯ 미리 가ᄅᆞ쳐 뵈시니라

느니라.

문321_ 천주가 이미 뭇사람의 공과 죄를 한 번 심판하신지라. 어찌하여 다시 공심판을 하시느뇨?

답321_ 천주가 지극하신 공의公義를 나타내시어 공심판을 하시는 뜻이 여러 끝[端]이 있으니, 하나는 예수의 구속救贖하신 공로를 현양하여 영광케 하고자 하심이요, 하나는 만세萬世 모든 사람의 숨은 선과 숨은 악을 드러내어 알게 하고자 하심이요, 하나는 사람의 영혼이 그 육신과 한가지로 선이나 악을 행하셨은즉, 상과 벌을 한가지로 받게 하고자 하심이니라.

문322_ 오주吾主 예수 어찌하여 심판의 권權을 맡아 계시느뇨?

답322_ 천주 성자가 강생降生하여 사람이 되시어 세상을 구하신 연고緣故이니라.

문323_ 예수가 심판하심을 미리 말씀하셨느냐?

답323_ 일후日後 세상 마칠 때에 다시 내려와 심판하실 기약은 말씀 아니 하시고, 다만 그때 징조를 미리 가르쳐 보이시니라.

문324_ 그때 징조ㅣ 몃 가지 잇ᄂᆞ뇨

답324_ 만물이 다 변ᄒᆞ야 징조ㅣ 만흐나 셩경에 대략 여둛 닐곱 '몃' 가지롤 프러 말솜ᄒᆞ니라

문325_ 뎨일 징조ᄂᆞᆫ 무엇시뇨

답325_ 거즛 션지쟈ㅣ 만히 잇서 오쥬의 셩명을 빌어 셰샹 사람을 속임이니라

문326_ 뎨이 징조ᄂᆞᆫ 무엇시뇨

답326_ 만방 님금들이 화목지 못ᄒᆞ야 서로 싸호고 서로 침노ᄒᆞ기롤 긋칠 째 업슴이니라

문327_ 뎨삼 징조ᄂᆞᆫ 무엇시뇨

답327_ 나븐 '샤'교ㅣ 크게 힝ᄒᆞ고 악ᄒᆞᆫ 사롬이 별 쩨ᄀᆞᆺ치 니러나 날마다 곳곳이 셩교 션인을 사로잡아 죽임이니라

문328_ 뎨ᄉᆞ 징조ᄂᆞᆫ 무엇시뇨

답328_ 오쥬의 원슈 안디그리스도ㅣ 츌셰ᄒᆞ야 셩교 셩인을 쵸멸ᄒᆞ려 ᄒᆞ매 그 악과 해롤

문324_ 그때 징조가 몇 가지 있느뇨?

답324_ 만물이 다 변하여 징조가 많으나 성경에 대략 여덟 일곱 '몇' 가지를 풀어 말씀하니라.

문325_ 제일 징조는 무엇이뇨?

답325_ 거짓 선지자가 많이 있어, 오주吾主의 성명聖名을 빌려 세상 사람을 속임이니라.

문326_ 제이 징조는 무엇이뇨?

답326_ 만방萬邦 임금들이 화목치 못하여 서로 싸우고, 서로 침노侵擄하기를 그칠 때 없음이니라.

문327_ 제삼 징조는 무엇이뇨?

답327_ 나쁜 '사'교邪教가 크게 행하고, 악한 사람이 벌떼같이 일어나 날마다 곳곳에서 성교聖教 선인善人을 사로 잡아 죽임이니라.

문328_ 제사 징조는 무엇이뇨?

답328_ 오주吾主의 원수 안티그리스도anti-Christo가 출세出世하여 성교聖教 성인을 초멸剿滅하려 함에 그 악과 해를

가히 다 말홀 수 업ᄂᆞ니라

문329_ 뎨오 징조ᄂᆞᆫ 무엇시뇨

답329_ 셩교 복음이 만방에 멀니 젼ᄒᆞ야 밋어 좃지 아니ᄒᆞᄂᆞᆫ '듯지 못ᄒᆞᆫ' 사ᄅᆞᆷ이 업서 유더아 악당의 ᄌᆞ손ᄭᆞ지 다'이라도' 진복을 누리 '셩교에 도라오'게 됨이니라

문330_ 뎨륙 징조ᄂᆞᆫ 무엇시뇨

답330_ 사ᄅᆞᆷ의 '셰샹' 징조ㅣ 다ᄒᆞ매 하ᄂᆞᆯ 징조ㅣ 니러나 ᄉᆞ원 힝이 크게 변ᄒᆞ야 사ᄅᆞᆷ을 다 놀ᄂᆡ고 바다물이 끌어넘 치고 공즁에 괴이홈이 만히 나타나고 하ᄂᆞᆯ이 ᄎᆞ례롤 일허 ᄯᆡ로 ᄲᆞᄅᆞ며 ᄯᆡ로 더ᄃᆡ고 ᄒᆡ와 ᄃᆞᆯ이 큰 빗촐 거 두어 사ᄅᆞᆷ이 서로 분별치 못홈이니라

가히 다 말할 수 없느니라.

문329_ 제오 징조는 무엇이뇨?

답329_ 성교 복음이 만방에 멀리 전하여 믿어 주지 아니하는 '듣지 못한' 사람이 없어 유데아 악당의 자손까지다'이라도' 진복을 누리 '성교에 돌아오'게 됨이니라.

문330_ 제육 징조는 무엇이뇨?

답330_ 사람의 '세상' 징조가 다함에 하늘 징조가 일어나 사원행四元行[80]이 크게 변하여 사람을 다 놀라게 하고, 바닷물이 끓어넘치고, 공중에 괴이함이 많이 나타나고, 하늘이 차례를 잃어 때로 빠르며 때로 더디고, 해와 달이 큰 빛을 거두어 사람이 서로 분별치 못함이니라.

---

80 사원행(四元行): 고대 그리스시대의 자연철학에서 논의되던 모든 물질의 기본 원소에 대한 논의로, 사원소설이라고도 한다. 엠페도클레스(Empedocles, BC490~430)는 바람·물·불·흙을 모든 물질의 네가지 근본 원소로 보았다. 이 설은 아리스토텔레스(Aristoteles, BC384~322)에게 계승되었다. 그는 모든 물질은 바람·물·불·흙으로 구성되었고, 그 특유한 성격인 건조함·습함·따뜻함·차가움의 조합으로 형성된다고 주장했다. 사원행은 이 네가지 원소의 상호작용을 말한다.

문331_ 뎨칠 징조ᄂᆞᆫ 무엇시뇨

답331_ 큰 불이 공즁으로 나려와 싸 우희 ᄀᆞ득홀지라 이 불이 네 가지 긔묘홈이 잇ᄉᆞ니 ᄒᆞ나흔 금슈 초목 등물을 틔와 업시 홈이오 둘은 악ᄒᆞᆫ 사ᄅᆞᆷ을 틔와 고통게 홈 '죽임'이오 세흔 션ᄒᆞᆫ 사ᄅᆞᆷ의게 죄ᄅᆞᆯ 단련홈이오 네흔 ᄉᆞ원힝으로 삼긴 사ᄅᆞᆷ의 몸이 죄로 인ᄒᆞ야 슌젼치 못홈을 고로이ᄒᆞ야 조찰이 홈이니라

문332_ 죽은 육신이 엇더케 다시 살아나ᄂᆞ뇨

답332_ 이ᄂᆞᆫ 텬쥬의 젼능으로 ᄒᆞ심이라 텬신을 명ᄒᆞ야 호긔ᄅᆞᆯ 브러 '브ᄅᆞ매' 각 사ᄅᆞᆷ의 본 몸이 일제히 다시 살아나니 션쟈의 몸은 네 가지 긔이홈이 잇고 악자의 몸은 더럽고 무거워 움ᄌᆞᆨ이기 어려오니라

문333_ 텬쥬ㅣ 심판ᄒᆞ실 때에 션인과 악인의 모양이 각각 엇더ᄒᆞ뇨

답333_ 션인의 령혼과 육신은 ᄒᆞᆫ가지로 합ᄒᆞ야 깃분 ᄆᆞ음으로 예수 압희 추창ᄒᆞ야 뵈옵고 악인의 령혼과 육

문331_ 제칠 징조는 무엇이뇨?

답331_ 큰 불이 공중에서 내려와 땅 위에 가득할지라. 이 불은 네 가지 기묘함이 있으니, 하나는 금수, 초목 등물等物을 태워 없이 함이요, 둘은 악한 사람을 태워 고통케 함 '죽임'이요, 셋은 선한 사람에게 죄를 단련鍛鍊함이요, 넷은 사원행四元行으로 생긴 사람의 몸이 죄로 인하여 순전純全치 못함을 괴로워하여 조찰澡擦히 함이니라.

문332_ 죽은 육신이 어떻게 다시 살아나느뇨?

답332_ 이는 천주의 전능全能으로 하심이니, 천신天神을 명命하여 호기號器를 불어 '불으니,' 각 사람의 본 몸이 일제히 다시 살아나니, 선자善者의 몸은 네 가지 기이함이 있고, 악자惡者의 몸은 더럽고 무거워 움직이기 어려우니라.

문333_ 천주가 심판하실 때에 선인과 악인의 모양이 각각 어떠하뇨?

답333_ 선인의 영혼과 육신은 한가지로 합하여 기쁜 마음으로 예수 앞에 추장推奬하여 뵈옵고, 악인의 영혼과 육신은 ᄒᆞᆫ가지로 모히매 셔로 원망ᄒᆞ야 ᄐᆺᄒᆞᄂᆞᆫ 모양으로 ᄶᅡ희 업ᄃᆡ여 감히 우러러보지 못ᄒᆞᄂᆞ니라

문334_ 텬당에 잇ᄂᆞᆫ 령혼과 디옥에 잇ᄂᆞᆫ 령혼이 엇더케 ᄒᆞᄂᆞ뇨 '엇더케 다 한 곳에 모히ᄂᆞ뇨'

답334_ 텬쥬ㅣ 뎐신으로 ᄒᆞ여곰 모든 령혼을 불너 그 육신과 합ᄒᆞ야 심판 ᄃᆡ젼에 모히게 ᄒᆞ시ᄂᆞ니라

문335_ 죽은 시톄ᄅᆞᆯ 임의 즘승이 먹고 새가 ᄶᅩ아 업셔진 거ᄉᆞᆫ 엇더케 되ᄂᆞ뇨

답335_ 이ᄂᆞᆫ 사ᄅᆞᆷ의 능으로ᄂᆞᆫ 어렵거 '못ᄒᆞ려'니와 텬쥬의 젼능으로 무어시 어려우리오 각 사ᄅᆞᆷ의 몸이 본ᄃᆡ 업ᄂᆞᆫ 거ᄉᆞᆯ 텬쥬ㅣ 한 번 명ᄒᆞ샤 잇셧시니 이제 ᄇᆡᆨ 번 변ᄒᆞᆫ 후엔덜 다시 살아나 잇게 ᄒᆞᆷ이 무ᄉᆞᆷ 의심ᄒᆞᆯ 바ㅣ리오 ᄒᆞ니라

문336_ 션쟈의 부활ᄒᆞᆫ 모양이 엇더ᄒᆞ뇨

답336_ 오쥬 예수의 삼십삼 년 모양과 ᄀᆞᆺᄒᆞ리니 ᄋᆞ히와 노인과 병신의 분별이 도모지 업ᄂᆞ니라

신은 한가지로 모임에 서로 원망하여 탓하는 모양으로 땅에 엎드려 감히 우러러보지 못하느니라.

문334_ 천당에 있는 영혼과 지옥에 있는 영혼이 어떻게 하느뇨? '어떻게 다 한 곳에 모이느뇨?'

답334_ 천주가 천신天神으로 하여금 모든 영혼을 불러 그 육신과 합合하여 심판 대전臺前에 모이게 하시느니라.

문335_ 죽은 시체를 이미 짐승이 먹고, 새가 쪼아 없어진 것은 어떻게 되느뇨?

답335_ "이는 사람의 능能으로는 어렵거 '못 하려'니와, 천주의 전능으로 무엇이 어려우리오. 각 사람의 몸이 본디 없는 것을 천주가 한 번 명하시어 있었으니, 이제 백 번 변한 후엔들 다시 살아나 있게 함이 무슨 의심할 바이리오." 하니라.

문336_ 선자의 부활한 모양이 어떠하뇨?

답336_ 오주吾主 예수의 33년 모양과 같으리니, 아이와 노인과 병신의 분별이 도무지 없느니라.

문337_ 심판ᄒᆞ실 쳐소ᄂᆞᆫ 어ᄂᆞ ᄃᆡ방이뇨

답337_ 오리와 산 요사벳 곡이니 오쥬 예수ㅣ 승텬ᄒᆞ실 ᄶᅢ에 텬신이 죵도들ᄃᆞ려 닐으ᄃᆡ 이에셔 승텬ᄒᆞ시고 이에셔 심판ᄒᆞ시리라 ᄒᆞ니라

문338_ 심판ᄒᆞ시려 ᄒᆞ매 텬쥬의 위엄이 엇더ᄒᆞ시뇨

답338_ 하ᄂᆞᆯ문이 크게 열니고 모든 텬신이 오쥬의 슈난ᄒᆞ신 십ᄌᆞ가ᄅᆞᆯ 놉히 밧드러 호위ᄒᆞᆫ 후에 예수ㅣ ᄎᆡᄉᆡᆨ 구름을 ᄐᆞ시고 공즁에 림ᄒᆞ시ᄂᆞ니라

문339_ 심판을 ᄆᆞᆺᄎᆞ시고 샹벌을 뎡ᄒᆞ신 후에 오쥬ㅣ 엇더케 ᄒᆞ시ᄂᆞ뇨

답339_ 오쥬ㅣ 깃부신 얼골노 우편을 향ᄒᆞ야 션자의게 말ᄉᆞᆷᄒᆞ시ᄃᆡ 너희들을 위ᄒᆞ야 갓쵸아 둔 텬당 진복을 와 누리리라 ᄒᆞ실 거시오 ᄯᅩ 노ᄒᆞ신 눈으로 좌편을 향ᄒᆞ야 말ᄉᆞᆷᄒᆞ시ᄃᆡ 마귀ᄅᆞᆯ 위ᄒᆞ야 임의 마련ᄒᆞᆫ ᄃᆡ옥 진화ᄅᆞᆯ 나려 밧으라 ᄒᆞ시ᄂᆞ니라

문337_ 심판하실 처소는 어느 지방이뇨?

답337_ 오리와Oliva산 요사팟Josaphat 계곡이니 오주 예수가 승천하실 때에 천신이 종도들에게 이르되, "이에서 승천하시고, 이에서 심판하시리라." 하니라.

문338_ 심판하시려 함에 천주의 위엄이 어떠하시뇨?

답338_ 하늘문이 크게 열리고, 모든 천신이 오주의 수난하신 십자가를 높이 받들어 호위한 후에 예수가 채색 구름을 타시고 공중에 임하시느니라.

문339_ 심판을 마치시고 상벌을 정하신 후에 오주吾主가 어떻게 하시느뇨?

답339_ 오주가 기쁘신 얼굴로 우편右便을 향하여 선자善者에게 말씀하시되, "너희들을 위하여 갖추어 둔 천당 진복眞福을 와 누리리라." 하실 것이요, 또 노怒하신 눈으로 좌편左便을 향하여 말씀하시되, "마귀를 위하여 이미 마련한 지옥 진화瞋火[81]를 내려 받으리라." 하시느니라.

81 진화(瞋火): 활활 타오르는 불.

문340_ 예수ㅣ 이러ᄐᆞ시 분부ᄒᆞ신 후ᄂᆞᆫ 엇더케 되ᄂᆞ뇨

답340_ 셩인은 텬신과 ᄒᆞᆫ가지로 개가ᄅᆞᆯ 브ᄅᆞ며 심히 즐거온 ᄆᆞᄋᆞᆷ으로 텬당에 드러가고 악인은 마귀와 ᄒᆞᆫ가지로 통곡ᄒᆞ며 심히 분'원통'ᄒᆞᆫ ᄆᆞᄋᆞᆷ으로 디옥에 나려 영원이 나오지 못ᄒᆞᄂᆞ니라

문341_ 심판날은 엇더ᄒᆞᆫ 날이뇨

답341_ 텬쥬의 날이니 션인의게ᄂᆞᆫ 심히 즐거온 날이오 악인의게ᄂᆞᆫ 심히 근심ᄒᆞᄂᆞᆫ '놀납고 무셔온' 날이니라

문342_ 셰샹 날이 다 텬쥬의 날이어ᄂᆞᆯ 엇지ᄒᆞ야 공심판 날이 텬쥬의 날이라 ᄒᆞᄂᆞ뇨

답342_ 셰샹 날은 사ᄅᆞᆷ의게 맛겨 션인은 션을 힝ᄒᆞ고 악인은 악을 힝ᄒᆞ엿시니 가히 사ᄅᆞᆷ의 날이라 ᄒᆞᆯ 거시오 심판 날은 텬쥬ㅣ 큰일을 공평이 쳐결ᄒᆞ시ᄂᆞᆫ 날이니 가히 쥬의 날이라 ᄒᆞᆯ지니라

문343_ 공심판 날에 사ᄅᆞᆷ의 공죄가 스ᄉᆞ로 드러나ᄂᆞ냐

답343_ 텬쥬의 ᄇᆞᆰ으심이 마치 태양이 하ᄂᆞᆯ 가온ᄃᆡ 림ᄒᆞᆷ과 ᄀᆞᆺᄐᆞ샤 공죄의 크고 적음을 □□□ 빗최여 숨길 그림

문340_ 예수가 이렇듯이 분부하신 후는 어떻게 되느뇨?

답340_ 성인은 천신과 한가지로 개가凱歌를 부르며 심히 즐거운 마음으로 천당에 들어가고, 악인은 마귀와 한가지로 통곡하며 심히 분憤'원통怨痛'한 마음으로 지옥에 내려 영원히 나오지 못하느니라.

문341_ 심판날은 어떠한 날이뇨?

답341_ 천주의 날이니, 선인에게는 심히 즐거운 날이요, 악인에게는 심히 근심하고 '놀랍고 무서운' 날이니라.

문342_ 세상 날이 다 천주의 날이거늘, 어찌하여 공심판 날이 천주의 날이라 하느뇨?

답342_ 세상 날은 사람에게 맡겨 선인은 선을 행하고, 악인은 악을 행하였으니, 가히 사람의 날이라 할 것이요, 심판날은 천주가 큰일을 공평公平히 처결하시는 날이니 가히 주의 날이라 할지니라.

문343_ 공심판 날에 사람의 공죄功罪가 스스로 드러나느냐?

답343_ 천주의 밝으심이 마치 태양이 하늘 가운데 임함과 같으시어 공죄의 크고 적음을 □□□ 비추어 숨길 그림

ᄌᆞ도 숨길 수 업□□□ 쏘 지극히 공평ᄒᆞ신 텬평을 잡으샤 공죄를 져울질ᄒᆞ야 호리도 어긤이 업게 ᄒᆞ시ᄂᆞ니라

문344_ 셩인의 공은 영광이 되려니와 그 샤홈을 닙은 죄ᄂᆞᆫ 엇더ᄒᆞ뇨

답344_ 대셩인이라도 죄 잇거니와 죄를 임의 통회 고ᄒᆡᆼ하엿기로 [더옥 큰 션공이 되어 영광을 더으ᄂᆞ니라] '큰 션공이 되매 그 영광을 더ᄒᆞ야' 텬쥬의 인ᄌᆞᄒᆞ심을 크게 드러내시ᄂᆞ니라

문345_ 이 사ᄅᆞᆷ의 공과 죄를 뎌 사ᄅᆞᆷ이 능히 아ᄂᆞ냐

답345_ 텬쥬ㅣ 반ᄃᆞ시 사ᄅᆞᆷ의 숨은 션과 숨은 악을 다 서로 알게 ᄒᆞ샤 당신 공의를 드러내시ᄂᆞ니라

문346_ 이날 '심판날'에 붓그럽고 무서옴을 미리 면ᄒᆞᆯ 법이 잇ᄂᆞ냐

답346_ 셩교에 신통ᄒᆞᆫ 법이 잇ᄉᆞ니 죄를 짓지 말거나 죄를 지어실지라도 진심으로 통회 뎡ᄀᆡᄒᆞ고 고ᄒᆡᆼ 보속홈이니라

자도 숨길 수 없□□□, 또 지극히 공평하신 천평天坪을 잡으시어 공죄를 저울질하여 호리毫釐도 어김이 없게 하시느니라.

문344_ 성인의 공功은 영광이 되려니와, 그 사赦함을 입은 죄는 어떠하뇨?

답344_ 대성인이라도 죄 있거니와 죄를 이미 통회痛悔 고해하였기로 더욱 큰 선공善功이 되어 영광을 더하느니라. '큰 선공이 됨에 그 영광을 더하여' 천주의 인자하심을 크게 드러내시느니라.

문345_ 이 사람의 공과 죄를 저 사람이 능히 아느냐?

답345_ 천주가 반드시 사람의 숨은 선과 숨은 악을 다 서로 알게 하시어 당신 공의公義를 드러내시느니라.

문346_ 이날'심판날'에 부끄럽고 무서움을 미리 면할 법이 있느냐?

답346_ 성교聖敎에 신통한 법이 있으니, 죄를 짓지 말거나, 죄를 지었을지라도 진심으로 통회痛悔 정개定改하고 고해 보속補贖함이니라.

문347_ 사룸이 심판의 엄흠을 면ᄒᆞ려 ᄒᆞ면 엇더케 ᄒᆞᄂᆞ뇨

답347_ 녯 셩인이 ᄀᆞᄅᆞ쳐 닐오ᄃᆡ 사룸이 셰상에서 맛당이 ᄌᆞ긔가 ᄌᆞ긔 죄를 심판ᄒᆞ엿시면 쥬 대젼에 니ᄅᆞ러 샹 주심을 엇어 엄흔 심판을 밧지 아니ᄒᆞ다 ᄒᆞ시니라

답348_ 텬쥬ㅣ 공심판ᄒᆞ시ᄂᆞᆫ 뜻이 여러 긋치 잇ᄉᆞ니 하ᄂᆞ흔 당신 지극ᄒᆞ신 공의를 나타내심이오 하ᄂᆞ흔 구셰쥬 예수의 공로를 현양ᄒᆞ야 영광케 코져 ᄒᆞ심이오 ᄒᆞ나흔 만셰 모든 사룸의 숨은 션과 숨은 악을 드러내여 알게 코져 ᄒᆞ심이오 ᄒᆞ나흔 사룸의 영혼이 그 육신과 ᄒᆞᆫ가지로 션이나 악을 힝ᄒᆞ엿시니 샹과 벌을 ᄒᆞᆫ가지로 밧게 코져 ᄒᆞ심이니라

문347_ 사람이 심판의 엄嚴함을 면免하려 하면 어떻게 하느뇨?

답347_ 옛 성인이 가르쳐 이르되, 사람이 세상에서 마땅히 자기가 자기 죄를 심판하였으면, 주 대전臺前에 이르러 상償주심을 얻어 엄한 심판을 받지 아니하다 하시니라.

답348_ 천주가 공심판하시는 뜻이 여러 끝[端]이 있으니, 하나는 당신 지극하신 공의公義를 나타내심이요, 하나는 구세주 예수의 공로를 현양하여 영광케 하고자 하심이요, 하나는 만세萬世 모든 사람의 숨은 선과 숨은 악을 드러내어 알게 하고자 하심이요, 하나는 사람의 영혼이 그 육신과 한 가지로 선이나 악을 행하였으니, 상과 벌을 한가지로 받게 하고자 하심이니라.

소원신종

인쇄 | 2023년 11월 10일
발행 | 2023년 11월 17일

역주자 | 조광
발행인 | 한명수
편집자 | 이향란 이현아
디자인 | 이선정 한명수
발행처 | 흐름출판사
주소 | 전북 전주시 덕진구 정언신로 59
전화 | 063-287-1231
전송 | 063-287-1232
홈페이지 | www.heureum.com
이메일 | hr7179@hanmail.net

ISBN 979-11-5522-355-0 04230
979-11-5522-353-6 (세트)

값 30,000원

출판 승인: 천주교 춘천교구 | 2023. 10. 11(No. 2023-0004)

소원신종 감준본 영인본

쳐음박신부명을져술ᄒᆞᆯ때일홈은

우몽문답이오 愚蒙問荅

뮈쥬교ㅣ감쥰ᄒᆞ신후명을일홈은

소원신종이오 溯源愼終

쳐음져술ᄒᆞᆯ때에스ᄉᆞ로명을단일홈이

광본문답이라

텬쥬ㅣ 조셩ᄒᆞ신 만물을 간연이라

01 문 ᄃᆡ뎌 ᄒᆞᆫ 하ᄂᆞᆯ은 누가 ᄆᆡᆫᄃᆞ랏ᄂᆞ뇨 답 비로소 모든 것ᄉᆞᆯ 쥬ᄌᆡ시니라

02 문 누가 하ᄂᆞᆯ과 ᄯᅡ와 만물을 ᄆᆡᆫ드샤 신과 사ᄅᆞᆷ을 모든 것 쥬지 되시ᄂᆞ뇨 답 텬쥬ㅣ 시니라 ... 조

뎡ᄒᆞ야 일ᄒᆞ온 ᄒᆞ기 어려온 ᄂᆞᆫ 일을 룡ᄒᆞ야 ᄀᆞ로ᄃᆡ 텬쥬ㅣ라 ᄒᆞ시니라

03 문 텬쥬ㅣ ᄯᅢ 우 계시뇨 답 텬ᄂᆞᆫ ᄂᆞᆼ히 시조 ᄃᆡ된 ᄂᆞᆫ 세ᄅᆞᆯ 포함ᄒᆞ시니라

04 문 텬쥬의 ᄃᆡ 엇더 ᄒᆞ시뇨 답 슌젼ᄒᆞᆫ 신이시니 형상이 업ᄉᆞ시니 눈으로 보지

못ᄒᆞᆯ 손으로 ᄆᆞᆫ지지 못ᄒᆞᄂᆞᆫ ᄌᆞㅣ시니라

05 문 세 위ᄂᆞᆫ 엇더케 일홈ᄒᆞ야 브ᄅᆞᄂᆞ뇨 답 뎨일위ᄂᆞᆫ 셩부ㅣ라 브ᄅᆞ니고 셩ᄒᆞᆫ

신셩(ᄒᆞᆫ) 구ᄅᆞ뎌 말ᄉᆞᆷ이오 ᄯᅢ이 위ᄂᆞᆫ 셩ᄌᆞㅣ라 브ᄅᆞ니고 뎐지 ᄒᆞ신 셩(ᄒᆞᆫ) ᄆᆞᄅᆞ

뎌 말ᄉᆞᆷ이오 ᄯᅢ 삼위ᄂᆞᆫ 셩신이라 브ᄅᆞ니고 뎐 신ᄒᆞ신 ᄃᆡ 명을 구ᄅᆞ 쳐 말ᄉᆞᆷ이니라

06 문 텬ᄂᆞᆫ은 엇더케 ᄉᆡᆼ이뇨 답 능치 못ᄒᆞᆷ이 업ᄉᆞᆷ이니 한ᄂᆞᆯ에 ᄯᅡᄂᆞᆫ 만물을 ᄆᆡᆫ드ᄂᆞᆫ

ᄉᆞᆯ 내지 아니ᄒᆞ고 ᄯᅢ와 ᄂᆞᆷ을 허비치 아니ᄒᆞ시ᄂᆞᆫ 고ᄅᆞ 왼 혼을 번거히 아니ᄒᆞ샤

조셩

一

엽ᄂᆞᆫ가온ᄃᆡ로ᄂᆞᆫ 춘자강조와 이되ᄒᆞ시니라

07 션 결치ᄂᆞᆫ 엇더케 나ᄂᆞᆫ이도 ᄃᆞᆸ 아지 못ᄒᆞᆷ이 업ᄉᆞ셤이나 ᄒᆞᆫ궁우와 ᄯᅡᆼ아리 ᄒᆞᆸᄒᆞ이
다ᄉᆞ리ᄒᆞᆫ 물건도 ᄭᅵ치지 아니ᄒᆞ시며 ᄒᆞᆫ 일도 ᄒᆞᆫ로지 아니ᄒᆞ시며 ᄒᆞᆫ 엽ᄆᆞᆯ로ᄉᆞ
비오지 아니ᄒᆞ샤 쟝악 즁에 다 빗최여 츤지 ᄒᆞ시니라

08 션 젼션은 엇더케 나ᄂᆞᆫ이 ᄃᆞᆸ 셜치 아니ᄒᆞᆷ이 업ᄉᆞ이나 ᄒᆞᆫ 션과 ᄒᆞᆫ 일만 다ᄒᆞᄂᆞᆫ
지쳐져ᄒᆞ샤 ᄒᆞᆫ 일도 해ᄒᆞᆷ이 업ᄉᆞ며 ᄒᆞᆫ 일도 고ᄅᆞᆺ흠이 업ᄉᆞ며 ᄒᆞᆫ 덕도 일
흠이 업셔 만가지 다 아름다오ᄆᆞᆯ 선ᄒᆞ시니라

09 션 편ᄎᆞᆨ 편ᄒᆞᆫ 나히시ᄆᆡ 엇지 웃세히라 ᄂᆞᆯᄂᆞᆫ 보도 ᄃᆞᆸ 편측의 폐지 ᄀᆞᆨ히 아ᄂᆞᆫ
다ᄉᆞ신 지극히 볼으시ᄂᆞᆫ 지극히 아ᄂᆞᆫ 다음을 됴화ᄒᆞ시어 고봉으ᄉᆞ 참으로
고아ᄒᆞᆷ다오심을 빗최여 안ᄂᆞᆫ 샹졔 ᄂᆞᆫ 옴ᄉᆞᆨ 시ᄆᆡ 고아ᄒᆞᆫ 다음을 됴화ᄒᆞ샤
노친 외 ᄆᆞᆺ 말ᄒᆞᆫ 천이 너 미우 친히 ᄒᆞᆫ 아홉 단은 업ᄂᆞᆫ 물을 볼너 운 거울에
빗최면 반ᄃᆞ시 ᄒᆞᆫ 아ᄒᆞ다 온 업ᄂᆞᆫ 물은 나 ᄒᆞᆫ 서로 되ᄒᆞᄆᆡ ᄎᆞ 상ᄒᆞᄂᆞᆫ 졍을

받지아니ᄒᆞ올수업ᄉᆞᆸᄂᆞ니이에본ᄯᅳᆺ이ᄒᆞ시ᄂᆞ니오되ᄒᆞᆫᄯᅳᆺ이ᄒᆞᆫ나히오셔ᄂᆞᆫ
ᄉᆞ랑ᄒᆞᄂᆞᆫ졍이ᄒᆞᆫ나히며ᄒᆞ시지ᄂᆞᆫ셔로ᄀᆞᆺᄒᆞ신이니라

10 문 편쥬ㅣ어ᄂᆞ때로ᄇᆞ터계시뇨답 시죵ᄒᆞ신때도업ᄉᆞ시고ᄆᆞᆺᄎᆞ실때도업ᄉᆞ시니라

11 문 편쥬ᄂᆞᆫ뉘신ᄃᆞ려내엿ᄂᆞ뇨답 ᄆᆞᆷ이잇ᄂᆞᆫ편쥬ᄅᆞᆯᄆᆞᆫᄃᆞ러내신자ㅣ잇ᄉᆞ면그ᄀᆞᆺ
편쥬ㅣ되지아니ᄒᆞ니이제내ᄂᆞᆫ곳ᄂᆞᆫ바편쥬밧긔다시다ᄅᆞᆫ편쥬ㅣ업ᄂᆞ니라

12 문 편쥬ᄂᆞᆫ무ᄉᆞᆷ일을ᄒᆞ시ᄂᆞ뇨답 ᄒᆞᆫᄂᆞᆯᄯᅡ흘ᄆᆞᆫ드시ᄂᆞᆫ만물과편신과사ᄅᆞᆷ
을내샤보존ᄒᆞ신후지휘ᄒᆞ신상벌ᄒᆞ시ᄂᆞ니라

13 문 편쥬ㅣ만물을조셩ᄒᆞ심이ᄎᆞ셔ㅣ업ᄂᆞ냐답 ᄎᆞ셔ㅣ잇ᄂᆞ니여ᄉᆞᆺ날동안에
조셩ᄒᆞ시니라

14 문 뎨일일은무ᄉᆞᆷ것ᄉᆞᆯ내셧ᄂᆞ뇨답 ᄇᆞᆰ은긔운과샹층ᄒᆞᆫᄒᆞᄂᆞᆯ과ᄯᅩ구편신과ᄆᆞᆺᄎᆞᆯ
나ᄒᆞᆯ을ᄆᆞᆫᄃᆞ시니라

15 문 뎨이일은무ᄉᆞᆷ것ᄉᆞᆯ내셧ᄂᆞ뇨답 샹층ᄒᆞᆫᄒᆞᄂᆞᆯ을ᄆᆞᆫᄃᆞ신ᄒᆞᆫᄂᆞᆯ사이의ᄆᆞᆯᄀᆞᆫ긔운을
돈ᄒᆞ와긔벽ᄒᆞ시니라

총셩 二

16 문 뎨삼일은 무ᄉᆞᆷ 거ᄉᆞᆯ 내셧ᄂᆞ뇨 답 흙흔 디ᄅᆞᆯ 모화 산을 내시고 놉흔 ᄃᆡᄅᆞᆯ 인ᄒᆞ야 바다ᄅᆞᆯ ᄆᆞᆫ드시고 ᄯᅡ희 초목과 오곡과 ᄇᆡᆨ과ᄅᆞᆯ 내시니라

17 문 뎨ᄉᆞ일은 무ᄉᆞᆷ 거ᄉᆞᆯ 내셧ᄂᆞ뇨 답 ᄒᆞᆫᄂᆞᆯ에 일월과 셩신을 두어 이 셰샹 만믈을 비최여 장양케 ᄒᆞ시며 ᄯᅩ ᄉᆞ시ᄅᆞᆯ ᄂᆞ호고 졀후ᄅᆞᆯ 분별케 ᄒᆞ셧ᄂᆞ니라

18 문 뎨오일은 무ᄉᆞᆷ 거ᄉᆞᆯ 내셧ᄂᆞ뇨 답 산에 ᄃᆞᆫᄂᆞᆫ 즘ᄉᆡᆼ과 바다 믈에ᄂᆞᆫ 고기ᄅᆞᆯ 두시니라

19 문 뎨뉵일은 무ᄉᆞᆷ 거ᄉᆞᆯ 내셧ᄂᆞ뇨 답 ᄯᅡ희 ᄃᆞᆫᄂᆞᆫ 즘ᄉᆡᆼ과 ᄆᆞᄎᆞᆷ내 ᄉᆞᄅᆞᆷ을 내셧ᄂᆞ니라

20 문 무ᄉᆞᆷ 모양으로 ᄉᆞᄅᆞᆷ을 내셧ᄂᆞ뇨 답 텬쥬ㅣ 젼능으로써 황토ᄅᆞᆯ 가져 ᄒᆞᆫ 장대ᄒᆞᆫ 육신을 ᄆᆞᆫ드신 후 령혼을 품부ᄒᆞ야 결합케 ᄒᆞ시매 이 일홈ᄒᆞ야 ᄀᆞᆯ오ᄃᆡ 아담이니 보셰 만민의 ᄂᆞᆷᄌᆞ 조샹이니라

21 문 그 처음에 텬쥬ㅣ 빅셩을 내시매 홀노 원조 ᄒᆞᆫ ᄉᆞᄅᆞᆷ만 내셧ᄂᆞ냐 답 ᄯᅩ 원조에와 ᄶᆞᆨ을 내여 빈필이 되게 ᄒᆞ시니라

22 문 에와의 ᄋᆞᆺ신도 능ᄒᆞᆫ 왕ᄒᆞ오믄 문ᄃᆞ셧ᄂᆞ냐 답 ᄌᆞ어지 아니ᄒᆞ나 이 ᄉᆞ람의 우편을
굳ᄒᆞ다 올ᄒᆞ가져ᄂᆞᆫ ᄃᆞ시ᄂᆞᆫ 능ᄒᆞᆫ 명을 ᄆᆞᆺ쳐ᄒᆞ시니라

23 문 에와의 ᄀᆞᆺ신을 아담의 무ᄒᆞᆫ고 ᄡᅢᄂᆞᆫ ᄃᆞ셤은 무ᄉᆞᆷ 뜻이뇨 답 부부 두 사ᄅᆞᆷ이 합
ᄒᆞ야 ᄒᆞᆫ 몸이 되여 ᄆᆞᄋᆞᆷ을 ᄀᆞᆺ지 ᄒᆞᆫ 화ᄒᆞᆫ을 도아 ᄒᆞᆷ긔 ᄒᆞ도록 서로 어긔지 아니ᄒᆞ야
ᄒᆞᆫ ᄆᆞᄋᆞᆷ이오 ᄯᅢ 쳐로 되ᄂᆞᆫ ᄒᆞᆫ 일이 잇ᄉᆞᆯ ᄯᅢ 서로의 ᄆᆞᄋᆞᆷ을 ᄂᆞ와 잇ᄉᆞᆯ ᄯᅢ 서로ᄉᆞ
밧어 ᄒᆞᆷ이니라

24 문 사ᄅᆞᆷ의 령혼이 련슈와 ᄀᆞᆺ흔 형샹이라 ᄒᆞᆷ은 엇지 니ᄅᆞᆷ이뇨 답 련슈와 ᄀᆞᆺ흔 형샹이 업
ᄉᆞ되 ᄎᆞᆷ 사ᄅᆞᆷ과 착ᄒᆞᆷ과 ᄀᆞᆺ지 령혼도 형샹이 업ᄉᆞ되 사ᄅᆞᆷ과 착ᄒᆞᆷ이오 ᄯᅩ
련슈ㅣ 셰샹 만물에 ᄆᆡ이지 아닌 ᄆᆞᆺ이 업ᄉᆞ심과 ᄀᆞᆺ치 령혼도 ᄉᆞ지 ᄇᆡᆨ톄에 잇지 아
닌 ᄆᆞᆺ이 업ᄉᆞᆷ이니라

25 문 령혼 ᄉᆞ샹ᄉᆞᆫ 엇더케 니ᄅᆞᆷ이뇨 답 령혼과 합ᄒᆞᆫ ᄉᆞ 니 일의 잇지 나ᄂᆞᆫ 과 ᄯᅢ의 오지
아니ᄒᆞᆷ을 빗최여 엇지 못ᄒᆞᆷ이 거륵ᄒᆞ야 (업시) 샹ᄉᆞᄒᆞᆷ이오 ᄯᅩ 쓰ᄆᆞᆫ ᄉᆞ 니 사ᄅᆞᆷ의 션악
과 곤의 쟝ᄒᆞᆷ을 분별치 아니ᄒᆞᆷ이 업ᄉᆞ며 이 ᄀᆞ져 ᄃᆞ흔 이오 ᄀᆞᆯ온 ᄉᆡ옥ᄉᆞ ᄂᆞ니라

조션 三

혼의 향호는바와 조리의 유용호는바를 숭상호야 호는 쳬 아니호는바 업슴이니라

26 문 녕혼이 죽느냐 아니죽느냐 답 일의 신령혼즉 칼이 능히 버히지 못호고
불이 능히 틔오지 못호야 결단코 죽지도 아니호고 업서지도 아니호느니라

27 문 텬쥬ㅣ 엇지호야 우리 사름을 내셧느뇨 답 사름으로 호여곰 셰샹에 잇슬때
텬쥬를 공경호야 셤기고 져 호심이며 션악을 시험호야 샹벌호려 호심이니라

28 문 셰샹 사름을 위호음은 어디에 니름이뇨 답 하놀로셔 엽호시는 대로로쇠 시름
시며 ㅅ덕은 입는 악호 그 결호고 든물을 시샹이며 비유컨대 셰샹에
무ㅣ 조뎌를 위호야 큰 집을 지은 고 유용호 즙물을 굿초와 주심 다호 심이니라

29 문 원조 내외를 어느 곳에 두어 살게 호셧느뇨 답 디당에 빅치호시니 즐거온 동엽
과 병 만호음도 업는 옷 입지 아니호되 볏 ㅅ대 밧 트지 아니호되 먹는 사
가히 복 다 리나 그 뭇 만호더니라

30 문 원조ㅣ 디당에서 길게 살아 죽지 아니호엿느냐 답 텬쥬ㅣ 사름을 내신 본

뜻이사ᄅᆞᆷ으로ᄒᆞ여곰세샹무궁ᄒᆞᆫᄯᅢᄭᆞ지ᄂᆞ리다가ᄆᆞᆺ추지아니ᄒᆞᆫ산디로

텬국에올니라ᄒᆞ심이니라

31 문 텬쥬ㅣ아담과에와ᄅᆞᆯ디당에두어무ᄉᆞᆷ일을ᄒᆞ게ᄒᆞ엿ᄂᆞ뇨답 두ᄯᅳᆺ이셔야

ᄒᆞᆫ을두어ᄯᅡ지ᄆᆞᆯ나명ᄒᆞ신것은그슌명ᄒᆞ야션ᄒᆞᆫ이ᄅᆞᆯ샹주시고ᄇᆞᆯ명

ᄒᆞ야악ᄒᆞᆫ이ᄅᆞᆯᄇᆞᆯ고져ᄒᆞ심이니라

디당의복락은비홀수업ᄉᆞᆷ이라

32 문 디당이어ᄂᆞᆫ곳에잇셧ᄂᆞ뇨답 텬쥬ᄭᅴ셔ᄇᆞᆫ져오ᄂᆞᆯ나ᄯᅡ가온ᄃᆡ

니ᄅᆞ온ᄭᅩᆺ이니라ᄒᆞ며즐거온나무이다ᄒᆞ며ᄌᆡ평ᄒᆞᆫ니ᄯᅩ이라ᄒᆞ며ᄇᆞᆯᄒᆞ

ᄂᆞᆫ이라ᄒᆞ니홍샹ᄇᆞᆯ아ᄆᆞᆷ이업ᄉᆞ며ᄒᆞᆼ샹즐거외단ᄒᆞᆷ이업단ᄒᆞ니라

33 문 비ᄅᆞᆫ손텬당을ᄇᆡ치ᄒᆞ산ᄯᅢ에텬쥬ㅣ몸도계셧ᄂᆞ냐답 무수ᄒᆞᆫ텬신을두어

ᄇᆞᆯ셔ᄉᆞ당ᄒᆞ심이니라

34 문 텬신이몃ᄂᆞᆫ즈등급이업ᄂᆞ냐답 샹즁하삼픔이잇ᄂᆞᆫ삼품에각각삼픔이

텬당 ᄯᅳ

35

이뎌 합ᄒᆞ야 주름이 되니 그 름이 즙ᄒᆞ자ᄂᆞᆫ 그 북ᄂᆞᆫ 고 뎌ᄂᆞᆫ 그 ᄂᆞᆼ이 ᄃᆞᄅᆞ고 안ᄇᆞᆫ 다ᄂᆞᆫ

운뎐ᄒᆞ심이니라

문 ᄉᆡᆼ부 뎐신의 일ᄂᆞᆫ 몸은 무어시다 보ᄂᆞ뇨 답 ᄯᅵ일ᄂᆞᆫ 름의 일ᄂᆞᆫ 몸은 처니 고 뎐쥬ᄭᅴ

엳ᄂᆞᆫ 몸이 불 긋치 ᄎᆞ지 ᄉᆡᆼ명을 구ᄒᆞᄂᆞᆫ 징이오 ᄯᅢ 이 름의 일ᄂᆞᆫ 몸은 지니 고 뎐쥬의 거

문ᄒᆞ신 ᄉᆡᆼ명을 붐이 안ᄇᆞᆫ을 구ᄒᆞᄂᆞᆫ 징이오 ᄯᅢ 쌈 름은 좌ᅵ니 고 뎐쥬의 어좌ᄅᆞᆯ 긋가이

36

ᄒᆞ여 병ᄋᆞᆯ 슈순ᄒᆞ야 셰ᄉᆡᆼ ᄉᆞ름의게 뵈심이니라

문 충부 뎐신의 일ᄂᆞᆫ 몸은 무어시라 보ᄂᆞ뇨 답 ᄯᅦ일ᄂᆞᆫ 름의 일ᄂᆞᆫ 몸은 젼이니 고 뎐쥬

의 젼을 의뎌ᄒᆞᆷ을 그ᄂᆞᆫ 징이오 ᄯᅦ 이 름의 주ᅵ니 고 모든 뎐신이 고 병을 졍슈ᄒᆞ야

유명 긋 칠ᄒᆞᆷ을 구ᄒᆞᄂᆞᆫ 징이오 ᄯᅦ 상 름의 일ᄂᆞᆫ 몸은 ᄒᆞᆼ이니 고 마귀를 압복ᄒᆞᄂᆞᆫ ᄒᆞᆼ이

37

의 ᄉᆞ슬을 구ᄒᆞᄂᆞᆫ 징이니라

문 합부 뎐신의 일ᄂᆞᆫ 몸은 무어시라 보ᄂᆞ뇨 답 ᄯᅵ일ᄂᆞᆫ 름의 일ᄂᆞᆫ 몸은 ᄯᅴ이니 고 뎐쥬ᅵ

부ᄉᆞᄒᆞᆫ 일을 ᄶᆡᆫ 미잇 랴 망이 뎐신의 ᄒᆞᆫ을 ᄌᆈᄒᆞᆫ ᄉᆞᆯ을 구ᄒᆞᄂᆞᆫ 징이니라 ᄯᅦ 이 름의 일ᄂᆞᆫ

38

흉ᄒᆞᆫ 텬ᄉᆞ지슈ㅣ 나고 보ᄂᆡ여 브리시ᄂᆞᆫ 텬신 중에 ᄯᅥ러진 ᄆᆞᄋᆞᆷ을 구ᄒᆞ려 이오 ᄯᅢ ᄭᅢᄃᆞᆺ고 와
일홈은 셩ᄉᆞ쟈ㅣ니 그 텬쥬ㅣ 셰샹 사ᄅᆞᆷ의게 현ᄒᆞ고 재촉ᄒᆞᆷ이 잇ᄉᆞᆷ을 ᄒᆞ샴이 텬
신을 보내샤 ᄯᅩ 부리샤 셰샹 사ᄅᆞᆷ을 보호ᄒᆞ게 ᄒᆞ샴이니라
문 텬쥬ㅣ 엇지ᄒᆞ야 셰샹 사ᄅᆞᆷ의게 각각 텬신을 명ᄒᆞ야 보호ᄒᆞ시ᄂᆞ뇨 답 텬 쥬
ㅣ 우리 사ᄅᆞᆷ을 지극히 ᄉᆞ랑ᄒᆞ샴이니 사ᄅᆞᆷ이 살아 셰샹에 ᄂᆞᆫ 능히 간ᄉᆞᄒᆞᆫ 흉
샹을 ᄒᆞ던 이 ᄆᆞ이 사욕 ᄭᅳᆯ이 보호 신을 명ᄒᆞ야 외인ᄃᆞᆫ ᄒᆞ샤 ᄒᆞ여 흉악
을 피ᄒᆞᄂᆞᆫ 편을 힘쓰게 ᄒᆞ샴이니라

39

문 텬당 무궁ᄒᆞᆫ 복을 가히 말ᄉᆞᆷ으로 ᄌᆞ세히 형용ᄒᆞ랴 답 사ᄅᆞᆷ의 ᄆᆞ음은 ᄉᆡᆼ젼
우둔ᄒᆞ야 가히 보와 ᄎᆞᆺ지 못ᄒᆞᄂᆞ니 녜 ᄯᅥ 셩인이 형샹 잇ᄂᆞᆫ 것을 의지ᄒᆞ야
글오ᄃᆡ 텬당에 복은 눈으로 보지 못ᄒᆞ고 ᄉᆞ언을 ᄒᆡᆼᄒᆞ야 ᄎᆞᆷ면이 즐거오며 나
니 도무지 보던 ᄒᆞᆫ 동셔남북 니ᄂᆞᆫ ᄯᅡ에ᄂᆞᆫ 우ᄒᆡ 젼보ᄒᆞᆯ 물 ᄒᆡᆼ샹ᄒᆞᆷ이
온 텬당의 ᄃᆡᄂᆞᆫ 복텬을 보고 외겨ᄋᆞᆯ 엿서 ㅣ 그 셩 문 외 ᄒᆞᆫ 거ᄉᆞ 읏이 보빈 ᄃᆞᆯ 을 치 령
텬당

五

졍ᄒᆞ신대로 텬당에 오ᄅᆞᄂᆞᆫ 령혼의 단련ᄒᆞᆷ이 방불ᄒᆞᆷ을 뵈샤 이 오ᄂᆞᆫ데 가ᄅᆞ침이 잇
셔ᄂᆞᆫ 우혜ᄒᆞ니 그런 쥬ㅣ 세상 사ᄅᆞᆷ의게 베프시ᄂᆞᆫ 은혜ㅣ 이ᄀᆞᆺᄒᆞ샤 우리 영원ᄒᆞᆫ 벌을
면ᄒᆞ샤이니라

40 문 텬당에 잇ᄂᆞᆫ 셩인의 복락이 등급이 잇ᄂᆞ냐 답 모든 셩인의 복락이 그
공부ㅣ 만코 젹음을 ᄯᆞ라 ᄉᆞᆺᄉᆞ 그 공로에 만족ᄒᆞᆫ 뒤ᄯᆞ 늣고 무ᄒᆞᆫ 복의 분별
이 잇ᄉᆞ니 치명셩인의 붉은 면류ㅣ ᄒᆞᄃᆞ히오 동졍셩인의 흰 면류ㅣ ᄒᆞᄃᆞ히
오 박학셩인의 프른 면류ㅣ ᄒᆞᄃᆞ히니라

41 문 면류ᄂᆞᆫ 무어ᄉᆞᆯ 굴은 것이뇨 답 셩인이 셰샹에 잇서 삼구를 ᄯᅥᄒᆞ여 이긔ᄂᆞᆫ 면류
듀뎐이 그 공을 샹주시고 덕을 표ᄒᆞ신 영광 화관이니라

42 문 치명ᄌᆞ의 홍면류ᄂᆞᆫ 무ᄉᆞᆷ ᄯᅳᆺ이뇨 답 그 환난과 형벌을 받아다 ᄒᆞ야 붉은
피를 흘니시매 그 피 빗ᄎᆞᆯ 의방ᄒᆞ야 그 덕 광영을 표ᄒᆞ심이니라

43 문 동졍ᄌᆞ의 ᄇᆡᆨ면류ᄂᆞᆫ 무ᄉᆞᆷ ᄯᅳᆺ이뇨 답 동졍ᄌᆞᄂᆞᆫ 륙신을 슈졍ᄒᆞ야 그 ᄉᆞ욕ᄒᆞᆫ 졍과
더러온 ᄯᅳᆺ을 이긔엿ᄉᆞ매 그 슌젼이 조찰ᄒᆞᆫ 지극히 결ᄇᆡᆨᄒᆞᆫ 덕을 표ᄒᆞᆷ이

44 문 막하자의 ᄌᆞ녀 되ᄂᆞᆫ 것이 무ᄉᆞᆷ ᄯᅳᆺ이ᄂᆞ뇨 답 이 셰샹에 잇서 마귀의 ᄉᆞᆷ은 쇠와 약ᄒᆞᆫ 셰고ᄅᆞᆯ ᄇᆞ라ᄂᆞᆫ 이ᄀᆞ치 구ᄒᆞ야 언ᄌᆡ 헤쳐 ᄂᆞᄅᆞᆫᄒᆞᆫ 념을 ᄆᆞ음과 ᄒᆞᆫ 넘은공을 도ᄋᆞᆷᄒᆞ심이니라

45 문 텬당 모든 복 중에 ᄀᆞ장 큰 복이 무엇시ᄂᆞ뇨 답 지극히 순젼ᄒᆞᆫ 언우양복 다ᄅᆞᆫ 복이 만ᄒᆞᆫ 것치 업ᄉᆞ니 ᄯᅢ로 ᄒᆞ야 형용ᄒᆞ기 어려우니라

46 문 텬당 오묘ᄒᆞᆫ 복의 대개ᄅᆞᆯ 엇지 원ᄒᆞᄂᆞ뇨 답 쥬의 ᄎᆞᆷ 낫ᄎᆞᆯ 뵈옴이 ᄒᆞᆫ 가지오 쥬의 지극ᄒᆞ신 졍을 ᄉᆞ랑ᄒᆞᆷ이 둘이오 쥬의 지극히 거룩ᄒᆞ심을 찬숑ᄒᆞᆷ이 셋이오 복락의 ᄀᆞ득ᄒᆞᆫ 반ᄌᆞᆨᄒᆞᆷ이 네히오 항상 ᄒᆞ야 혼ᄒᆞᆷ 업ᄉᆞᆷ이 다ᄉᆞᆺ시오 섬ᄉᆞᆫ ᄯᅳᆺᄒᆞᆷ이 여ᄉᆞᆺ시니 모든 복이 진ᄒᆞ야 ᄒᆞᆫ ᄃᆡ로 이모ᄒᆞᆷ이니라

47 문 쥬의 ᄎᆞᆷ 낫ᄎᆞᆯ 뵈옴은 엇더케 ᄒᆞᆷ이ᄂᆞ뇨 답 텬쥬 셩ᄒᆞ신 얼굴의 영광과 조화ᄅᆞᆯ 눈으로 보ᄂᆞᆫ 모양 ᄀᆞᆺ치 ᄒᆞ야 ᄒᆞᆫ심이니라

48 문 쥬의 지극ᄒᆞ신 졍을 ᄉᆞ랑ᄒᆞᆷ은 엇더케 ᄒᆞᆷ이ᄂᆞ뇨 답 텬쥬ㅣ 모든 복의 근원이 되ᄉᆞ 명당

六

49 50 51 52

샤ᄅᆞ 샹당이 무한ᄒᆞ신ᄃᆞᆯ 텬당에 이ᄅᆞᆫ 모든 셩인이 샹당으로써 샹당을 ᄋᆞᆸ히 ᄒᆞ기 졍이 ᄒᆞᄂᆞ

문 츄외 지극히 너ᄅᆞᆺ ᄒᆞ셔ᄉᆞᆯ 찬송ᄒᆞ오ᄆᆞᆫ 엇더케 너ᄆᆞᆫ이뇨 답 텬쥬ㅣ 본션 본덕을

갓초샤 모든 신셩우회ᄅᆞᆯ 원ᄒᆞ야 지극히 거록ᄒᆞ신 고로 텬당에 이ᄅᆞᆫ 모든 셩

인이 ᄒᆞᆼ상 찬송ᄒᆞᄋᆞᆫ 소리 ᄭᅳᆫ치지 아니ᄒᆞ야 즐기셩이니라

문 복락이 ᄉᆞᆫ 만족ᄒᆞᆷ은 엇더케 너ᄆᆞᆫ이뇨 답 비컨대 샬ᄋᆞᆷ이 미셔 유셔ᄒᆞ매 당

이 일의 즁ᄇᆞᆫᄒᆞᆫ 즈ᄂᆞᆫ이의 아ᄅᆞᆷ다온 찬ᄅᆞᆫ을 보다 ᄒᆞᆫ 마ᄂᆞ ᄒᆞ매 쥬ᄅᆞᆫ 재우은

히 일의 음의 뫼 그 ᄎᆞᆫ 옷 ᄉᆞᆫ이 업ᄉᆞ시면 어ᄂᆞᆫ의 너ᄂᆞᆫ 소ᄅᆡᄅᆞᆯ 드러 워 아ᄂᆞ홈 ᄀᆞᆺᄒᆞ

니 그 ᄆᆞᄋᆞᆷ에 만족ᄒᆞ야 달니 희구ᄒᆞᆷ이 업ᄉᆞᆷ이니라

문 ᄒᆞᆼ상ᄒᆞ 즐효ᄂᆞᆫ ᄒᆞᆷ이 업ᄉᆞᆷ은 엇더케 너ᄆᆞᆫ이뇨 답 세샹 복락의 되면 ᄒᆞᄂᆞᆫ 것

ᄒᆞᆫ ᄃᆞ ᄀᆞᆺ지 아니ᄒᆞ야 오ᄅᆡᆫ ᄒᆞ후 원ᄒᆞᆫ ᄒᆞᆷ이니라

문 서로 의론ᄒᆞᆷ이 업ᄉᆞᆷ은 엇더케 너ᄆᆞᆫ이뇨 답 텬쥬ㅣ 지공지의ᄒᆞ샤 그 공을 갑흐신 이

서로 ᄆᆞᆺ지 ᄒᆞ신 ᄂᆞᆫ 즐이 면젼하 너 현 ᄌᆞᆯ을 ᄒᆞ지 아니ᄒᆞ며 ᄯᅩ 셩인이 셩인을 질

두지 아니ᄒᆞ야 ᄆᆞᄎᆞᆷ내 신ᄉᆡᆼ의 ᄆᆞᄋᆞᆷ이 서로 평화ᄒᆞ야 ᄉᆞ랑ᄒᆞᆷ이니라

53 문 텬쥬ㅣ 텬당에 이ᄀᆞᆺᄒᆞᆫ 복락을 비치ᄒᆞ심은 누구를 위ᄒᆞ심이뇨 답 텬쥬ㅣ ᄂᆞᆫ대
당신 영광을 위ᄒᆞ심이오 또 션ᄒᆞᆫ 사ᄅᆞᆷ의 공뇌 갑흠을 위ᄒᆞ심이니라

54 문 세상 사ᄅᆞᆷ이 다 텬당에 오르ᄂᆞ냐 답 사ᄅᆞᆷ이 텬쥬를 알고 공경ᄒᆞ고 그 계명을 직힌
쟈ᄂᆞᆫ 가히 상주어 텬당에 올녀 복을 누리게 ᄒᆞ시ᄂᆞ니라

55 문 텬당에 상주시ᄂᆞᆫ 영복을 령혼이 밧ᄂᆞ냐 육신이 밧ᄂᆞ냐 답 령혼과 령혼 육신
이 다 밧ᄂᆞ니 령혼은 ᄉᆞ람이 죽을 ᄯᆡ에 밧고 육신은 텬디ᄆᆞᆺ
츨 ᄯᆡ 부활ᄒᆞ야 심판을 드른 후에 령혼을 더브러 ᄒᆞᆫ가지로 올녀 주신 긔쥐ᄒᆞ
시ᄂᆞ니라

56 문 령혼 육신이 ᄒᆞᆫ가지로 텬당에 올나 ᄒᆞᆫ가지 복을 누리ᄂᆞ냐 답 령혼의 밧ᄂᆞᆫ
마ᄋᆞᆷ 복이 육신을 더브러 ᄀᆞᆺ치 누리ᄂᆞ니라

57 문 령혼의 상주시ᄂᆞᆫ 은혜ᄂᆞᆫ 엇더ᄒᆞ뇨 답 우희 ᄆᆞᆯᄒᆞᆫ 바 여ᄉᆞᆺ가지 복의 은혜라 셰상
사ᄅᆞᆷ의 눈으로 보지 못ᄒᆞᆫ 바ㅣ오 ᄆᆞᄋᆞᆷ으로 싱각지 못ᄒᆞᆫ 바ㅣ니 형용ᄒᆞ야 말ᄒᆞ기 어려우니라
텬당

58 문 우시샹의 삼주지는 은혜는 엇더ᄒᆞ뇨 답 부모ᄂᆞᆫ 네 가지 귀이ᄒᆞᆫ 은혜 ᄒᆡ여 첫ᄌᆡ는 능ᄒᆞ심이오
둘은 신묘ᄒᆞᆷ이오 셋은 두렴이오 넷은 생존ᄒᆞᆷ이 업ᄉᆞᆷ이니다

59 문 능ᄒᆞ심은 엇더케 니ᄅᆞᆷ이뇨 답 우샹의 발ᄒᆞᄂᆞᆫ 빗치 태양보다 ᄇᆡᆨ비ᄂᆞᆫ 더ᄒᆞᆷ이니라

60 문 신묘ᄒᆞᆷ은 엇더케 니ᄅᆞᆷ이뇨 답 본ᄃᆡ 가ᄇᆡ얍음이 업ᄂᆞᆫ 발셥ᄒᆞᆷ이 업시 순식ᄉᆞ이에 갓다
가 ᄒᆞ라와 ᄯᅡ치 ᄒᆞ믐과 소리 ᄯᅩᄅᆞᆷ ᄒᆞᆷ 갓ᄒᆞᆷ이니라

61 문 두렴은 엇더케 니ᄅᆞᆷ이뇨 답 비록 갑ᄒᆞᆫ 산과 굿은 돌ᄒᆞᆷ이나 ᄉᆞ못지 아니ᄒᆞᆷ이 업
서 모로지 통입ᄒᆞᆷ이 업ᄉᆞᆷ이니라

62 문 생존ᄒᆞᆷ이 업ᄉᆞᆷ은 엇더케 니ᄅᆞᆷ이뇨 답 질병도 업고 괴로ᄋᆞᆷ도 업ᄉᆞ며 비록 ᄯᆞᆫ ᄇᆞᆯ
의 침노ᄒᆞᆫ 칼과 총의 ᄂᆞᆯᄂᆡᆫ 것이나도 고지 상해치 못ᄒᆞᄂᆞ니라

63 문 텬당도 등 션인의 무이 가는 등급이 잇ᄂᆞ냐 답 세상에 잇서 션을 ᄒᆞᄂᆡ 큰 공과 적은
공의 분별이 잇서 큰 공은 적은 공보다 별노 숭ᄒᆞ여 공로ᄃᆡ로 ᄯᅩ 등급을 분별ᄒᆞᄂᆞ니라

64 문 텬당 보든 신셩의 복락이 어ᄃᆡ로 츙만ᄒᆞ냐 답 반 ...

65
새ᄂᆞᆫ 복판ᄯᅡ가온ᄃᆡ로조차 남이니다
문 셩인셩녀ㅣ 텬당에잇서 ᄂᆞ리기ᄂᆞᆫ바ㅣ 무ᄉᆞᆷ ᄯᅳᆺ이뇨 답 ᄒᆞᆼ샹 임의 텬쥬의 본분
을 친히 뵈옵ᄂᆞᆫ 복을 임의 진복의 ᄯᅳᆺ을 (박아) ᄀᆞ지시니 다시 신공의 더옥 온전ᄒᆞᆫ 시험
바ㅣ 업ᄂᆞᆫ 오직 ᄂᆞᄆᆡ 더 받아서 ᄇᆞᆼ원ᄒᆞ시ᄂᆞᆫ 이 ᄉᆞ랑ᄒᆞᄂᆞᆫ ᄯᅳᆺ뿐이니라
디옥의 ᄂᆞᆫ 고ᄅᆞ옴은 ᄎᆞᆷ혹ᄒᆞ기 업ᄉᆞ이라

66
문 디옥이 어ᄂᆡ 곳에 잇ᄂᆞ뇨 답 ᄯᅡ 즁친구 장아ᄅᆡ ᄒᆞᆫ 곳에 잇ᄉᆞ니 ᄒᆞᆼ샹 어두어 낫
이 업ᄉᆞ며 ᄀᆞᆯ휘 영영 ᄆᆞᆺᄂᆞᆫ 불ᄭᅥ ᄉᆞ오 죄인의 ᄆᆞᆫᄂᆞᆫ ᄯᅩ 어두온 옥이니라

67
문 디옥의 고ᄅᆞ옴이 엇더ᄒᆞ뇨 답 지극히 ᄂᆞᄌᆞᆫ 샹ᄒᆞᆫ이 ᄒᆞᆫ번 ᄲᆞ지면 지극히 흉ᄒᆞᆫ 신
텬쥬ᄭᅴ 죄 엇은 마귀와 ᄒᆞᆫ가지로 죄의 즁ᄒᆞᆷ이 ᄒᆞᆫ이 업ᄂᆞᆫ 고로 벌의 고ᄅᆞ옴이 다ᄒᆞᆷ
한이 업ᄉᆞᆫ 즉 가히 ᄆᆞᆯ노 형용ᄒᆞ기 어려오니라

68
문 ᄯᅩ 취ᄂᆞᆫ 무어ᄉᆞᆯ ᄀᆞᄅᆞ침이뇨 답 본디 샹ᄂᆞᆫ 텬신 쥬 잡 우ᄃᆡ 그 못 ᄎᆡ인 ᄒᆞ므로 ᄃᆞᆫ 련
신을 ᄒᆞ여곰 본ᄒᆞ ᄀᆞ치 (텬쥬ᄭᅴ) 받ᄒᆞᆫ 고로 영벌을 받게 ᄒᆞ신 ᄭᅡ닭이니라
디옥

八

69
문 ᄒᆞ옵니다 모습으로 죄를 벗ᄉᆞ오니 ᄃᆞ답 견슈를 닷가 의셔 흉븍이
어둔ᄒᆞᆫ 때 감이 우리 ᄆᆞᄋᆞᆷ을 내여 망령되이 쳔쥬와 ᄀᆞᆺ치 ᄒᆞ야 ᄒᆞ삼분일
텬신을 유감ᄒᆞ야 ᄒᆞ여금 쳔쥬를 ᄇᆞᆫ역ᄒᆞᆫ 대죄를 지어 흔죄ᄒᆞ니라

70
문 텬쥬ㅣ 반역ᄒᆞᆫ 신을 엇더케 벌ᄒᆞ엿ᄂᆞ뇨 답 그 진노ᄒᆞ신 아ᄅᆞᆷ다온 셩총을 ᄲᅢ앗
고 인ᄒᆞ야 무궁ᄒᆞᆫ 형벌을 ᄃᆞ르게 ᄒᆞᆫ 마귀 되게 ᄒᆞ셧ᄂᆞ니라

71
문 텬신 중 착ᄒᆞᆫ 일이 마귀 되여 진쥬 가히 그 슈ᄅᆞᆯ 의혹ᄒᆞ랴 답 마귀 ᄃᆞᆫ 조흔 ᄌᆞ슈
ᄒᆞ고 즁에 명을 ᄂᆞᆯ린 ᄒᆞᄂᆞᆫ 고 수도 잇ᄂᆞᆫ 바를 듯ᄂᆞᆫ 즐흔 도 잇ᄂᆞ니라

72
문 마귀 다만 디옥에만 잇ᄂᆞ냐 답 그러치 아니ᄒᆞ니 만이 셰상에 나와 ᄃᆞᆼ여 ᄯᅢ 사ᄅᆞᆷ의
혼을 엿보와 ᄯᅢ 회ᄒᆞᄂᆞ니라

73
문 마치 셰상 사ᄅᆞᆷ의 도모ᄒᆞᆫ 일을 저희 ᄒᆞᆷ과 ᄀᆞᆺ치 [illegible] 슌 [illegible] 이 ᄂᆞ냐 답 흉ᄒᆞᆫ 마귀 ᄇᆞᆫ
ᄆᆞᆯ ᄇᆞᆺ온 후에 텬쥬를 원망ᄒᆞ야 그 영광을 헐고져 ᄒᆞᆷ으로 세상 사ᄅᆞᆷ을 ᄭᅬ여
ᄒᆞ여금 죄를 범케 ᄒᆞᆷ이니 ᄃᆞ 셰상 사ᄅᆞᆷ이 ᄒᆞᆫ 날에 죽ᄂᆞ니 대와 ᄀᆞᆺ은 바 ᄇᆞᆫ [illegible]

엇음을 깁히 두려ᄒᆞᄂᆞᆫ 고로 ᄆᆞᄋᆞᆷ에 즐겨 두ᄒᆞᆷ을 엇어 그 디옥에 배쥬을 ᄒᆞᆯ새ᄒᆞᄂᆞᆫ ᄒᆞᆷ이니라

73 문 쥬ㅣ 엇지ᄒᆞ야 흉ᄒᆞᆫ 사ᄅᆞᆷ이 셰샹에 이셔 ᄌᆞ조 난ᄒᆞᆷ을 ᄎᆞᆷ게 아니ᄒᆞ시ᄂᆞ뇨 답 ᄇᆡᄅᆞᆫ자
ᄌᆞ의 션악을 시험ᄒᆞ야 ᄒᆞᆫ편 ᄉᆞᆯ여 그 ᄌᆞ손 일으ᄂᆞᆫ 거ᄉᆞᆯ ᄒᆞ심이니라

75 문 악ᄒᆞᆫ 이 디옥에 이셔 복 ᄇᆞᆯᄂᆞᆫ 잇ᄂᆞ뇨 답 ᄒᆞᆫ상 디옥의 ᄯᅩ 벌을 ᄇᆞᆮ음이오 다 죄인을 형
벌ᄒᆞᄂᆞᆫ 즈ᄉᆞ 뿐이니라

76 문 악ᄒᆞᆫ 이 셰샹에 나와 죵야을 ᄒᆞᆯ 때 디옥 벌을 ᄇᆞᆮ지 아니ᄒᆞᄂᆞ냐 답 미쥬인
간에 미쳐 ᄂᆞᆫ ᄉᆞᆼ 그 본 벌을 더어 면ᄒᆞᆯ 수 업ᄉᆞ니라

77 문 디옥에 ᄂᆞᆫ 흉이 몃 가지 잇ᄂᆞ뇨 답 두 가지 잇ᄉᆞ니 ᄒᆞᄂᆞᆫ 각ᄂᆞᆫ 요ᄒᆞᆫ 자ᄒᆞᄂᆞᆫ
실ᄂᆞᆫ 니라

78 문 실ᄂᆞᆫ 엇더케 ᄇᆞᆮ음이뇨 답 그 ᄉᆞᆯ ᄉᆞᆼ 오관의 죄악 범ᄒᆞᆷ을 ᄯᅡ라 ᄡᅳᆫ 당이 ᄇᆞᆮ을
ᄯᅳᄂᆞ니라

79 문 허한 ᄂᆞᆫ 엇지ᄒᆞ야 ᄂᆞᆯ ᄇᆞᆮᄂᆞ뇨 답 ᄉᆞᆯ아 그 셰샹에 이셔 일ᄉᆞᆨᄒᆞ던 죄를 ᄉᆞᄒᆞ
야 혼을 ᄇᆞᄉᆞ시ᄂᆞᆫ ᄯᅳᆺ이니라

80 문 ᄆᆞᄋᆞᆷ 쳐 ᄉᆞᄅᆞᆷᄂᆞᆯ ᄇᆞᆮᄂᆞ뇨 답 그 셰샹에 이셔 션ᄒᆞᆫ 가 회ᄋᆞᆷ을 알아 원ᄒᆞᆫ ᄒᆞᆫ
디옥 ㄴ ᄂᆞ니라

81 문 이목은 엇더ᄒᆞᆫ 벌을 밧ᄂᆞ뇨 답 ᄉᆞᄉᆞ로 세상에 잇셔 ᄉᆞ랑ᄒᆞ야 범ᄒᆞ던 죄를 무셔온 악형이 호ᄒᆞᄂᆞ니라

82 문 눈은 엇더ᄒᆞᆫ 벌을 밧ᄂᆞ뇨 답 세상에셔 사욕ᄒᆞᆫ 빗ᄎᆞᆯ 보기를 됴화ᄒᆞ던 눈이 이제 보ᄂᆞᆫ 바ㅣ 오직 그 진화와 어려온 형상이니라

83 문 귀ᄂᆞᆫ 엇더ᄒᆞᆫ 벌을 밧ᄂᆞ뇨 답 세상에셔 헤마ᄃᆞᆫ 말과 음탕ᄒᆞᆫ 소ᄅᆡ 듯기를 됴화ᄒᆞ던 귀ᄂᆞᆫ 이제 듯ᄂᆞᆫ 바ㅣ 오직 그 ᄂᆡᄀᆞᆯ 굴ᄯᅦ 부ᄅᆞ지저 원망ᄒᆞᄂᆞᆫ 소ᄅᆡ니라

84 문 코ᄂᆞᆫ 엇더ᄒᆞᆫ 벌을 밧ᄂᆞ뇨 답 세상에셔 향긔와 아ᄅᆞᆷ다온 내 맛기를 됴화ᄒᆞ던 코ᄂᆞᆫ 이제 ᄆᆞᆺᄂᆞᆫ 바ㅣ 오직 그 심히 더러온 흉ᄒᆞᆫ 내음이니라

85 문 입은 엇더ᄒᆞᆫ 벌을 밧ᄂᆞ뇨 답 세상에셔 진미의 음식 탐ᄒᆞ기를 됴화ᄒᆞ던 입은 이제 맛보ᄂᆞᆫ 바ㅣ 오직 그 독ᄒᆞᆫ 룡과 산 ᄇᆡ얌의 모진 피와 흉ᄒᆞᆫ 무ᄅᆞᆫ 물이니라

86 문 ᄉᆞ지ᄂᆞᆫ 엇더ᄒᆞᆫ 벌을 밧ᄂᆞ뇨 답 세상에셔 호강ᄒᆞᄂᆞᆫ 살인 간음ᄒᆞᆫ 도ᄎᆡ ᄒᆞᆫ 죄를 범ᄒᆞ던 손과 발로 ᄃᆞᆫ니던 죄와 겸ᄒᆞ여 더ᄒᆞᆷ을 모ᄅᆞᄂᆞᆫ ᄉᆞᄉᆞ로 회ᄀᆡᄒᆞ야 긔한 혼이 업ᄂᆞᆫ 손을 이제 밧ᄂᆞᆫ 바ㅣ 오직 그 손에 칼 씌우고 발에 족을 ᄎᆡ와 ᄒᆞ야 ᄒᆞ니 업ᄉᆡ 로 ᄒᆞ온 줄 모지 못ᄒᆞᄂᆞ니라

87
문 아담과 젼신을 밧은 이 업ᄂᆞ냐 답 잇ᄉᆞ니 ᄇᆞᆯ나와 어ᄅᆞᆫ다에 ᄲᅢ진 ᄉᆞᄅᆞᆷ이 안
밧 업시 ᄃᆞᆫ 도움이라 챠ᄎᆞᆫ 업ᄂᆞᆫ 잠간 ᄂᆞᆨ아 밧고 ᄯᅩ 도ᄂᆞᆫ 이 간난ᄒᆞᆷ이 업서
ᄒᆞᄂᆞᆫ 지어 지ᄂᆞᆫ ᄃᆞᆺᄒᆞᆫ 즁에 ᄒᆞᆷ즁ᄒᆞᆫ 미쉬ᄂᆞ라 ᄒᆡᆼ별ᄒᆞ기로 ᄌᆞ지 ᄆᆞ이
ᄆᆞ음 아와 인의 젼ᄃᆡ 기어 ᄃᆞᆫ 형상은 가히 ᄆᆞᆯ노 다 ᄒᆞᆯ 수 업ᄉᆞᆫ이니라

88
문 칠ᄂᆞᆫ 어ᄃᆡ에 거ᄒᆞᄂᆞ뇨 답 나의 죄를 인ᄒᆞ야 만션ᄒᆞ신 텬쥬와 ᄯᅩ
만복이 젼비ᄒᆞᆫ 텬당을 영원이 일허 가히 다시 엇지 못ᄒᆞᆷ이ᄂᆞᆫ 쥴 ᄒᆞᆫ
ᄒᆞᆫ무궁ᄒᆞᆫ 근심이니라

89
문 실ᄂᆞᆫ 육신에 젼ᄉᆞᆫ 엇더ᄒᆞ뇨 답 실ᄂᆞᆫ 만 번 ᄉᆞᆫ 보다 더 어려워
무궁ᄒᆞᆫ 사욕이 지옥이 이셔 일ᄂᆞᆫ 호화 젹이 ᄎᆞᆷ ᄒᆞ던 ᄌᆞᄅᆞᄂᆞᆫ 오인 홍ᄒᆞ다 더욱
지옥ᄒᆞᆫ 더옥 ᄒᆞᆫ ᄒᆞᆫᄂᆞ니라

90
문 텬쥬의 죤진ᄒᆞ심이 엇더ᄒᆞ뇨 답 텬쥬ᄂᆞᆫ 만션만복의 근원이시오 지죤지거
ᄒᆞ신 쥬ᄅᆞᆯ 이졔 그 일ᄒᆞᆫ 더옥 미ᄒᆞᆯ 터 업ᄂᆞ니라
디옥

十

91 문 편당의 ᄌᆞ증ᄒᆞᆷ은 엇더ᄒᆞ닛고 답 편당의 부ᄃᆡ 이 병된 ᄌᆞᆫ이온ᄃᆡ 살ᄒᆞ야 가ᄒᆞ빗당이 엇ᄉᆞᆷ은 모두 시ᄋᆡ ᄉᆞᄅᆞᆷ고 일ᄋᆞᆷ의 ᄉᆞᄅᆞᆷ이 ᄯᅩ ᄒᆞᆫ 되ᄒᆞᆯ 디 업ᄂᆞ니라

92 문 다욱ᄆᆡ 이ᄉᆞᆺ 논쟁ᄒᆞᆫ 법이 유명ᄒᆞᆷ이냐 가평ᄒᆞᆷ이냐 답 편쟈ㅣ 전ᄒᆞ은 문뫼 유명ᄒᆞᆫ 쟁ᄇᆞᆯ을 비치 ᄒᆞ셰 ᄯᅩᆫ리 ᄉᆞ 쟁ᄒᆞᆫ 명ᄒᆞᆫ바 미ᄉᆞ 유쟝ᄒᆞ 올ᄒᆡ 션을 ᄆᆞᆯᄒᆞ시ᄂᆞ니라

93 문 다욱의 고ᄅᆞᆷ이 츠쳐 관ᄒᆞᄂᆞᆫ 님이 잇ᄂᆞ냐 답 미욱은 어ᄃᆡ에오 님을 지내 여ᄅᆞᆷ 상ᄒᆞᆫ 날 ᄀᆞ치 ᄎᆞᆷ지 아니ᄒᆞᄂᆞ니라

94 문 붕관ᄒᆞᆫ ᄉᆞᄅᆞᆷ은 다 디욱에 ᄯᅥ러지지 아니ᄒᆞ랴 답 미쥬 교우ㅣ 나ᄃᆡ 죄 잇ᄂᆞᆫ 샹ᄉᆞᄅᆞᆷ이 어리 ᄋᆞᆫ 쥬 번도시 디욱에 ᄯᅥ러지ᄃᆡ ᄀᆞ도ㅣ 외인은 다 ᄡᅥ 갑ᄒᆞᆯ 뎐을 지ᄉᆞᆫ 다ᄂᆞ 죄와 마ᄇᆞ 쥬지 아니ᄒᆞᆫ 법이 잇ᄉᆞᆫ 뎐 ᄡᅥ 당이 뎐욱에 ᄯᅥ러갈 지니라

95 문 뎐욱은 엇더케 ᄀᆞᆷ이뇨 답 죄 벌을 맛뎐 ᄒᆞᄂᆞᆫ 곳이니 그 당뎐ᄒᆞᆫ ᄉᆞᄅᆞᆷ 다 쟝ᄒᆞᆫ 유공ᄒᆞᆫ ᄉᆞᄅᆞᆷ 기도ᄒᆞ며 ᄀᆞᆷ히 ᄒᆞ뎐ᄒᆞᄋᆡ 부ᄐᆞᆨ을 ᄒᆞ리ᄂᆞ니라

96 문 병셰ᄒᆞᆫ ᄯᅡ 츠ᄉᆞᆺᄒᆞᆫ 영혼이 어ᄂᆞ 곳으로 가ᄂᆞ뇨 답 텬당은 감히 보라ᄂᆞᆫ 구법ᄒᆞᆫ다

욕에 ᄒᆞ참ᄒᆞ지 원의 본죄 업ᄂᆞᆫ ᄃᆞᆯ ᄒᆞ외 영혈을 업ᄂᆞ니라
원죄ㅣ 벌명은 ᄒᆞ예 고셔 ᄯᅢᆷ이니라
97 문 텬쥬ㅣ 원조ᄅᆞᆯ 당에 ᄒᆞ신 무엇ᄒᆞ라 ᄒᆞ셧ᄂᆞ뇨 답 션악나ᄆᆞ 열ᄆᆡᄅᆞᆯ ᄯᅡ 먹
지 말나 명ᄒᆞ시되 만일 범ᄒᆞ면 못당이 벌을 밧을 거시오 만세 ᄌᆞ손이 다 죄에 ᄲᅡ
짐을 면치 못ᄒᆞ리라 ᄒᆞ셧ᄂᆞ니라
98 문 원조ㅣ 이 명을 직히지 아니ᄒᆞ엿ᄂᆞ냐 답 마귀의 ᄭᅬ고임을 ᄌᆞ유 ᄌᆞ쥬ᄒᆞ야 이에 범명
ᄒᆞ야 죄ᄅᆞᆯ 엇엇ᄂᆞ니라
99 문 마귀ㅣ 무ᄉᆞᆷ 모양으로 디당에 가 ᄉᆞᄅᆞᆷ을 ᄭᅬ엿ᄂᆞ뇨 답 슈진의 몸에 붓치여 ᄒᆞ이 말을 ᄒᆞ
엿ᄂᆞ니라
100 문 ᄯᅩ 셰 디당에셔 ᄂᆞᄌᆞᄅᆞᆯ ᄭᅬ혀 ᄒᆞ야 무ᄉᆞ ᄯᅳᆺ 엿ᄂᆞ뇨 답 너의 ᄯᅩ 이와 ᄀᆞᆺ치 되여 ᄒᆞ여금 션악과
ᄅᆞᆯ 먹지 ᄒᆞ야 먹게 ᄒᆞᄂᆞᆫ 줄 ᄒᆞ니라
101 문 이와 ᄀᆞᆺ치 ᄋᆞ손ᄅᆞᆯ 엇지 ᄒᆞ엿ᄂᆞ뇨 답 텬쥬ㅣ 먹지 말나 ᄒᆞ신 명을 닛어 먹지
풍ᄒᆞᄂᆞ니라
범명

十二

102 문 공부ᄒᆞᄂᆞᆫ 이 다시 ᄀᆞᄅᆞ침 말고 외ᄶᅡ 여ᄂᆞ냐 답 이 일ᄂᆞᆫ 그 시ᄂᆞᆫ 힘이 아ᄅᆞᆷ다온 ᄆᆞ음 보ᄂᆞᆫ 지
혜 이ᄂᆞᆫ 연부ᄒᆞ면 공부ᄒᆞ와 지ᄒᆞᆫ 공ᄒᆞ지 ᄭᅥ ᄂᆞᆫ ᄂᆞᆫ 편ᄒᆞ이 이ᄅᆞᆯ 쳔의 ᄒᆞ야 ᄉᆞ회
를 통ᄒᆞ야 ᄆᆞᆺ지 말나 ᄒᆞ엿ᄂᆞ니라

103 문 에와ᄂᆞᆫ 이 말을 듯고 엇더케 ᄒᆞ엿ᄂᆞ뇨 답 망녕되이 텬쥬와 ᄀᆞᆺᄒᆞᆫ ᄆᆞ음을 ᄂᆡ
고 엄ᄒᆞᆫ 진명을 니저ᄇᆞ린 고ᄃᆞᆷ야 이 션악나무를 ᄭᅡᆫ부ᄒᆞ니라

104 문 에와ᄂᆞᆫ 홀노 이 죄를 범ᄒᆞ엿ᄂᆞ냐 답 ᄌᆞ긔ᄒᆞᆫ 자치로 텬쥬와 ᄀᆞᆺ기를 원ᄒᆞᄂᆞᆫ 무ᄋᆞᆷ으로
아ᄃᆞᆷ을 권ᄒᆞ야 이 죄를 범ᄒᆞ게 ᄒᆞ니라

105 문 아담이 에와의 권유를 듯고 엇더케 ᄒᆞ엿ᄂᆞ뇨 답 그 ᄒᆞᆫ 권유ᄒᆞ온 안ᄒᆡᄅᆞᆯ 조ᄎᆞᆯ ᄆᆞᄋᆞᆷ으로 어기지
못ᄒᆞ야 ᄯᅩᄒᆞᆫ 범명ᄒᆞ엿ᄂᆞ니라

106 문 원조ㅣ 불힝이 범명ᄒᆞᆫ 후에 텬쥬ㅣ 엇더케 ᄃᆡᄒᆞ여 벌ᄒᆞ엿ᄂᆞ뇨 답 ᄃᆡ 텬쥬
ㅣ 범명ᄒᆞ야 ᄀᆞ지로 벌ᄒᆞ샤 다ᄒᆞᆫ 낙지에서 ᄂᆡ치ᄉᆞ 이 고으신 질병과 곤난ᄉᆞ ᄋᆞ흔 전쟝
이 잇서 쥬 김이 ᄂᆞ로 ᄒᆞᆫ 뎡ᄒᆞ온 챵ᄉᆞ 외 본 평을 일케 ᄒᆞ시고 멸ᄒᆞ엿ᄂᆞ니 답은

107 멍剌ᄒᆞ시ᄂᆞᆫ 십계를 지킈여ᄯᅡ ᄒᆞᄂᆞ니라

문 원조의 범명ᄒᆞᆷ을 인ᄒᆞ야 사ᄅᆞᆷ마다 날 적브터 죄종이 잇다 ᄒᆞ니 가히 엇어 드를

라 답 교오와 간린과 미ᄉᆡᆨ과 분노와 탐도와 ᄒᆡ타와 질투ᄂᆞ니라

108 문 교오ᄂᆞᆫ 엇더케 ᄂᆞᆫ흠이뇨 답 몸을 존ᄃᆡᄒᆞ야 ᄉᆞᄉᆞ로 어진 톄ᄒᆞᆫ 사ᄅᆞᆷ을 업수

이너여 ᄌᆞ지 못ᄒᆞᆫ 듯시 녀김이니라

109 문 간린은 엇더케 ᄂᆞᆫ흠이뇨 답 ᄌᆞ긔 ᄌᆡ물은 맛당이 쓸ᄃᆡ 쓰지 아니ᄒᆞ고

남의 ᄌᆡ물을 탐ᄒᆞ야 올치 아니ᄒᆞᆫ ᄃᆡ 맛당이 욕심ᄒᆞᆷ이니라

110 문 미ᄉᆡᆨ은 엇더케 ᄂᆞᆫ흠이뇨 답 편ᄌᆞ의 음ᄉᆡᆨ ᄂᆞ셔 본 ᄃᆞᆺ은 ᄉᆡᆼ각지 아니ᄒᆞᆫ다

ᄆᆞ음 ᄯᅳᆺ 답ᄒᆞ야 몸ᄋᆞ로 음ᄃᆡᄒᆞᆷ이니라

111 문 분노ᄂᆞᆫ 엇더케 ᄂᆞᆫ흠이뇨 답 순치 아니ᄒᆞᆫ ᄃᆡ 경을 당ᄒᆞ야 ᄆᆞᄋᆞᆷ이 ᄀᆞᆯ곤 을 업ᄉᆞ

치 변ᄒᆞᆫ 후이 분이ᄂᆞᆫ 혀 갈 ᄯᅥᄂᆞᆫ ᄒᆞ야 ᄉᆞᆯ몸을 덥허 징두ᄒᆞᄆᆡ 조금도 ᄎᆞᆷ지 못 ᄒᆞᆷ이니라

112 문 탐도ᄂᆞᆫ 엇더케 ᄂᆞᆫ흠이뇨 답 집이 간난ᄒᆞ되 자분ᄒᆞᆫ 음식을 탐ᄒᆞᄆᆡ 본정ᄒᆞ며

명령

미ᄉᆡᆼᄒᆞ온 몸을 잡ᄒᆞᄋᆞᆸᄂᆞᆫ 집형셔 ᄆᆡᆼ부ᄒᆞᆫ 븐도ᄀᆡᆼ이 되ᄂᆞᆫ이다

113 문 회치ᄂᆞᆫ 어더케 나ᄂᆞᆫ이뇨 답 ᄆᆡᆼ유ᄒᆞ고 두려온 ᄆᆞᄋᆞᆷ으로 본분을 힘쓰지 아니ᄒᆞᆫ 잘ᄇᆞᆫ
안ᄉᆞᄒᆞᆷ을 취ᄒᆞ야 오ᄂᆞᆯ ᄯᆡ 당ᄒᆞ야 힝ᄒᆞᆯ 일을 다 일은 ᄒᆞ야 졍ᄒᆞ지 아니ᄒᆞᆫ 즉 ᄀᆞ리
ᄀᆞ와 당ᄒᆞ야 ᄒᆞᆯ 되ᄂᆞᆫ 다ᄅᆞᆫ ᄉᆞᆯ이 ᄀᆞᆺ히 ᄒᆞᆯ 거시라 ᄒᆞ야 ᄒᆞᆷ이니라

114 문 질ᄃᆞ근 어더케 나ᄂᆞᆫ이뇨 답 ᄉᆞ리ᄉᆞᆨ 승ᄒᆞᆫ 자를 ᄉᆞᆫ 의여 ᄒᆞᆫ 대여ᄉᆞ은 쟈를
ᄉᆞ과ᄒᆞ야 ᄉᆞᆷ을의 ᄇᆞᆼ동을 ᄀᆞᆺ지 워야 ᄒᆞᆷ이니라

115 문 이 넘은 ᄋᆞᆸ 가지 의지ᄒᆞ야 ᄎᆡ종이 되ᄂᆞ뇨 답 엇더ᄒᆞᆫ 근ᄎᆡ를 의론치 말고 다만
ᄋᆞᆸ 가지 본종을 인ᄒᆞ야 ᄂᆡᆫ 것이니 그 영벌을 브르ᄂᆞᆫ 벌ᄋᆞ 죄이니라

116 문 영혼ᄉᆡᆼ슈ᄋᆞ고 본졍을 일단ᄒᆞᆷ은 어ᄂᆞ 것이뇨 답 뎐ᄌᆞ로 ᄉᆡᆼ각ᄒᆞᆫ 자ᄋᆞ
요ᄒᆞᆫ 죄이 ᄇᆞᆼᄒᆞ야 그 죵ᄋᆞ ᄒᆞ엿고 본졍을 변ᄒᆞ며 거ᄒᆞᆫ 드ᄂᆞᆫ ᄒᆞᆫ
ᄇᆞᆼ은 ᄂᆞ아 되ᄂᆞᆫ 의ᄉᆞ ᄂᆞᆫ 싱ᄒᆞᆷ이니라

117 문 계ᄆᆡᆼ은 어더케 변ᄒᆞ엿ᄂᆞ뇨 답 텬쥬의 은혜를 거역ᄒᆞ기ᄂᆞᆫ 삼히 어ᄂᆞ 죄

ᄒᆞ동시ᄂᆞᆫ 범ᄒᆞᆫ 신음이니라

118 문 병은 어ᄃᆡ에 범ᄒᆞ엿ᄂᆞ뇨 답 텬쥬의 ᄉᆞ졍 알ᄋᆞᆫ 후에 ᄉᆞ흉ᄒᆞᆫ 본범ᄒᆞ
기ᄂᆞᆫ 쇠흉이니라

119 문 ᄯᅩ 죽은 의ᄃᆡ에 범ᄒᆞ엿ᄂᆞ뇨 답 텬쥬ᄂᆞᆫ ᄉᆞ랑치 아니ᄒᆞᆫ ᄌᆞ로 벌ᄒᆞᆯ ᄉᆞ졍 반ᄉᆞ랑ᄒᆞ엿니라

120 문 원조ㅣ 범명ᄒᆞᆫ ᄯᅢ 즁혼의 벌이 유젼에 비교ᄒᆞ야 엇더ᄒᆞ뇨 답 령혼은 이요쥬
쟝ᄎᆞᆫ 울고 벌이 유젼보다 갑졀 더ᄒᆞ니라

121 문 원조ㅣ 범명치 아니ᄒᆞ엿신ᄌᆞᆨ 이제 ᄂᆞᆷᄃᆞ도 복ᄌᆞ손이 ᄒᆞ다 ᄃᆞᆼ복
을 엇어 누리리잇ᄂᆞ냐 답 ᄉᆞᆯ앗의 지처 유명ᄒᆞ신 ᄃᆡ당에 셔ᄃᆞᆯ 다 가복
을 누리다가 ᄆᆞᆺᄎᆞᆫ 후에 산 ᄃᆡ로 텬쥬ᄯᅢ에 음ᄒᆞ지 ᄒᆞ시ᄆᆡ 이 텬쥬의 본ᄯᅳᆺ
이시니라

122 문 예와의 죄를 아ᄃᆞᆷ의게 비롯ᄒᆞ면 엇지 가즁ᄒᆞ뇨 답 아ᄃᆞᆷ이 ᄌᆞ쟝 된ᄂᆞᆫ로 그죄
즁ᄒᆞ니라

123 문 치명치 외ᄒᆞ신 텬쥬ㅣ 엇더케 죄를 벌ᄒᆞ엿ᄂᆞ뇨 답 ᄉᆞ회의 경즁을 ᄯᆞ라 벌ᄒᆞ
셧ᄂᆞ니라

124 문 살ᄂᆞᆯ 유감ᄒᆞ던 비 압의 ᄒᆞ고 벌을 닙엇ᄂᆞ냐 답 텬쥬ㅣ 몬져 고비 압의 ᄇᆞᆫ
벌ᄒᆞ

十三

온젼ᄒᆞ야 지극히 즁ᄒᆞᆫ 두 ᄀᆞᆫ 쳔호ᄅᆞᆯ 되게 ᄒᆞ샤 다에ᄀᆞ며 흠을 덕
ᄒᆡ ᄒᆞ시ᄂᆞᆫ 뎌 일ᄅᆞ 우ᄒᆡ 흔 셩녀ㅣ 잇셔 마ᄋᆞᆷ의 ᄆᆡ디 몹지 명ᄒᆞ셧ᄂᆞ니라

125 문 셰와 노ᄂᆞᆫ 엇더케 벌을 닙엇ᄂᆞ뇨 답 텬쥬ㅣ 셰와 노ᄅᆞᆯ 벌ᄒᆞ야 남ᄌᆞ와 녀ᄌᆞ의 아ᄅᆡᆺ 수되
녀슌명ᄃᆡ로 ᄒᆞᆫ ᄯᆡ 죄 산ᄒᆞᄂᆞᆫ ᄂᆞᆯ ᄌᆞ손이 ᄒᆞᄂᆞᆯᄯᅦ 셧ᄂᆞ니라

126 문 아담은 엇더케 벌ᄒᆞ셧ᄂᆞ뇨 답 텬쥬ㅣ 아담을 벌ᄒᆞ셔 ᄀᆞᄅᆞᄉᆞᄃᆡ 세상 모든 ᄯᆞ
ᄒᆞ아 밧 ᄀᆞᆯ나ᄂᆞᆫ 칼 셜ᄒᆞ야 닙ᄂᆞᆫ 몸의 병 ᄃᆞᆯᄂᆞᆫ 고ᄉᆡᆼ의 ᄂᆞ고 셜ᄒᆞᆷ을 ᄀᆞ초
이샹 당ᄒᆞ게 ᄒᆞ셧ᄂᆞ니라

127 문 원조의 범명ᄒᆞᆫ 벌이 다만 ᄌᆞ손에 미ᄎᆞ첫ᄂᆞ냐 답 그 ᄌᆞ손 된 자ㅣ 다 세에
ᄂᆞᄂᆞᆫ 무다 그 죄 벌에 무ᄃᆞᆺ치이니라

128 문 후ᄃᆡ 사ᄅᆞᆷ의 ᄋᆡᆷ이 악ᄒᆞᆷ은 잇셔 나니 엇지ᄒᆞ야 그 원죄와 무ᄃᆞ뇨
답 비컨대 산 나모에 ᄆᆡᆺ은 ᄭᅩᆺ이 ᄋᆞᄅᆞᆫ 냥 신 ᄆᆡᆸ 가지 ᄆᆡᆺ쳐 ᄆᆡᆸᄂᆞᆫ 냥 ᄂᆞᆫ 나ᄆᆡᆼ찰
나ᄆᆞᆺ흔 지라 원조 범죄ᄒᆞᆫ 벌이 ᄆᆡᆸ어 다 세 ᄌᆞ손의게 ᄭᆞ지 ᄆᆡᆺ쳐 젼염ᄒᆞ야 다

ᄒᆞ지아니ᄒᆞᆷ이니라

129 문 조변ᄒᆞᄂᆞᆫ다ᄒᆞᆫ실낙ᄇᆡᆨ은죄가엇지이ᄀᆞᆺ치관즁ᄒᆞ야만세ᄭᅡ지밋게되ᄂᆞ뇨 답 ᄒᆞᆫ

번실낙ᄇᆡᆨ은죄가비록작으되ᄂᆞᆫ젹아오나지극히놉흐신텬쥬ᄭᅴ범ᄒᆞᆫ

ᄌᆞᆫ고로그죄벌이지극히즁ᄒᆞᆫ니라

130 문 텬쥬ㅣ지극히인ᄌᆞᄒᆞ시니다만원조니외ᄂᆞᆫ무ᄉᆞᆫ벌ᄒᆞ시ᄂᆞᆫ고만히ᄌᆞ손

을용샤ᄒᆞ셔셔이고외ᄅᆞ에보내샹해ᄒᆞᆷ이엇더ᄂᆞ뇨 답 비컨대ᄒᆞᆫ신하ㅣ임셔

고ᄂᆞᆫ왕ᄭᅴ죄ᄅᆞᆯ엇어후ᄭᅥ지ᄌᆞ손을업게ᄒᆞ야후벼ᄉᆞᆯ을보내ᄂᆞᆫ고ᄌᆞ손이라

폐족이되여벼ᄉᆞᆯ을못ᄒᆞᄂᆞᆫ고ᄌᆞᆷ이니라

131 문 원조ᄂᆞᆫ범ᄒᆞᆫ죄ᄅᆞᆯ구ᄒᆞᆫ방ᄇᆞㅣ잇ᄂᆞ냐 답 구ᄒᆞ면죄ᄅᆞᆯ존ᄒᆞᆫ모양이잇ᄉᆞ나

이ᄉᆞᆼ텬ᄒᆞᆫ방ᄌᆞㅣ되ᄂᆞ니라

132 문 텬쥬ㅣ만세만민의대부모ㅣ되시니죄쥭ᄭᅳᆺᄒᆞᆫ만디ᄌᆞ손을불샹이녀

여구속지아니ᄒᆞ시랴 답 텬쥬ㅣ오직ᄌᆞ비ᄒᆞ신셩ᄌᆞ를보내샤구쇽ᄒᆞᆫ실련을

ᄭᅵ치시니라

벗ᄇᆞᆷ

十四

텬쥬의 강생ᄒᆞ주ᄒᆞ심이니라

133 문 텬쥬ㅣ 무어ᄉᆞᆯ 위ᄒᆞ야 강생ᄒᆞ시뇨 답 셰샹 사ᄅᆞᆷ의 죄 구쇽ᄒᆞᆷ을 위ᄒᆞ심이니라

134 문 텬쥬ㅣ 친히 강생치 아니ᄒᆞ시면 달니 구쇽ᄒᆞᆯ 법이 업ᄂᆞ냐 답 지비지쳔ᄒᆞᆫ

ᄆᆞᆷ이 지존지귀ᄒᆞ신 텬쥬긔 범명ᄒᆞ엿ᄉᆞ니 그 죄가 지극히 즁대ᄒᆞ야 지존지귀

ᄒᆞ신 텬쥬 곳 아니면 쇽죄ᄒᆞᆷ이 시ᄂᆞᆫ 번부죡ᄒᆞ니라

135 문 텬쥬ㅣ 엇더케 강생ᄒᆞ셧ᄂᆞ뇨 답 텬쥬 셩신의 젼능을 인ᄒᆞ야 츌셰 동졍이

신 셩모 마리아의 조찰ᄒᆞᆫ 피로 셰 ᄒᆡ 일우샤 인ᄅᆞᆫ 말ᄉᆞᆷ이 유지 아니ᄒᆞ시ᄂᆞᆫ

인생을 취ᄒᆞ야 텬쥬 셩ᄂᆞ 결합ᄒᆞ시니라

136 문 텬쥬 삼위 즁 어ᄂᆡ 위 강생ᄒᆞ시ᄂᆞ뇨 답 뎨이위 셩ᄌᆞㅣ 강생ᄒᆞ시니라

137 문 텬쥬ㅣ 언뎨 강생ᄒᆞ시며 엇지ᄒᆞ야 강생ᄒᆞ셧ᄂᆞ뇨 답 샹고이ᄅᆡ로 텬쥬ㅣ

셩부ㅣ 죄 ᄌᆞ셕을 ᄀᆞᆺ가이 ᄒᆞ시고 녯 셩인들이 죄 쥬의 구쇽ᄒᆞ시기ᄅᆞᆯ 기ᄃᆞ려 변

친히 오시ᄃᆡ 국왕의 ᄯᅳᆺ이 ᄆᆞᄋᆞᆷ이 고신민들을 ᄉᆞ랑ᄒᆞ여 업ᄉᆡ 되ᄯᅥ부

왕거졀ᄒᆞ시ᄆᆡ 신민들을 피신ᄒᆞ야 형벌을 밧아 죽어지이다 ᄒᆞ외다ᄒᆞ니
왕의 졍령을 아니ᄒᆞᆫ 신민의 죄를 속ᄒᆞ면 이ᄂᆞᆫ 죽음이 업지 러ᄀᆞᆺᄒᆞᆫ 건 ᄯᅡᄅᆞᆷ이 아니라

138 문 셩ᄌᆞㅣ 강생ᄒᆞ시매 ᄆᆞᆫ유를 구ᄒᆞ여 다 보ᄒᆞᄂᆞ냐 답 예수 ᄌᆞ긔 스스로 ᄯᅡ보ᄒᆞᄂᆞᆫ 텬주
의 본셩과 본톄 잇ᄂᆞᆫ 니 텬주ㅣ시오 사ᄅᆞᆷ의 령혼과 육신이 잇ᄂᆞᆫ 사ᄅᆞᆷ이시니라

139 문 예수ㅣ 참 텬주ㅣ시오 참 사ᄅᆞᆷ이 되신 후 그 두 위라 ᄒᆞᄂᆞ냐 답 예수의 주셩인셩이 결합ᄒᆞ야 한 위시니라

140 문 예수와 주셩인셩을 어이 어게 ᄉᆞᆯ피ᄂᆞ뇨 답 예수ㅣ 텬주셩으로ᄂᆞᆫ 텬주ㅣ 친ᄒᆞ시
니 인셩으로ᄂᆞᆫ 우리 사ᄅᆞᆷ과 친ᄒᆞ시니 텬주와 우리 사ᄅᆞᆷ 사이에 거ᄒᆞ샤 화목ᄒᆞ게 ᄒᆞ실 이니라

141 문 텬주와 우리 사ᄅᆞᆷ이 엇지ᄒᆞ야 화목을 일헛ᄂᆞ뇨 답 원조 사ᄅᆞᆷ이 본ᄃᆡ 텬주
의 명을 거ᄉᆞ리고 죄를 지은 후로 범명을 인ᄒᆞ야 다 텬주께 죄를 엇어 그 ᄌᆞ손
들인 고로 ᄒᆞ여곰 세상의 만민 사ᄅᆞᆷ의 죄인이 되엿ᄂᆞ니라

142 문 예수ㅣ 텬주와 우리 사ᄅᆞᆷ 사이에 거ᄒᆞ야 엇더케 화목ᄒᆞ게 ᄒᆞ셧ᄂᆞ뇨 답 예수ㅣ
인셩으로 죄 업ᄂᆞᆫ 만인을 ᄃᆡ신ᄒᆞ야 십자가에 못박혀 죽으시고 주셩으로 죄고보

구속 十五

혈육을 졔로 텬쥬셩부ᄭᅴ 드려 사ᄅᆞᆷ으로 ᄒᆞ여곰 다시 셩춍을 엇어 곳ᄒᆞᆫ 아ᄃᆞᆯ이 되게ᄒᆞ심이니라

143 문 예수의 텬쥬셩은 고난을 받지 아니ᄒᆞ엿거ᄂᆞᆯ 엇지 텬쥬ㅣ 난을 받아 죽으엿다 니르ᄂᆞ뇨 답 비유컨대 사ᄅᆞᆷ이 령혼과 육신이 의서 합ᄒᆞ여 이어ᄂᆞᆯ 육신이 병드러 죽을 ᄯᅢ 엇지 홀로 육신이 죽엇다 ᄒᆞ리오 반ᄃᆞ시 온 사ᄅᆞᆷ이 죽엇다 ᄒᆞᄂᆞ니라

144 문 예수ㅣ 세상 사ᄅᆞᆷ을 속ᄒᆞ샤 상을 엇어 게ᄒᆞ셧ᄂᆞ뇨 답 예수ㅣ 지존ᄒᆞ신 톄로 ᄒᆞᆫ 젹괴 받을ᄯᅥ도 ᄀᆞᆷ히 만민의 죄를 쇽ᄒᆞ시되 죽음은 ᄒᆞᆫ번히 유여ᄒᆞ시되 죽기ᄭᆞ지 니ᄅᆞ시기ᄂᆞᆫ 쥬ᄯᅳᆺ이 고 인졍의 지극ᄒᆞᆫ 은을 뵈심이니라

145 문 텬쥬ㅣ 강ᄉᆡᆼᄒᆞ샤 죽ᄒᆞ신 공을 엇지ᄒᆞ야 ᄂᆞᆷ의 죄를 쇽ᄒᆞ셧ᄂᆞ뇨 답 우리 죄의 가ᄅᆞᄒᆞᄂᆞᆫ 도ᄅᆞᆯ 죄 가ᄂᆞᆫ 갑ᄂᆞᆫ ᄒᆞᆷ에 잇심을 뵈심이니라

146 문 오ᄂᆞᆯ 예수ㅣ 셩탄ᄒᆞᆫ 날에 ᄎᆞᆷ 은혜를 받ᄌᆞ왓ᄂᆞᆫ 것은 무ᄉᆞᆷ ᄯᅳᆺ이뇨 답 교회 예수의 시ᄒᆞ야 슌명ᄒᆞ신 후ㅣ 오ᄂᆞᆯᄭᆞ지 삼십삼년 슈난ᄒᆞ신 공로ᄅᆞᆯ 지완ᄒᆞ여 ᄯᅥ ᄂᆞ고 항 ᄉᆞᆼᄒᆞ신 죄를 ᄒᆞᆫ ᄯᅢ에 시죽ᄒᆞ신 일이니라

147 문 예수ㅣ 삼십삼년 ᄉᆞ이에 나자릭ᄯᅡ에 거ᄒᆞ샤 셩ᄌᆞ와 셩요셉을 더브러
ᄀᆞᆷ안흔 ᄒᆞ엿ᄂᆞ뇨 답 예수ㅣ 친히 심ᄉᆞ 일을 ᄒᆞ샤 간난을 ᄀᆞᆷ슈ᄒᆞ시ᄂᆞᆫ 표 순ᄒᆞᆫ
신표양을 셰우샤 ᄉᆞ름들의 합치ᄒᆞᆫ 헛된 ᄎᆡ면과 공온ᄒᆞᆫ 고로 돈ᄃᆡ
ᄆᆞᆷ즁 ᄭᅴᄒᆞ셧ᄂᆞ니라

148 문 예수ㅣ 광야에셔 ᄉᆞ십일을 대재ᄒᆞ신 것은 무ᄉᆞᆷ 일을 위ᄒᆞ셧ᄂᆞ뇨 답 ᄒᆞ나흔
ᄒᆞᆫ ᄉᆞᆷ우ᄅᆞᆯ 예비ᄒᆞ샴이니라

149 문 예수ㅣ 주ᄎᆞᆼ ᄇᆞᆼ무ᄅᆞᆯ 엇디 ᄯᅢ 미ᄒᆞ셧ᄂᆞ뇨 답 슈난ᄒᆞ실 일을 ᄭᅮᆷ꾸ᄒᆞᆫ
ᄉᆡ 성ᄆᆞ 쳐 리 로 ᄒᆞ신 ᄯᅢ ᄇᆞ뎡ᄒᆞ샤 우리ᄂᆞᆫ 친 공에 착ᄒᆞᆫ 표양을 세우샴 이니라

150 문 예수ㅣ 음당ᄒᆞᆫ 이에셔 온 탐지 ᄉᆞ 다ᄒᆞ기 ᄯᅢ를 밧으셧은 우셔 ᄯᅳᆺ이뇨 답
ᄌᆞᄎᆞ 셩셰를 세우실 ᄎᆞᄅᆡ오 ᄯᅩ 세상 사ᄅᆞᆷ의 고죄 ᄒᆞᆼ화ᄒᆞᆷ을 ᄆᆞ ᄃᆞ치 ᄉᆡᆼ이 니라

151 문 예수ㅣ 삼년 젼교ᄒᆞ실 ᄯᅢ에 셩적을 만히 힝ᄒᆞ셧ᄂᆞᆫ 무ᄉᆞᆷ ᄯᅳᆺ이뇨 답 ᄀᆞ디
이 ᄎᆞᄂᆞᆫ 사ᄅᆞᆷ의 신덕을 ᄇᆞᆯ게 ᄒᆞ샴이니라

152 문 예수ㅣ 엇지ᄒᆞ야 우ᄒᆞ비 쳔ᄒᆞᆫ 사ᄅᆞᆷ을 ᄲᆞ혀 열두 종도를 뎡ᄒᆞ셧ᄂᆞ뇨 답
ᄀᆞ긔

十六

후셰산쳔을 은ᄒᆞ여 금셩으ᄂᆞ 만셰만방에 젼ᄒᆞᆷ이 이에 편ᄉᆞ와 임이 오ᄉᆞᆸ고
외치ᄂᆞᆫ 이 셰대 [illegible] ᄒᆞᄂᆞᆫ 쥴을 알게 고쳐 ᄒᆞ심이니라

153 예수ㅣ 다볼산에셔 편득 셩용을 변ᄒᆞ샤 ᄂᆡ샹은 ᄒᆡ ᄀᆞᆺ고 옷은 눈 ᄀᆞᆺᄒᆞ니
ᄒᆞ여금 당신의 죽기를 당ᄒᆞ시기 젼에 영광을 알아 조당ᄒᆞᄂᆞᆫ 바 셰샹 ᄉᆞᄅᆞᆷ을
겁내지 말며 실망치 말게 ᄒᆞ심이니라

154 예수ㅣ 슈난 젼날에 셩톄 대례를 세우샤 [illegible] 이오 [illegible] 이는 예수ㅣ 친혈
히 ᄉᆞ랑ᄒᆞ시는 졍이 시각 지나ᄂᆞᆫ 이 우리 셰샹을 떠나셔 친함 ᄒᆞ야
이 떠나지 아니고져 ᄒᆞᆷ이오 ᄂᆞᆫ히 우리 조찰ᄒᆞᆫ 벗이 되게 ᄒᆞ심
이러ᄒᆞᆫ 셩톄 이ᄂᆞᆫ 우리 [illegible] ᄒᆞ여금 ᄒᆞᆫ갈ᄀᆞᆺ치 편당 친목을 ᄒᆞ라 ᄒᆞ시고
재ᄒᆞ심의 셰히 ᄒᆞ시다

155 예수ㅣ 산원에셔 피ᄯᆞᆷ을 흘니샤 [illegible] 예수ㅣ 만셰만민
의 갑히 [illegible] ᄒᆞ샤 지나지 [illegible] 을 도로 지탱ᄒᆞ고져 ᄒᆞ시되 후셰 [illegible] 이

ᄒᆞ히더니온혜를비ᄇᆞᆫ후ᄂᆞ다옥에ᄲᆞ지ᄂᆞᆫ재ᄀᆞ만ᄒᆞᆯ지라예수ㅣ삼가이
에ᄯᅥᆺᄯᅥᆺᄒᆞ시니모ᄃᆞᆫ이면ᄒᆞᆼᄒᆞ시ᄂᆞᆫ괴로온이ᄯᅢ〻ᄒᆞ야잔ᄒᆞᆫ명이열ᄃᆞ죄ᄎᆞ야
ᄯᅢᆺᄯᅥᆺ지ᄋᆞᆫ더ᄯᅡ더ᄯᅩᄃᆞᆫᄎᆡᆨ하심이니라
156 문 예수ㅣ 약ᄒᆞᆫ 당의 결박ᄒᆞᆷ을 ᄎᆞᆷ으시ᄆᆞ로 우리ᄂᆞᆫ 무ᄉᆞᆷ 뜻이 ᄂᆞ뇨 답 텬쥬의 젼ᄒᆞ
올 ᄉᆞᆷ히 감ᄎᆞ시고 오직 고ᄅᆞᆺᄒᆞ신 착ᄒᆞᆫ 모양을 뵈심이니라
157 문 예수ㅣ 아니스 안에서 ᄲᅡᆷ치ᄂᆞᆫ 욕을 받으심은 무ᄉᆞᆷ 뜻이 ᄂᆞ뇨 답 우리
ᄂᆞᆫ 너 ᄒᆞ신 ᄃᆡ로 뵈사 우리들 부ᄒᆞ며 ᄂᆞᆷ이 세상에서 능욕을 ᄂᆡ게 맛ᄂᆞᆫ
착ᄒᆞᆫ 표양을 알니지 거졀ᄒᆞ심이니라
158 문 예수ㅣ 가야바 안에서 ᄂᆞᆺ히 침 받ᄂᆞᆫ 욕을 받으심은 무ᄉᆞᆷ 뜻이 ᄂᆞ뇨 답 ᄎᆡ
별이 없ᄂᆞᆫ ᄒᆞ신 덕을 나타내샤 우리들 고ᄒᆞ며 ᄌᆞ기 데면의 회되고 져 ᄒᆞᆯ
을 알게 ᄒᆞ심이니라
159 문 예수ㅣ 헤로데 안에서 조롱ᄒᆞᄂᆞᆫ 옷 ᄉᆞᆫ 닙히신 것 친ᄒᆞ심을 ᄌᆞ욕 ᄒᆞᄂᆞᆫ 욕
을 받으심은 무ᄉᆞᆷ 뜻이 ᄂᆞ뇨 답 텬쥬의 무궁ᄒᆞᆷ을 나타내지 아니ᄒᆞ시ᄂᆞᆫ 세상 ᄎᆡᆨ이

구쥬 十七

오괴지 아니ᄒᆞᆫ 것시 사ᄌᆞᆫᄒᆞᆫ 거ᄉᆞᆯ 넙히 기도ᄒᆞᆷ이 ᄒᆞ온즉 제ᄒᆞᆫ 뇌 ᄒᆞ심이니라

160 문 예수ㅣ 비와ᄂᆞᆫ 아ᄂᆞᆫ에서 부수호 련ᄒᆞ히 밧으신은 무ᄉᆞᆫ ᄯᅳᆺ이뇨 답 예수
ㅣ 외위륙ᄒᆞ신 ᄌᆞ의 가ᄅᆞ침이 상치 아니ᄒᆞᆫ 곳이 업ᄉᆞᆷ은 오ᄌᆡᆨ 훗의 ᄉᆞ
륵으로 ᄒᆞ여곰 죄를 보쇽ᄒᆞ심이니라

161 문 예수ㅣ 용조를 넘히신 유뎨아 등 왕이 다 본 고ᄅᆞᆷ을 밧으심은 무ᄉᆞᆫ ᄯᅳᆺ이뇨
답 예수ㅣ ᄂᆞᆫ 오ᄂᆞᆫ 욕을 밧으샤 ᄌᆞ긔 몸에 ᄉᆞᄅᆞᆷ의 병고ᄅᆞᆯ 대신ᄒᆞᄂᆞᆫ 죄를 보쇽ᄒᆞ심이니라

162 문 예수ㅣ 결옥ᄒᆞ신 ᄯᅢ에 각쇠 관쇠 ᄀᆞᄂᆞᆫ 욕을 밧으심은 무ᄉᆞᆫ ᄯᅳᆺ이뇨 답 예수ㅣ 고난을
ᄒᆞᄂᆞᆫ 욕을 ᄎᆞᆷ아 밧으샤 우리들의 공을 ᄒᆞ야 우리를 도와 ᄒᆞᄂᆞᆫ 죄를 보쇽ᄒᆞ심이니라

163 문 예수ㅣ 온 몸에 매 맛ᄒᆞ심 피를 흘니신 잔인ᄒᆞᆫ 혹형의 큰 병삽은 회용을 밧으심은 무ᄉᆞᆫ ᄯᅳᆺ이
뇨 답 우리들로 ᄒᆞ여곰 네 ᄌᆞ긔 죄된 환용ᄒᆞᆷ인 ᄌᆞ울을 엿지 ᄀᆞᆫ 죄 ᄒᆞᆷ이오 ᄯᅩ
답 쳔ᄒᆞᄂᆞᆫ 죄를 속ᄒᆞ심이니라

164 문 예수ㅣ 슈ᄌᆞ에 못 박히신 ᄯᅢ에 무ᄉᆞᆷ ᄯᅳᆺ이뇨 답 예수ㅣ 그 것비 ᄒᆞ신 ᄆᆞᄋᆞᆷ을 뵈고쟈

쳔쥬 명ᄇᆡᆨ 틀ᄎᆡ 밧ᄌᆞ와 ᄒᆡ 우리 등의 즁ᄃᆡ ᄒᆞᆫ 빌ᄋᆞ 보고 ᄀᆞᆫᄀᆞᆫ ᄌᆞ
우ᄒᆞ시ᄂᆞ이다

165 ᄌᆞ 예수ㅣ 루쥬 ᄀᆞᆼ에 쟝ᄌᆞ ᄯᅡ 미ᄅᆞᆫ을 밧ᄌᆞ와 ᄌᆞ긔 ᄋᆞᄆᆡ를 ᄉᆞᆷ으샤 ᄂᆡ 셩ᄋᆞ 오쥬 ᄭᅴ 보듯이 ᄂᆞᆸ고
셩뎐 ᄂᆡ 셩ᄋᆞ 은혜 벋고 빈 ᄆᆞᄋᆞᆷ에 온젼ᄒᆞᆫ ᄌᆞ모 ᄃᆞ리 ᄯᅳᆺ 착ᄒᆞ야 ᄂᆡ 쥬ᄒᆞ셔이

166 ᄌᆞ 예수ㅣ 십ᄌᆞ가 우ᄒᆡ셔 ᄂᆞᆯ음 받ᄋᆞ샤 ᄒᆞ신 ᄌᆞ 오쥬 ᄭᅴ ᄒᆞᆫ 듯이 ᄂᆞᆸ 예수ㅣ 몸의 ᄂᆞᆫ 셰상에ᄂᆞᆫ
의 ᄃᆡ 벗 ᄒᆞᆫ시ᄃᆞᆫ 은 ᄆᆞᆷ ᄃᆡ로 ᄒᆞᆯ ᄒᆞ시며 ᄯᅳᆺ 별이 그 ᄌᆞ혼 ᄋᆞᆯ ᄌᆞᆼ ᄒᆞᄂᆞᆫ ᄆᆞᄋᆞᆷ
을 ᄌᆞ셔 ᄇᆞᆯ 니ᄅᆞᆷ을 ᄀᆞ져 ᄒᆞᆫ ᄃᆡ로 ᄒᆞ여 주시ᄂᆞ이다

167 ᄌᆞ 미일 ᄆᆞᄋᆞᆷ을 우리 등이 ᄒᆞᆫ ᄃᆡᆫ 알지 못ᄒᆞᆷ이 ᄆᆞᆫ ᄒᆞ셧시니 ᄭᅴ 듯이 ᄂᆞᆸ 예수ㅣ ᄃᆞᆼ신
으로 ᄂᆞᆷ져 ᄇᆡ 본 악ᄒᆞᆫ 욕을 ᄆᆞᆷ ᄉᆡᆼ이 ᄇᆞ샤 ᄡᅥ 우리 등의 지원을 ᄌᆞᆼ ᄒᆞᄂᆞᆫ
ᄉᆞᆼ 되시이다

168 ᄌᆞ 미이 ᄆᆞᄋᆞᆷ은 우ᄒᆞᆫ 외지 ᄭᅦᆫ ᄃᆞᆼ부 ᄃᆞᆼ고 ᄃᆞᆷ을 허락ᄒᆞ셧시니 ᄭᅴ 듯이 ᄂᆞᆸ 예수ㅣ
ᄒᆞᆫ 쥬ᄭᅴ 인ᄌᆞᆫ ᄒᆞ신 졍을 ᄇᆞᆫ ᄌᆞ샤 ᄡᅥ 우리 등의게 ᄉᆞᆯ을 ᄒᆞ셔 ᄒᆞᄂᆞᆫ ᄆᆞᄋᆞᆷ을 ᄒᆞᄂᆞ니 ᄒᆞ신 이니라
ᄒᆞᄉᆞᆷ

169

변 대쥬ᄭᅴ셔 은셩으로 오왕을 ᄀᆞᄅᆞ치시며 ᄃᆡ 너희ᄂᆞᆫ 이라 ᄒᆞ신 ᄉᆞ졍
ᄒᆞᆫᄒᆞ야 셩으로 ᄀᆞᄅᆞ쳐 보ᄂᆡ샤ᄃᆡ 너희ᄂᆞᆫ 쳔이라 ᄒᆞ셔ᄉᆞ오니 우리 ᄯᅳᆺ이ᄂᆞᆫ 즁
예수ㅣ 교회 인도ᄒᆞ신 졍을 발ᄒᆞ샤 우리 등이 맛당이 보ᄅᆞᆯ ᄒᆞᄂᆞᆫ
야 슌명ᄒᆞᆷ을 ᄀᆞᄅᆞ치신이다

170

본 대ᄉᆞ 말ᄉᆞᆷ은 우ᄒᆞ도 단 ᄒᆞᆫᄯᅳᆺ시니 우숨 ᄯᅳᆺ이ᄂᆞᆫ 답 예수ㅣ 교회 사ᄅᆞᆷ 주ᄒᆞ기에
우ᄂᆞᆫ ᄯᅩᄒᆞ야 ᄂᆞᆫ 졍을 발ᄒᆞ샤 우리 등이 의롬을 ᄯᅡ 사ᄅᆞᆷ의 법을 주ᄒᆞᆷ
을 ᄯᅡ르음 도ᄅᆞᆯ 맛당을 ᄀᆞᄅᆞ치신이다

171

문 대ᄉᆞ 말ᄉᆞᆷ은 우리 련류에 우리 련류여 여러 사ᄅᆞᆷ 흔 보ᄃᆡ 너희 이린 ᄒᆞ신 ᄉᆞᆷ은
우숨 ᄯᅳᆺ이오 답 예수ㅣ 교회 뵈ᄋᆞ셔 나ᄂᆞᆫ 졍을 발ᄒᆞ샤 우리 등이 외흡ᄒᆞᆫ 공경
을 당ᄒᆞ거든 받드시 우리 련류의 보우ᄒᆞ심 흠을 ᄀᆞᄅᆞ치신이다

172

문 대ᄉᆞ 말ᄉᆞᆷ은 못 ᄒᆞᆫ 단ᄒᆞ셔니 우숨 ᄯᅳᆺ인고 답 예수ㅣ 교회 원ᄒᆞ신 졍을 발
ᄒᆞ사 우리 등이 션을 ᄒᆞ매 맛당이 션ᄒᆞᆷ음을 ᄀᆞᄅᆞ치신이다

173 문 뎨칠말ᄉᆞᆷ은 ᄂᆡ 신명을 네게 부치ᄂᆞ이다 ᄒᆞ심은 무ᄉᆞᆷ ᄯᅳᆺ이뇨 답 예수ㅣ 고계
졍ᄒᆞ신 졍을 ᄆᆞᆺᄎᆞ샤 ᄎᆡ우시고 ᄃᆞ 일의 슌명ᄒᆞᆫ 뒤ᄃᆡ의 ᄒᆞᆫ 영혼을 맛ᄂᆞᆫ
것ᄉᆞᆺ 당이 모ᄅᆞᆯ 곳치던 후의 명을 조ᄎᆞ샤 가히 조흠도 어거지 못ᄒᆞᆷ을 구두치신
이라

174 문 예수ㅣ 어ᄂᆡ 곳에셔 못박혀 죽으셧ᄂᆞ뇨 답 예루살넴 셩밧 갈와략산이니라

175 문 예수ㅣ 죽으신 ᄯᅢ 그 육신을 장ᄉᆞᄒᆞ엿ᄂᆞ냐 답 새 석총에 장ᄉᆞᄒᆞ엿ᄂᆞ니라

176 문 예수 셩시톄 십ᄌᆞ가에 ᄂᆞ려 온 후ᄂᆞᆫ 답 셩혼은 십ᄌᆞ가 샹교ᄒᆞ던 일은 무엇ᄯᅥ뇨와
ᄃᆞᆯ은 ᄉᆞᆫ ᄂᆞ니라

177 문 이ᄯᅢ 죵도들이 어ᄂᆡ 곳에 잇셧ᄂᆞ뇨 답 죵도ㅣ 다 도망ᄒᆞ야 흣허졋ᄂᆞ니라

178 문 예수ㅣ 십ᄌᆞ가에 ᄃᆞᆯ니신 ᄯᅢ에 뉘 셩 갈와략에 잇셧ᄂᆞ뇨 답 셩모와 셩요왕과
셩녀 막다릐나와 ᄯᅩ 다른 셩녀ㅣ니라

179 문 셩모ㅣ 이ᄯᅢ 당ᄒᆞ야 엇더케 통ᄒᆞᆫ셧ᄂᆞ뇨 답 예수와 ᄒᆞᆫ가지로 온 고난을 ᄂᆞᆫ화 밧으시며 죽음을 ᄒᆞᆫ가지로 밧지 못ᄒᆞ엿ᄉᆞ나

180 문 예수ㅣ 죽으신 후에 셩혼은 어ᄃᆡ로 가시뇨 답 림보에 ᄂᆞ리샤 ᄂᆞ려가샤 구ᄒᆞ시니라

우ᄒᆞ시ᄂᆞ니

181 문 예수ㅣ 죽으신 후에 그 령혼은 어ᄃᆡ 계시ᄂᆞ뇨 답 텬주셩이 오히려 인셩과
결합ᄒᆞ샤 ᄯᅢ에 령혼이 ᄯᅥ나지 아니ᄒᆞ시고 ᄂᆞ려가샤 고셩 림보와 셰샹 즁간
에 계시니라

182 문 예수ㅣ 죽으신 후에 부활ᄒᆞ신 증거이 업ᄂᆞ냐 답 예수ㅣ 젼에 ᄒᆞ신 말ᄉᆞᆷ ᄀᆞᆺ치 삼
일 부활ᄒᆞ시니라

183 문 예수ㅣ 부활ᄒᆞ실 ᄯᅢ에 누ㅣ 보왓ᄂᆞ뇨 답 무덤 직히던 악졸이 ᄒᆞᆫ가지로 엿ᄌᆞ
보왓ᄂᆞ니라

184 문 악졸이 엇지ᄒᆞ야 무덤을 직히엿ᄂᆞ뇨 답 ᄃᆡ회에 예수와 ᄃᆡ젹ᄒᆞ던 고셩ᄉᆞ들이
졔ᄌᆞ들이 셩시를 도적ᄒᆞ고 부활ᄒᆞ엿다 ᄒᆞᆯ가 ᄒᆞ여 무덤을 직히게 ᄒᆞ니라

185 문 예수ㅣ 부활ᄒᆞ실 ᄯᅢ에 누구의게 몬져 낫타나 뵈시ᄂᆞ뇨 답 몬져 셩모ᄭᅴ 뵈시고 모든 셩
인 녀인과 종도들의게 ᄎᆞ례로 낫타나 뵈시니라

186 문 예수ㅣ 부활ᄒᆞ신 후에 무ᄉᆞᆷ 일을 ᄒᆞ셧ᄂᆞ뇨 답 셩교회를 확실이 ᄆᆡ지ᄒᆞ신 셩

슈치쟉을 비령ᄒ시니라

187 問 예수ㅣ 승텬ᄒ신 흔젹이 업ᄂ냐 답 부활ᄒ신 후 ᄉ십일에 승텬ᄒ샤 셩부 우편에 계시ᄂ니라

188 問 예수ㅣ 어ᄂ 곳에셔 승텬ᄒ셧ᄂ뇨 답 올니와 산 우희셔 텬신들이 ᄒ여곰 흠숭ᄒ
ᄂ 풍류ᄒ고 앞의 뒤ᄯᅡ 예수ㅣ 영신을 좃차 올나 오ᄅ시니라

189 問 예수ㅣ 승텬ᄒ신 때에 무ᄉ 사ᄅᆷ이 보왓ᄂ뇨 답 셩모와 모든 종도와 칠십
이 문도와 모든 셩인 셩녀 ᄀ지 ᄌ지로 일ᄇᆡ기 이십인이 보며 보ᄂ니
러ᄒ 졍ᄒ ᄒ니라

190 問 예수ㅣ 부활ᄒ신 후에 승텬을 아니ᄒ신 이 셰샹에 머무러 계시면 엇지 못ᄒ
샹ᄌ의 보ᄒ이 업ᄂ냐 답 ᄉᄉ 승텬ᄒ샤야 ᄯᅥᄂ지간ᄒᆞᄂ 것치 안ᄉ
너희의 ᄒ신 ᄉ흠이 ᄒᄂ야 텬당 영광을 ᄀ지 이 존ᄃ히 오ᄃ고 공
로ᄅ 뫼셔 ᄭ지 ᄉ흠을 위ᄒ야 텬당 복락을 위ᄒ 좀이 ᄒᆞ고 ᄯᅩ 오ᄂ 셩 부
께 ᄃ리 우리 ᄉ흠을 위ᄒ야 긔구ᄒ심이 셰ᄒ다 오쥬ㅣ 만일 승텬치 아니ᄒ

子舟 二十

191

시면 치ᄒ이 편당 블울 엿다오

文 연ᄀ ᄒ면 ᄒ실 ᄯᅢ에 천도 들의 졍양ᄒ며 창망ᄒᆫ 어ᄂ 처위로오

셕ᄂ 졍답 ᄒ면ᄒ신ᄂ 섭연ᄒ 셩신이 강녕ᄒ샤 안위ᄒ실 ᄯᅳᆺ으소

192

의 편안을 밧ᄌᆞ와 포ᄉᄒ시니다

文 셩신이 엇더케 되오ᄉ 셔ᄂ 졍답 셩은과 ᄀ돈 셩인 셩ᄯᅢ 안ᄒ이 심이ᄒ온

당 일로 되여 거도 ᄒ더니 심을ᄒ 당ᄒ에 ᄎ시 ᄯᅢ에 큰 말ᄉᆞᆷ이 ᄒ온 년 ᄂ러

193

나던 가을 ᄋᆞ며 ᄯᅢ 블ᄒ 샹 ᄀ 치ᄂ ᄃ 샹ᄉ의 나라 ᄀ 강ᄒ

야 현ᄂ ᄒ니다

文 블ᄒ 형샹은 ᄆ은 ᄯᅳᆺ이 ᄀ 졍답 셩신ᄋ 듕을 밧ᄋ신 ᄀ 듕의 ᄆ 이 본 ᄀ치

194

ᄃ 졉ᄂ 혀 가ᄂ이 ᄆ ᄒ 방 면ᄂ 이 샹 모 분 ᄒ 통ᄒ야 그디 ᄒ 샹 ᄆ다 ᄯᅩ다 갈며 잘ᄒ 칭이니라

셩ᄉ 칠ᄌ의 은혜라

文 셩은 회ᄂ우 엇시도 답 배ᄋ 치이 셩ᄋ 안 ᄯᅳᆺ 너 보편ᄒ고 ᄂ 샹 ᄋ ᄒ 웃

치ᄒᆞᆫ 회ᄒᆞᆯ 일은 ᄋᆞ담이 자긔 죄ᄯᅢ문에 ᄌᆞ작ᄒᆞ니 ᄒᆞ오 둘이 업ᄉᆞ며 자긔 ᄌᆞ유ᄒᆞᄂᆡ
셩이 ᄋᆞᆺ난 이 일ᄋᆞᆫ 그ᄯᅢ 자긔 죄 ᄒᆞᆫ 번 ᄯᅢ만셔 관방에 의ᄉᆞ심이오 ᄃᆞ종ᄃᆞᆫ은 ᄆᆞᄅᆞ젼
ᄒᆞ와 온ᄃᆞᆫ 권이 잇ᄉᆞ니 다ᄅᆞᆫ 곳과 더브러 고지 분별이 잇ᄂᆞ니라

195 문 셩ᄉᆞ와 회안에 잇ᄂᆞᆫ 사ᄅᆞᆷ이 엇더케 은춍을 엇ᄂᆞ뇨 ᄃᆞᆸ 텬쥬의 은춍이 두가지 잇
ᄉᆞ니 ᄒᆞ나흔 바ᄋᆞ의 셩춍이오 ᄒᆞ나흔 평상 셩춍이니라

196 문 ᄇᆞ외 셩춍은 무어시뇨 ᄃᆞᆸ 텬쥬ㅣ 특별이 사ᄅᆞᆷ의게 주샤 ᄒᆞ여금 ᄀᆞ 션ᄒᆞᆫ 힝
을 작ᄒᆞ게 ᄒᆞ시ᄂᆞᆫ 은혜니라

197 문 평상 셩춍은 무어시뇨 ᄃᆞᆸ 텬쥬ㅣ 특별이 ᄃᆡ죄 범치 아니ᄒᆞᆫ 사ᄅᆞᆷ의게 주와 주
샤 ᄒᆞ여금 ᄀᆞ 령혼을 아ᄅᆞᆷ답게 ᄒᆞ여 주로 더브러 친합ᄒᆞ게 ᄒᆞ시ᄂᆞᆫ 은혜니라

198 문 엇더케 셩춍을 엇ᄂᆞ뇨 ᄃᆞᆸ 엇던 사ᄅᆞᆷ이 엇더ᄒᆞᆫ 덕ᄒᆡᆼ을 ᄒᆡᆼᄒᆞᆯ ᄯᅢ 쥬의 은ᄌᆞ를 밧ᄂᆞᆫ 가이
셩춍을 엇ᄋᆞᆯ 줄노 ᄆᆞ시 ᄂᆞ리신 ᄌᆞ 셩ᄉᆞᄯᅢ에 셩춍을 엇고 가 더욱 슴ᄂᆞᆫ 대로 ᄒᆞᄂᆞ니라

199 문 셩춍이 사ᄅᆞᆷ의게 (엇더케) ᄒᆡ 츙ᄒᆞᆷ이 무엇이뇨 ᄃᆞᆸ 그 령혼의 신ᄆᆡᆼ 되ᄂᆞᆫ 연고ㅣ니라

셩ᄉᆞ 二十七

200 문 셩총이 엇지ᄒᆞ야 영혼의 ᄉᆡᆼ명이 되ᄂᆞ뇨 답 비컨대 우리 육신이 영혼을 ᄯᅥ나면 죽
ᄂᆞᆫ 듯 영혼이 셩총을 ᄯᅥ나면 죽ᄂᆞ니라

201 문 영혼이 본ᄃᆡ 영활ᄒᆞᆫ 톄니 엇지ᄒᆞ야 죽ᄂᆞ다 ᄒᆞᄂᆞ뇨 답 ᄉᆞᄅᆞᆷ이 ᄆᆡ죄를 범ᄒᆞ면
셩총이 못 주 영혼을 ᄯᅥ남이니 비록 육신은 셩혼이 잇서도 쥬 ᄃᆡ젼에 잇서ᄂᆞᆫ 젼
이 상실ᄒᆞᆷ 용모를 엇음이 업ᄂᆞᆫ 고로 죽은 쟈와 ᄀᆞᆺᄒᆞ니라

202 문 셩교회에 ᄉᆞᄅᆞᆷ의 죄를 사ᄒᆞᄂᆞᆫ 권이 잇ᄂᆞ냐 답 셩ᄉᆞ 잇ᄉᆞ니 오쥬 예수ㅣ 친
이 세상 ᄉᆞ실 ᄯᅢ 죄를 사ᄒᆞ시ᄂᆞᆫ 주권을 회복ᄒᆞ셧ᄂᆞᆫ지라 이 능력으로 셩ᄉᆞ를 세우셔 ᄉᆞᄅᆞᆷ의 죄를 사ᄒᆞ게 ᄒᆞ셧ᄂᆞ니라

203 문 셩ᄉᆞㅣ 몃 가지 잇ᄂᆞ뇨 답 닐곱 가지 잇ᄉᆞ니 셩셰와 견진과 고회와 셩톄와 종부와
신픔과 혼비니라

204 문 셩셰ᄂᆞᆫ 엇더ᄒᆞᆫ 셩ᄉᆞㅣ뇨 답 죄를 씻ᄂᆞᆫ 셩ᄉᆞ니 ᄉᆞᄅᆞᆷ의 원죄와 본죄를 사
ᄒᆞ야 곳 텬쥬와 셩교회의 ᄌᆞ식 되게 ᄒᆞᄂᆞ니라

205 문 지각이 업ᄂᆞᆫ 영히ᄂᆞᆫ 엇더케 ᄒᆞᄂᆞ뇨 답 외인의 ᄌᆞ녀ᄂᆞᆫ 죽을 위험이 잇스면

ᄒᆞ야 ᄉᆞᄃᆡᆼ이 셩셰를 ᄇᆞᆺ칠 거시오 교우의 ᄌᆞ녀ᄂᆞᆫ 낫ᄒᆞᆫ 일안에 ᄉᆞᄃᆡᆼ이 셩셰
를 ᄇᆞᆺ지 못ᄒᆞ면 회장이나 셰젼 바든 사ᄅᆞᆷ을 쳥ᄒᆞ야 ᄇᆞᆺ칠 거시 본분 일이옵ᄂᆞ니
비록 ᄌᆞ부모ㅣ 라도 ᄉᆞᄃᆡᆼ이 셰를 ᄇᆞᆺ칠지니라

206 문 ᄒᆞᆫ번 셩셰와 은혜를 엇은 자ᄂᆞᆫ 다 구령ᄒᆞᄂᆞ냐 답 그러치 아니ᄒᆞ니 대개
죄를 범치 아니ᄒᆞ나 ᄒᆞ되 후 범ᄒᆞ여 가거든 신ᄒᆞ신 은혜를 보존ᄒᆞᆯ 예갹히 ᄂᆞᆼ뎌ᄒᆞᄂᆞ니라

207 문 셩셰를 령ᄒᆞᆫ 후에 다시 범죄ᄒᆞᆷ이 잇스면 ᄉᆞᄃᆡᆼ이 엇더케 ᄒᆞᄂᆞ뇨 답 고
ᄒᆡ셩ᄉᆞ를 밧을지니라

208 문 ᄋᆡ련ᄒᆞᆷ이 무어시뇨 답 령셰ᄒᆞᆫ 후 범ᄒᆞᆫ 바 죄상을 ᄌᆞ셰히 신부ᄭᅴ 알외ᄂᆞᆫ ᄒᆞ
야 주ᄂᆞᆫ 다 ᄒᆡᆼ장을 회ᄀᆡᄒᆞ고 보존ᄒᆞ야 다ᄉᆞ 죄 ᄉᆞ ᄒᆞᆫ 죠목이 잇ᄂᆞ니라

209 문 셩찰ᄒᆞᄂᆞᆫ 법이 엇더ᄒᆞᆫ고 답 ᄌᆞ긔 ᄌᆞ난 고ᄒᆡ 후로 ᄌᆞ금ᄭᆞ지 십계
와 셩교ᄉᆞ규와 칠죄종의 모든 것을 ᄃᆡ조ᄒᆞ야 ᄌᆞ셰히 찰ᄒᆞᆯ ᄯᆞᄅᆞᆷ
이니라

210 문 죄를 고ᄒᆞᆯ ᄯᅢ 잇고 ᄭᆡ닷지 못ᄒᆞᆫ 죄ᄂᆞᆫ 엇지ᄒᆞ리잇가 답 그 죄ᄂᆞᆫ 셩ᄉᆞ
셩ᄉᆞ

二十二

소ᄒᆞᆫ은 시각셩찰이오 즁은 일일셩찰이오 죵은 도셩찰이니라

211 문 시각셩찰은 엇더케 ᄒᆞᆷ이뇨 답 모ᄃᆞᆫ 일을 ᄒᆡᆼᄒᆞ던지 무ᄉᆞᆷ 말을 ᄂᆡ던지 무ᄉᆞᆷ ᄉᆡᆼ각을 발ᄒᆞ던지 못ᄒᆞᆷ이 지나지 말고 시각을 엇지 말고 ᄌᆞ셩ᄒᆞ야 ᄎᆞ로 ᄉᆞᆯ피디 아니면 편ᄎᆞ셩의 ᄋᆡ합ᄒᆞ나 아니ᄂᆞ ᄒᆞᆯ지니라

212 문 일일셩찰은 엇더케 ᄒᆞᆷ이뇨 답 ᄌᆞᆯ ᄯᅢ에 ᄆᆞᆺ당이 고 아ᄎᆞᆷ브터 ᄒᆞᆫ 바 ᄉᆞ언ᄒᆡᆼ을 셩찰ᄒᆞᆯ지니라

213 문 도셩찰은 엇더케 ᄒᆞᆷ이뇨 답 고ᄒᆡᄒᆞᆫ 후 편안ᄒᆞᆫ 후로 도로온ᄒᆡ ᄒᆞᆫ 바 ᄉᆞ언ᄒᆡᆼ실을 도합ᄒᆞ야 셩찰ᄒᆞᆷ이니라

214 문 통회ᄂᆞᆫ 엇더케 ᄒᆞᆷ이뇨 답 그 즉시 셩찰ᄒᆞᆫ 죄를 앏하ᄒᆞ야 뉘웃ᄎᆞᆷ이니 상등 통회와 하등 통회의 분별이 잇ᄂᆞ니라

215 문 상등통회ᄂᆞᆫ 엇더케 ᄒᆞᆷ이뇨 답 텬쥬ᄭᅴᄂᆞᆫ 우리 죄가 당ᄒᆞᆫ 무궁ᄒᆞᆫ 은혜ᄅᆞᆯ 쥬신 ᄉᆞ 모든 죄를 즁ᄒᆞ야 (이에) 앏하ᄒᆞ며 뉘웃ᄎᆞᆷ이니라

216 문 사ᄅᆞᆷ이 이ᄀᆞᆺ치 상등통회를 ᄒᆞ면고 ᄒᆞᆷ이 엇더ᄒᆞ뇨 답 원죄 본ᄃᆡᄅᆞᆯ 당ᄒᆞ야 ᄂᆞ리ᄒᆞᆯ

217 원죄이ᄂᆞᆫ 이로지 죄를 ᄂᆞ오ᄌᆞ면 곳 사죄의 은혜를 닙ᄂᆞ니라
은 아ᄂᆞᆫ 통회ᄂᆞᆫ 어더 계ᄒᆞᆷ이 ᄂᆞᆷ 즈의 죄ᄂᆞᆫ 즉시 전에 면ᄒᆞ기 어ᄃᆞ우ᄆᆞᆯ ᄒᆞ야 ᄀᆞᆸ히 ᄃᆞ우어면
을 ᄃᆞ더 원ᄒᆞᆷ이니라

218 ᄒᆞ상ᄒᆞᆷ이 이ᄀᆞᆺ치 아ᄂᆞᆫ 통회를 ᄒᆞ면 ᄎᆞ호 ᄒᆞᆫ이 어더 ᄒᆞᄂᆞᆫ 즉 장 ᄎᆞ혀이 신부를 ᄇᆞ라ᄂᆞᆫ ᄯᅳᆺ
이ᄂᆞᆫ 죄를 면ᄒᆞ여야 가히 사죄의 은혜를 닙ᄂᆞ니라

219 ᄒᆞᄂᆞᆫ 회ᄒᆞᄂᆞᆫ 통회 업ᄉᆞ면 사죄의 은혜를 엇지 못ᄒᆞ나 다만 면죄ᄒᆞᄂᆞᆫ 통회치 아
니ᄒᆞᆷ은 이 대죄를 ᄉᆞ랑ᄒᆞᄂᆞᆫ 줄 ᄲᅮᆫ 아니라 ᄃᆡᄂᆞᆫ 죄 ᄒᆞᆫ ᄀᆞ지 사죄의 은혜를 엇지 못ᄒᆞᆯ ᄲᅮᆫ
아니라 도로혀 예수의 영혈을 천답ᄒᆞᄂᆞᆫ 죄만 더ᄒᆞᄂᆞ니라

220 ᄂᆞᆫ 셩ᄉᆞ 셩ᄉᆞ치 죄인 ᄒᆞ면 맛당이 고ᄉᆞ를 ᄃᆞ다 ᄀᆞ초지 통회ᄒᆞᆫ 다 답 ᄇᆞ일 ᄒᆞᄂᆞᆫ 칙
큰 죄를 ᄒᆞᆫ 통회치 아니ᄒᆞ면 도모지 사죄ᄒᆞᆷ을 엇지 못ᄒᆞᄂᆞ니 비컨대 대인을
욕ᄒᆞᆷ이 열 번이 잇ᄂᆞᆫ 디 아홉 번은 ᄉᆞ과ᄒᆞᄂᆞᆫ 못ᄒᆞ나 ᄒᆞᆫ 번은 ᄉᆞ과치 아니ᄒᆞ
면 대인이 반ᄃᆞ시 그 아홉 번 ᄉᆞ과ᄒᆞᆫ 즉 ᄉᆞ지 못ᄒᆞ고 그 ᄃᆡ 아오로 친 면ᄒᆞᆷ 맛ᄉᆞ ᄒᆞ니라
셩ᄂᆞᆫ

221 問 우리 ᄆᆡᄉᆞ를 당ᄒᆞ야 범ᄒᆞᆫ ᄉᆡᆼ각ᄒᆞᆫ 죄 업스면 ᄯᅩ 죄의 어ᄃᆡ를 ᄎᆞ자 발ᄒᆞ오리
答 평ᄉᆡᆼ의 ᄌᆞ고 ᄯᅳᆺ 품간 디 이 평의ᄂᆞᆫ 죄 ᄒᆞᆫ 죄ᄂᆞᆫ 두 과지를 깁히 ᄉᆞᄌᆞᄒᆞ야 셩즁죄
ᄒᆞᄂᆞᆫ 졍을 도ᄒᆞᆫ 발ᄒᆞᆯ지니라

222 問 당ᄒᆞᆫ 일 어ᄃᆡ에 ᄒᆞᆷ이 득죄 임의 회졍ᄒᆞᄂᆞᆫ 뜻이 잇스면 이ᄂᆞᆫ ᄯᅢ에ᄂᆞᆫ 쥴ᄒᆞ니요
올치 아녕 ᄒᆞ갈이 두번 다시 죄를 범치 아니키를 ᄎᆞ이 뎡ᄒᆞᆷ이니라

223 問 이제 과연 죄를 범치 아니키로 뜻을 뎡ᄒᆞᆫ 후에 두번 범ᄒᆞᆷ은 이 엇더ᄒᆞ뇨
열유ᄒᆞᆫ 득죄 이닐ᄒᆞ니 뎡ᄒᆞᆫ의 ᄒᆞᆫ이 업스면 약ᄒᆞᆫ 뎡ᄒᆞᆫ 거시라

224 問 뎡ᄒᆞᆷ이 원의 이ᄀᆞ치 벌약ᄒᆞᆫ ᄌᆞ 엇더케 ᄌᆞ쳐ᄒᆞ여야 맛당ᄒᆞ료 答 맛당이
뎡시ᄒᆞᆫ 뜻을 ᄌᆞ쳐 권ᄒᆞ며 ᄇᆞᆺ 우리 도리ᄂᆞᆫ 우리 신혁ᄒᆞ야 졍셩을 다ᄒᆞᆯ 이니라

225 問 ᄒᆞᆷ은 엇더케 ᄒᆞᆷ이 득죄 ᄒᆞ며 ᄉᆡᆼ각ᄒᆞᆫ 죄를 ᄂᆞ 지신 부엄의 ᄒᆞᆫ야 보ᄃᆞ히
뎌 죄의 명수와 죄의 ᄲᅥᆫ수와 죄의 악ᄃᆞᆷ을 ᄒᆞᆫ 토 갈이 온 ᄒᆞᆫ 니라

226 問 죄의 ᄲᅥᆫ수ᄂᆞᆫ 엇더ᄒᆞᆷ이 득죄 죄의 명ᄉᆞ와 ᄃᆡᄂᆞᆫ ᄒᆞᆫ 말 바 이 ᄂᆞᆫ ᄒᆞ면

지옥벌ᄒᆞᆫ 죄 지은 을 나져버리미 당ᄒᆞᆫ 지 작죄가 ᄒᆞᆫ 슈ᄒᆞ여ᄒᆞᆷ이 당ᄒᆞᆫ 톄
ᄂᆡ년에 가ᄋᆞᆯ 텬이 다ᄒᆞᆷ으로 대보ᄂᆞᆫ 죄가 존쟝ᄋᆡ게 벌ᄒᆞᆷ이 당ᄒᆞᆫ 슈한ᄋᆡ게
부모의 당ᄒᆞᆫ 시긔에 작간ᄒᆞᆫ ᄒᆞᆷ이 당ᄒᆞᆫ 어려운 ᄌᆞ를 치 ᄒᆞᆷ이 당ᄒᆞ니이던
간 관ᄒᆞᆫ 연ᄒᆞ니라

227 문 죄와 번수ᄂᆞᆫ 여러 ᄒᆞᆷ이 므ᄉᆞᆷ이다 ᄆᆡᆺᄂᆞᆫ 간범ᄒᆞᆫ 바ᄂᆞᆫ 죄와 수와 죄의 경ᄒᆞᆷ이
ᄒᆞᆫ번 범ᄒᆞᆷ이 다ᄅᆞᄆᆞᆯ 두 번 범ᄒᆞᆷ이 다ᄅᆞᆷ이니라

228 문 죄의 악ᄒᆞᆷ을 더ᄒᆞᆷ은 엇지ᄒᆞᆷ이뇨 답 비유컨대 ᄒᆞᆫ 도로 ᄂᆞᆫ 칠계ᄅᆞᆯ 범ᄒᆞᆫ ᄌᆡᆫ 블상ᄒᆞᆫ
졍욕ᄒᆞᆫ 무ᄉᆞᆷ ᄒᆞ여시면 이ᄂᆞᆫ 일ᄒᆞᆷ을 ᄒᆞ어ᄒᆞ야 일 계ᄅᆞᆯ 범ᄒᆞᆷ이오 ᄃᆞ토ᄂᆞᆫ 만 ᄒᆞ
흉ᄒᆞ여 도이 죄 어ᄂᆞᆫ 일연 낭 ᄎᆞᆯ 도ᄒᆞ여시면 그 악을 더ᄒᆞᆷ이오 ᄃᆞᄅᆞᆫ 죄의 ᄃᆞᆼ
을 상해ᄒᆞᆷ이오 계ᄅᆞᆯ 범ᄒᆞᆫ 이ᄂᆞᆫ 더ᄂᆞᆫ 일ᄂᆞᆫ 모ᄌᆞᆸ와 ᄆᆞᆫ 쟝의 ᄆᆞᄋᆞᆷ을 샹해ᄒᆞ여시
면 일충을 다ᄒᆞ야 ᄉᆞ계ᄅᆞᆯ 범ᄒᆞᆷ이 더오 죄 더ᄒᆞᆷ이니라

229 문 회ᄒᆞᆫ 죄에 무ᄉᆞᆷ 유익ᄒᆞᆫ 도리 잇ᄂᆞ뇨 답 오직 ᄆᆞᄋᆞᆷ으로 뉘웃ᄎᆞᆷ이 세 가지 잇ᄂᆞ니 ᄆᆞᄋᆞᆷ으로

230 진실ᄒᆞᆫ 일이오 ᄃᆞᆯᄂᆞᆫ 호작ᄒᆞᆫ 일이오 세ᄒᆞᆫ 일은 ᄒᆞᆫ 일이니라
문 진실ᄒᆞᆫ 일은 무어ᄉᆞᆯ 닐ᄉᆞᆷ이오 ᄃᆡ 죄를 숨ᄉᆞᆫ ᄒᆞ야 진실ᄒᆞᆫ 일을 져바린 후에
예수ᄭᅴ셔 온갖 죄를 이긔나 칭찬ᄒᆞᆯ 이 업ᄉᆞᆸᄂᆞ니다

231 문 ᄌᆞ신ᄒᆞᆫ 일은 엇더케 ᄒᆞᆷ이뇨 답 ᄉᆞᄌᆡ 망령ᄒᆞᆫ 일이 업ᄉᆞ되 업ᄂᆞᆫ 말을 ᄇᆞᆫ
치 말며 ᄋᆞ리 치우치ᄂᆞᆫ 일을 남 ᄀᆞ치 말며 남의 죄를 드러
내지 말지니라

232 문 셩ᄂᆞᆫ 일은 엇더케 ᄒᆞᆷ이뇨 답 말ᄉᆞᆷ을 순히 ᄒᆞ야 ᄂᆞᆷ도 ᄂᆞᆫ호지 말며 음ᄒᆞᆫ
ᄒᆞᆫ 욕ᄉᆞᆷ이 거지ᄆᆞᆯ 모도 모시ᄒᆞ야 외고ᄅᆞᆷᄒᆞᆫ ᄒᆞᄂᆞᆫ 착ᄒᆞᆫ 모양을 나타
내지 말지니라

233 문 ᄂᆞᆷ이 ᄒᆞᆯ 때에 ᄒᆞᆫ 죄가 ᄇᆡᆨ뎌ᄂᆞᆫ 젼이 ᄒᆞᆫ가 시면 엇더케 ᄒᆞᄂᆞ뇨 답 우리 죄를 맛ᄂᆞᆫ
모진 ᄒᆞ야 ᄒᆞᆫ가 ᄒᆞ엿시면 ᄉᆡᆼ각 ᄒᆞ야 미루ᄉᆞ 죄ᄉᆞᆼ을 ᄀᆞᆸ오 또 ᄒᆞᆫ 뎐유ᄒᆡ 젼에
과 죄와ᄋᆞᆫ 예수ᄭᅴ 어지ᄅᆞᆫ 일ᄲᅮᆫ이니라 ᄯᅩᄂᆞᆫ 쥬ᄭᅴ 죄를 벗ᄂᆞ니라

234 문 부족ᄒᆞᆫ 이 엇더케 ᄒᆞᆷ이뇨 답 우리 ᄉᆞᄅᆞᆷ이 ᄒᆞᆫ 죄를 범ᄒᆞᆫ 미루ᄒᆞ 이ᄒᆞ여도 ᄂᆞᆫ
우리ᄂᆞᆫ 이 잇ᄂᆞ니 젼ᄃᆡ ᄉᆞᄅᆞᆷ이 지 ᄇᆞᆺ ᄒᆞᆫ 젼 ᄃᆡ 당이 ᄒᆞ엿ᄂᆞᆫ 젼 파 ᄇᆞᆫ ᄃᆡ ᄒᆞᆸ

치다 ᄒᆞ야 ᄒᆞᆷ으로 쳐본 젼을 갑ᄒᆞᆷ으로 보쇽ᄒᆞᆷ으로 ᄭᆡ 변ᄒᆞᆫ 고로 ᄒᆞᆷ이니
련쥬ㅣ 당ᄒᆞ신 보쇽이 ᄒᆞ나히오 신부ㅣ 벌ᄒᆞᄂᆞᆫ 보쇽이 ᄒᆞ나히니라

235 문 련쥬ㅣ 명ᄒᆞ신 보쇽을 ᄒᆞ여 ᄭᅴ ᄒᆞᆷ이 ᄒᆞᆸ 살ᄒᆞᆷ이 ᄯᅩ 그 이 ᄒᆞ야 ᄆᆞᆺ은 [illegible]
모든 허물이 기워 갑흠이니 벌은 권ᄒᆞᆷ 면되지 아니ᄒᆞᆫ 잠벌이 잇거든 ᄯᅢ당이
그 수를 기워 갑ᄂᆞᆫ 곳의 병신을 문의 첫 거ᄉᆞᆫ ᄯᅢ당이 그 감손 기워 갑ᄂᆞᆫ 뎐
와 화ᄒᆞ여 ᄋᆞᆯ 일 ᄒᆞ여 되ᄂᆞᆫ ᄯᅢ당이 기워 화회ᄒᆞᆫ 곳의게 ᄉᆞ죄ᄒᆞ여 되ᄂᆞᆫ ᄯᅢ당이 기
워 새 ᄂᆞᆫ 션 ᄇᆡ 죵양을 ᄒᆞ니 ᄎᆞᆷ이 잇거든 ᄯᅢ당이 기워 착ᄒᆞᆫ 공 쇽 셜ᄉᆞᆷ
게 ᄒᆞᆷ이니 ᄯᅢ당이 보쇽ᄒᆞᆫ 만ᄒᆞ되 보쇽지 아니ᄒᆞ면 그 죄를 ᄒᆞᆷ을 엇지 못ᄒᆞᄂᆞ니라

236 문 신부ㅣ 벌ᄒᆞᄂᆞᆫ 보쇽은 우어 신ᄒᆞᆯ 당 보쇽 ᄒᆞ기 젼에 ᄯᅢ당이 ᄒᆞᆫ ᄂᆞᆫ 면ᄒᆞ 쳐ᄉᆞ지
와 시죵ᄒᆞ면 ᄒᆞᆫ 션 신공이니라

237 문 우리 사ᄅᆞᆷ이 ᄒᆞ희 ᄂᆞᆫ 병ᄒᆞ면 ᄎᆞᆷ ᄒᆞᆯ 법이 엇더ᄒᆞ뇨 답 다ᄭᅵ 젼에 ᄋᆞᆯ ᄒᆞᆫ 반셩죵을
의 부ᄒᆞ야 련쥬의 착ᄒᆞᆫ 안 ᄒᆞᆫ 이 되ᄂᆞ니라
셩ᄉᆞ

二十五

238 문 변진은 엇더ᄒᆞᆫ 증이뇨 답 두법이 병세 흔ᄒᆞᆫ 슌ᄒᆞᆫ 증의 셩ᄒᆞ믈 취ᄒᆞ와 주어 쳠ᄒᆞᄂᆞᆫ
을 변ᄒᆞᆫ 긔운ᄒᆞ야 ᄒᆞ이 셰상의 ᄋᆞᆼ병이 되게 ᄒᆞᆷ이니라

239 문 두역ᄒᆞᆫ [illegible] 지 못ᄒᆞᆫ 병 ᄋᆞᄂᆞᆫ 변진을 면치 못ᄒᆞᄂᆞ냐 답 그러ᄒᆞ므로 여러 해 동안을 지ᄂᆞ
어 이 근심ᄒᆞᄂᆞᆫ 혜ᄅᆞᆯ 밧음이 갓ᄒᆞ되 [illegible] 두역ᄒᆞ 뎐의 형ᄉᆞ이 잇ᄉᆞ면 또ᄒᆞᆫ 다시 변진
을 면ᄒᆞᄂᆞ니라

240 문 병우 ᄲᅡᆯ니 지아니ᄒᆞᄂᆞᆫ 병ᄋᆞ이 츅ᄒᆞᆯ ᄯᅢ 변진을 면ᄒᆞ면 ᄯᅩ 진후 잇ᄂᆞ뇨
답 변진 외에 다른 증 엇은 ᄂᆞᆯ 그 병ᄒᆞᆫ이 ᄲᆞ지 장ᄒᆞᆫ 슈를 조ᄒᆞ야 ᄒᆞᆫ번ᄒᆞ시고
병ᄒᆞᆫ을 어 ᄒᆞᄂᆞ니라

241 문 변진이 ᄀᆞᆯ ᄒᆞᆷ에 심ᄒᆞᆫ 증ᄂᆞᆫ ᄒᆞᄂᆞ냐 답 비록 병세와 ᄀᆞᆺ치 심ᄒᆞᆫ 온긴 흔ᄒᆞᆫ
녀ᄒᆞ되 ᄲᅡ당이 ᄃᆞᄒᆞᆫ ᄂᆞᆫ ᄒᆞᆫ 너에 병치 아니ᄒᆞ면 죄이 ᄒᆞᄂᆞ니라

242 문 ᄂᆞ가 변진을 힝ᄒᆞᄂᆞᆫ 권이 잇ᄂᆞ뇨 답 이ᄂᆞᆫ 츄고의 본ᄌᆞ 이ᄂᆞᆫ 주고 ᄒᆞ와
[illegible] 에 ᄃᆞ이 ᄯᅢ 변진을 힝ᄒᆞᆯ 수 업ᄂᆞᆫ ᄃᆞᄒᆞᆫ 고ᄒᆞᆫ 광의 ᄇᆡ을 인ᄒᆞ
야 츄고의 관뎐이 잇ᄉᆞ면 신부도 또ᄒᆞᆫ 츄고의 권을 디시 ᄒᆞ야 변진을 힝ᄒᆞᄂᆞ니라

243

문 견진을 령ᄒᆞ엿ᄉᆞ면 셩신은춍을 엇더케 밧ᄂᆞ뇨 답 닐곱 가지 은혜 엇ᄉᆞ니 ᄒᆞᄂᆞ
흔은 지혜오 둘은 통달이오 셋은 의견이오 넷은 굿셴 용이오 다ᄉᆞᆺ
슨은 지식이오 여ᄉᆞᆺ슨은 효경이오 닐곱은 춤은 공구ᄒᆞᆷ이니라

244

문 이 셩ᄉᆞᄅᆞᆯ 밧으면 츙신ᄒᆞᆫ 후 엇더ᄒᆞ뇨 답 ᄒᆞ이 스승 주쟝ᄒᆞᄂᆞᆫ 스쟝을 둥
ᄒᆞ야 ᄡᆞ호ᄂᆞᆫ 군ᄉᆞᄅᆞᆯ ᄎᆞᆷ아 밧으며 ᄉᆞ ᄎᆞᆯ 츄당ᄒᆞᆷ을 두지 아니ᄒᆞᄂᆞᆫ 고로
머을 ᄀᆞᄅᆞ치ᄆᆡ 다ᄅᆞᆫ 교우을 엄쳐 악을 피ᄒᆞ고 션을 힝ᄒᆞ야 ᄒᆞ여곰 ᄒᆞ이라
당 견진 못 진ᄒᆞᄂᆞ니라

245

문 견진을 령ᄒᆞᆫ 사ᄅᆞᆷ은 무슴 본분이 잇ᄂᆞ뇨 답 본분이 세 가지 잇ᄉᆞ니 ᄒᆞᄂᆞ
흔 령ᄒᆞᆫ 은혜ᄅᆞᆯ 맛당ᄒᆞ야 ᄂᆞ맘을 둔 지 밧긔 츄호의 은혜 ᄒᆞ야 자ᄇᆞ지 말 거시오 둘은
힘ᄡᅥ 둔ᄒᆞᆫ 교우의 본분을 다ᄒᆞ야 ᄯᅥ러지지 아니ᄒᆞᆷ이 ᄒᆞᆫ가지오 셋은
교회 령ᄒᆞᄆᆡ 외인을 권화ᄒᆞ야 ᄒᆞ여곰 셩교를 ᄯᆞ르게 ᄒᆞᄂᆞᆫ 바ᄅᆞ ᄯᆞ로ᄂᆞᆫ
은혜ᄒᆞᆷ이 ᄒᆞᆫ ᄒᆞ니라

셩ᄉᆞ

二十六

246 문 셩톄ᄂᆞᆫ 무어시ᄂᆞ뇨 답 홈메 슈와 쥬셩이 합ᄒᆞ야 지극히 거륵ᄒᆞ신 피지 셔셜ᄂᆞᆫ 임연

혼 ᄂᆞᆼ샹이오 셩ᄀᆞᆼ의 뎨뎨오 예수 슈난의 ᄀᆞ친 표ㅣ니라

247 문 셩톄 엇지ᄒᆞ야 셩ᄒᆞᆫ ᄂᆞᆼ샹이 되ᄂᆞ뇨 답 셩톄 ᄋᆞᆫ젼을 ᄋᆡ호ᄂᆞᆫ 욕을 ᄎᆞ지ᄒᆞ

ᄂᆞᆫ 셩춍을 더오ᄂᆞᆫ 신약을 ᄇᆞᆯᄒᆞ야 능히 텬당 길노 오게 ᄒᆞᄂᆞ니라

248 문 셩톄 엇지ᄒᆞ야 셩ᄀᆞᆼ의 뎨뎨 되ᄂᆞ뇨 답 미사즁에 셩톄ᄅᆞᆯ 일우ᄆᆡ 예수의 셩신과

셩혈이 온젼이 계시고 ᄉᆡᆼ이 계시니 신부ㅣ 셩톄ᄅᆞᆯ 드러 텬쥬셩부ᄭᅴ 드림이라 이

ᄂᆞᆫ 고ᄅᆡ에 ᄋᆞᆼ양으로 졔헌ᄒᆞ던 뎨ᄉᆞ ᄃᆡ신ᄒᆞᆷ이오 그 졍ᄒᆞᆫ 치즁ᄒᆞᆷ이 비ᄒᆞᆯ ᄃᆡ 업ᄉᆞᄂᆞ니라

249 문 셩톄 엇지ᄒᆞ야 슈난의 표ㅣ 되ᄂᆞ뇨 답 예수ㅣ 슈난ᄒᆞ신 ᄯᅢ 십ᄌᆞ가샹에 죽으샤

온 피ᄅᆞᆯ 흘니신 육신으로 친히 쥬셩부ᄭᅴ 드리셧ᄂᆞ니 이제 미사즁에 셩톄ᄅᆞᆯ

츅셩ᄒᆞ심은 ᄯᅩᄒᆞᆫ 예수 슈난ᄒᆞ신 례로 졔헌ᄒᆞ야 셩부ᄭᅴ 드려 긔렴ᄒᆞ심이라

ᄉᆞᄅᆞᆷ이 셰샹 살 ᄯᅢ에 셩ᄉᆞ 마다 ᄌᆞ긔 죄ᄅᆞᆯ 쥬ᄭᅴ 엿ᄌᆞᆸ고 ᄆᆞᄋᆞᆷ을 ᄭᆡ다라 미사즁에 셩톄ᄅᆞᆯ 치

헌ᄒᆞᆷ은 이 만셰 ᄉᆞᄅᆞᆷ 마다 범ᄒᆞᆫ 죄ᄅᆞᆯ ᄀᆞ초 쇽ᄒᆞᄂᆞᆫ 표양이니라

250 문 셩톄 훈뎡ᄒᆞ면 무ᄉᆞᆷ 리익이 잇ᄂᆞ뇨 답 령혼은 우리 쥬의 셩톄 안에 잇스며 ᄉᆞᆯ로
쥬 예수와 결합ᄒᆞ야 그 텬당의 영복을 어ᄃᆞᆷ이오 육신도 또ᄒᆞᆫ 부활
ᄒᆞ야 샹졍을 누림 받게 되ᄂᆞ니라

251 문 종부ᄂᆞᆫ 엇더케 ᄒᆞᆷ이뇨 답 두 번이 병인의게 셩총을 희과 주어 ᄒᆞ여
곰 텬당에 오르게 ᄒᆞᄂᆞᆫ 쟈 ᄌᆞ셩을 육신의 ᄆᆞᄋᆞᆷ 난 ᄒᆞᆷ을 가ᄒᆞ야 평케 ᄒᆞᆷ이니라

252 문 종부 ᄒᆞᆯ 병쟈 ᄒᆞ면 ᄌᆞ병ᄒᆞᆫ 이 곳 텬당에 오ᄅᆞᄂᆞ냐 답 예수의 공로를 의안ᄒᆞᆫ
야 쟉고 젼ᄇᆡ 외은혜 ᄒᆞᆫ 이 면 ... 텬당에 오ᄅᆞᄂᆞ니라

253 문 신품은 무어시뇨 답 이 셩ᄉᆞ의 졀품이니 두 번이 셩ᄉᆞ의 권을 받ᄂᆞᆫ
ᄌᆞᄂᆞᆫ 셩총을 희과 주어 ᄒᆞ여곰 능히 셩ᄉᆞ를 잘 ᄒᆡᆼᄒᆞ게 ᄒᆞᄂᆞ니라

254 문 신부ᄂᆞᆫ 사죄ᄒᆞᄂᆞᆫ 권을 어ᄃᆡ로 조차 받앗ᄂᆞ뇨 답 종도로 조차 나려오ᄂᆞᆫ
권이니 교황과 쥬교와 및 신부ㅣ 다 이 권이 잇ᄂᆞᆫ지라 예수ㅣ 일쯕 종도
ᄃᆞ려 닐ᄋᆞ샤ᄃᆡ 너희들이 셰상에셔 푸ᄂᆞᆫ 쟈ᄂᆞᆫ 또ᄒᆞᆫ 하ᄂᆞᆯ에셔 플니리라 ᄒᆞ시니라
셩ᄉᆞ

二十七

문 흔히 어ᄃᆡ케 ᄒᆞᆷ이ᄂᆞ뇨 답 두ᄯᅢ에 발ᄒᆞᄂᆞᆫ 장부와 반ᄃᆞ시 ᄒᆞᆫ의 지셩ᄒᆞᆷ을 ᄃᆞ리와

주어 ᄒᆞ여금 회두ᄒᆞ게 ᄒᆞᆫ 주ᄭᅴ로 나ᄒᆞ잔ᄒᆞᄂᆞᆫ지 ᄂᆞᆫ가 ᄋᆞᆺ지 ᄒᆞᆷ이니라

문 텬쥬ㅣ 혼ᄇᆡ를 세우심은 무ᄉᆞᆷ ᄯᅳᆺ이뇨 답 세가지 일이 잇ᄉᆞ니 몬져 부부로 ᄒᆞ여

곰 죵신토록 화목ᄒᆞ고 서로 도아 서로 평안케 ᄒᆞ미오 다ᄋᆞᆷ은 ᄌᆞ식ᄒᆞ야 후

셰를 닛게 ᄒᆞ야 ᄒᆞ여곰 ᄌᆞ녀를 텬쥬ᄭᅴ 밧치게 ᄒᆞᆷ이오 ᄆᆞᄌᆞ막은 ᄉᆞ욕을

ᄒᆞ기를 ᄆᆞᆨ아 ᄉᆞ음ᄒᆞᆫ 편ᄌᆞ를 밧 ᄉᆞᆫ 신ᄯᅩᆨ게 ᄒᆞᆷ이 ᄒᆞᆫ이니라

문 텬쥬의 셩ᄉᆞ를 위ᄒᆞ야 셩ᄉᆞ를 세우시미 엇지 ᄒᆞᆷ노 ᄌᆞᆫ젹 ᄲᅮᆫ이 셩ᄉᆞ

노 답 예샹 ᄉᆞᄅᆞᆷ 외인도 혼ᄇᆡ 비유컨대 셩ᄉᆞ를 셩ᄒᆞᆷ은 텬쥬의 ᄌᆞ로ᄃᆡ 비로

소 텬당에 나오 뎐쳘ᄒᆞ 셩ᄒᆞᆫ 셩ᄉᆞᄂᆞᆫ 흥으로 ᄡᅥ 챵셩ᄒᆞ미오 ᄒᆞᆫ 텬당

혼ᄇᆡᄂᆞᆫ 다ᄌᆞ 병이 인ᄌᆞᄅᆞᆯ 약으로 ᄡᅥ 치료ᄒᆞᆷ ᄀᆞᆺ혼이 셩ᄉᆞ를 셩ᄒᆞ야 나치

병ᄒᆞ여 신ᄉᆞᆼ을 외보ᄒᆞᆷ ᄀᆞᆺᄒᆞᆷ이오 죵ᄇᆡᄅᆞᆯ 병ᄒᆞᆫ ᄂᆞᆺ츠로 ᄒᆞᆫ

ᄉᆞ혼ᄒᆞᆫ 쟝ᄎᆞ ᄯᅩᄒᆞᆫ ᄉᆞᆼᄒᆞᆫ 다ᄉᆞ리ᄂᆞᆫ 법이 잇ᄉᆞ니 ᄒᆞᆫ

도여ᄒᆞᆫ 슈쟝이의셔 나오며 ᄀᆞᄅᆞ치시ᄂᆞᆫ 바 조ᄎᆞ야 이오 ᄒᆞᆫ티를 젼ᄒᆞ야 ᄅᆞᆯᄋᆞᆯ이
및 ᄉᆞᄃᆡ(반드시) 쟝ᄉᆞ들이 모혀 ᄒᆞ며 ᄃᆞᆯ이의 ᄉᆞᄃᆡ 반드시 시집보내ᄂᆞ재(ᄒᆞ야) 주집이 친울
(미조) 셔ᄂᆞᆫ 도회ᄒᆞᆫ이 ᄂᆞ이일ᄂᆞᆫ 합ᄒᆞ치 셩ᄉᆞᄅᆞᆯ 더ᄒᆞᆫ 외도업ᄉᆞᆫ 갑ᄒᆞᆫ 것도 업ᄂᆞ니라

258 문 칠셩ᄉᆞ 즁에 어ᄂᆞ 셩ᄉᆞㅣ 뎨일 옹긴ᄒᆞ뇨 답 사ᄅᆞᆷ이 평셰를 안ᄂᆞᆫᄒᆞ면 원
본죄를 인ᄒᆞ야 마귀 즁ᄒᆞᆫ 종이 되ᄂᆞᆫ 련슈 셩총이 업ᄂᆞᆫ 고로 말ᄒᆞ고 답ᄒᆞᆫ
셩ᄉᆞ의 은혜를 받을 길이 업ᄂᆞ니라

259 문 칠셩ᄉᆞ 즁에 어ᄂᆞ 셩ᄉᆞㅣ 뎨일 큰뇨 귀즁ᄒᆞ뇨 답 다ᄅᆞᆫ 셩ᄉᆞᄂᆞᆫ 련슈ㅣ다
ᄒᆞᆫ 셩총 관리ᄒᆞᄂᆞᆫ 묵ᄉᆞᄂᆞᆫ 셩톄 셩ᄉᆞ에ᄂᆞᆫ 셩총의 근원이 된 련슈의 젼톄로
쳐두ᄆᆞᆯ이 샬ᄂᆞ의게 주심이니라

260 문 칠셩ᄉᆞ 즁에 사ᄅᆞᆷ이 ᄒᆞ며 두번 령치 못ᄒᆞᆫ 셩ᄉᆞㅣ 몃가지뇨 답 셩셰와 견
진과 신품 세가지 셩ᄉᆞㅣ니 그 령혼의 인호ㅣ 잇ᄂᆞᆫ 연고ㅣ니라
슈슐례ᄂᆞᆫ 변ᄒᆞᄂᆞᆫ 게 업ᄉᆞᆷ이라

상후

二十八

261 문 사람이 엇지ᄒᆞ야 죽ᄂᆞ뇨 답 원죄를 인ᄒᆞ야 반ᄃᆞ시 죽음이오 ᄯᅩ 세샹 만물
이 난즉 필경 도라가는 법이니라

262 문 사ᄅᆞᆷ의 혼 몸이 어ᄃᆡ 잇ᄂᆞ뇨 답 사ᄅᆞᆷ마다 각각 령혼 육신 두 가지 톄 이시니
령혼은 텬쥬 계셔 조치 나시고 즁에 텬쥬 계셔 도라 오심이오 육신은 흙으로 된 것을
조차 낫다가 흙으로 도라감이니라

263 문 육신이 흙으로 도라간 후 알 수 업ᄂᆞᆫ 이와 가령 령혼이 다 텬쥬 계신 환
본ᄒᆞᄂᆞ냐 답 션쟈의 령혼은 은 반ᄃᆞ시 텬쥬 계로 도라가 환본ᄒᆞᆫ 이와 악쟈
의 령혼은 반ᄃᆞ시 디옥에 ᄯᅥ러지실 본분이니라

264 문 사ᄅᆞᆷ의 죽을 ᄯᅢ가 뎡ᄒᆞᆫ이 잇셔 아ᄂᆞᆫ 수ᄂᆞᆫ 잇ᄂᆞ냐 답 죽을 ᄯᅢ가 뎡ᄒᆞᆫ이 업셔 혹
어려셔도 죽고 쟝셩ᄒᆞ여셔도 죽고 늙어셔ᄂᆞᆫ 죽ᄂᆞ니 도모지 그 ᄯᅢ를 아지 못ᄒᆞ ᄂᆞ니라

265 문 죽은 사ᄅᆞᆷ이 엇지ᄒᆞ야 죽ᄂᆞ뇨 답 령혼이 그 육신을 ᄯᅥ남이니 령혼은 죽지도
아니ᄒᆞ고 변도 아니ᄒᆞᆫ 이와 육신은 오직 죽어 변ᄒᆞᄂᆞ니라

266 문 사ᄅᆞᆷ이 잘 죽ᄂᆞ냐 ᄒᆞ며 잘못 죽ᄂᆞᆫ 분별이 잇ᄂᆞ냐 답 죽을 ᄯᆡ를 당ᄒᆞ야 죄 업ᄂᆞᆫ
혼은 가히 잘 죽ᄂᆞ다 ᄒᆞᆯ 거시오 죽을 ᄯᆡ 비록 ᄒᆞ야 잘ᄒᆞᆫ ᄒᆞᆫ 사ᄅᆞᆷ은 가히 잘못 죽ᄂᆞᆫ다 ᄒᆞᆯ
지니라

267 문 예로브터 죽지 아니ᄒᆞᆫ 사ᄅᆞᆷ이 잇ᄂᆞ냐 답 부지ᄒᆞᆫ 적 ᄒᆞᆫ 사ᄅᆞᆷ을 두고 지금 ᄯᆡ
의 죽지 아니ᄒᆞᆫ 이 잇ᄂᆞ니라

268 문 그러면 이 세상은 모도 지 죽ᄂᆞᆫ 세상이냐 답 가 사ᄅᆞᆷ의 생명이 비컨ᄃᆡ 아츰이
슬의 마ᄅᆞᄂᆞᆫ 것과 불과 ᄀᆞᆺ의 퓌엿다가 다시 ᄲᆞᆯ니 ᄯᅥ러지ᄂᆞᆫ 것 ᄀᆞᆺᄒᆞ
니 ᄒᆞᄂᆞᆫ 날 잘 되ᄂᆞᆫ 사ᄅᆞᆷ ᄒᆞᆯ 거시니라

269 문 사ᄅᆞᆷ이 죽을 ᄯᆡ고 져 경이 엇더ᄒᆞ뇨 답 육신의 죽ᄂᆞᆫ 후에 영혼의 가ᄂᆞᆫ
을 알 ᄉᆞ 가히 엇더ᄒᆞᆫ지 수 업ᄂᆞ니라

270 문 육신은 엇더케 죽은 후에 공중 범위에 ᄒᆞ며 세상 오 후에 ᄒᆞᆫ 지라
지지 아니ᄒᆞ며 ᄒᆞᆫ 광 ᄒᆞᆫ 임시 ᄒᆞ며
간 업ᄂᆞᆫ 리 분명히 ᄒᆞ야 장차 세 분 허 저 ᄯᆡ에 무을 간이 되ᄂᆞ니라
ᄉᆞ 후

二十九

271

문 령혼은 엇더케 가ᄅᆞ쳐도 답 일ᄉᆡᆼ에 ᄒᆞᆫ 마ᄃᆡ ᄒᆞᆯ ᄯᆡ ᄉᆡᆼ각건대 오직 죄악
ᄲᅮᆫ이오 ᄂᆞᆷ치 쥬ᄅᆞᆯ 말아 샹ᄒᆞᆫ 일을 업ᄂᆞ니 ᄇᆞᄅᆞᆷ ᄒᆞ기 원ᄒᆞᆫ ᄯᆡ니 져
ᄇᆞ릴 길이 업ᄂᆞ니라

272

문 령혼이 육신을 ᄯᅥ날 ᄯᅢ에 무ᄉᆞᆷ 편을 갈지 니 가ᄂᆞ뇨 답 텬지 쥬ᄌᆡ 심판
ᄒᆞ신 후 년ᄌᆡ 보다 ᄒᆞᆫ 가지 ᄒᆞᆫ 밧 ᄌᆞ가 ᄋᆞ직 공ᄌᆡ ᄯᅡ ᄒᆞᆷ이 나 편 쥬 져
에 ᄂᆞᆫ 영ᄉᆡᆼ 복을 밧ᄂᆞ니라

273

문 ᄉᆞᄅᆞᆷ이 ᄂᆞᆷ과 ᄃᆞ톨 ᄯᆡ 샹ᄒᆞ야 ᄒᆞᆷ이 엇지ᄒᆞ야 이러ᄒᆞ뇨 답 대개 이
세 가지 ᄆᆞᄋᆞᆷ 업ᄂᆞᆫ 율ᄅᆡ ᄒᆞ야 ᄆᆞᄋᆞᆷ이 ᄒᆞᆫ가지로 ᄉᆞ욕을 업ᄉᆡ ᄒᆞᆷ이 ᄒᆞᆫ가지
ᄋᆞ션 ᄆᆞᄋᆞᆷ 을 ᄇᆞᆯ키ᄂᆞᆫ 련이 ᄒᆞᆫ 야 텬쥬 뎐에 ᄯᅥᆯ 드ᄅᆞᆷ이 ᄒᆞᆫ가지니라 (있슴을)

274

문 세 ᄆᆞ올을 고ᄒᆞ야 ᄆᆞᄋᆞᆷ은 엇지 ᄒᆞᆷ이 도 답 샹ᄃᆡ 이 셰샹에 ᄌᆡ앙 ᄒᆞᆫ 완고
ᄒᆞᆫ 죄인으로 ᄂᆞᆫ 보시니 셰 ᄉᆞ 셰 묘 이 평셰 샹이 련약 ᄒᆞ야 공히 죄인
을 ᄂᆞᆫ ᄒᆞ며 ᄆᆞᆷ 쥬 지 아니 ᄒᆡ 못ᄒᆞᆫ 도로 텬쥬 ᄭᅴ 은 ᄇᆡ 죄 ᄒᆞ야 ᄒᆞᆫ ᄂᆞᆫ 지 ᄆᆞᆷ ᄒᆞᆫ

지옷ᄒᆞᄂᆞᆫ 징을 보이 알ᄂᆞᆫ ᄌᆞ뢰히 ᄉᆞᆫ 히ᄂᆞᆫ 물을 그치ᄂᆞᆫ을 경쳔이 니라

275 문 샹욕을 압부ᄒᆞᆷ은 여지ᄒᆞ이오 답 ᄀᆞᆺ 사ᄅᆞᆷ이 보ᄒᆡ ᄉᆞ욕을 ᄌᆞᄂᆞᆫ디 갈녀
이다 ᄉᆞ욕망ᄉᆞᄒᆞᆫ 사ᄅᆞᆷ을 발원ᄒᆞ여 ᄉᆡᆼ각ᄒᆞ건대 어제 날에 죽어 무덤에 드러갓
더니 오날 어디 잇ᄂᆞ뇨 지혜 답ᄒᆞᆷ이ᄂᆞᆫ 주가 이 세샹 세북이 모ᄅᆞ지 이 업거시ᄂᆞᆫ
장ᄎᆞᆫ 되ᄂᆞᆫ 줄을 알지니라

276 문 션ᄒᆞᆫ 일을 ᄆᆞᄎᆞ 면이 히ᄒᆞ야 죽기 젼에 잇슴을 ᄆᆡ ᄃᆡ ᄒᆞᆯᄂᆞᆫ 여지 ᄒᆞᆷ이ᄂᆞ 답 사ᄅᆞᆷ
이 ᄌᆞ유ᄒᆞᆫ 때 ᄆᆞᆷ 주긔 젼에 ᄂᆞᄂᆞᆫ 더 샹훈을 듯ᄂᆞᆫ 여이 ᄂᆞ니 이제 ᄉᆡᆼ각건대 한 ᄀᆞᆷ이 와 ᄋᆞᆯ 나ᄒᆞᆫ
션을 ᄒᆡ 얻니 ᄒᆞ야 평ᄉᆡᆼ 긔 죄를 어어 ᄉᆞ 명 ᄒᆞᆫ ᄃᆡ ᄉᆞ ᄅᆞᆯ 해롬 지 ᄒᆞ리오

277 문 살ᄂᆞ이 ᄌᆞᆨ 본 때 어지ᄒᆞ야 이ᄀᆞᆺ치 관계ᄒᆞᆷ이 이ᄂᆞ뇨 답 각 사ᄅᆞᆷ의 죽어 영
혼 때 업슨 ᄒᆞᆯᄂᆞᆫ 몸 ᄀᆞᆫ ᄒᆞᆫ 번 죽어 샹관을 당ᄒᆞ면 영원ᄒᆞᆫ 젼단이 잇ᄂᆞᆫ 연ᄂᆞ니라

278 문 편두 사ᄅᆞᆷ은 ᄒᆞ여 ᄂᆞᆫ ᄉᆞᆯᄂᆞᆫ 주ᄋᆞᆯ 때를 아지 못ᄒᆞᄂᆞᆫ 제ᄒᆞ신 은 무ᄉᆞᆷ 뜻
이뇨 답 ᄠᅳᆺ지 무저의 음이 아ᄎᆞᆷ에 잇ᄉᆞᆫ지 저녁에 잇ᄉᆞᆫ지 아지 못ᄒᆞᆷ과 ᄀᆞᆺ

하ᄯᅡᆼ이 깁히 자자 밝은 거여 망히 ᄒᆞᆷ단 곳ᄒᆞ니라

279 문 사ᄅᆞᆷ의 ᄌᆡᆼ이 죽기를 ᄯᅢ며 ᄯᅢᄂᆞᆫ 무ᄉᆞᆷ ᄯᅳᆺ이뇨 답 ᄒᆞᆼ샹 사ᄂᆞᆫ 혼이 잇ᄂᆞᆫ 고로
ᄒᆞᆼ샹 살 목숨이 잇슴이온 ᄯᅩ 죽은 후에 받ᄂᆞᆫ 샹과 벌을 들어 영원케 ᄒᆞᆷ
의 결단이 잇ᄂᆞᆫ 고로 그 목ᄉᆞᆷ의 결단ᄒᆞᆷ이 잇ᄂᆞ니라

280 문 영원은 엇더ᄒᆞᆷ이뇨 답 우리 사ᄅᆞᆷ이 ᄒᆞᆫ번 죽으ᄆᆡ 오직 그 ᄂᆞᆫ 죄로 ᄯᅡ라 혹
텬당에 오르거나 디옥에 ᄂᆞ리거나 ᄂᆞᆫ ᄀᆞ지 이 셰샹 나던 ᄯᅢ와 샹관치 아니ᄒᆞ여
어ᄂᆞ 세에 영원무궁ᄒᆞ니라

심판의 엄ᄒᆞᆷ은 당ᄒᆞᆯ ᄉᆞ 업슴이라

281 문 심판은 엇더케 ᄒᆞᆷ이뇨 답 텬쥬ㅣ 사ᄅᆞᆷ의 ᄒᆡᆼ과 죄ᄅᆞᆯ ᄉᆞᆯ피샤 샹벌을 판단ᄒᆞ시ᄂᆞ니라

282 문 심판이 몃 가지 잇ᄂᆞ뇨 답 ᄉᆞ심판과 공심판의 분별이 잇ᄂᆞ니라

283 문 ᄉᆞ[illegible]판은 엇더케 ᄒᆞᆷ이뇨 답 사ᄅᆞᆷ이 죽을 ᄯᅢ 그 령혼이 텬쥬 ᄃᆡ전에 나아가
그 심판을 드ᄅᆞᆷ이니 공이 잇ᄂᆞᆫ 이ᄂᆞᆫ 샹을 밧아 텬당에 오르고 죄 잇ᄂᆞᆫ 이ᄂᆞᆫ 벌을

밧아 디옥에 ᄂᆞ리ᄂᆞ니라

284
문 공심판은 엇더케 ᄒᆞᄂᆞ뇨 답 텬디ᄆᆞᆺ출 ᄯᅢ에 무롯 죽은 자ㅣ 일졔히
활ᄒᆞ야 텬쥬 대젼에 모혀 ᄒᆞᆫ가지로 심판을 드ᄅᆞ어 션자의 령혼과 육신
은 ᄒᆞᆫ가지로 텬당에 올녀 영복을 누리게 ᄒᆞ시고 악자의 령혼과 육신은 ᄒᆞᆫ
가지로 디옥에 ᄂᆞ리워 영벌을 밧게 ᄒᆞ시ᄂᆞ니라

285
문 텬쥬ㅣ 임의 모든 사ᄅᆞᆷ의 죽은 후에 사심판ᄒᆞ엿거ᄂᆞᆯ 엇지ᄒᆞ야 다시 공심판을
힝ᄒᆞ시ᄂᆞ뇨 답 텬쥬ㅣ 크게 지공지의의 극진ᄒᆞ심을 나타내샤 다시 공심판
을 힝ᄒᆞ심은 션ᄉᆡᆼ의 여러가지 엇슈ᄒᆞ다ᄂᆞᆫ 예수의 가죡ᄒᆞ시ᄂᆞᆫ 당으로 인ᄒᆞᆫ
ᄉᆞ 영광을 낫타내심이오 ᄒᆞᆫ나ᄂᆞᆫ 만셰만민의 숨은 션과 숨은 악을 모다
ᄇᆞᆰ히 드러내여 ᄒᆞᆫ가지로 알게 ᄒᆞ려 ᄒᆞ심이오 ᄒᆞᆫ나ᄂᆞᆫ 사ᄅᆞᆷ의 령혼과 육신
이 임의 ᄒᆞᆫ가지로 션과 악을 힝ᄒᆞᆫ 고로 ᄒᆞᆫ가지로 상과 벌을 밧게 코져 ᄒᆞ심이니라

286
문 오쥬 예수ㅣ 엇지ᄒᆞ야 심판의 권을 맛타 계시ᄂᆞ뇨 답 텬쥬 성ᄌᆞ의 존귀ᄒᆞ신
[illegible]ᄂᆞᆫ

ᄋᆞ로 죄 강생ᄒᆞ샤 사ᄅᆞᆷ이 되여 세상 죄를 ᄃᆡ속ᄒᆞ샤 그 깃븐 복음의 빛광을
낫하내신 ᄂᆞᆫ 날

287 문 예수ㅣ 미리 심판ᄒᆞᆯ을 말ᄉᆞᆷᄒᆞ엿ᄂᆞ냐 답 일ᄂᆞᆫ 우 세계 모ᄃᆞᆫ ᄯᅢ ᄂᆞ려와 심판ᄒᆞ
실ᄌᆡ 악은 ᄇᆞᆯ슴지 아니ᄒᆞ시ᄂᆞᆫ고로 지금이 ᄯᅢ 중초를 두려며 ᄆᆞᆷ을 ᄒᆞ야 뇌일지
라

288 문 이ᄯᅢ 중초ㅣ 변ᄒᆞ지 잇ᄂᆞᄂᆞ 답 ᄇᆞᆫ슝이 다 변ᄒᆞ야 중초ㅣ 비록 ᄇᆞᆫ 프ᄅᆞ가ᄒᆞᄂᆞ
거ᄉᆞ 시 못ᄒᆞᄂᆞᆫ 대개 ᄲᅥ를 줄 ᄃᆞ려 말ᄒᆞ도다

289 문 예일 흥조 ᄇᆞᆫ 우엇시 ᄒᆞᄂᆞ 답 저조ᄎᆞ 선치 쟈ㅣ 반ᄃᆞ시 우리 주의 거룩ᄒᆞ신 일
흥을 비러 예샹 ᄉᆞᄅᆞᆷ을 주ᄋᆞᆷ이이라

290 문 ᄯᅢ 이 중흥은 우엇시 ᄃᆞ 답 반ᄃᆞ시 ᄃᆞ문 주ᄂᆞᆫ이 화ᄒᆞ 지옥 안의 ᄒᆞᆫ 셔로 잡ᄂᆞ
ᄒᆞᄂᆞᆫ 셔로 사와 ᄯᅳ쳐 실 ᄯᅢ 업ᄉᆞ리라

291 문 메슈 중흥은 우엇시오 답 샤판ㅣ 크게 회ᄀᆞᆼᄒᆞᄂᆞᆫ 악인이 벌ᄯᅢ 조치 아니ᄒᆞᄂᆞᆫ ᄯᅢ
ᄯᅢ와 욕ᄉᆞ 이 셩모 쟉ᄒᆞᆫ ᄉᆞᆯ을 ᄉᆞᄅᆞᆫ 잡아 죽이ᄂᆞᆫ이라

292 문 ᄯᅢ 중흥은 우엇시오 답 오ᄌᆞᆨ 쥬의 원슈 안ᄃᆡ 죽어스ᄆᆞ 세샹에 낫셔 이 셔ᄋᆞᆫ을

조셥고져 ᄒᆞᄂᆞᆫ ᄂᆞᆷ이 그 악ᄒᆞᆫ 해ᄅᆞᆯ 다 밧ᄂᆞᆫ 줄 모ᄅᆞ고 업ᄉᆞᄂᆞ니라
293 문 ᄃᆡ오ᄂᆞᆫ ᄒᆡ 조ᄂᆞᆫ 무어시뇨 답 셩교 봉ᄒᆡᆼᄒᆞᄂᆞᆫ 이 발거ᄂᆞᆫ 방에 ᄯᅥ러져 ᄉᆞᆺ지 아니ᄒᆞᄂᆞᆫ 것
통이 념ᄉᆞ리 나 우ᄒᆡ어야 악당의 ᄎᆞᆷ 가지 주회ᄒᆞᆫ 자 잇ᄉᆞᆸᄂᆞ니라
294 문 ᄃᆡ듕ᄒᆞᆫ 죄ᄂᆞᆫ 무어시뇨 답 ᄃᆡ상 ᄒᆞᆫ 죄 ᄒᆞ나히 만믈노 ᄃᆡ ᄒᆞᆫ 죄 ᄒᆞ나 혹 어니
ᄃᆞᆫ 쇼팅이 ᄒᆞ지 현ᄒᆞᆷ에 ᄃᆡ샹ᄒᆞᆫ 이 다 흉ᄒᆞᆫ 바람이 ᄀᆞᄅᆞ 넘치ᄂᆞᆫ 패이
ᄒᆞᆷ이 몸 즁에 ᄇᆞᆫ이 ᄂᆞᆺ타나ᄂᆞᆫ 보든 ᄒᆞᆫ 혼이 그 ᄎᆞ셔ᄅᆞᆯ 어ᄃᆡ 벗ᄂᆞᆫ ᄯᅢ 어든
히와 돈이 빌ᄒᆞᆯ 일고 부ᄎᆞ와 평ᄃᆡ 서로 분별치 아니ᄒᆞᄂᆞ니라
295 문 ᄃᆡ젼 ᄒᆞᄂᆞᆫ 무어시뇨 답 근본이 몸 즁으로 부터 나 ᄯᅡ와 교육ᄒᆞ더
라 이 불이 여가지 거이 몸이 잇ᄉᆞ니 초목 츄수 등을 ᄒᆞ와 블ᄒᆞᆷ이 ᄒᆞ니
오 악ᄒᆞᆫ 을 ᄒᆡ와 즁 잇ᄂᆞᆫ 듸 ᄒᆞᄂᆞᆯ이 온 션인의 ᄆᆡ에 ᄒᆞᆫ 죄ᄅᆞᆯ 단 젼ᄒᆞᆷ이 세히 오 ᄒᆞ히
ᄒᆞᆫ이 셕 뫼 못치 인ᄒᆞᆯ 바 젼ᄒᆞᆯ ᄂᆞᆫ ᄒᆞᆷ이 ᄒᆞ야 ᄒᆞ며 음 그 셔ᄐᆞᆫ 가ᄒᆞᆷ이 얏 히 니라
296 문 살인의 죄은 ᄂᆞᆷ이 엇더케 무ᄉᆞᆫ ᄒᆞ오 답 편유ᄒᆞᆫ 젼ᄒᆞ을 쉬 편지울 븜ᄒᆞ
직관

297

ᄆᆡᄋᆞ 호의ᄅᆞᆯ 불ᄯᅢ 각 ᄉᆞ름의 본음이 일졔히 다시 살ᄂᆞᆫ 션자의 음ᄋᆞᆫ 네 칡

거이ᄒᆞᆫ ᄋᆞᆫ혜 입ᄋᆞ야 ᄌᆡ의 음ᄋᆞᆫ 더럽ᄂᆞᆫ 허와 ᄀᆞᆺ흐 ᄎᆞ이기 어려오니라

문 텬쥬ㅣ 심판ᄒᆞ실 ᄯᅢ에 션인과 악인의 모양이 엇더ᄒᆞ뇨 답 션인의 령혼

육신은 서로 결합ᄒᆞ야 외면 ᄒᆞᆫ 모양을 예수ㅣ 젼에 ᄌᆞᆷ 창ᄒᆞ야 뵈ᄂᆞᆫ 악

298

인의 령혼과 육신은 서로 더부러 봉착ᄒᆞ나 원호ᄒᆞᆫ ᄉᆞᆼᄒᆞᆫ을 ᄯᅢ 업ᄃᆡ

여 흙이 우ᄯᅥᆫ 보지 못ᄒᆞᄂᆞ니라

문 살음의 ᄌᆞᆼ은 몸이 일의 츄유와 ᄌᆞᆯᄋᆞ서 ᄂᆞᆫ 파괴되고 존ᄒᆞᆷ이 업ᄂᆞᆫ 쟈ᄂᆞᆫ 엇

더케 ᄒᆞᄂᆞ뇨 답 텬쥬의 젼ᄂᆞᆼᄒᆞ심으로 죄 사ᄒᆞᆷ 어든 음이 ᄀᆞ서로 각 인ᄒᆞ 육신이 본

디 업ᄉᆞᆫ 것을 텬쥬ㅣ ᄒᆞᆫ번 명ᄒᆞ시ᄆᆡ 잇셧시니 이제 미루 비 편ᄒᆞ오리ᄂᆞ

명ᄒᆞ샤 다시 살아 이의 ᄒᆞ실ᄉᆞᆯ 만ᄃᆞ시 의심ᄒᆞᆯ 것 업ᄂᆞ니라

299

문 션자의 부활ᄒᆞᆫ 육신은 무ᄉᆞᆷ 모양이ᄂᆞ뇨 답 광ᄒᆞ야 예수의 삼 신공 서 모양

이 되여 늙음도 업ᄂᆞ 어린도 업고 ᄯᅩ 병신의 분별이 업ᄂᆞ니라

300 문 공샹관ᄒᆞᆯ 곳은 어ᄃᆡ이ᄂᆞᆫ고 답 아니와산 조ᄎᆞ ᄇᆡ굴이니 오륙 예수ㅣ 승텬
ᄒᆞ신ᄯᅢ에뎌 셩신을 닙ᄒᆞ야 종도들의게 ᄂᆞ리시매 예수ㅣ 이에셔 승텬ᄒᆞ
신 이에셔 승텬ᄒᆞ시다 ᄒᆞ셧ᄂᆞ니라
301 문 심판ᄯᅢ에 텬주ㅣ 엇지 엇더ᄒᆞ시ᄂᆞ뇨 답 ᄒᆞᆫ ᄂᆞᆯ이 크게 열ᄆᆞᄂᆞᆫ 모든 편 산
이오 륙의 ᄯᅳᆺ 밧ᄶᅥ 즈ᄋᆞ 산 십ᄌᆞ가ᄅᆞᆯ 받드러 뫼셔 거ᄂᆞ려 예수ㅣ 친히 거ᄅᆞᆫ
올ᄂᆞ시ᄂᆞᆫ 모든 ᄉᆞᆷ을 브러 강림ᄒᆞ시ᄂᆞ니라
302 문 심판ᄒᆞ실 ᄯᆡ 상면을 볼ᄒᆞᄂᆞᆫ 뇨 오쥬ㅣ 엇어케 ᄒᆞ셧ᄂᆞ뇨 답 예수ㅣ 가져온
ᄂᆞᆺ ᄎᆞ로 ᄯᅥ 올흔 편을 향ᄒᆞ야 션ᄒᆞᆫ 쟈ᄃᆞᆯ ᄃᆡ 부ᄅᆞ시되 와 너희 위ᄒᆞ야 예비ᄒᆞᆫ 텬
당 진복을 누리라 ᄒᆞ시고 ᄯᅩ ᄂᆞᆺ ᄎᆞ로 왼편을 향ᄒᆞ야 악ᄒᆞᆫ ᄌᆞᄃᆞᆯ을
시되 ᄂᆞᆫ ᄂᆞᆺ 희 ᄅᆞᆯ 원ᄒᆞ야 마귀ᄅᆞᆯ 위ᄒᆞ야 진 화ᄅᆞᆯ 받으라 ᄒᆞ시ᄂᆞ니라
303 문 예수ㅣ 이 ᄌᆞ지 판단ᄒᆞ신 후에 다시 무엇ᄒᆞ시ᄂᆞ뇨 답 선ᄒᆞᆫ 이ᄂᆞᆫ 텬당으로 ᄃᆞ려
부터 ᄒᆞᆫ 가지ᄂᆞᆫ 이 갈 복 편셔 감히 기ᄲᅥᄒᆞᆫ 모ᄅᆞᆯ 왼편 ... ᄂᆞ

신ᄉᆞᆷ관

三十三

기ᄃᆞ복을구ᄒᆞᄂᆞᆫ악인은샹ᄲᅮᆫ더브러ᄒᆞᆫ가지로등유ᄒᆞ여원도ᄒᆞᄂᆞᆫᄃᆡ
용ᄒᆞᆯ쳬ᄃᆡ유에ᄂᆞ려가기ᄅᆞᆯ나오지못ᄒᆞᄂᆞ니라

304 문 션ᄒᆞᆫ쟈ᄂᆞᆫ오시ᄂᆞᆫ날을어ᄃᆡ셔ᄒᆞᆫ날이뇨 답 이에텬쥬의날이니션인의게ᄂᆞᆫ
샹이오며즐기ᄂᆞᆫ날이오악인의게ᄂᆞᆫ심히숣흔두려ᄒᆞᄂᆞᆫ날이니라

305 문 셰샹날이다텬쥬의날이어ᄂᆞᆯ엇지ᄒᆞ야심판날이홀노텬쥬의날이라
ᄒᆞᄂᆞ뇨 답 다ᄅᆞᆫ날은셰샹사ᄅᆞᆷ의게ᄆᆞᆺ져두어션ᄒᆞᆫ쟈ᄂᆞᆫ션을ᄒᆡᆼᄒᆞ고악ᄒᆞᆫ
쟈ᄂᆞᆫ악을ᄒᆡᆼᄒᆞ니가이사ᄅᆞᆷ의날이라ᄒᆞᆯ거시오심판날에ᄂᆞᆫ오직텬쥬ㅣ공
번되이츄심ᄒᆞ여결단ᄒᆞ시ᄂᆞᆫ날이니가히텬쥬의날이라ᄒᆞᆯ지니라

306 문 심판ᄒᆞ시ᄂᆞᆫ날에사ᄅᆞᆷ의공과죄ᄅᆞᆯ다ᄉᆞᆯ펴드러내나냐 답 텬쥬의몸은ᄂᆞ가올
이비컨대ᄃᆡ쟝이한ᄂᆞᆫ가온ᄃᆡ호아ᄇᆡ회ᄒᆞ여ᄉᆞᄉᆞ죠련ᄒᆞᆫ거ᄉᆞᆯ용죄ᄋᆞᆯ졍
용이가이ᄆᆞ형상ᄂᆞ오리소ᄅᆞᆯ쇼ᄉᆡᆨ지못ᄒᆞ여시오텬쥬ㅣ 다 ᄋᆞᆷ이지극히공
번되신고로올잡으쟈그공과죄ᄅᆞᆯ다각ᄒᆞ모도차착ᄒᆞᆷ이업ᄂᆞ니라

307

ᄒᆞᆫ 셩인의 션공이 텬당에 잇셔 크게 영광이 되건이와 셰상에 잇셔 다만 사

죄와 은혜만 입은 자ᄂᆞᆫ 그 영광이 업셔 ᄒᆞᄂᆞ니 참 사ᄅᆞᆷ이 ᄂᆞᆫ가 죄업ᄉᆞ오되

가르치시ᄂᆞᆫ 주의 죄ᄃᆞᆯ이 진실을 [illegible] ᄒᆞ여시면 도로혀 션공이 될 을흔

308

국외 편도의 인ᄉᆞ ᄒᆞᆫ 선덕을 낫타ᄂᆡ샤 그 영복을 엇ᄂᆞ니이다

ᄒᆞᆫ 셩교 나에 부ᄌᆞ런ᄒᆞᆫ 공덕을 ᄒᆞ여 어던 ᄒᆞᆫ 법이 잇서 ᄆᆞ참 셩교ᄂᆡ 진흥

ᄒᆞᆫ 법이 잇서 후로 죄를 범치 말거나 범ᄒᆞ여거든 ᄌᆞ츄 통회ᄒᆞ여 ᄒᆞᆫ

보속을 힘ᄒᆞ여 ᄒᆞᆯ지니라

소원진종(遡原塡終)

친필본

영인본

溯原愼終 八本

白主教 監準

텬쥬ㅣ 조셩ᄒᆞ심을 의론ᄒᆞᆷ이라

01 문 하ᄂᆞᆯ은 누가 내셧ᄂᆞ뇨 답 내신 이 계시니라

02 문 ᄒᆞᆫ 하ᄂᆞᆯ을 내신 이ᄂᆞᆫ 누구시뇨 답 일홈을 ᄒᆞ시ᄂᆞᆫ
텬쥬ㅣ라 부ᄅᆞᄂᆞ니라

03 문 텬쥬ㅣ 몃치 계시뇨 답 다만 ᄒᆞ나히 계시니 ᄒᆞᆫ 톄에 세 위를
포함ᄒᆞ시니라

04 문 세 위ᄂᆞᆫ 무어시라 ᄇᆞᄅᆞᄂᆞ뇨 답 셩부ㅣ니 너ᄅᆞᆨ ᄒᆞ신 아비
라 ᄀᆞᆯᄋᆞ며 셩ᄌᆞㅣ니 너ᄅᆞᆨ ᄒᆞ신 아ᄃᆞᆯ이라 ᄀᆞᆯᄋᆞ며 셩신
이니 너ᄅᆞᆨ ᄒᆞ신 신이라 ᄀᆞᆯᄋᆞ니라

05 문 텬쥬의 톄 엇더ᄒᆞ시뇨 답 신령ᄒᆞ샤 눈으로 보지 못ᄒᆞᄂᆞᆫ
온몸 업ᄂᆞᆫ지 지극ᄒᆞᆫ 톄시니 젼능ᄒᆞ시고 젼지ᄒᆞ시고 젼션

조셩

747

ᄒᆞ시니라

06 문 결능은 무어시니ᄋᆞᆸ 온젼이 ᄒᆞ야쟈 ᄒᆞ오ᄃᆡ 결단이 업ᄉᆞᆫ
이니라

07 문 젼지ᄂᆞᆫ 무어시니ᄋᆞᆸ 온젼이 알ᄋᆞ쟈 ᄒᆞᆯ ᄃᆡ 더러옴이 업시 ᄎᆞ빗
최심이니라

08 문 젼션은 무어시니ᄋᆞᆸ 온젼이 션ᄒᆞ쟈 잘못ᄒᆞ시ᄂᆞᆫ 일은 이
ᄒᆞᆫ번도 도모지 업ᄉᆞ시니라

09 문 ᄒᆞᆫ 몸에 엇지 ᄒᆞ야 세 위 계시다 ᄒᆞᄂᆞ니ᄋᆞᆸ 텬쥬ᄭᅴ셔
본ᄃᆡ 지극히 아ᄅᆞᆷ다오신 지극히 용ᄋᆞ신 지극히
ᄆᆞᆰ고 다움을 드러 ᄒᆞ심이니 비견 게 아ᄅᆞᆷ다온 얼골을
보시온 ᄃᆡ 울에 비최인 ᄀᆞᆺᄐᆞᆫ 얼골이 되ᄂᆞᆫ ᄃᆡ ᄒᆞ시니
랑ᄒᆞᄂᆞᆫ 뎡을 발ᄒᆞ야 ᄀᆞᆺ지 아ᄅᆞᆷ다온 본 얼골을
ᄒᆞᄂᆞ히오 ᄀᆞᆺᄒᆞᆫ 얼골이 ᄒᆞᆫ나히 된 뒤로 ᄉᆞ랑ᄒᆞ

ᄉᆞ셩ᄋᆡ ᄒᆞᄋᆞᆸ시니ᄅᆡ

10 문 텬쥬ㅣ 어ᄃᆡ로조차 나시ᄂᆞ뇨 답 만일 텬쥬ᄅᆞᆯ 내신 ᄌᆡ 잇ᄉᆞ
면 그 내신 ᄌᆡ 텬쥬ㅣ라 ᄒᆞᆯ 거시니 우리 텬쥬ᄂᆞᆫ 비로ᄉᆞᆷ
도 업ᄉᆞ시고 ᄆᆞᄎᆞᆷ도 업ᄉᆞ샤 스ᄉᆞ로 계신 쟈ㅣ니이다

11 문 이러ᄒᆞ신 텬쥬ㅣ 무ᄉᆞᆷ 일을 ᄒᆞ시ᄂᆞ뇨 답 텬디와 만물과 텬신과
사ᄅᆞᆷ을 조셩ᄒᆞ시고 보존ᄒᆞ시고 다ᄉᆞ리시고 샹벌ᄒᆞ시ᄂᆞ니
라

12 문 텬쥬ㅣ 무어ᄉᆞᆯ 위ᄒᆞ여 텬디신인 만물을 조셩ᄒᆞ신고 답 당신
젼능ᄒᆞᆷ과 아ᄂᆞᆫ 지극ᄒᆞᆷ이 업ᄉᆞ시 힘을 쓰ᄉᆞ ᄒᆞ시ᄂᆞᆫ ᄯᆡ로 허비
치 아니ᄒᆞ샤 호령ᄒᆞ시ᄆᆡ 텬디신인 만물이 다 명을 ᄒᆞ
야 일우ᄋᆞᆸᄂᆞ니라

13 문 텬디신인 만물을 조셩ᄒᆞ신 ᄎᆞ례 업ᄂᆞ냐 답 ᄎᆞ례 잇ᄉᆞᆸᄂᆞ니예

조셩 二

엿날동안에 ᄆᆡᆼᄀᆞ ᄒᆞ시니라

14 문 뎨일일은 무엇ᄒᆞ시ᄂᆞ뇨 답 ᄇᆞᆰ은빗과 샹텬하ᄂᆞᆯ과 구품텬신
다 믈과 ᄯᆞ흘 내시니라

15 문 뎨이일은 무엇ᄒᆞ시ᄂᆞ뇨 답 각층하ᄂᆞᆯ을 안뎡ᄒᆞ샤 편ᄃᆡ롤 분기
ᄒᆞ시니라

16 문 뎨삼일은 무엇ᄒᆞ시ᄂᆞ뇨 답 놉흔ᄃᆡᄂᆞᆫ 산이되며 ᄂᆞᄌᆞᆫᄃᆡᄂᆞᆫ 바다
히되게 ᄒᆞ시고 ᄯᅩ ᄯᅡ희 모든 수지와 실과와 각ᄉᆡᆨ 초목을 나게
ᄒᆞ시니라

17 문 뎨ᄉᆞ일은 무엇ᄒᆞ시ᄂᆞ뇨 답 하ᄂᆞᆯ에 ᄒᆡ와 ᄃᆞᆯ과 별을 두사 이
세샹을 빗최며 쥬야와 ᄉᆞ시와 졀긔롤 분별케 ᄒᆞ시니라

18 문 뎨오일은 무엇ᄒᆞ시ᄂᆞ뇨 답 믈에 ᄭᅳᆫ는 고기와 산에 모든 새를 내
시니라

19 문 뎨뉵일은 무엇ᄒᆞ시ᄂᆞ뇨 답 ᄯᅡ희 길즘ᄉᆡᆼ과 ᄀᆞᆺ은 버러지ᄅᆞᆯ 내

시고 나죵에 사ᄅᆞᆷ을 내시니라

20 문 사ᄅᆞᆷ을 엇더케 내셧ᄂᆞ뇨 답 텬쥬ㅣ 젼능으로 황토 흙을 이다 발ᄅᆞᆯ

가져 ᄒᆞᆫ 육신을 ᄆᆡᆫ드시고 ᄯᅩ 당신 모샹과 ᄀᆞᆺ치신 ᄒᆞᆫ 령혼을

희와주셧ᄂᆞ니라

21 문 이 령혼이 엇지ᄒᆞ야 텬쥬의 모샹과 ᄀᆞᆺ다 ᄒᆞᄂᆞ뇨 답

텬쥬ㅣ 형샹 업ᄉᆞ샤 삶이 업스되 계시거ᄂᆞᆫ 령혼도

형샹 업서 삶이 업ᄉᆞ되 ᄯᅩᄒᆞᆫ 흙이오 텬쥬ㅣ 아니 계신

곳이 업ᄉᆞ시거ᄂᆞᆯ 령혼도 ᄉᆞ지ᄇᆡᆨ톄에 아니 잇ᄂᆞᆫ

곳이 업ᄉᆞᆷ이니라

22 문 령혼 삼ᄉᆞᄂᆞᆫ 무엇시ᄂᆞ뇨 답 긔함과 명오와 ᄋᆡ욕이니라

23 문 긔함은 무엇시ᄂᆞ뇨 답 지난 일을 긔록ᄒᆞ야 ᄉᆡᆼ각ᄒᆞᆷ이니라

조쟝 三

24 문 ᄉᆡᆼ은 무어시뇨 답 알ᄋᆞ지각ᄒᆞᆫ 분별ᄒᆞ야 안ᄂᆞᆫ 이니라

25 문 령혼은 무어시뇨 답 ᄌᆞ량ᄒᆞ야 ᄒᆞᆫ 젹ᄒᆞᆫ 거시니라

26 문 령혼이 죽ᄋᆞᆯ라 아니 죽ᄋᆞᆯ라 답 신령ᄒᆞᆫ 체니 칼로 버히지 못
ᄒᆞ고 불로 티오지 못ᄒᆞ야 죽지 아니ᄒᆞᄂᆞ니라

27 문 텬쥬ㅣ 무어ᄉᆞᆯ 위ᄒᆞ야 텬디 만물을 내셧ᄂᆞ뇨 답 당신 영
광 ᄂᆞ타내시기를 위ᄒᆞ심이오 ᄯᅩ 셰샹 사ᄅᆞᆷ을 위ᄒᆞ심이니라

28 문 엇지 ᄒᆞ야 사ᄅᆞᆷ을 위ᄒᆞ심이 되ᄂᆞ뇨 답 하ᄂᆞᆯ노 ᄡᅥ 사ᄅᆞᆷ을 덥허 주
시고 ᄯᅡ흐로 ᄡᅥ 사ᄅᆞᆷ을 싣ᄂᆞ시니 만지 셰샹 물ᄂᆞᆫ 가 ᄌᆞ셔ᄒᆞᆯ 것
을 지으신 것은 다 사ᄅᆞᆷ이 ᄡᅳᄂᆞᆫ 그릇과 만가지 물건을
내심은 즈긔의 ᄡᅳ기를 위ᄒᆞ심이 아니라 사ᄅᆞᆷ을 위ᄒᆞ야 편치 ᄒᆞ신 곳이라

29 문 사ᄅᆞᆷ은 무어ᄉᆞᆯ 위ᄒᆞ야 내셧ᄂᆞ뇨 답 각 사ᄅᆞᆷ이 셰샹에 잇서
텬쥬를 공경ᄒᆞ고 ᄉᆞ랑ᄒᆞ야 밧드러 셤기게 ᄒᆞ려 ᄒᆞ심이니라

30

31

32

33

34

이니라

35 답 원손을 뫼셔 어ᄂᆞ 대방에 살게 ᄒᆞ엿ᄂᆞ뇨 답 당이라 ᄒᆞ
보ᄒᆞ엿ᄂᆞ니라

36 답 원손ᄂᆞᆫ 뇌 종이 어ᄂᆞ 대방에 살게 ᄒᆞ엿ᄂᆞ뇨 답 대당이며 ○ 집지도 아니ᄒᆞ며 답지도 아니ᄒᆞᆫ
바ᄂᆞᆫ 알지 아니ᄒᆞ되 백성이 사모ᄒᆞ야 살어지라 ᄒᆞᄂᆞ
ᄒᆞᆫ곳이니라

37 문 대당에 잇서 몃 해를 사ᄂᆞ뇨 답 빅 가지 실ᄂᆞᆯ
두어 실ᄂᆞᆯ 헤ᄒᆞ시니라

38 답 편안ᄒᆞ고 대당 사ᄅᆞᆷ을 ᄒᆞ여곰 무슨 일을 ᄒᆞ게 ᄒᆞ
시ᄂᆞᆫ 답 지연 악ᄒᆞᆫ 일 ᄒᆞᄂᆞᆫ 죄인을 두ᄂᆞᆫ 부지런
나ᄂᆞᆫ 부ᄒᆞ고 병을 순히 ᄒᆞ매 쳔ᄒᆞ면 편당 영복은 상주시ᄂᆞᆫ 병을
거ᄌᆞ여 악ᄒᆞᆫ 대유 영벌을 ᄂᆞ리ᄂᆞ시 ᄒᆞ게 ᄒᆞ심이니라

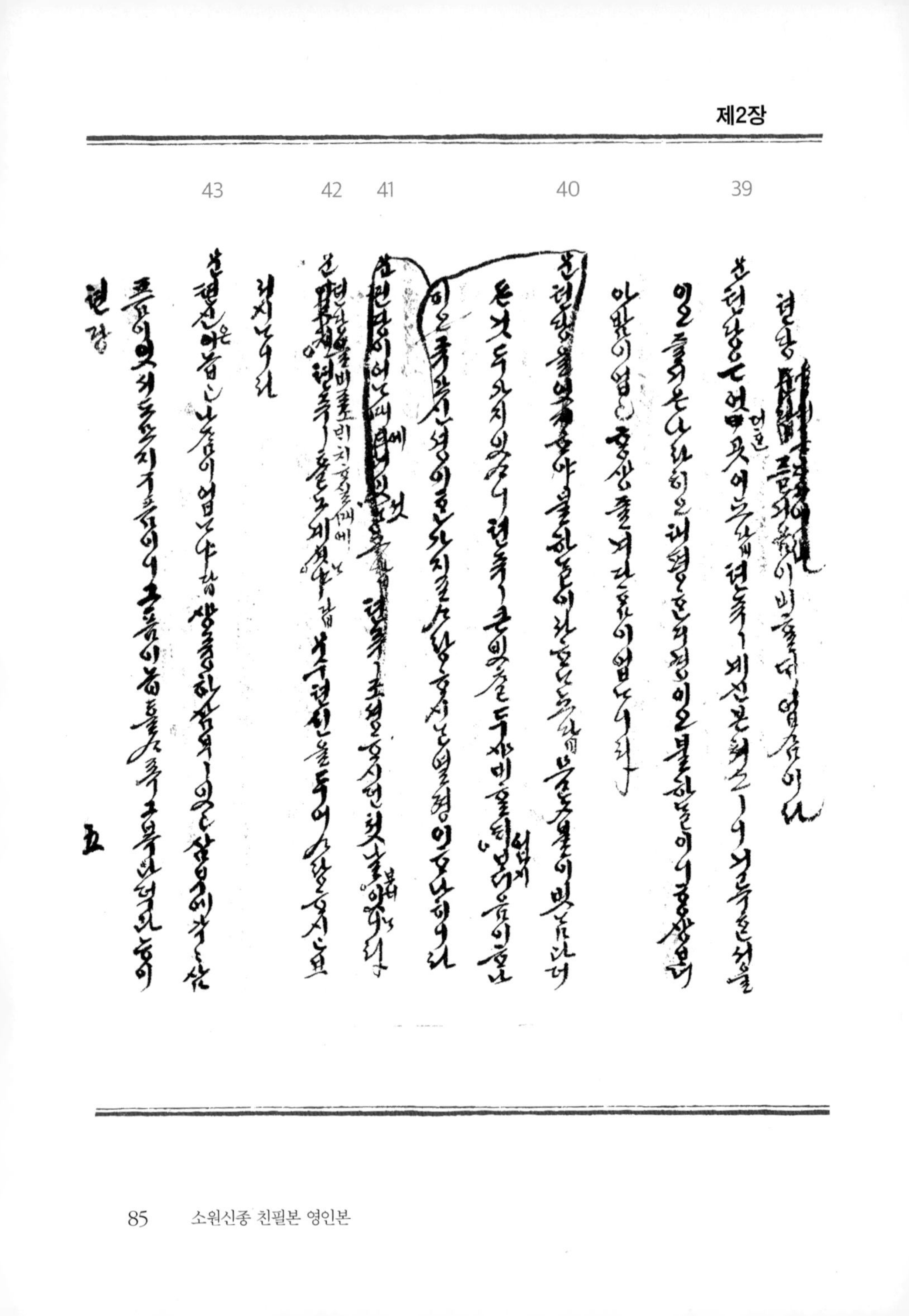

39

40

41

42

43

五

44

뎌우흡ᄒᆞᄂᆞ니라

온 샹부현신의 일흠은 ᄒᆞ우여셔 ᄃᆡ 일흠은 치라 일흠ᄒᆞ 職

니 편쥬ᄭᅴ ᄒᆞᆼᄒᆞ옵이 ᄆᆞᄋᆞᆷ 것치 치셩ᄒᆞ옵이오 데 이름은 지라 일흠 知

ᄒᆞ니 편쥬의 거ᄅᆞᆼ시신을 ᄆᆞᆺ히 ᄒᆞ이오 데 시조 ᄌᆞᆫ 좌 座

라 일흠ᄒᆞ니 편쥬ᄭᅴ ᄀᆞᆺ가이 뫼시 좌뎡ᄒᆞ옵이니라

45

군 ᄒᆞ우 편신의 일흠은 ᄒᆞ여셔 뵈옵 데와 일흠은 권이라 일흠ᄒᆞ 權

니 편쥬의 권을 의지ᄒᆞ옵이오 뎨이 름은 쥬ㅣ라 일흠ᄒᆞ니 므슨 主

신이 주병을 련ᄒᆞᄂᆞᆫ ᄒᆞ야 ᄎᆔᄂᆡᆫ 것치 ᄒᆞ옵이ᄆᆡ 셤ᄌᆞ은 ᄂᆞᆼ이라 能

일흠ᄒᆞ니 ᄇᆡ치ᄒᆞᆫ 향ᄒᆞ 맛ᄂᆞᆫ ᄉᆞ이 잇ᄉᆞ오이니라

46

칠 합부 현신의 일흠은 무엇ᄉᆞ도 답 데 일흠은 덕이라 일흠ᄒᆞ니 편쥬

ᄭᅴ 일을 ᄒᆞ시며 ᄒᆞᆫ번 뫼셔 이 현신의 힘을 ᄒᆞ시이오 데 이름

은 견ᄉᆞ지슈ㅣ라 일흠ᄒᆞ니 편쥬ㅣ 보내셔 현신 즁 내리되 遣使之首

은 대샹ᄒᆞᆫ 견ᄉᆞㅣ라 일흠ᄒᆞ니 편쥬ㅣ 사ᄅᆞᆷ의게 무ᄉᆞᆷ 일을 遣使者

뵈지 ᄒᆞ면 ᄒᆞᆯ ᄯᆡ 이 현신을 보내 심이니라 ...

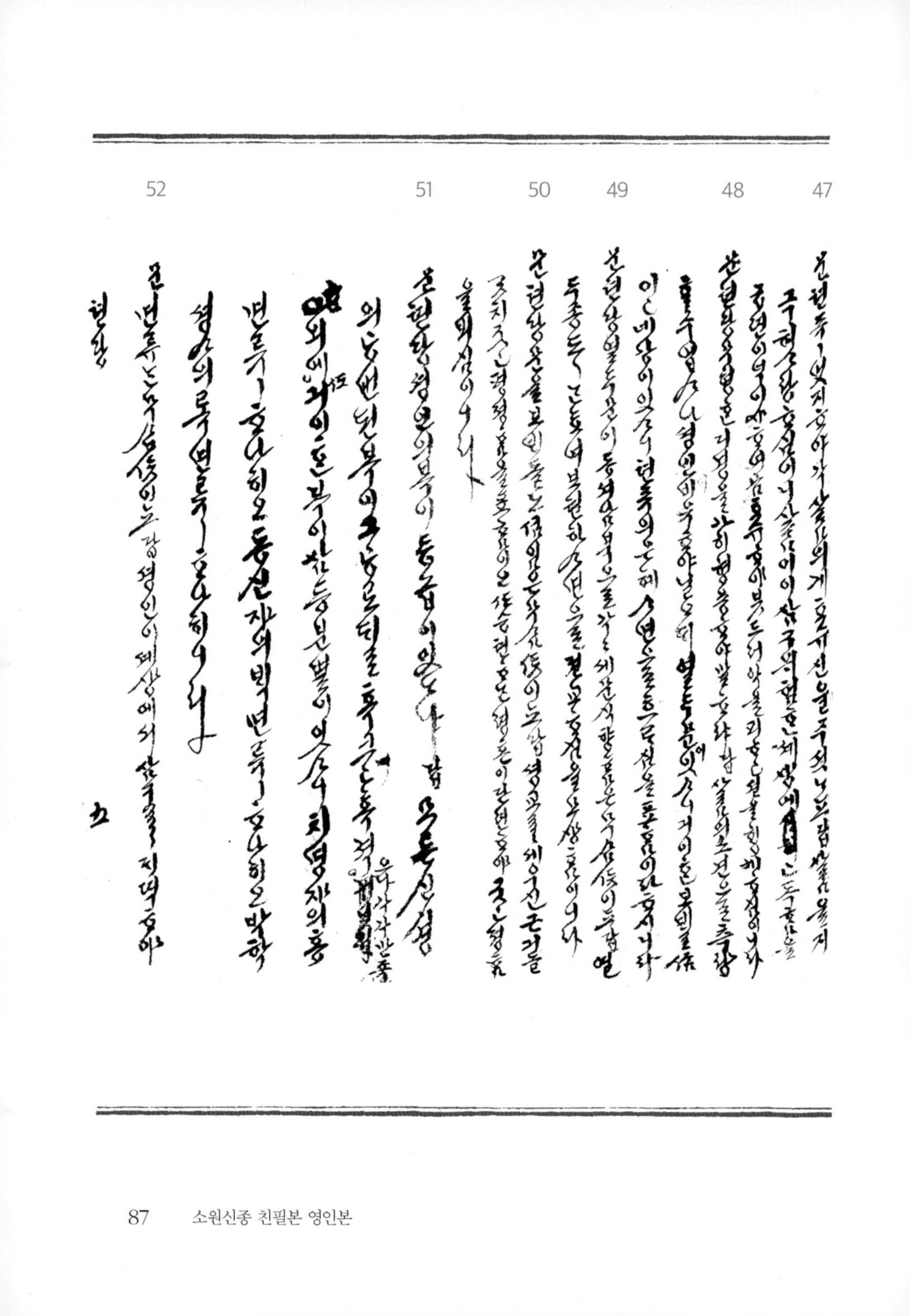

47

48

49

50

51

52

이러ᄒᆞᆫ 줄 알[illegible] 생각ᄒᆞ[illegible]이니라

53 問 치명ᄒᆞᄂᆞᆫ 이ᄂᆞᆫ 엇지ᄒᆞ야 ᄒᆞᆫ번 [illegible]ᄂᆞ뇨 答 제 주와 셩교의 정법을 이[illegible] 예수의 [illegible] 버리ᄆᆞᆯ ᄉᆡᆼ각ᄒᆞ도다 ᄒᆞ니라

54 問 통ᄉᆞᆼ 치명ᄒᆞ여도 엇지ᄒᆞ야 되[illegible]ᄂᆞ뇨 答 [illegible] 장ᄉᆞᆯ ᄒᆞᆫ 젼ᄂᆞ 더러온 ᄆᆞ음을 이긔여 조찰ᄒᆞᆷ을 ᄒᆞᆫ이니라

55 問 셩ᄉᆞ 빡화ᄒᆞᄂᆞᆫ 이ᄂᆞᆫ 엇지ᄒᆞ야 [illegible]ᄂᆞ뇨 答 [illegible] 죄와 ᄉᆡᆼ심ᄒᆞᆫ [illegible] [illegible]ᄒᆞ야 [illegible] ᄒᆞᆫ 이[illegible] 풍ᄒᆞ니이다

56 問 졍[illegible] [illegible] 중에 [illegible] 참된 ᄃᆡ서 무어시 ᄂᆞ뇨 答 [illegible] 온젼ᄒᆞᆫ [illegible] 무ᄋᆞᆺ이 [illegible] 치 잇ᄂᆞ니라

57 問 [illegible] 무ᄋᆞᆺ [illegible] 答 [illegible] [illegible] [illegible] 이니라

58 59 60 61 61 62 63

문 ᄌᆞ쥬ᄭᅴ 비옵ᄂᆞᆫ 복은 엇더ᄒᆞ뇨 답 일노ᄒᆞ야 쳔신 계신 텬쥬의
지극히 ᄇᆞᆰ으신 ᄯᅳᆺ대로 몸과 영혼에 알맛게 ᄒᆞ실 ᄲᅮᆫ이니라
문 ᄌᆞ쥬ᄭᅴ ᄉᆞ랑ᄒᆞᄂᆞᆫ 복은 엇더ᄒᆞ뇨 답 텬쥬ㅣ 모든 복의 근원이
되셔 ᄀᆞᆨ한이 업ᄉᆞᆫ 션ᄒᆞ신 고로 ᄀᆞᆨ한이 ᄉᆞ랑ᄒᆞ야 줄 ᄲᅮᆫ이니라
문 ᄌᆞ쥬ᄭᅴ 찬미ᄒᆞᄂᆞᆫ 복은 엇더ᄒᆞ뇨 답 텬쥬ㅣ 만션만덕이 ᄀᆞᆺ고
모든 신셩ᄒᆞ시ᄆᆡ 지극히 거룩ᄒᆞ신 고로 공경 찬미ᄒᆞᆯ
ᄲᅮᆫ이니라
문 ᄌᆞ쥬ᄭᅴ 구ᄒᆞᄂᆞᆫ 복은 엇더ᄒᆞ뇨 답 비컨대 사ᄅᆞᆷ의 ᄌᆞ식이 낭
이 ᄎᆡᆨ ᄯᅩ ᄒᆞᆫ 유셔을 더ᄇᆞ리지 아니ᄒᆞᄆᆡ 오히려 ᄆᆞᄋᆞᆷ에 ᄇᆞ라ᄆᆞᆯ
ᄉᆞᆫ 텬쥬ㅣ 셰샹 ᄉᆞᄅᆞᆷ의 큰 은혜를 보려 아니ᄒᆞ리 ᄀᆞᆺ지 못ᄒᆞᆷ이
만족ᄒᆞ니라
문 ᄌᆞ쥬ᄭᅴ ᄉᆞ례ᄒᆞᄂᆞᆫ 복은 엇더ᄒᆞ뇨 답 셰샹 ᄉᆞ람 ᄀᆞᄐᆡ
셔 잔ᄒᆞ거나 ~~[illegible]~~ 업셔 오래 [자지 아니ᄒᆞ야] 주ᄭᅴ 죠ᄎᆞᆷ이니라
문 셰 두 몸이 업ᄂᆞᆫ 복은 엇더ᄒᆞ뇨 답 텬쥬의 은혜로 [그] 공
ᄂᆞ ᄉᆡᆼ이 ᄎᆞᆷ 봇죵ᄒᆞᆯ 보이ᄂᆞᆫ 늠의 복을 슬희여 ᄒᆞ거나
부ᄃᆡ원ᄒᆞᆷ이 업셔 ᄭᅩᄂᆞᆫ 신셩의 ᄉᆞ욕[이] 셔로 졍ᄒᆞᆷ이니라
련달

六

64

호니라

~~ᄉᆞᄅᆞᆷ을 ᄌᆞ긔 ᄉᆞ랑ᄒᆞ시ᄂᆞᆫ ᄆᆞᄋᆞᆷ으로 ᄒᆞ여금 텬쥬ᄭᅴ 은혜ᄅᆞᆯ~~

~~[illegible]~~

~~[illegible]~~

ᄉᆞᄅᆞᆷ을 ᄉᆞ랑ᄒᆞ샤

~~[illegible]~~

65

○ 문 텬쥬ㅣ 이러ᄐᆞ시 텬당복락을 베시지 ᄒᆞ샤ᄂᆞ니 ~~[illegible]~~

~~[illegible]~~ 우리 ᄉᆞᄅᆞᆷ을 위ᄒᆞ샤 내시나 ᄃᆞᆸ 분이 ᄌᆞ긔 ~~[illegible]~~ 영광을 나타내시기를 위

ᄒᆞᆷ이오 ᄯᅩ 우리

○ ᄉᆞᄅᆞᆷ을 위ᄒᆞ심이 되ᄂᆞ니라

66

문 세샹 ᄉᆞᄅᆞᆷ이 다 텬당에 오ᄅᆞ리잇가 ᄃᆡ답 그러치 아니ᄒᆞ니 사

ᄅᆞᆷ이 텬쥬 말ᄉᆞᆷ을 아ᄂᆞᆫ 쟈ᄒᆞᆫ 조셰 명을 직희여 텬당

67

이라야 샹을 밧아 텬당 복을 누리ᄂᆞ니라

문 ~~[illegible]~~ 텬쥬의 샹주심을 엇고져ᄒᆞ야 ~~[illegible]~~ 밧ᄂᆞ냐 쥬신이 ~~[illegible]~~ 밧ᄂᆞ냐

답 (뎡혼도 밧고 육신도 밧ᄂᆞ니)
이 졍혼은 ᄉᆞ십팔ᄃᆞᆯ 동안을 우에 주시 텬당에 올녀 밧자올 (방)
후 시ᄂᆞᆫ 육신은 (텬디 ᄆᆞᆺᄎᆞᆯ ᄯᅢ에 다시 살아) ᄉᆞ십팔ᄃᆞᆯ 동안 후에야 졍혼과 ᄒᆞᆫ가지
로 텬당에 올녀 복(상)을 밧게 ᄒᆞ시ᄂᆞ니라

68 문 졍혼은 텬쥬 졍혼은 육신이 텬당에 오다 ᄯᅢ 굿지 복을 누리
ᄂᆞ냐 답 졍혼이 밧은 은혜 다로 육신에 밧은 은혜라
로니라

69 문 졍혼은 은혜ᄂᆞᆫ 무엇시뇨 답 우희 닐온바 여ᄉᆞᆺ 가지 복
이니라

70 문 육신은 은혜ᄂᆞᆫ 무엇시뇨 답 닐온바 네 가지 긔이ᄒᆞᆫ 은혜
니라 (광명과 신속과 투철과 무상ᄒᆞ미니라)

71 문 네 가지 긔이ᄒᆞᆫ 은혜ᄂᆞᆫ 무엇시뇨 답 광명과 신속과
투철과 무상ᄒᆞᆫ이니라

텬당

七

72 문 낭셩은 무어시뇨 답 ᄒᆞᆫ이 발ᄒᆞᆫ 빗치 빗나ᄂᆞᆫ 고로 이 ᄒᆞ미닛
부득 비치 더ᄒᆞᆷ이니라

73 문 신후은 무어시뇨 답 검은 ᄉᆞᆺ ᄀᆞ온이 업서 발 ᄒᆞᆷ지 아니
ᄒᆞᆫ 순ᄉᆡ 히에 니ᄅᆞᆷ이니라

74 문 두쳘은 무어시뇨 답 겸손ᄒᆞᆫ 조흔 들 수이라ᄒᆞᄂᆞᆫ
히ᄯᅢ 쓰어 걷ᄂᆞᆫ이 업ᄉᆞᆷ이니라

75 문 무샹은 무어시뇨 답 졀병 거감 불샤
참 ᄂᆞᆫ 등 즁 언지시라ᄂᆞᆫ 도로지 샹해ᄒᆞᆷ이 업ᄉᆞᆷ이니라

76 (부ᄂᆞᆫ) 편탄ᄒᆞᆷ은 온의 복과 유가 신의 복이 등급이 잇ᄂᆞ냐 답 평
혼 삼가의 누리ᄂᆞᆫ 복이 즁ᄒᆞ고 신ᄋᆞᆫ 온을 ᄲᆞᆺᄂᆞᆫ 복(이비ᄒᆞᆫ)
(우엽서) 미ᄇᆞᆫ 나 순ᄒᆞᆫ 세 샹에 거 큰 공로 잇ᄂᆞᆫ이의 복이
ᄒᆞᆯ 젹우 온이의 복 보다 더욱 ᄒᆞᄂᆞ니라

77 무궁 텬당 신셩의 끗ᄂᆞᆫ 무어이 어ᄃᆡᄅᆞᆯ 조차 나ᄂᆞ뇨 답 ■ 텬주와
말셩시 ᄒᆞᄂᆞᆫ 신톄ᄅᆞᆯ 뵈옵ᄂᆞᆫ
이 갓가이 ᄒᆞ리어 ■ 즈은 가ᄂᆞᆫ 가온대셔 나ᄂᆞᆫ 것이니라

78 문 셩인 셩녀ᄂᆞᆫ 텬당에 잇서 무ᄉᆞᆷ 덕을 ᄎᆞ장ᄒᆞᄂᆞ뇨
답 임의 텬주ᄅᆞᆯ 뵈옵ᄂᆞᆫ 텬당 복락을 누리ᄂᆞᆫ 지라
이라서 빗ᄂᆞᆫ 보랄 ᄂᆞ지 업ᄂᆞᆫ 오직 ᄋᆡ당ᄒᆞᄂᆞᆫ 덕만 잇
서 무궁ᄒᆞ 뫼에 ᄋᆡ당이ᄂᆞᆫ 영원 셰에 ᄋᆡ당이니
라

텬당 八

82 81 80 79

九

83 문 텬쥬ㅣ 어ᄃᆡ셔 [반도텬신을] ᄇᆞᆫᄒᆞ시ᄂᆞᆫ뇨 답 [누리텬부라 ᄒᆞ니라]
오하ᄂᆞᆯ과 ᄯᅡ흔 ᄆᆞᆫ믈을 일곤 인ᄒᆞ야 더럽ᄂᆞᆫ 일노 ᄒᆞᄂᆞᆫ ᄭᆡ되
계ᄒᆞ시ᄂᆞ니라

84 문 텬신 즁 삼분의 일이 [ᄆᆞ귀] 되오시면 그 즁 가히 폐ᄒᆞ랴 답 ᄆᆞ귀ᄉᆞ
도ᄒᆞᆫ 일ᄒᆞᆯ 것이 업ᄂᆞ니라

85 문 ᄆᆞ귀 ᄃᆡ옥에 ᄆᆞᆫ 잇ᄂᆞ냐 답 이 셰상에도 ᄆᆞᆫ히 잇ᄂᆞ니라

86 문 ᄆᆞ귀 엇지ᄒᆞ야 셰상에 도라오ᄂᆞᆫ뇨 답 우리 령혼을 속
여 [해권] 죄ᄒᆞᆷ이니라 [답 ᄆᆞ귀ᄂᆞᆫ 텬쥬ᄭᅴ 득죄ᄒᆞᆫ 고로 사ᄅᆞᆷ을 ᄭᅬ여 텬쥬ᄭᅴ 득죄케 ᄒᆞ야 ᄉᆞᄅᆞᆷ을 ᄯᅩ 벌 밧게 ᄒᆞ려 ᄒᆞᆷ이오]

87 문 ᄆᆞ귀 무ᄉᆞᆷ 슐노 사ᄅᆞᆷ을 속이려 ᄒᆞᄂᆞ뇨 답 사ᄅᆞᆷ이 텬당
에 올나 더희들 일ᄒᆞᆫ 복된 자리 ᄎᆞ지ᄒᆞᆯ가 식투ᄒᆞ야
ᄆᆞᆫ모로 ᄃᆡ옥의 ᄀᆞᆯ 상을 노ᄒᆡ케 ᄒᆞᆷ이니라

88 문 텬쥬ㅣ 엇지ᄒᆞ야 ᄆᆞ귀 작난ᄒᆞᆷ을 금치 아니ᄒᆞ시ᄂᆞ뇨 답 사

표ᄅᆞᆯ 셔현ᄒᆞ야 근션고되 ᄒᆞ시ᄂᆞ이니라

89 문 마귀 디옥에 잇서 무ᄉᆞᆷ 일을 ᄒᆞᄂᆞ뇨 답 데 죄 범ᄒᆞᆫ ᄌᆞ 죵상 당ᄒᆞᆫ ᄉᆞ야 인을 형벌ᄒᆞᄂᆞ니라

90 문 마귀ᄂᆞᆫ 디옥 벌을 밧지 아니ᄒᆞ랴 혹 세상에 나ᄂᆞ냐 답 마귀 어셔 ᄒᆞᄂᆞ니 ᄯᅢ 세상에 ᄃᆞ닐 ᄯᅢ라도 홍상 본벌을 그 몸에 ᄯᅴ여 ᄯᅥ나지 못ᄒᆞᄂᆞ니라

91 문 디옥 고통이 몃 가지 잇ᄂᆞ뇨 답 두 가지 잇ᄉᆞ니 ᄒᆞ나흔 실고오 ᄒᆞ나흔 각고ᄂᆞ니라

92 문 실고ᄂᆞᆫ 무어시뇨 답 ᄉᆞᄅᆞᆷ이 텬쥬를 일허 영원이 ᄇᆞᆯ리인 바 되ᄂᆞᆫ 고통이니라

93 문 각고ᄂᆞᆫ 무어시뇨 답 텬쥬를 일흔 ᄒᆞᆫ 우ᄒᆞᆫ ᄂᆞᄅᆞᆯ 밧ᄂᆞᆫ 답 세상에서 ᄒᆞᆫ 무ᄉᆞᆷ 일은 ᄒᆞᆫ 일ᄒᆞᆫ 디옥 실고 ᄂᆞᆫ 고통이니라

디옥

十

94 十 문덩으로ᄂᆞᆫ에 ᄌᆞ손ᄂᆞᆯ 받ᄂᆞᆫ 답 세상에서 션ᄒᆞᆯ 거시 업서
배런 줄을 알고ᄒᆞᆫ ᄂᆞᆫ 줄을 알ᄉᆞ이니다 +

95 十 문의 유예ᄂᆞᆫ ᄌᆞ손ᄂᆞᆯ 받ᄂᆞᆫ 답 세상에서 ᄉᆞ 낭ᄒᆞ에 짓던 죄를
ᄉᆡ외ᄒᆞᆫ 호ᄂᆞᆫ ᄂᆞᆯ을 베이니리라
에니라 +

96 문 ᄒᆞᆫ을ᄂᆞᆫ ᄌᆞ손ᄂᆞᆯ 받ᄂᆞᆫ 답 젼에 ᄒᆞ두ᄒᆞᆫ 빗 브ᄅᆞᆯ도
화ᄒᆞ던 듯 ᄉᆞᆯ이 제 ᄇᆞ로ᄂᆞᆫ ᄇᆞ니 ᄋᆞ직 ᄭᅮ츼ᄂᆞᆯ의 홍야 ᄒᆞᄂᆞ고
더 은혜 상이니다 +

97 문 러ᄒᆞᆫ ᄌᆞ손ᄂᆞᆯ 받ᄂᆞᆫ 답 젼에 폐ᄒᆞ던 블ᄂᆞᆫ 윤당ᄒᆞ오
리 도리를 도회ᄒᆞ던 듯 ᄉᆞᆯ이 제 ᄃᆞᄉᆞᆫ ᄇᆞ니 ᄋᆞ직 대옵ᄂᆞ
애 보ᄒᆞ지 지난 ᄉᆞ리 ᄉᆡ 이니리라 +

98 문 고ᄒᆞᆫ ᄌᆞ손ᄂᆞᆯ 받ᄂᆞᆫ 답 젼에 행ᄒᆞ던 이ᄅᆞᆫ 다는 ᄇᆞ 시믓

99

기쳘도자 화현 도 스ᄅᆞᆯ 이제 마오 직 더 업ᄂᆞᆫ 호 찌ᄅᆞ난 좋아

거온이니라

조 입은울른 무슨 노ᄅᆞᆯ 쓰ᄂᆞ드라 젼에 둔ᄂᆞᆫ 쫏이오든 유서라

호시ᄂᆞᆫ 도화 현 도 스ᄅᆞᆯ 이제 못보ᄂᆞᆫ 빠 오직 두

100

샤노ᄂᆞᆫ 쌀이 우ᄃᆞᆯ 쌍구러ᄂᆞᆫ 부모님니라

문 손 노ᄂᆞᆫ 부모님 ᄲᅡᆺᄂᆞᆫ 그ᄅᆞᆷ 젼에 손ᄀᆞᆯ 샹이 이나 두 도나

사ᄋᆞᆷ의 ᄌᆞᆺ 되 자울 사ᄒᆞᆯ 부ᄐᆡ 아ᄂᆞᆫ 이지ᄅᆞᆯ 도화 현 도 스ᄅᆞᆯ 이제 ᄒᆞᆺ

분ᄒᆞ 오직 항쇄 족쇄 ᄒᆞ야 일의 ᄒᆞᆷ 작ᄒᆞᆯ

101

수업ᄉᆞ옵니다

문 외에ᄂᆞᆫ 그름을 ᄲᅡᆺᄂᆞ 업ᄂᆞ니라 불바다와 어름

바다에 새친 름이 안 바 업시 ᄂᆞᆫ 죄이라 열 오다 ᄒᆞ엿다

호ᄋᆞᆫ 갓가지 형벌이 업시 부셔 이ᄂᆞᆫ 쇼기 이ᄂᆞᆫ 즁에 조

거여온 바쳐 자 악착스러온 약 을 업시 되게 ᄒᆞᆯ

리ᄀᆞᆺ

즐거움을 다 형용ᄒᆞᆯ 수 업ᄂᆞ니라

102 문 셜ᄂᆞᆫ 무어시뇨 답 만션미호ᄒᆞ신 텬쥬의 ᄲᅩᆫ무ㅣ 가ᄌᆞᆫ 텬당

을 뵈옵다 다시 엇을 수 업슨 ᄒᆞᄂᆞ니라

103 문 셜ᄂᆞᆫ 죄샤ᄒᆞᆫ 에비ᄒᆞ면 엇더ᄒᆞ뇨 답 셜ᄂᆞᆫ 가ᄲᅮᆫ 번뎌

ᄒᆞ니라

104 ᄯᅩ 엇지ᄒᆞ야 셜ᄂᆞᆫ가 더ᄒᆞ뇨 답 물욕 사ᄅᆞᆷ이 ᄭᅮ어 ᄎᆞᆷ이ᄂᆞᆫ 로

변 분ᄒᆞᆫ 즐거움이 엇ᄂᆞ니 믿ᄒᆞᆫ 바ㅣ 텬쥬 지흉ᄒᆞᆯ 둑

ᄒᆞᆯ 즐거움이 더ᄒᆞ니라

105 문 텬쥬의 존취ᄒᆞᆫ 샹이 엇더ᄒᆞ뇨 답 텬쥬 ᄭᅴᆫ 션 복

의 근원이신 ᄃᆞᆯ 구월ᄒᆞᆫ 즐거움이 다시 비ᄒᆞᆯ 데 업ᄂᆞ

니라

106 문 텬당의 전즁ᄒᆞᆫ 은 엇더ᄒᆞ뇨 답 텬당 복이 영원ᄒᆞᄃᆞᆫ

사ᄅᆞᆷ ᄲᅮᆫ 만무여 엇ᄂᆞᆫ가 ᄉᆞᆫ 일ᄒᆞᆫ 즐고 즐거움이 지극ᄒᆞ니라

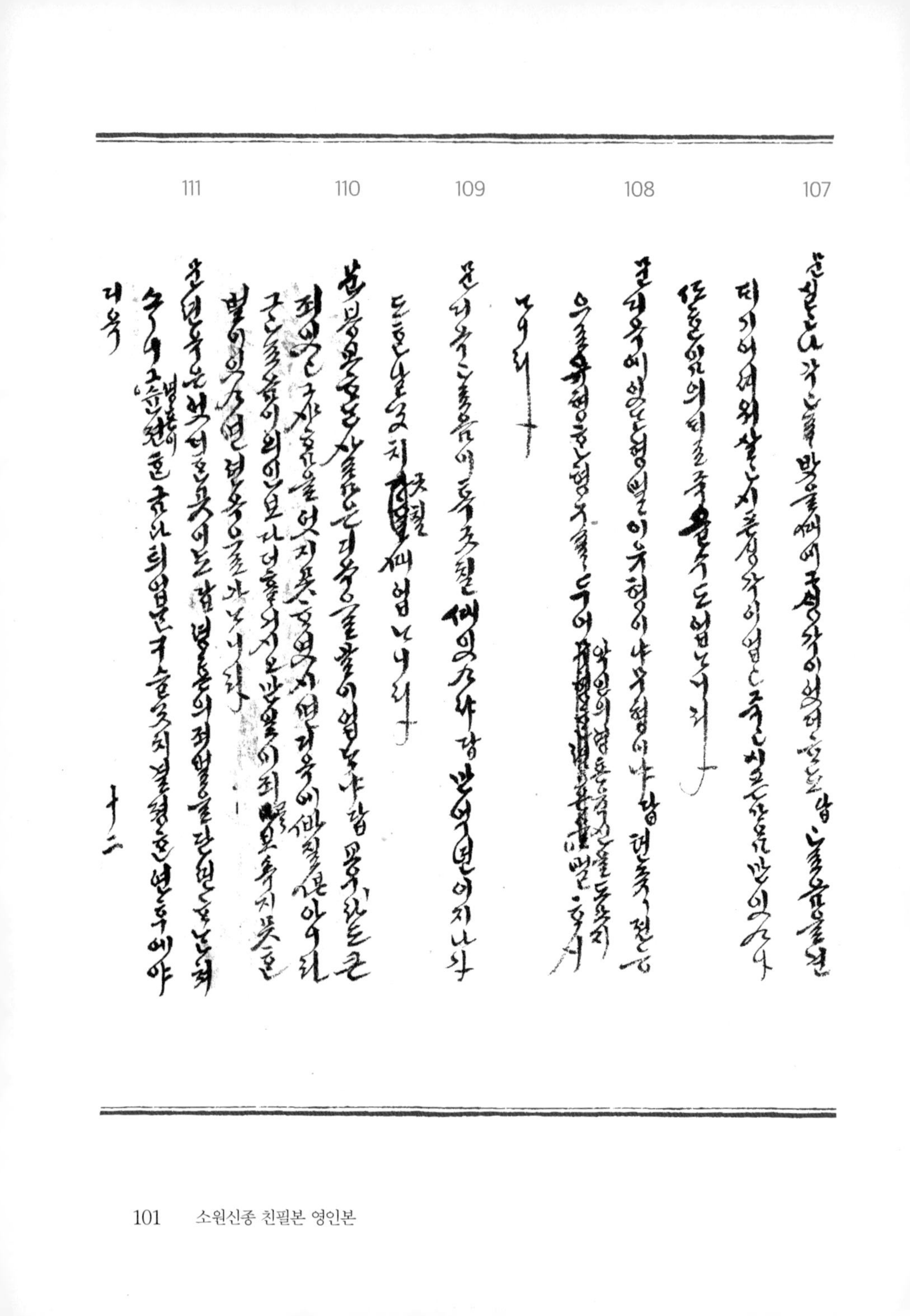

111 110 109 108 107

가히 원망으로 ᄒᆞ니라

불쳥ᄒᆞ매 ᄒᆞ지 못ᄒᆞᆫ 령혼은 어져게 되ᄂᆞ도다 쳔당에

ᄂᆞᆫ 갈수 업ᄂᆞᆫ디 후에 ᄂᆞ리던 [illegible] 근본 죄 어ᄇᆡ ᄉᆞᆷ

을 가ᄂᆞ 업ᄂᆞᆫ 영원이 ᄒᆞᆫ ᄒᆞ니라

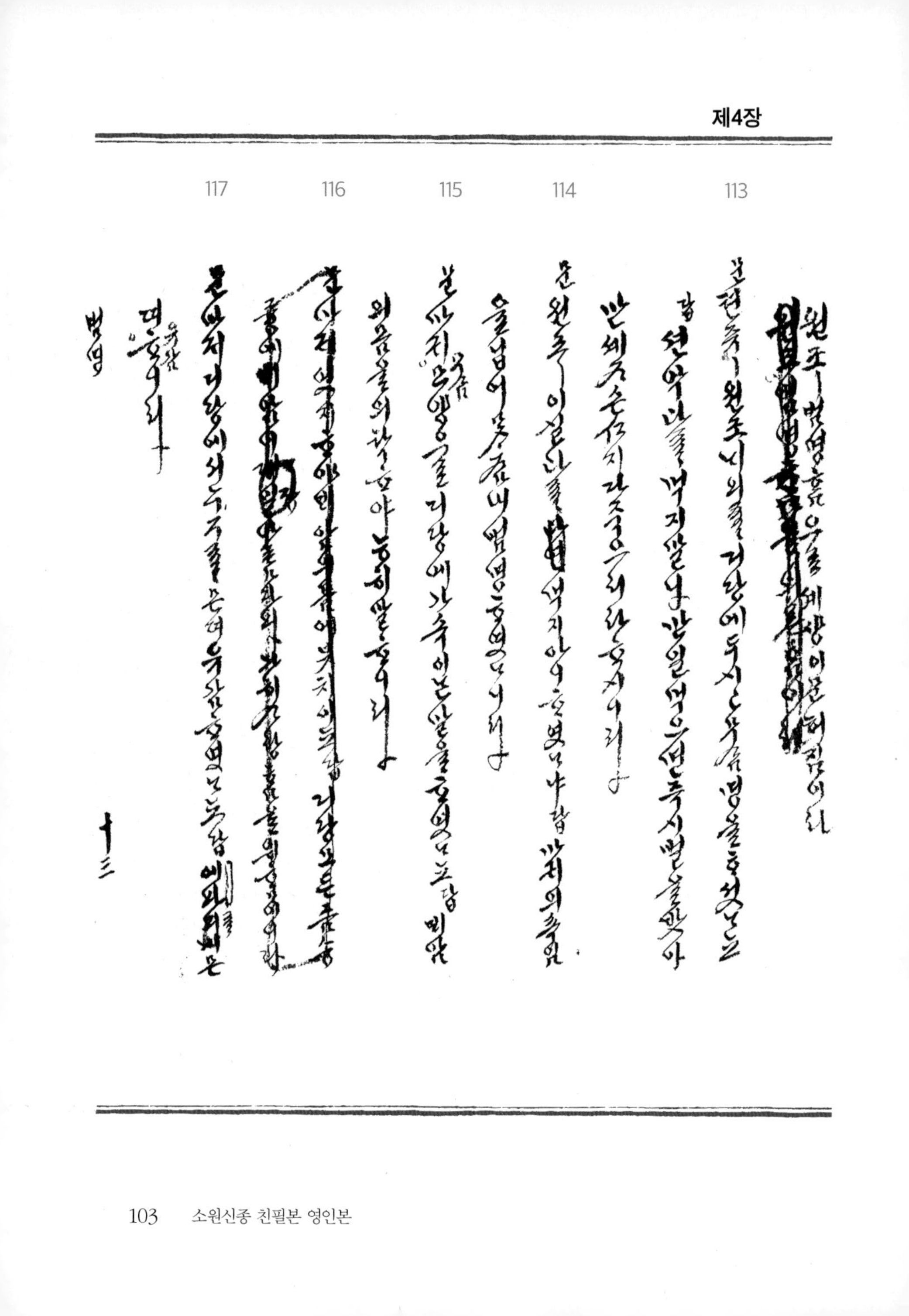

117 116 115 114 113

十三

문 ᄉᆞ치 무ᄉᆞᆷ 말노 예와ᄅᆞᆯ 죽여ᄂᆞ뇨 답 쳔쥬ᄂᆞᆯ 공경치 아니ᄒᆞ며
ᄀᆞᄅᆞ치심 엿장ᄒᆞ매 이셜ᄂᆞᆯ ᄭᆞ지 아니ᄒᆞᄂᆞᆫ 줄 ᄒᆞ니라

문 예와ᄂᆞᆫ 엇더케 되ᄂᆞᆫ 답 ᄒᆞ여ᄂᆞ뇨 답 쳔쥬 부지ᄅᆞᆯ ᄂᆞ호신ᄂᆞᆯ 몬져
눈ᄒᆞᆫ ᄒᆞ니라

문 ᄉᆞ치 ᄉᆞᆷ이 엇더케 ᄋᆞᆫ 엇ᄂᆞ뇨 답 쳔쥬ᄭᆡ 혼ᄌᆞ 셩ᄉᆞ을 ᄭᆡ 침 ᄒᆞ고
셔ᄂᆞᆫ 본ᄒᆞᄂᆞ니라

문 예와ᄂᆞᆫ 엇더케 되답ᄒᆞ여ᄂᆞ뇨 답 쳔쥬의 김ᄒᆞ신 ᄉᆡᆼ은 만재
來古今 ᄒᆞ니라

문 ᄉᆞ치 ᄆᆞᄋᆞᆷ 대 엇더케 엇ᄂᆞ뇨 답 이셜ᄂᆞᆫ 외에 ᄂᆞᆷ 단 혼 묘 ᄉᆞᆯ ᄒᆞ면
ᄂᆡ ᄋᆞ면 죽지 쳔쥬의 ᄂᆞᆫ 다 ᄒᆞ지 계ᄉᆞᆫ 쥴 쳔쥬ᄭᆡ 이
ᄀᆞᆯ희여 ᄒᆞ사 녀희 ᄃᆞ 되며 지 ᄆᆞᆯ ᄒᆞ신 여ᄂᆞᆫ 니라 ᄒᆞ니라

문 예와ᄂᆞᆫ 그 말을 듯고 엇더케 ᄒᆞ여ᄂᆞ뇨 답 ᄇᆞᆼ ᄒᆞ 되이 쳔쥬

126 125 124

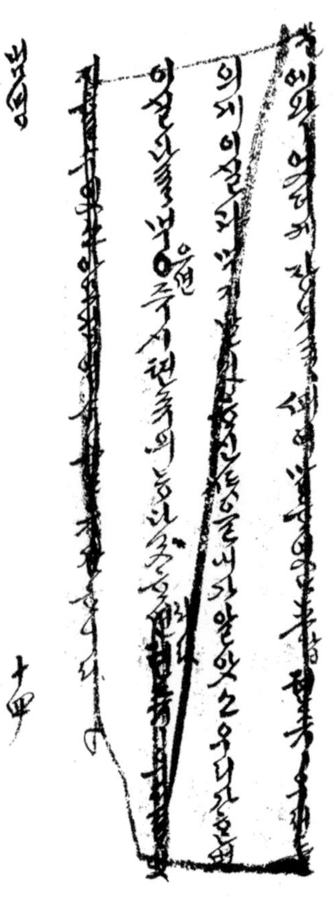

127 문 원손ᄭᅴ 불힝이 변명ᄒᆞᆫ 후에 현손ᄭᅴ 엇더케 벌ᄒᆞ엿ᄂᆞᆫ답 현
신을 명ᄒᆞ야 주시니 당ᄒᆞ고 ᄯᅩ 장보내ᄆᆡ 급ᄒᆞᆫ 남이 더답
ᄒᆞ명ᄒᆞ엿시ᄂᆞᆫ 줄이 날ᄀᆞ 필경ᄒᆞ고 ○ 게뎨ᄒᆞ신 ᄉᆞ쇽 견졍이 잇ᄂᆞᆫ
그 뎡ᄒᆞᆫ 삼ᄀᆞ 굴더 저 더ᄒᆞ야 가게 되엿ᄉᆞ
나라ᄒᆞ

128 문 원손ᄭᅴ 발명ᄒᆞ여 조롱ᄒᆞ신 ᄉᆞᄌᆞ이 삼간ᄉᆞ에 칠보죄 즁은 무엇신ᄂᆞᆫ답 고
오ᄅᆞᄂᆞᆫ 쳔다 ᄭᆡ여 다 분노와 람호와 회 되와 질ᄂᆞᆫ 두ᄂᆞ라

129 문 공은 무엇신ᄂᆞᆫ답 조리ᄒᆞ신 자ᄅᆞᆫ ᄂᆞᆫ 늡을 어보여 너이신
빌ᄒᆞ시나라ᄒᆞ

130 문 간쳔은 무엇신ᄂᆞᆫ답 졔물을 쓸데 쓰지 못ᄒᆞ야 간ᄒᆞ엿
친ᄒᆞ시니라ᄒᆞ

131 문 계셕은 무엇신ᄂᆞᆫ답 남의 ᄂᆡ셔 ᄒᆞᆫ 죄와 부ᄅᆞᆫ 죄ᄅᆞᆯ 아지 못

132
ᄒᆞᆫ 실ᄒᆡ에 나ᄒᆞ 미우ᄒᆞᄂᆞᆫ 대로 못ᄒᆞ시나라
문 음란은 무엇이시뇨 답 거ᄉᆞ리ᄂᆞᆫ 디 명을 당ᄒᆞ야 ᄂᆞᆷ에 ᄀᆞᆯ나
거나 엇ᄂᆞᆫ 빗슬 면ᄒᆞ려나 ᄯᆞᆯ을 ᄎᆞᄌᆞ 헌ᄒᆞ거나 ᄂᆞᆷ가다
도거ᄒᆞ야 츨숌 식ᄉᆞᆯ ᄒᆞᄂᆞᆫ 대로 못ᄒᆞ시이다 +

133
문 탐도ᄂᆞᆫ 무엇이시뇨 답 간ᄉᆞᄒᆞᆫ 음식이나 광에 지나ᄂᆞᆫ 음식
을 탐ᄒᆞᄂᆞᆫ 대로 못ᄒᆞ시나라 +

134
문 해태ᄂᆞᆫ 무엇시뇨 답 경혼 일이나 우ᄉᆞᆫ 일이나 ᄌᆞ리본
분을 참ᄉᆞ지 아니ᄒᆞᄂᆞᆫ 대로 못ᄒᆞ시나라 +

135
문 질투ᄂᆞᆫ 무엇이시뇨 답 나보다 승ᄒᆞᆫ 이를 ᄉᆡᆼ내여 ᄒᆞ야
ᄆᆞ되게 ᄀᆞ로ᄒᆞᄂᆞᆫ 대로 못ᄒᆞ시이다 +

136
문 이 일곱가지 가 엇지ᄒᆞ야 죄종이 되ᄂᆞ뇨 답 알ᄂᆞᆫ 죄
라 ᄂᆞᆫ 이 일곱가지 본종을 인ᄒᆞ야 짓ᄂᆞᆫ 죄 ᄉᆡᆼ기ᄂᆞ니라 이다 부
맛명 + 文

갈변ᄒᆞ엿ᄂᆞ니라

137 문 원ᄌᆞ 발명 후에 년은 삼ᄉᆡᆨ 어ᄃᆡ에 ᄎᆞᆺ어 졋ᄂᆞᆫ고
답 텬ᄌᆞ 고ᄉᆡᆼ을 삼간 녀ᄋᆞᆫ이 ᄒᆞᆫ번 법을 변ᄒᆞ매 삼
ᄉᆞ 고ᄉᆡᆼ 종을 인 [고ᄅᆞ 형을 변ᄒᆞ엿] 나니라

138 문 과 화ᄉᆡᆼ은 어ᄃᆡ에게 ᄀᆞᆯ너졋ᄂᆞᆫ고 답 텬ᄌᆞ 은혜를 괴여 ᄒᆞ지
안니ᄒᆞᆷᄋᆞᆯ 죄되ᄂᆞᆫ 싱ᄌᆞ은 잘 ᄭᆡ치게 ᄒᆞ엿ᄂᆞ니라

139 문 병든 ᄌᆞᄂᆞᆫ 어ᄃᆡ에게 ᄀᆞᆯ너졋ᄂᆞᆫ고 답 텬ᄌᆞ를 알지 안니ᄒᆞᆷ
ᄋᆞᆯ 죄되ᄂᆞᆫ 육신을 잘 문변ᄒᆞ엿ᄂᆞ니라

140 문 의복은 어ᄃᆡ에게 ᄀᆞᆯ너졋ᄂᆞᆫ고 답 텬ᄌᆞ를 ᄉᆞ랑ᄒᆞᄂᆞᆫ
사ᄅᆞᆷ 세ᄒᆞ지 안니ᄒᆞᆷᄋᆞᆯ 도로혀 죄를 ᄉᆞ랑ᄒᆞ게 ᄒᆞ엿ᄂᆞ니라

141 문 령혼 별이 ᄌᆞ쥬 천별에 비ᄒᆞ면 면ᄒᆞ지 안니ᄒᆞ냐 답
령혼이 ᄌᆞ쥬 장ᄅᆡ 면ᄒᆞᆫ 줄 그 별이 ᄆᆞᆺ 빈 더 ᄒᆞᄂᆞ니라

142 분원조 범영치아니ᄒ여시면우리ᄂ룹이이ᄯᅢᄭ지
다리당복을누리리라 ᄒᆞᆷ [illegible]
[illegible] 현죠ᄋ쳔ᄉᆞᆼ올ᄒ여ᄂᆞᆷ 대개다당에서 [illegible] 얼마동안을부되어 [illegible]찰ᄂᆞᆫ

143 가산을되ᄂᆞᆫ편당에옷니려ᄒ셧더니라
[illegible]
어떤오시거ᄂᆞᄂᆞᆫ납탄ᄌ셔의죄를알고 [illegible]
[illegible] 니라

144 분에외의죄를아람에비ᄒ던누가더즁ᄒᆞ고 ᄒᆞᆷ 예아람이
쥭쟝되ᄂᆞᆫ면ᄒᆞ고 [illegible] 죄더[illegible]ᄒ리라

145 분에외의죄 [illegible]
[illegible]

146 분지용지의ᄒ신편즁 [illegible] 이 [illegible] 엇더케별ᄒ엿ᄂ고 ᄒᆞᆷ

번연

十八

하고 뫼의 경츙을 ᄉᆞ라 별ᄒᆞ시니라
147 ᄭᅳᆫ 비얍[illegible]도 별ᄒᆞ엿ᄂᆞ나 답 뎐쥬ㅣ 믄어 비얍을 별
ᄒᆞ샤 [illegible] 흥ᄒᆞᆫ 대답ᄂᆞᆫ 쳔ᄒᆞᆫ 즘승이 되여 ᄉᆞᆯ에 거ᄂᆞᆫ 흙
을 너ᄂᆞᆫ 놀게 ᄒᆞᆯ 쁜 더러 일ᄒᆞᆫ 후에 ᄒᆞᆫ 녀인이 잇서 비얍의
머리ᄅᆞᆯ
보ᄉᆞ리라 ᄒᆞ시니라
148 ᄭᅳᆫ 에와ᄅᆞᆯ 엇더케 별ᄒᆞ엿ᄂᆞ뇨 답 뎐쥬ㅣ [illegible] 에와ᄅᆞᆯ 별ᄒᆞ
샤 남ᄌᆞ의 아ᄅᆡ 슈되여 희산의 ᄂᆞᆫ ᄅᆞᆷ을 당ᄒᆞ [illegible]
[illegible] ᄒᆞ시니라
149 ᄭᅳᆫ 아ᄃᆞᆷ을 엇더케 별ᄒᆞ엿ᄂᆞ뇨 답 뎐쥬ㅣ [illegible] 아ᄃᆞᆷ
을 별ᄒᆞ샤 ᄃᆡ샹 ᄭᅳᆺᄂᆞᆫ ᄯᅡᆷ을 ᄠᅥᆯ려야 ᄉᆞᄂᆞᆫ 질삼을
여야 남은 질병의 우환을 주ᄂᆞᆫ 죽게 ᄆᆞᆫ드ᄅᆞ시니라
150 ᄭᅳᆫ 원조ᄃᆡ의 범명ᄒᆞᆫ 벌이 그ᄃᆡ 몸에만 [illegible] ᄂᆞ냐 답 ᄇᆞᆫ ᄉᆡ졔

151

온ᄉ지다 그죄 이ᄅ니라ᄒ

문 만셰ᄌ죵이 각ᄀ 그부모ᄀ 잇서ᄃ니 엇더케 원죄를 닙

ᄂ뇨 답 비컨ᄃ 션ᄉ 뒤에 두 붓은 믈이 그 근원 잇ᄀ지 번ᄂ홈

너러흠과 ᄀᆞᆺ지 만셰ᄌ손이 다 그죄에 무드러 젼ᄒᆞᄂ니라

152

문 실낙원 범은 죄가 그되도록 만흠ᄒ야 만셰에 젼

염ᄒᆞᄂ냐 답 실낙원 죄ᄂ 비록 가보야오나 지극히

즁ᄒᆞ신 텬쥬 ᄭᅴ 명을 범ᄒᆞᆫ 고로 그 죄가 지극히 크니라

153

문 인ᄌᆞᄒᆞ신 텬쥬ㅣ 원조ᄂ니외 만 벌ᄒᆞ시ᄂ 그 ᄌ손들을

용샤ᄒᆞ시면 엇더ᄒᆞ뇨 답 비컨ᄃ 면ᄒᆞᆫ 신하ㅣ 잇셔

ᄯᅥᄅᆞᆫ ᄒᆞ나 님금ᄭᅴ 큰 죄를 지엇시면 주이 ᄃᆞᆫ지 쳐 항

보내 던지ᄂᆞᆫ 셰 아니라 그 ᄌ손이 다 폐족이 되ᄂ 것

나리

十七

밧명

155 154

문 원죄ㅣ 그 령혼을 주ᄒᆞᆫ 빙거ㅣ 잇ᄂᆞ냐 답 ᄀᆞ히던 동안에 김

히 동회ᄒᆞᆫ것이 그 승ᄒᆞᆫ 빙거ㅣ 되ᄂᆞ니라

문 현죄ᄂᆞᆫ 반셰 반신의 대부ᄭᅦㅣ 지라 폐죄ᄒᆞᆫ 것치ᄂᆞᆯ

생ᄒᆞᆫ 반시 공손을 도라보지 아니ᄒᆞᄂᆞᆫ냐 답 현죄ㅣ 土

외인 ᄌᆞ손을 보내사 멸ᄒᆞ시게 ᄒᆞ실 ᄯᆞᄅᆞᆷ 이니라 ᄒᆞ시

니라 十

162 161 160 159 158 157 156

163 문 예수ㅣ 호쥬에 셰례를 어드신 후 ᄉᆞ노ᄒᆞ니 답 텬ᄌᆡ 마귀 셰ᄒᆞ시니 ᄉᆞ신은
셩우 부ᄌᆞ를 엇고 텬쥬 셩부의 명이러라
164 문 예수ㅣ 텬쥬 셩ᄌᆞ인데 셰샹을 엇더케 ᄉᆞᆯ으셧ᄂᆞ뇨 답 텬쥬와 사ᄅᆞᆷ ᄉᆞ이에
니른이 되샤 화목ᄒᆞ게 ᄒᆞ심이니라
165 문 텬쥬와 사ᄅᆞᆷ이 엇지ᄒᆞ야 화목을 일헛ᄂᆞ뇨 답 원조ㅣ 범명ᄒᆞᆷ을
조차 모든 사ᄅᆞᆷ이 죄악을 인ᄒᆞ야 텬쥬의 셩총을 일허 원슈 되ᄂᆞᆫ 바ㅣ 되ᄂᆞᆫ 고로
ᄂᆞᆫ 텬쥬의 ᄌᆞ식이 되엿ᄂᆞ니라
166 문 예수ㅣ 텬쥬와 사ᄅᆞᆷ의 화목ᄒᆞᆷ을 위ᄒᆞ야 엇더케 ᄒᆞ셧ᄂᆞ뇨 답 텬쥬 셩ᄌᆞㅣ 만민을 위ᄒᆞ야
을 밧으샤 십ᄌᆞ가에 못박혀 죽으심을 ᄒᆞ셧ᄂᆞ니라
167 문 예수ㅣ 임의 텬쥬 셩ᄌᆞㅣ시니 텬쥬도 수난을 밧ᄂᆞ냐 답 텬쥬 셩ᄌᆞᄂᆞᆫ
ᄂᆞᆫ 슈난 못ᄒᆞ시니라
168 문 예수의 텬쥬 셩이 수난을 못ᄒᆞ시면 엇지 텬쥬ㅣ 죽으심이라 ᄒᆞᄂᆞ뇨
답 비컨대 사ᄅᆞᆷ이 령혼과 육신 두 가지로 ᄒᆞᆫ 사ᄅᆞᆷ이 되ᄂᆞᆫ 고로 육신이 죽어도
ᄌᆞ육신이 죽어도 말ᄒᆞᄃᆡ 사ᄅᆞᆷ이 죽엇다 말ᄒᆞᄂᆞ니라
169 문 예수ㅣ 사ᄅᆞᆷ을 엇더케 ᄒᆞ신 것도 답 ᄉᆞᆼ신지쥬 ᄒᆡ ᄒᆞ신 후 죄를
다 씻서 주ᄒᆞ시어 예수ㅣ 죽ᄒᆞ야 구ᄒᆞ시ᄂᆞᆫ 거시 업ᄂᆞ니라
170 문 텬쥬ㅣ 능ᄒᆞ시매 엇지ᄒᆞ야 ᄂᆞᆫ 만ᄉᆞᆯ 못ᄒᆞ시고 답 ᄯᅩ 모든 ᄉᆞ의 명을
본 ᄭᅳᆯ이 붓ᄌᆞᆸᄂᆞᆫ 만을 드셰 ᄆᆞ이에 잇ᄂᆞᆫ 줄을 뵈심이니라
171 문 예수ㅣ 셩관ᄒᆞᆫ 때에 ᄒᆞᆫ 순례를 밧으샤 무ᄉᆞ ᄒᆞᄂᆞ뇨 답 ᄃᆡ법을 외지

175 174 173 172

므로지ᄉᆞᆸᄂᆞ이다

176 문 삼년 젼고ᄒᆞ실 ᄯᅢ에 령좌을 ᄇᆞᆯ니ᄒᆞᆫ ᄒᆞ오신은 부ᄉᆞᆫ이ᄋᆞᆸ

177 문 ᄀᆞᆫ상ᄉᆞ와 신댝을 ᄀᆞ초게 ᄒᆞ시 ᄒᆞ엿ᄂᆞ이다

문 옛ᄉᆞ 엇지 ᄒᆞ야 비젼ᄒᆞᄂᆞᆫ 무삼 ᄒᆞᆫ이롤 ᄀᆞᆫ희며 삼어 ᄂᆞᆫ ᄂᆞᆫ 령

ᄒᆞ엿도 ᄂᆞᆫ 답 령좌롤 새워 새양애 젼ᄒᆞ시ᄂᆞᆫ 현조의 일이오 삼년

의 젼ᄒᆞ이니 쇠ᄃᆡ로ᄒᆞ이 아닌 줄을 알게 ᄒᆞ시옵ᄂᆞ이다

178 문 탈복 산에셔 편축 령좌을 나리ᄂᆞ셔 ᄒᆞ신 부ᄉᆞᆫ이 ᄂᆞᆫ 답 당신

ᄉᆞᄂᆞᆫ ᄒᆞ야 ᄌᆞ주 ᄒᆞ신이 ᄌᆞ원으로 ᄒᆞ시인ᄂᆞᆫ 로 뫼셔 ᄎᆞ도ᄃᆞᆯ ᄂᆞᆫ

ᄃᆡ 급ᄒᆞᆸ이 업게 ᄒᆞ시옵ᄂᆞ이다

179 문 슈난 월날에 셩뎨 대뎨롤 뎨ᄋᆞ신은 부ᄉᆞᆫ이오 답 인지주

히 ᄒᆞᆫ 샹ᄒᆞ신 [illegible] 이 쉬 ᄀᆞ치 [illegible] 이 ᄒᆞ오니 사롬의 명 원이 별

ᄒᆞᆫ ᄒᆞ야셔 ᄀᆞ치 아니 ᄒᆞ이 적 ᄒᆞ신이오 ᄒᆞ오ᄂᆞᆫ 당젼 뫼 되로 쳐 착ᄒᆞᆫ 뫼

우러 령ᄒᆞᆫ 복시ᄋᆞᆯ 신ᄂᆞᆫ 되 ᄒᆞ신이오 ᄒᆞᆫ 샹ᄒᆞ오리 ᄂᆞᆫ 로 어 ᄃᆡ 당

신 ᄂᆞᆫ 도시 ᄒᆞᆯ 뎐 샹ᄒᆞ신 부 [illegible] ᄀᆞ ᄂᆞᆫ [illegible] 쇼옵 이니이다

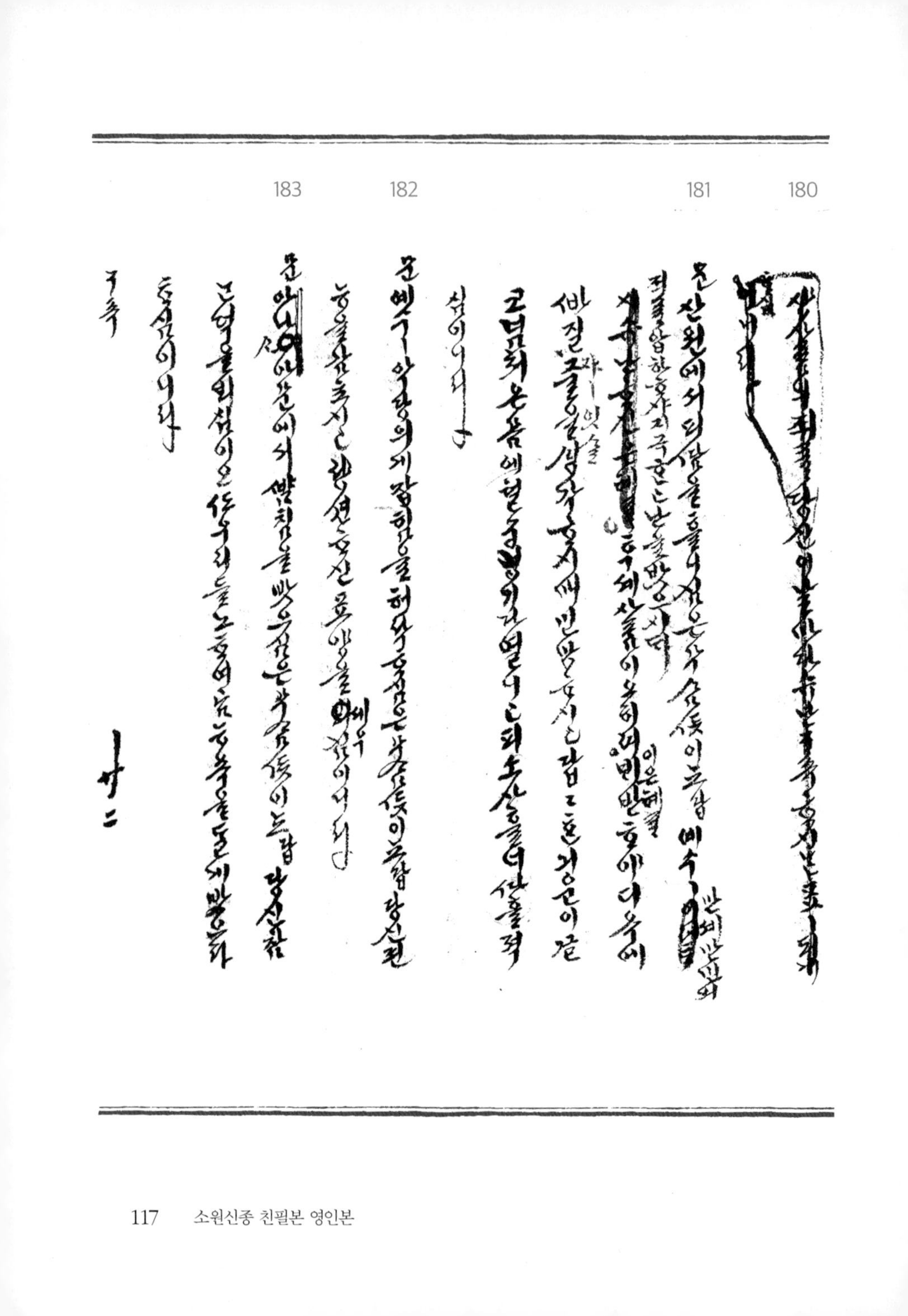

183 182 181 180

184 문 지비스 상군에서 니르ᄋᆞ신 화 [illegible]을 당ᄒᆞ옵ᄂᆞᆫ 무ᄉᆞᆷ 일이
ᄒᆞᆸ 미쳔ᄒᆞᆫ을 받아 당신 [illegible]을 ᄒᆞᆫ 이오 ᄂᆞᆫ 우리
들이 죄ᄉᆞᆼ에 읏어 [illegible] 보아 이 녀이 [illegible] ᄒᆞ신 이이다

185 문 히요데 상군에서 ᄇᆡᄀᆞ 장의 ᄒᆞᆸ 답ᄒᆞ신 일 ᄆᆞᆺ치신 [illegible]을 지부
ᄒᆞ옵을 ᄇᆞᆺᄌᆞᆸᄂᆞᆫ 무ᄉᆞᆷ 일이오ᄂᆞᆫ 답 당신 [illegible]을 ᄒᆞ여 주ᄋᆞᆸ이오ᄂᆞᆫ
우리 들의 ᄆᆞᆺᄎᆞᆺ지 아니ᄒᆞᆫ 읏슬 넘기도록 ᄒᆞᆫ을 보ᄋᆞᆸ ᄒᆞ시ᄋᆞᆸ이니다

186 문 히대도 상군에서 보고 ᄒᆞᆫ 편지ᄒᆞᆸ ᄇᆞᆺᄌᆞᄋᆞᆸᄂᆞᆫ 무ᄉᆞᆷ 일이오ᄂᆞᆫ 답
우리 들의 [illegible]을 [illegible] 되ᄋᆞᆸ다 보ᄋᆞᆸ ᄒᆞ신이이다

187 문 홍모 ᄒᆞᆸ 답히로 [illegible] 아 [illegible] 이라 ᄒᆞ오ᄋᆞᆸ을 ᄇᆞᆺᄌᆞᆸᄂᆞᆫ 무
ᄉᆞᆷ 일이ᄂᆞᆫ 답 우리들의 [illegible] 함ᄒᆞᆫ 죄ᄅᆞᆯ 보ᄋᆞᆸ ᄒᆞ시ᄋᆞᆸ이
니이다

188 문 ᄒᆞ루 ᄒᆞ신 내디에 [illegible]을 써 [illegible] 비ᄉᆞ ᄒᆞᆸ을 ᄇᆞᆺᄌᆞᆸᄂᆞᆫ 무

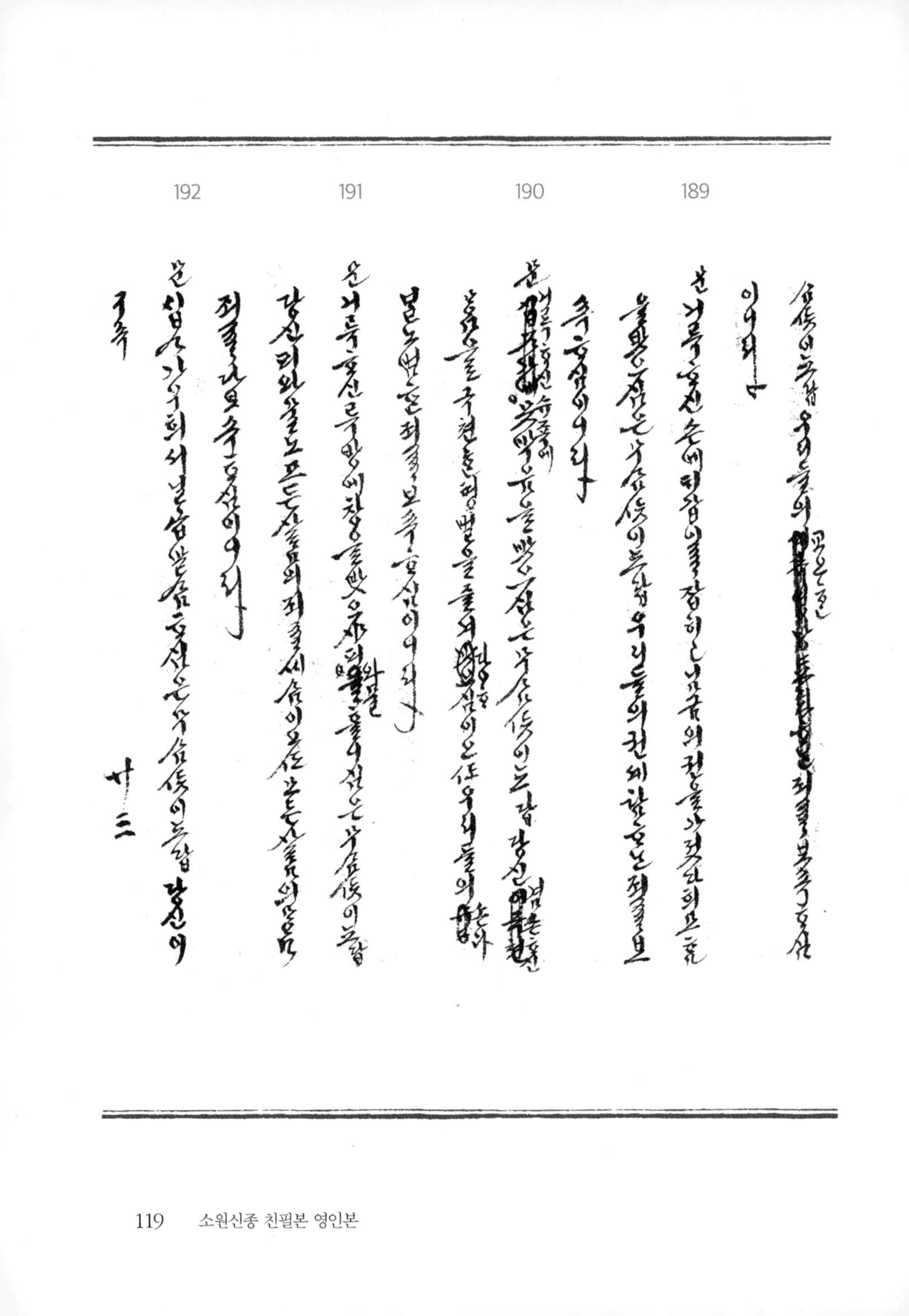

192 191 190 189

193 우리 쥬ㅣ ᄂᆞᆯ의 대부모ㅣ 되신 ᄂᆞᆯ 뵈ᄋᆞᆷ ᄯᅢ 공로ᄅᆞᆯ ᄒᆞ야 관
셰ᄌᆞ손와들 게 유익ᄒᆞᆫ ᄒᆞ심이니라
몬뎌 일언에 뎌ᄃᆞᆯ이 ᄒᆞᄂᆞᆫ 바ᄅᆞᆯ 모ᄅᆞᆷ이라 ᄒᆞ시믄 무ᄉᆞᆫ ᄯᅳᆺ이ᄂᆞ 답
이ᄂᆞᆫ 광망ᄒᆞᆫ ᄂᆞᆯ 니뤄 바라시ᄆᆞᆫ 뎌ᄂᆞᆯ 슈ᄅᆞ 이ᄂᆞᆫ 악당을 불샹이 녀기
샤 우리들의게 원슈 ᄉᆞ랑ᄒᆞᆷ을 ᄀᆞᄅᆞ치심이니라
194 뎨이언에 우도의게 텬당 복녹 누림을 허락ᄒᆞ시믄 무ᄉᆞᆷ
ᄯᅳᆺ이ᄂᆞ 답 크게 불샹이 녀기ᄂᆞᆫ 졍을 ᄲᆞᆯ ᄒᆞ샤 우리들의게 용셔
ᄒᆞᄂᆞᆫ 덕을 ᄀᆞᄅᆞ치심이니라
195 ᄯᅩ 뎨삼언에 셩요한을 ᄀᆞᄅᆞ쳐 셩모의 아ᄃᆞᆯ이라 ᄒᆞ시고 셩모
ᄅᆞᆯ ᄀᆞᄅᆞ쳐 요한의 모친이라 ᄒᆞ시믄 무ᄉᆞᆫ ᄯᅳᆺ이ᄂᆞ 답 이ᄂᆞᆫ
그 ᄯᅥ 인ᄌᆞᄒᆞ신 졍을 ᄲᆞᆯ ᄒᆞ샤 우리들의게 ᄇᆡᆨ랑이 부모
ᄭᅴ 효도ᄒᆞ야 슌명ᄒᆞᆷ을 ᄀᆞᄅᆞ치심이니라

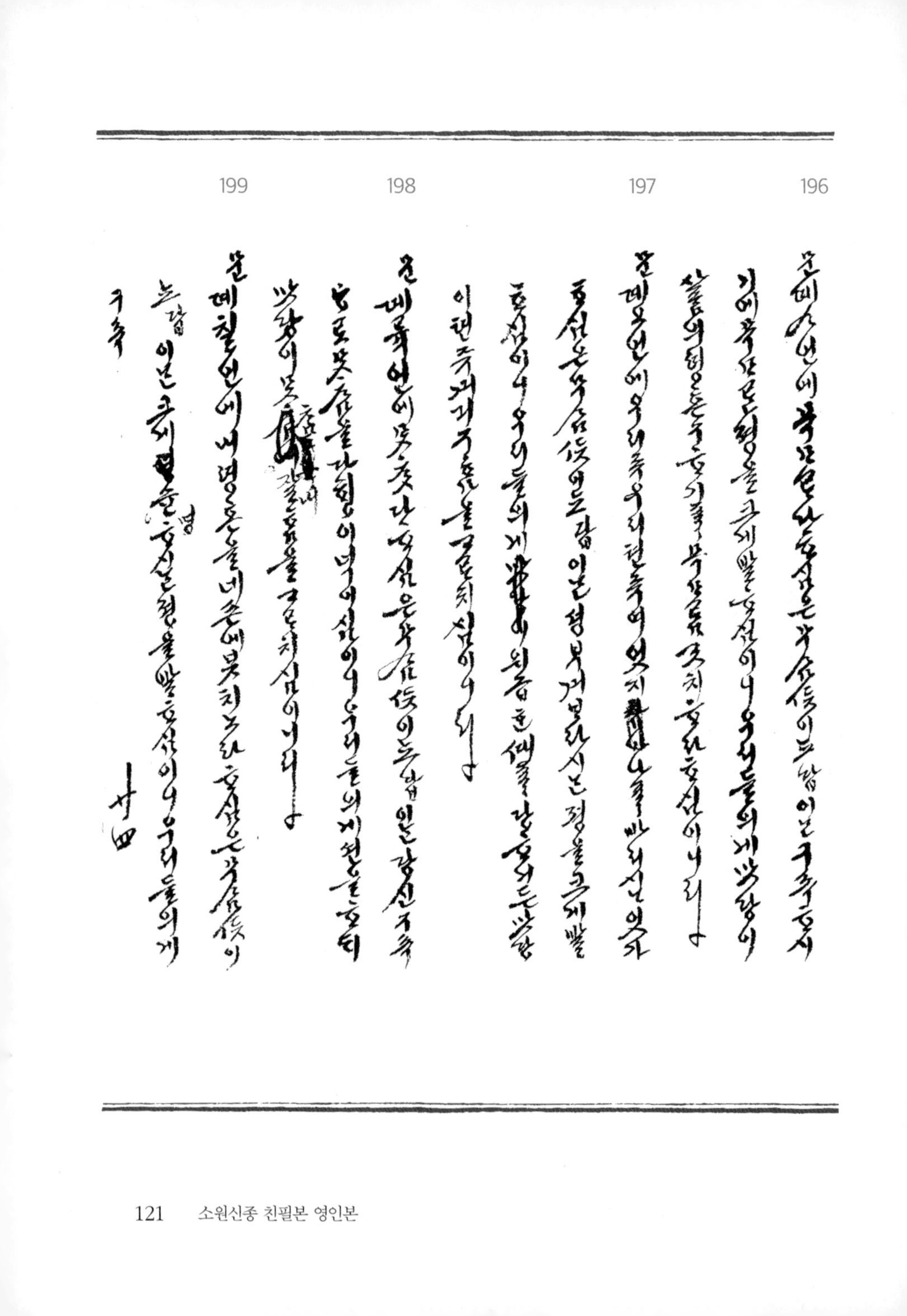

199 198 197 196

ᄯᅡᆼ이 련옥의 벌을 죠차 죠ᄒᆞᆫ ᄃᆞ이 과지ᄒᆞ오믈 고로치시이다

200 문 오쥬 예수ㅣ 어ᄂᆞ 곳에셔 ᄂᆞ리ᄉᆞ 죽으셧ᄂᆞ뇨 답 예루살넴셩 밧 갈와리아 산이니라

201 문 예수ㅣ 죽으신 ᄯᅢ 그 죽으신 몸을 장ᄉᆞᄒᆞ엿ᄂᆞ냐 답 죽지 장ᄉᆞ지 나니라

202 문 예수ㅣ 텬지 죠셩 누라 십ᄌᆞ가에 ᄂᆞ려 ᄂᆞ셧ᄂᆞᆫ뇨 답 셩요셉 니고 [아ᄒᆞᆫ 데오와] 더ᄭᅩ 요이니라 [와 다른 뎨ᄌᆞ들]

203 문 그ᄯᅢ에 죵도들은 다 어ᄃᆡ 갓ᄂᆞ뇨 답 겁ᄒᆞ야 [숨어 잇섯] ᄂᆞ이라

204 문 예수ㅣ 십ᄌᆞ가에 돌니신 ᄯᅢ에 볼ᄒᆡ ᄂᆞ가 엇섯ᄂᆞ뇨 답 셩모와 ᄆᆞ리아 요안 죵도와 ᄆᆞ리 ᄆᆞ다ᄂᆞ와 다른 셩녀들이니라

205 문 셩모ㅣ 그ᄯᅢ에 엇더ᄒᆞᆫ 등으로 ᄒᆞ셧ᄂᆞ뇨 답 예수와 ᄒᆞᆫ가지로 쥭

206 으ᄯᅳᆷ은 ᄆᆞ치 ᄯᆡ를 노ᄒᆞ시ᄂᆞ니라
문 예수ㅣ 죽으신 후에 그 령혼이 어ᄃᆡ로 가시ᄂᆞ뇨 답 림보로 가사

207 녯 셩인 들의 령혼을 위로ᄒᆞ시니라
문 예수의 텬쥬셩은 어ᄃᆡ 계시뇨 답 텬쥬셩은 인셩과

208 ᄒᆞᆫ번 결합ᄒᆞ시매 다시 ᄯᅥ나지 못ᄒᆞ시ᄂᆞ니라
문 예수ㅣ 다시 살으신 거시 언제뇨 답 당신이 젼에 ᄒᆞ신 말ᄉᆞᆷ

209 과 ᄀᆞᆺ치 죽으신 후 삼일에 부활ᄒᆞ시니라
문 예수ㅣ 부활ᄒᆞ실 ᄯᆡ에 누가 보앗ᄂᆞ뇨 답 무덤 지킈던

210 악졸들이 보앗ᄂᆞ니라
문 악졸이 엇지ᄒᆞ야 무덤을 직희엿ᄂᆞ뇨 답 ᄇᆡᆨ의 시켜
고 예수 졔ᄌᆞ들이 와셔 ᄎᆞᄌᆞ 갈가 ᄒᆞ야 작히ᄂ이니라

211 문 예수ㅣ 부활ᄒᆞ시매 뉘게 몬뎌 뵈엿ᄂᆞ뇨 답 셩모ᄭᅴ 몬뎌
ᄀᆞ죡 ... 그 후

회ᄉᆞᆫ 븍셩 인셩녀와 ᄒᆞᆫ ᄃᆞ들의 게 ᄒᆞ시니라

212 쥰 예수ㅣ 부활ᄒᆞ신후에 ᄯᅩ 오실 일을 ᄒᆞ신ᄃᆞ 답 셩교도리를 보아 하
샤 셩가지 졀을 비평ᄒᆞ시니라

213 쥰 예수ㅣ 하ᄂᆞᆯ에 오ᄅᆞ신이 업ᄂᆞ냐 답 부활ᄒᆞ신 ᄉᆞ십일에 승텬
ᄒᆞ시니라

214 쥰 예수ㅣ 어ᄂᆞ곳에셔 승텬ᄒᆞ시ᄂᆞ뇨 답 (예루살넴 셩밧) 아리와산 우희셔 ᄀᆞ록
ᄒᆞ신 몸을 ᄀᆞ져 하ᄂᆞᆯ에 오ᄅᆞ시니라

215 쥰 예수ㅣ 승텬ᄒᆞ실 ᄯᅢ에 엇던 사ᄅᆞᆷ이 보앗ᄂᆞ뇨 답 셩모와 모든 종
도와 칠십이 문도와 모든 ᄉᆞᆯ인 됴ᄃᆡ (들 암) ~~이 모혀 보앗~~ 암
희셔 라ᄇᆞ니 승텬을 ᄒᆞ시니라

216 쥰 예수ㅣ 임의 부활ᄒᆞ시고 셰샹에 오래 계시던 ᄯᅳᆺ이 엇더ᄒᆞᆫ 답 ᄋᆞ졔
승텬ᄒᆞ셔 이 세가지 ᄆᆞᆫ 친ᄒᆞᆫ ᄯᅳᆺ이 이시니 ᄒᆞ나흔 셰샹 ᄀᆞ르치신 우로
ᄒᆞᆫ ~~...~~ (임의 ᄆᆞᆺ시 계명) 교명 양을 ᄀᆞᄅᆞ치심이오 ᄒᆞ나흔 셰샹 사ᄅᆞᆷ을 위ᄒᆞ야
텬당 복락을 예비ᄒᆞ심이오 ᄒᆞ나흔 (텬당에셔) 당신 ᄂᆞᆯ을 셩부ᄭᅴ 빌심이라

217 쳥ᄒᆞ와 ᄌᆞ거ᄒᆞ시니 ᄃᆞᄉᆞᆫ이 간일ᄒᆞ련 치아 ᄒᆞ시던 ᄃᆞᆼ
ᄃᆞᆼ이 열닐 수 업ᄂᆞ니이다
ᄆᆞᆫ 예ᄉᆞ가 ᄉᆞ관ᄒᆞ실 제 ᄆᆞᆫ도ᄃᆞᆯ와 챵편ᄒᆞᆫ ᄀᆞ옴을 엇더케 오
ᄅᆞᄒᆞ셔도 ᄒᆞᆸ ᄉᆞᆼ편ᄒᆞ셔 산중에 안의 ᄒᆞ셔 셩신을 보내여
항ᄒᆞ셧ᄉᆞ시 ᄭᅳᆺ 허락ᄒᆞ시이다
218 ᄆᆞᆫ 귀신이 엇더케 강림ᄒᆞ시ᄂᆞᆫ 답 셩모와 즁도와 ᄆᆞᆫ도와 ᄒᆞᆫ
셩인 셩녀 합일 ᄒᆞ미 ᄌᆡ밋이 ᄒᆞᆫ ᄃᆞᆼ에 모히여 기구ᄒᆞ더니
ᄆᆡᆺ고 ᄉᆞᆫ편 후 ᄌᆞᆸ 일에 진시 ᄭᅴ 동ᄒᆞ야 홀연 큰 바ᄅᆞᆷ이 졀을
엽ᄒᆞ이ᄂᆞᆫ 불혀 ᄭᅩᆺ 쟝이 ᄆᆞᆫ도 이미 우희 ᄂᆞ려 나리ᄂᆞ니라
219 ᄂᆞᆫ 불혀 형상은 ᄆᆞᄋᆞᆷ 듯이 보합 셩신은 ᄉᆞ랑 ᄇᆞᆮᄂᆞ 이의 ᄆᆞᄋᆞᆷ
을 불ᄀᆞ치 덥게 ᄒᆞᄂᆞᆫ 혀로 동ᄒᆞ이 ᄭᅮᆯ호 말ᄉᆞᆷ을 ᄒᆞ야 만국
사ᄅᆞᆷ이 ᄃᆞ 잘 ᄀᆞ로치게 ᄒᆞ셧ᄉᆞ오이다

廿八

224 223 222 221 220

225 ~~[illegible]~~

226 문 셩총을 엇지ᄒᆞ야 (사ᄅᆞᆷ의게 고장) 치중ᄒᆞᄂᆞᆫ고 답 령혼의 ᄉᆡᆼ명이
되ᄂᆞᆫ 연고ㅣ니라

227 문 셩총이 엇더케 령혼의 ᄉᆡᆼ명이 되ᄂᆞᆫ고 답 ᄭᆞ지 육신이 령혼
을 ᄯᅥ나면 죽ᄂᆞᆫ 것 ᄀᆞᆺ치 령혼이 셩총을 ᄯᅥ나면 죽ᄂᆞ니라

228 문 령혼이 본디 셩총을 일흔 ᄯᅢ나 엇지ᄒᆞ야 죽ᄂᆞᆫ고 답 사ᄅᆞᆷ이
대죄를 범ᄒᆞ면 셩총이 ᄯᅥ나ᄂᆞ니 령혼이 하ᄂᆞᆯ 텬당을 ᄒᆞᆫ
여도 ᄎᆞᆷ 텬쥬 대뎐에 샹ᄌᆡᆼ을 엇지 못ᄒᆞ고 영원ᄒᆞᆫ 고로 죽은
것과 ᄀᆞᆺᄒᆞ니라

229 문 사ᄅᆞᆷ의 죄를 사ᄒᆞ야 엇게ᄒᆞᄂᆞᆫ 법이 잇ᄂᆞ냐 답
셩ᄉᆞ 닐곱 가지 셩ᄉᆞ ᄯᅢ 쥬ᄭᅴ셔 세우시니 사ᄅᆞᆷ의 죄를 사
ᄒᆞ고 텬쥬의 셩총을 회복ᄒᆞ게ᄒᆞ시ᄂᆞᆫ 대법이니 무궁ᄒᆞᆫ 셩총
의 은혜를 ᄒᆞᆫ가지 주ᄂᆞᆫ 보배ᄅᆞᆫ 이니라

230 문 셩ᄉᆞᄂᆞᆫ 몃 가지 잇ᄂᆞ뇨 답 닐곱 가지 잇ᄉᆞ니 령셰와 고회와 견진과

셩톄와 즁보 되신 몸이니라

231 문 뎡뎨오 무엇시뇨 답 텬쥬룰 알아 ᄉᆞ랑ᄒᆞ야 원ᄒᆞ신 원죄와 본

죄룰 당ᄒᆞ야 ᄒᆞᄂᆞᆫ 텬쥬와 셩교회의 올흔 ᄌᆞ식이 되게 ᄒᆞᄂᆞ니라

232 문 지각 업ᄂᆞᆫ 어린 ᄋᆞᄒᆡᄂᆞᆫ 엇지ᄒᆞᄂᆞ뇨 답 와 인ᄒᆞ야 ᄌᆞ지 ᄋᆞᆫ 축을 위ᄒᆞ야 이 잇

ᄉᆞ야 죄룰 못 칠 거시오 공우의 ᄌᆞ식이 ᄒᆞ야 일 죄룰 못 치ᄂᆞ니라

장이ᄋᆞ 셰 ᄌᆞᄂᆞᆫ 쳔ᄋᆞᆫ 이를 청ᄒᆞ야 밧을 ᄌᆞ 우를 위ᄒᆞ야 이 잇 셔 ᄒᆞ면

데부로 ᄒᆞᄂᆞ 방당에 죄룰 못 칠지니라

233 문 ᄒᆞᆫ번 령셰ᄒᆞᆫ 사ᄅᆞᆷ은 다시 령셰ᄒᆞᄂᆞ냐 답 다시 큰 죄룰 짓지 아니ᄒᆞ거

나 죄룰 지어셔ᄂᆞᆫ 반ᄃᆞ시 을 엇으면 ᄒᆞᄂᆞ니라

234 문 령셰ᄒᆞᆫ 후에 죄룰 지으면 엇더ᄒᆞᄂᆞ뇨 답 ᄒᆡ 셩ᄉᆞ룰 타당이

밧 을지니라

235 문 ᄒᆡ ᄂᆞᆫ 무엇시뇨 답 령셰ᄒᆞᆫ 후에 범ᄒᆞᆫ 바 죄룰 신부긔 고ᄒᆞ

와 ᄂᆞᆫ ᄒᆞ야 프이니 셩총으로 ᄂᆞᆫ 죄와 명령으로 ᄂᆞᆫ 벌로 ᄌᆞᄉᆞ지 ᄋᆞᆫ

긴ᄒᆞᆫ 축 죄 잇ᄂᆞ니라

236 문 ᄒᆡ에 ᄒᆞᆫ가지 ᄒᆞᆫ 번에 여러 ᄀᆞ지 ᄌᆞ시 ᄒᆞᆫ

답 혼ᄒᆞ와 ᄒᆡ와 ᄂᆞᆫ 보쥬이니라

셩ᄉᆞ

廿八

241 240 239 238 237

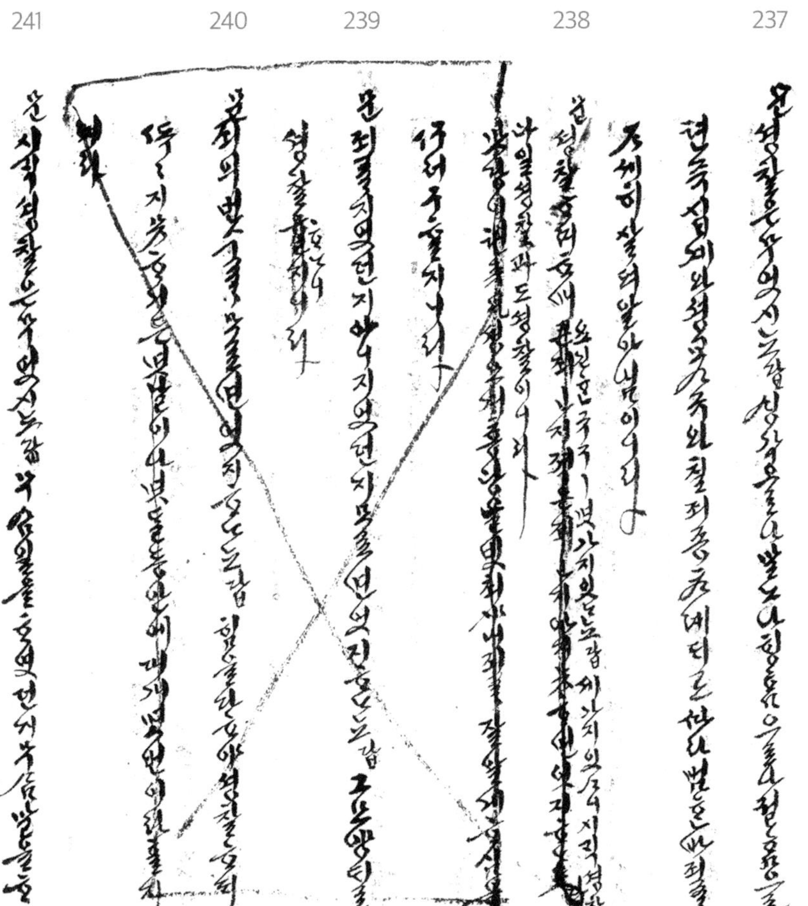

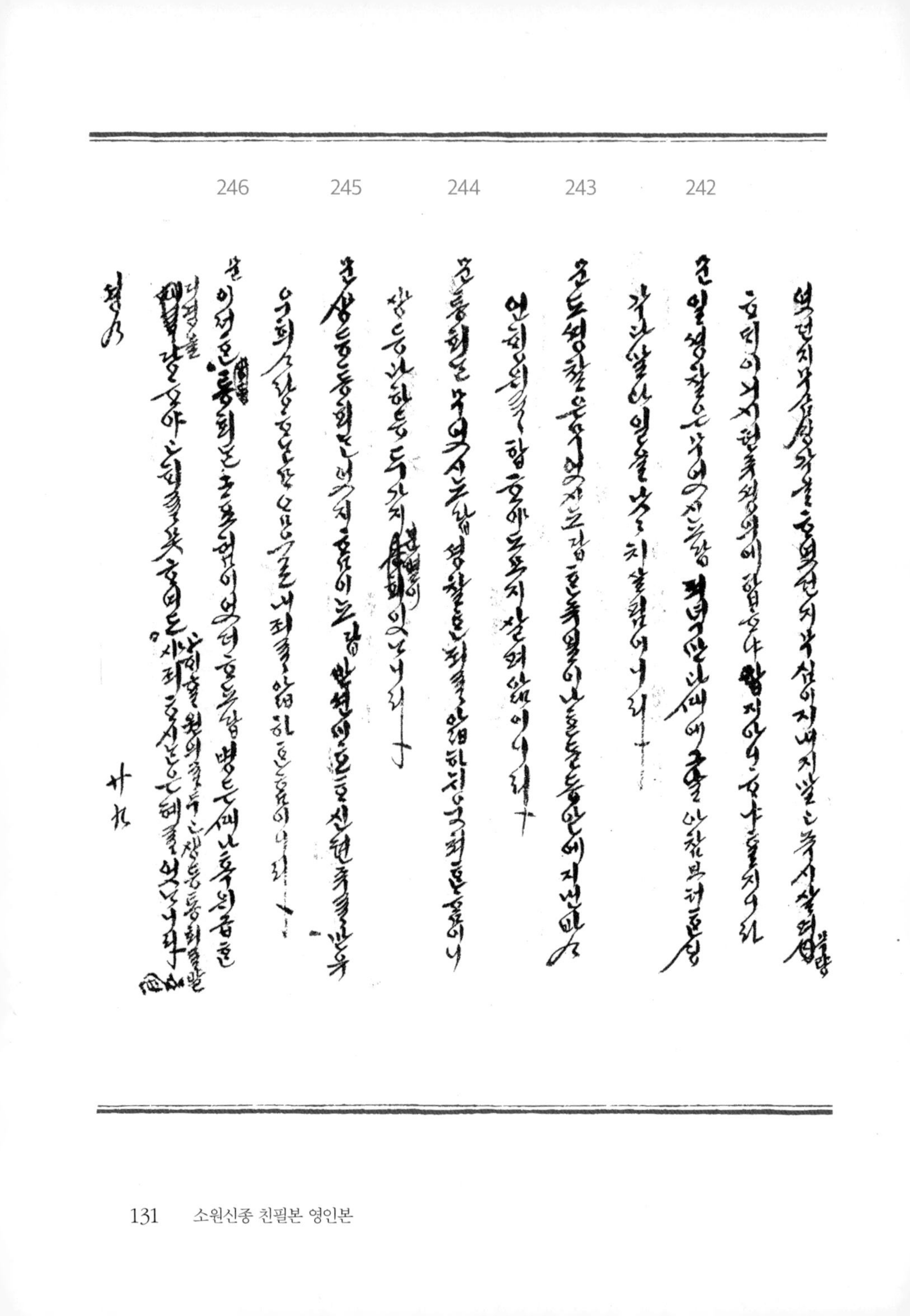

246 245 244 243 242

247 문 한ᄋᆞᆫ 통회ᄂᆞᆫ 엇지ᄒᆞ미뇨 답 주의 죄ᄅᆞᆯ 인ᄒᆞ야 텬쥬ᄋᆞᆸ회
ᄉᆡ 벌티 기어려옴을 원ᄒᆞ미니 ᄃᆡ개 벌 밧음을 두려워ᄒᆞ야
죄ᄅᆞᆯ ᄒᆞᆫᄒᆞᆷ이니라

248 문 이러ᄒᆞᆫ 통회ᄂᆞᆫ 고ᄒᆡ업이 엇더ᄒᆞ뇨 답 진실노 ᄒᆞᆫ번 통회ᄅᆞᆯ
못ᄒᆞ면 죄사ᄒᆞᆷ을 엇지 못ᄒᆞᄂᆞ니라

249 문 통회 업시 고ᄒᆡᄒᆞ여도 죄사ᄒᆞᆷ을 엇ᄂᆞ냐 답 반ᄃᆞ시 못ᄒᆞᄂᆞ니
죄ᄅᆞᆯ 통회치 아니ᄒᆞ고 죄ᄅᆞᆯ 고ᄒᆞ면 ᄒᆞᆫ갓 거ᄌᆞᆺ 되ᄂᆞᆫ 고로 죄사
ᄒᆞᆷ을 엇지 못ᄒᆞᆯ ᄲᅮᆫ 아니라 도로혀 셩ᄉᆞ의 셩ᄒᆞᆷ을 쳔답ᄒᆞ
ᄂᆞᆫ 큰 죄ᄅᆞᆯ 더ᄒᆞᄂᆞ니라

250 문 죄가 ᄀᆞᄌᆞ 몃 가지 ᄯᅢᆫ 닐ᄉᆞ 지죄ᄅᆞᆯ 다 통회ᄒᆞᄂᆞ냐 답 ᄒᆞᆫ 가지 큰 죄 잇ᄉᆞᆫ 통회
치 아니ᄒᆞ면 모든 죄ᄅᆞᆯ 죄사ᄒᆞᄂᆞᆫ 은혜ᄅᆞᆯ 엇지 못ᄒᆞᄂᆞ니라

251 문 통회ᄒᆞ며 ᄒᆞᄉᆡ 셩찰ᄒᆞᆫ 죄 밧고 업ᄉᆞᆫ 잇거ᄂᆞᆯ ᄂᆞᆺ ᄂᆞᆫ 답 이젼 고회ᄒᆞᆫ
ᄒᆞᆫ두 가지 죄나 후 평ᄉᆡᆼ에 ᄀᆞᆷ초ᄒᆞᆫ 거ᄉᆞᆯ 싱각ᄒᆞ야 통회ᄒᆞᆫ 경ᄋᆞᆯ 밧ᄋᆞ 통ᄒᆞ야 ᄒᆞᆯ

252 문 고명시ᄂᆞᆫ 닛ᄌᆞᆫ 죄ᄅᆞᆯ 임의 통회ᄒᆞᄂᆞᆫ 고로 ᄂᆞᆯ ᄒᆞ
리ᄋᆞᆯ 치면 다시 죄ᄅᆞᆯ 범치 아니ᄒᆞ기ᄅᆞᆯ ᄌᆞ뎡ᄒᆞ미니라

253 문 죄ᄅᆞᆯ 다시 짓지 아니ᄒᆞ기로 뎡ᄒᆞ다가 다시 범ᄒᆞᆫ 후ᄂᆞᆫ 거줏 뎡ᄒᆞᆫ ᄃᆞ ᄒᆞᆯ 답 이ᄂᆞᆫ

254

255

256

257

258

지혜ᄅᆞᆫ에 경솔ᄒᆞᆷ이 ᄂᆞ지 안코 ᄇᆞ로 되기ᄅᆞᆯ 쟉졍ᄒᆞ엿ᄂᆞᆫ지
아ᄅᆡ 사ᄅᆞᆷ의게 ᄒᆞ엿ᄂᆞᆫ지 잠간 동안을 ᄒᆞ엿ᄂᆞᆫ지 며ᄂᆞᆯ을
오ᄅᆡ ᄒᆞ엿ᄂᆞᆫ지 이 ᄯᅥᆫ 육 죄 보ᄂᆞᆫ 힘 이니라
259 삼 죄의 ●●ᄒᆞᆫ 가ᄌᆞ 무엇신고 당 ᄇᆞᆷ 죽을 ᄯᅢ에 나ᄒᆡ 동안에 밧ᄂᆞᆫ
벌 각 죄의 수 ᄃᆡ로 죄의 경중이 ᄒᆞᆫ 번 벌ᄒᆞ매 두 ᄀᆞᆫ 두 번 벌ᄒᆞᄂᆞᆫ ᄃᆡ 이ᄯᅩ ᄂᆞ니라
260 촌 죄아 외 ᄯᅥ 음 ᄌᆞᆷ은 무엇신고 ᄯᅢ 피ᄒᆞᆫ 뒤 칠죄ᄅᆞᆯ 벌ᄒᆞᄂᆞᆫ 셩
당 물건을 두ᄂᆞᆫ ᄒᆞ엿시면 일 ᄌᆡᄅᆞᆯ 면ᄒᆞ매 ᄆᆡ 도ᄒᆞᄂᆞᆫ 이ᄂᆞ오
ᄯᅥᄅᆞᆯ 면ᄒᆞ되 목숨나 남음의 ᄌᆡ물ᄅᆞᆯ 상해 ᄒᆞ엿시면 ᄉᆞ
죄ᄅᆞᆯ 면ᄒᆞ야 벌ᄒᆞᆯ 거시니라
261 촌 ᄒᆞᆫ 일ᄅᆞᆯ ᄉᆡ에 무ᄉᆞᆷ 죽진ᄒᆞᄂᆞᆫ 뇌 의ᄂᆞᆫ 말 ᄋᆞᆫ 진ᄒᆞᆫ 도리
세 가지 잇ᄂᆞ니 ᄒᆞ나ᄒᆞᆫ 지셩ᄒᆞ게 ᄒᆞᆯ 거시오 ᄒᆞ나흔 조심ᄒᆞᆫ
일을 ᄒᆞ나흔 겸손ᄒᆞ게 ᄒᆞᆯ 거시니라
262 촌 지셩ᄒᆞ지 ᄒᆞᄂᆞᆫ 엇지ᄒᆞᆷ에 ᄂᆞ짐 실쟝 ᄃᆡ로 ᄒᆞᄂᆞᆫ 이ᄂᆞ에

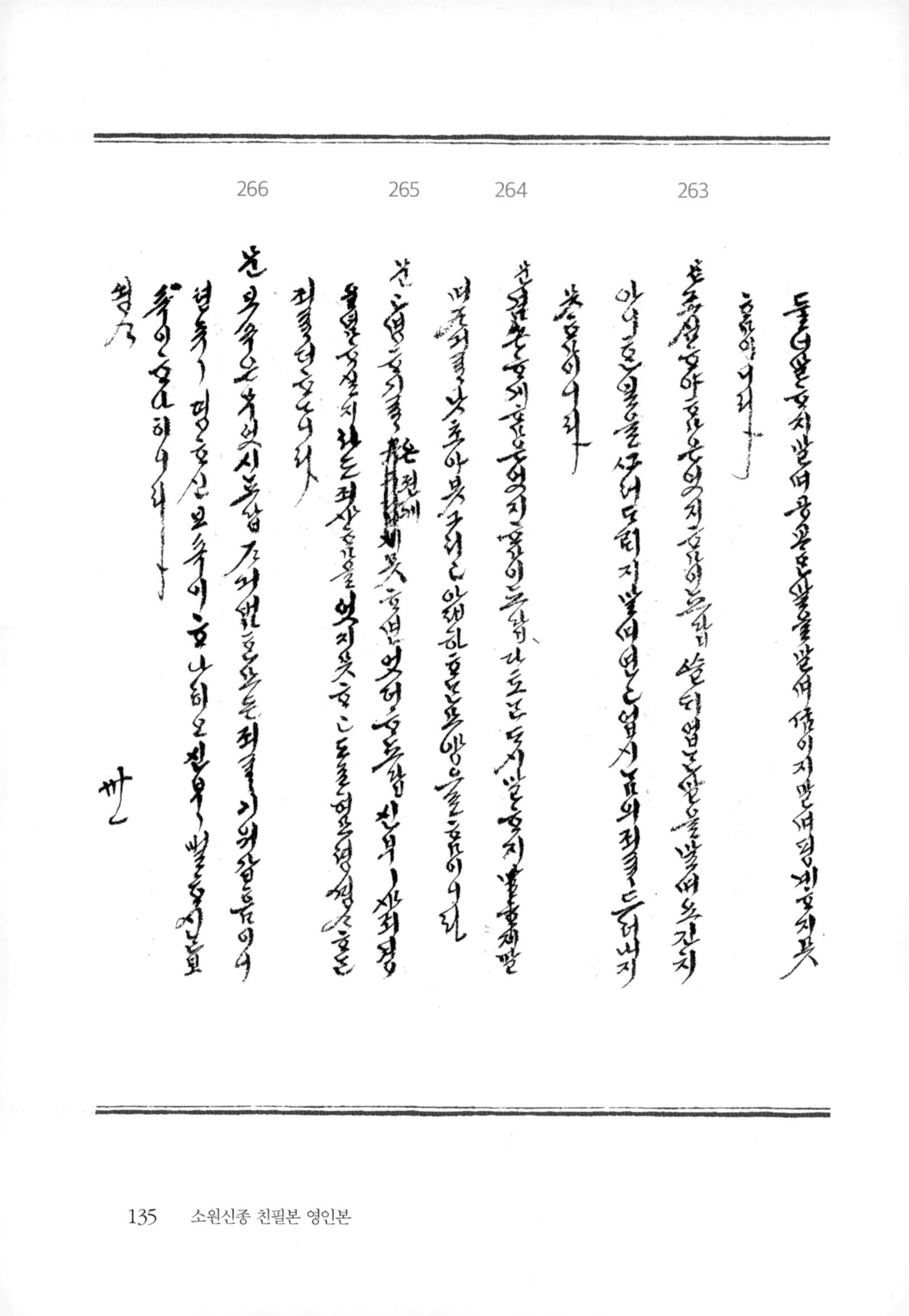

263

264

265

266

267 문 텬쥬ㅣ 뎡ᄒᆞ오신 보쇽은 무엇이뇨 답 효ᄒᆞ이 날노 ᄉᆞ인ᄒᆞ야 安
은으로 ᄒᆡᄒᆞᆫ가 즐기믜 비컨대 공번되지 아니ᄒᆞᆫ 쳔쥴이
잇ᄭᅥ든 기워 갑ᄂᆞᆫ 효의 병쳥을 ᄭᅮᆫ히 쳣거든 깁ᄂᆞᆫ 효과
화복을 잇헛거든 [화복]은 효의 ᄭᅦ 두죄 ᄒᆞ엿거든 제라
ᄒᆞᆫ 도망을 ᄭᅮᆫ회 쳣거든 허ᄒᆞᆫ 물 새로이 ᄒᆞᆯ지니 ᄂᆞ 당이
ᄒᆞᆯ 만흔 ᄒᆞ쥐 ᄉᆞᆫ아니 ᄒᆞ면 죄 샤ᄒᆞᆷ을 엇지 못ᄒᆞᄂᆞ니라

268 문 신부ㅣ 뵈ᄒᆞ신 보쇽은 무엇이뇨 답 텬쥬ᄭᅴ 뎐에 [illegible]
경이ᄂᆞᆫ 대ᄉᆞ 죄ᄂᆞ 외공ᄒᆞᆫ 은ᄉᆞ신ᄒᆞᆫ 이니라

269 ~~문 텬쥬ㅣ 뎡ᄒᆞ오신 보쇽 [illegible] 답 ᄒᆞ게 아니ᄒᆞᆫ ᄂᆞᆫ 회ᄒᆞ야 [illegible]~~
~~[illegible]~~

270 문 ᄂᆞᆫ 회쳥ᄉᆞ를 ᄒᆞ랴 당이 ᄌᆞ면ᄒᆞ야 효 [illegible] ᄂᆞᆫ 답 이젼 죄
ᄒᆞᆯ 은ᄒᆞ며 일회ᄒᆞ던 쳥홍을 드 고ᄒᆞ엿어 [다시] 현후의 착ᄒᆞᆫ ᄉᆞᆨ
[illegible] 이 되ᄂᆞ니라

271 문 현쟌은 무엇이뇨 답 명쇄ᄒᆞᆫ 효의 ᄂᆡ 쳥홍을 티와 ᄀᆞ터

272 존신터 들션ᄂᆞᆫ 체ᄒᆞ야 ᄒᆞ히 예수의 용덕ᄒᆞᆫ 순ᄉᆞ 되게 ᄒᆞᄂᆞ니라
문 어떤 오히ᄂᆞᆫ 견진을 ᄎᆞᄌᆞᄂᆞ뇨 답 병오 열닐곱 ᄉᆞᆯ이 되ᄆᆡ
큰 예ᄅᆡ ᄇᆞᆫ은이 ᄭᆡᄃᆞᆯ ᄯᅢ ᄇᆞᆯ월 ᄎᆔ을 위ᄒᆞ얏ᄉᆞ 신ᄒᆞᆫ
견진을 령ᄒᆞᄂᆞ니라

273 문 오히 즉 졔 대에 견진을 령ᄒᆞ면 무ᄉᆞᆷ 요긴ᄒᆞᆫ 이익이 잇ᄂᆞ뇨 답
견진의 인호ㅣ 박힌 ᄇᆞᆯ 그 령혼이 장셩ᄒᆞᆫ 어른 모양이 되ᄂᆞ니라
에서 병ᄂᆞᆫ터 은혜를 위ᄒᆞᆫ 이니라

274 문 견진이 구령ᄒᆞᄂᆞᆫ데 요긴ᄒᆞ야 령세 셩ᄉᆞ와 ᄀᆞᆺ치 십분
요긴ᄒᆞ냐 답 ᄒᆞ나 홀만ᄒᆞᆫ 일이 아니ᄒᆞ면 죄 되ᄂᆞ니라

275 문 뉘 견진의 셩ᄉᆞ를 ᄒᆡᆼᄒᆞᄂᆞ뇨 답 이는 쥬교의 본직이로되
쥬교ᄂᆞᆫ 각 디방에 견진을 다 주실 수 업ᄂᆞᆫ 고로 교황
의 명을 인ᄒᆞ야 신부도 쥬교의 관면이 잇ᄉᆞ면 견진을 ᄒᆡᆼᄒᆞᄂᆞ니라

276 문 견진을 령ᄒᆞᆯ ᄯᅢ 셩신의 은혜 몃 가지 잇ᄂᆞ뇨 답 닐곱 가지 잇ᄂᆞ니 ᄒᆞ나흔
슬긔오 둘은 통달ᄒᆞᆷ이오 세흔 의견이오 네흔 굿셈이오
다ᄉᆞᆺ 지식이오 여ᄉᆞᆺ 효경이오 닐곱은 두려워ᄒᆞᆷ이라

부인이 실ᄒᆡᆼ 신칙홈은 밧ᄭᅴ 그 ᄒᆞᆼ실이 어려온고로 넘ᄭᅡ 경계ᄒᆞ고

부모ᄂᆞᆫ ᄌᆞ식의 허물을 ᄀᆞᆯ오ᄎᆞ 맛당ᄒᆡ 간언을 ᄌᆞ식이 빗ᄂᆞᆫ 사ᄅᆞᆷ과

ᄌᆞ식이 부모 ᄯᅳᆺ지 아니ᄒᆞ믄 신부을 ᄯᅥ여 악ᄒᆞᆫ 진ᄒᆞᆫ 친을

ᄒᆞᄆᆡ 편ᄒᆞᆫ 즐ᄭᅥ옴을 못ᄒᆡ ᄒᆞᄂᆞ니라

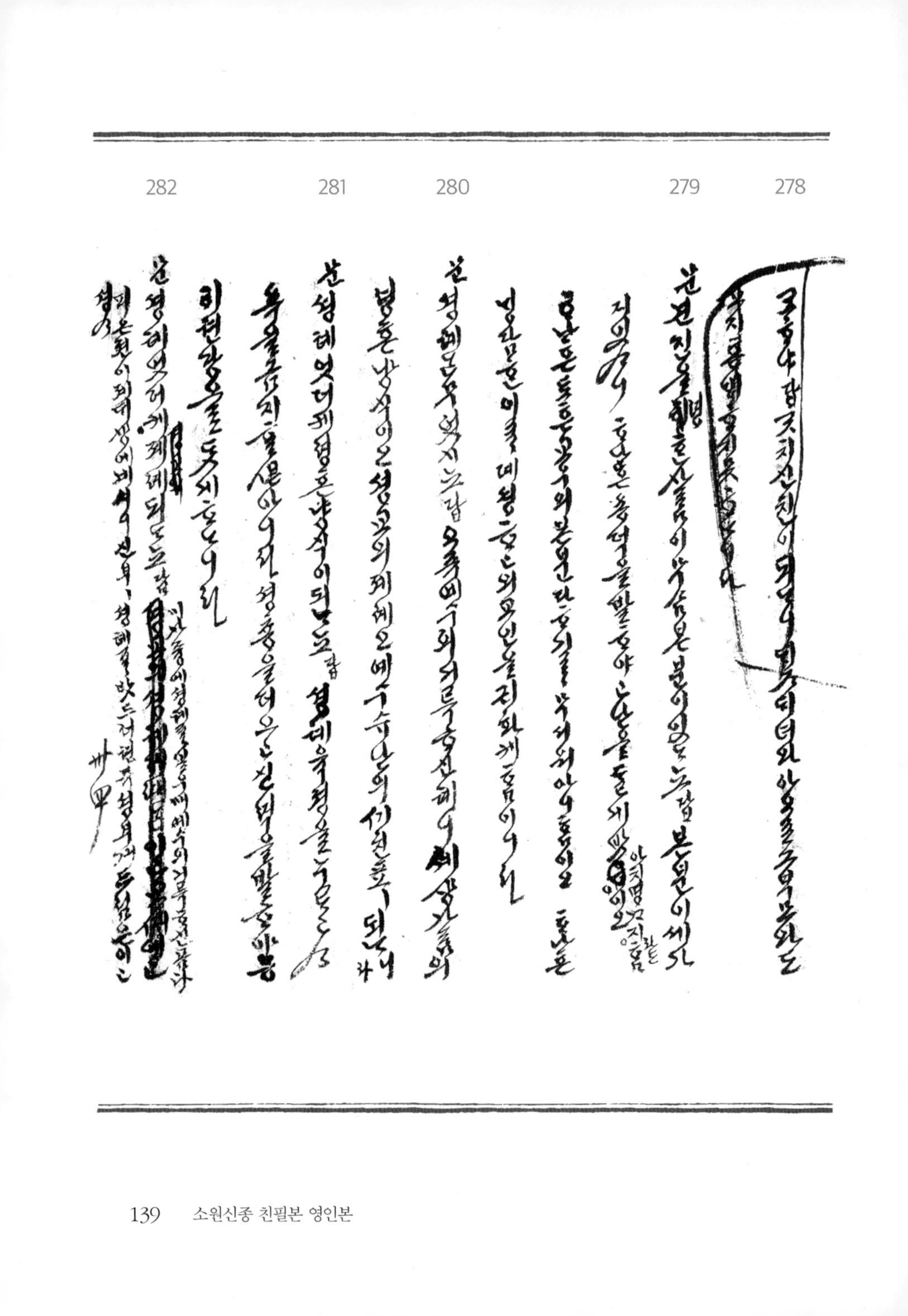

278 [illegible]

279 [illegible]

280 [illegible]

281 [illegible]

282 [illegible]

283 못ᄒᆡ 예셜ᄒᆞ디 신ᄂᆞᆯ 됴히 아니ᄒᆞ고 즁ᄒᆡᆫ 리를 ᄒᆞ엿ᄂᆞ니 ᄒᆞᆯ 곳이 업ᄂᆞ니라
혼 셩ᄒᆡ 엇더케 ᄒᆞᄂᆞᆫ뇨 되ᄂᆞᆫ 답 예ᄒᆞ ᄒᆞᆫ을 ᄇᆞᆫ 칩고
가에 ᄒᆞᆫ 졍은 이 ᄉᆞᆼ 견ᄒᆞᆫ을 ᄒᆞ자 ᄒᆞ 거 ᄌᆡ ᄒᆞ 이오 이제
ᄌᆡ사ᄒᆞᆼ에 신부 셩 ᄒᆡᆼᄒᆞ 원 ᄒᆞᆫ 싸 ᄒᆞᆫ ᄒᆞ신 ᄭᅮᆷ
을 편ᄒᆞ 션 부ᄯᅢ 두 ᄂᆞᆷ이 ᄂᆞ ᄆᆞᆫ ᄒᆡ 자 ᄒᆞ는 출이 ᄂᆞᆯ 사 ᄅᆞ ᄒᆞ 짓 ᄂᆞᆫ 지라
ᄂᆞᆯ 마다 이 ᄂᆞᆫ 즁에 ᄒᆞᆼ 예 ᄒᆞ 두 되 ᄒᆞᆫ이 그 ᄂᆞᆯ 사 ᄅᆞ ᄭᅩᆺ ᄃᆞ ᄒᆞ ᄒᆡ ᄒᆞ이
그 ᄒᆞ ᄒᆞ신 포 되ᄂᆞ니라

284 혼 엇던 사ᄅᆞᆷ이 ᄀᆞᆷ 셩ᄒᆡ ᄅᆞᆯ 됴ᄒᆞᆫ ᄂᆞᆫ 답 으로 ᄇᆞᆫ ᄆᆞᆺ ᄒᆞᄂᆞᆫ 자 ᄂᆞᆫ 여 ᄂᆞᆫ 예
자 ᄉᆞᆨ이 ᄌᆡ 어드 온 편 ᄒᆞ 셩 ᄒᆡ ᄅᆞᆯ 됴 ᄒᆞᆯ 지니라

285 혼 셩ᄒᆡ ᄅᆞᆯ 됴 ᄒᆞ며 ᄒᆞ ᄉᆡ 엇더케 ᄒᆡ ᄒᆞᆫ ᄂᆞᆫ 답 셩 ᄒᆞᆫ 다 ᄒᆞ ᄌᆡᆫ 의 다
예 ᄇᆞᆯ 오 ᄒᆞᆫ 셩 ᄒᆞᆫ 다 ᄒᆞ 야 츠ᄅᆡ 이 오 ᄒᆞ 신은
ᄉᆞᆯ 진 지 ᄒᆞ 다

286 혼 셩ᄒᆡ ᄅᆞᆯ 됴 ᄒᆞ며 ᄒᆞ ᄃᆡ 이 이 ᄂᆞᆫ 답 셩 ᄒᆞᆫ 다 ᄒᆞ 젼에 리
이 이 셩 ᄒᆞᆫ ᄒᆞᆯ ᄯᅢ 구 외 ᄒᆞᆫ 가지로 합 ᄒᆞ야 셩 ᄒᆞᆫ의 셩 즁 다

290 289 288 287

293 292 291

294

나 이 질ᄎᆡᆨ을 더ᄒᆞᆯ 것도 업ᄂᆞ니라

문 칠셩ᄉᆞ 즁에 대례 온젼ᄒᆞᆫ 셩ᄉᆞᄂᆞᆫ 무엇이뇨 답 셩톄셩ᄉᆞ니

이 셩톄 셩ᄉᆞ 원본 텬쥬 이신 고로 셩총의 근원이 되ᄂᆞ니라

295

문 칠셩ᄉᆞ 즁에 대례 셩ᄉᆞᄂᆞᆫ 무엇이뇨 답 셩셰 대례니

셩셰ᄂᆞᆫ 셩총 엇ᄂᆞᆫ 첫 문이오 이 셩ᄉᆞ에ᄂᆞᆫ 셩총의 근원

여러 셩ᄉᆞ의 대례로 온젼이 주시ᄂᆞ니라

296

문 칠셩ᄉᆞ 즁에 두 번 밧지 못ᄒᆞᄂᆞᆫ 몃 가지뇨 답 셩셰와 견진

신품이니 이 셰 가지 셩ᄉᆞ에 밧ᄂᆞᆫ 인호ᄂᆞᆫ ᄒᆞᄂᆞ니라

297 ᄉᆞ후ᄭᅴ의 온 슐 변ᄒᆞᆯ수 업ᄉᆞ오니라

문 사ᄅᆞᆷ이 엇지ᄒᆞ야 죽ᄂᆞᆫ뇨 답 원죄ᄅᆞᆯ 인ᄒᆞ야 죽게되엿이오ᄂᆞᆫ

셰샹만물이 다 근본으로 도라가ᄂᆞᆫ 법이니라

298 문 사ᄅᆞᆷ의 근본이 어ᄃᆡ 잇ᄂᆞ뇨 답 사ᄅᆞᆷ이 령혼과 육신 두가

지 잇ᄉᆞ니 령혼은 텬쥬께셔 낫ᄉᆞ니 텬쥬ᄭᅴ로 도라

갈거시오 육신은 흙으로 삼기엿ᄉᆞ니 흙으로 도라

가ᄂᆞ니라

299 문 육신은 흙으로 도라가ᄂᆞᆫ 줄을 알거니와 령혼은 ᄭᅳ라

가면 텬쥬ᄭᅴ로 도라갓ᄂᆞᆫ뇨 답 션쟈의 령혼은 텬당

을 가셔 누리고 악쟈의 령혼은 근본을 일코 지옥에 ᄲᅡ지ᄂᆞ니

300 문 사ᄅᆞᆷ이 죽을ᄯᅢ 령혼이 ᄒᆞ나 답 령혼ᄯᅢ 업ᄉᆞᆫ후

에 뎌 셰샹에 쟝ᄉᆡᆼᄒᆞ여 셰샹에 죽ᄂᆞᆫ 굴을 아지

ᄒᆞᆫ후 廿九

못ᄒᆞᄂᆞ니라

301 문 사ᄅᆞᆷ이 죽ᄂᆞᆫ 말이 엇지 ᄒᆞᆷ이닛고 답 령혼이 육신을 ᄯᅥ남이니

령혼은 죽지 아니ᄒᆞ고 육신만 죽ᄂᆞ니라

302 문 사ᄅᆞᆷ이 잘 죽ᄂᆞᆫ 것과 못 죽ᄂᆞᆫ 분별이 잇ᄂᆞ냐 답 텬쥬ᄅᆞᆯ 알아 온젼

ᄒᆞᆫ 애ᄌᆡ 셥 [illegible] 잘 죽음이오 [illegible] 편 [illegible]

○ 못 죽음은 사ᄅᆞᆷ이니라

303 문 예수ᄭᅴ셔 죽지 아니ᄒᆞᄂᆞᆫ 사ᄅᆞᆷ이 잇ᄂᆞ냐 답 부졍ᄒᆞᆫ이ᄂᆞᆫ 죽ᄂᆞᆫ ᄒᆞᆫ

이ᄂᆞᆫ 다 죽ᄂᆞ니라 [illegible]

[illegible]

304 문 그러면 이 셰상이 도로지 죽ᄂᆞᆫ 셰상이냐 답 [illegible] 사ᄅᆞᆷ의 ᄌᆡᆼ명이

○ 아참에 ᄂᆞᆫ 풀이오 ᄭᅩᆺ이 ᄂᆞᆫ 번ᄀᆡ 불이라 ᄒᆞ엿ᄂᆞ니라

305 문 죽을 ᄯᅢ에 나ᄂᆞᆫ 더 고로왕이 잇ᄂᆞᆫ 답 육신 나 셩혼 외 고로왕이 다

좌우 ᄒᆞ오면 ᄒᆞ니라

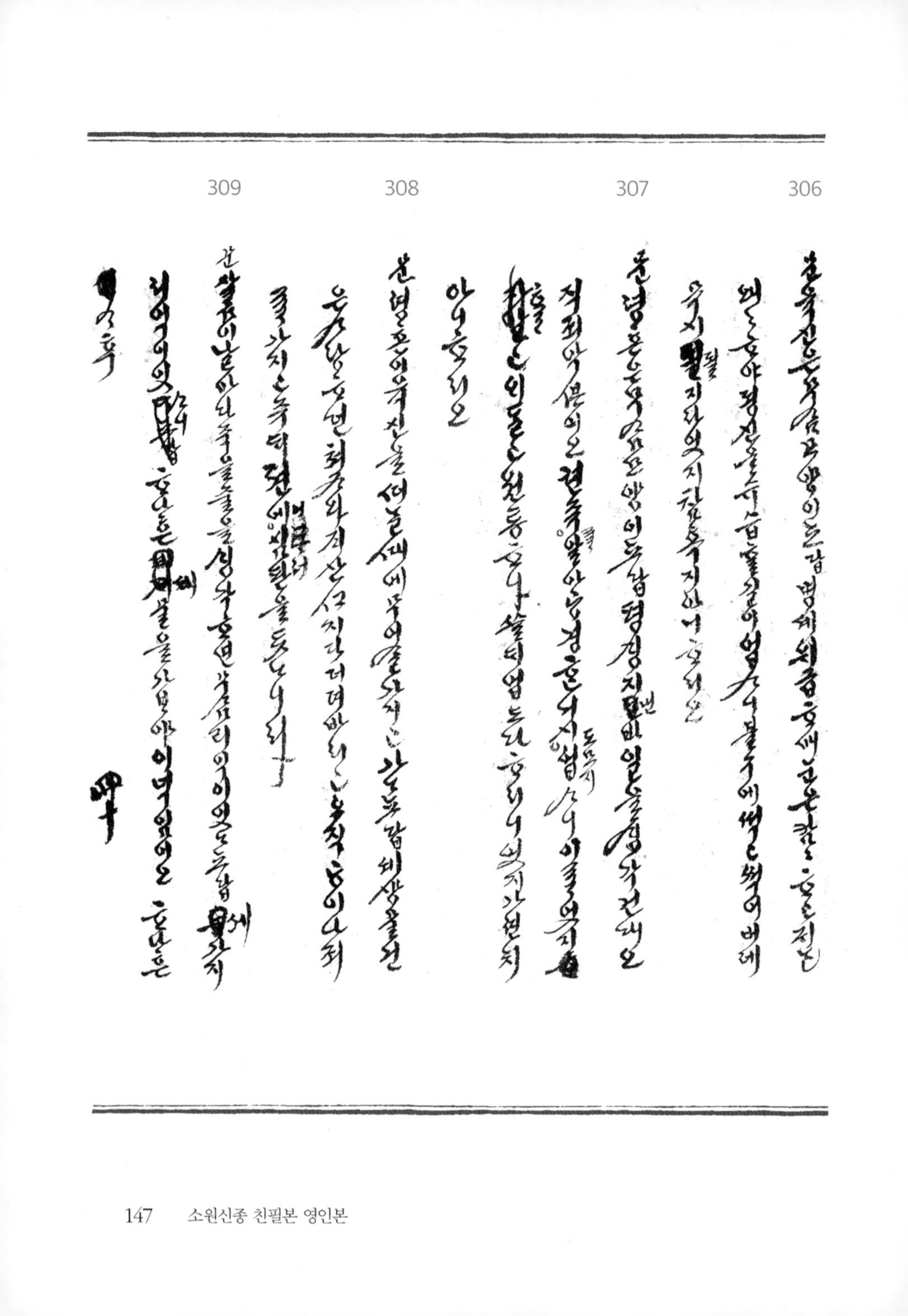

306

307

308

309

310 311 312 313

310

수욕을 ᄎᆞᆯ너 향복 바라[illegible] 이오 ᄒᆞ다 ᄒᆞᆫ 약을 되ᄒᆞᆫ 쳔을 ᄇᆞ리고 [illegible]
ᄒᆞ새 ᄌᆞ마 쳔에 가자 ᄒᆞ여ᄃᆞ
ᄒᆞ이니라

쳔계[illegible]ᄅᆞᆯ ᄒᆞ야 ᄇᆞ리ᄆᆞᆫ 어지 ᄒᆞ리오 도ᄂᆞᆫ 잘ᄒᆞ이 죄ᄉᆞᆫ 우ᄒᆞᆫ 세상

에 나ᄂᆞᆫ 사ᄅᆞᆷ 쥬 신을 ᄆᆞᆯ 세상을 ᄇᆞ리노니 셰무의 형계 헤ᄒᆞ여 ᄂᆞᆫ 야

ᄒᆞ야 ᄒᆞᆫ ᄂᆞᆷ을 ᄉᆞ랑ᄒᆞᆯ 부ᄃᆞ러 구지 ᄋᆞᆫ니 ᄒᆞ게 ᄒᆞᆫ ᄯᅩ ᄂᆞᆷ 좃ᄎᆞ ᄇᆞ리ᄂᆞᆫ

311

야 ᄯᅩ 한 가지 아니 ᄒᆞᄂᆞᆫ 줄을 가히 알지니라

쳔 수욕을 ᄎᆞᆯ너 향복 바라ᄂᆞᆫ 어지 ᄒᆞ리오 ᄂᆞᆫ 잡 수욕을 인ᄒᆞ야

[illegible] 잘ᄒᆞ이 쥬을 죄에 걸니ᄂᆞᆫ 사ᄅᆞᆷ이 셰상 ᄀᆞ지 [illegible] 수욕을 방ᄌᆞᆨ이 ᄒᆞ면 [illegible]이 쥬어 어지 [illegible]

312

디옥에 드러가서 온 ᄂᆞᆯ이 ᄯᅥ이 [illegible] 젼 ᄉᆞᆼ [illegible] ᄒᆞ고

ᄯᅢ ᄒᆞᄂᆞᆫ 이 다 ᄒᆞ되 ᄂᆞᆫ 잠간 거ᄉᆞ [illegible]을 가히 알ᄋᆞᆸ지니라

쳔 ᄒᆞ을 ᄒᆞᄂᆞᆫ 쳔을 [illegible] ᄒᆞ야 [illegible] 쳔에 가지 [illegible] 은 어지

ᄒᆞᆷ이 도잡 [illegible]이 죽으면 죽어 쳔에 [illegible] 어[illegible]

313

을 ᄃᆞ[illegible] 이제 [illegible] 가 [illegible] 편 쥬 [illegible] ᄒᆞ야 [illegible]

을 [illegible] 가히 [illegible] 지니라

[illegible] 어지 ᄒᆞ야 이 [illegible] 계 [illegible] ᄒᆞᆫ [illegible]의 [illegible]

이 ᄒᆞᆫ 번 이오 [illegible] 한 [illegible] 잠 [illegible] 일이 [illegible]

316 315 314

시ᄒᆞᆫ이ᄂᆞᆫ [struck]의 엇ᄭᆞᆫ흑ᄉᆞ올 관혹ᄒᆞᆯ수 업ᄉᆞ오미라

317 문 십관ᄋᆞᆯ 주어셔ᄂᆞᆫ ᄯᅢ 텬쥬ㅣ 사ᄅᆞᆷ의ᄂᆞᆫ 안 죄ᄅᆞᆯ ᄒᆞ며
관ᄅᆞᆯ ᄒᆞ심이니라

318 문 십관이 몃가지 잇ᄂᆞ뇨 답 십관은 ᄂᆞᆫ셕판 두가지[struck]너라

319 문 쳣지 판은 무엇시뇨 답 사ᄅᆞᆷ이 주ᄅᆞᆯ ᄂᆡ 텬쥬 뎨젼에 날녀
혼자 [struck] 셩관을 드림이니 몸의 은혜ᄂᆞᆫ ᄉᆞ랑을 밧아 승텬ᄒᆞᆯ
죄 잇ᄂᆞᆫ이ᄂᆞᆫ 벌을 밧아 하칠ᄒᆞᄂᆞ니라

320 문 둘ᄌᆡ 판은 무엇시뇨 답 텬리ᄯᅳᆺ 츌ᄯᅢ에 네몸 못ᄒᆞ엿ᄂᆞᆫ 뜻
살ᄅᆞᆷ이 각지 잘아ᄂᆞ니 (혼가지를) 텬쥬 압희셔 십관을 드림이니 셩자
의 행ᄒᆞᄂᆞᆫ 쥬신은 [struck] (아ᄋᆞᆯ) 텬당에 오ᄅᆞ고 아자의 편ᄒᆞᆫ
쥬신은 [struck] (아ᄋᆞᆯ) 디옥에 ᄂᆞ리ᄂᆞ니라

321 문 텬쥬ㅣ 이요의 ᄭᆞ 살므의 ᄂᆞᆫ (마) 죄ᄅᆞᆯ [struck] 십관 ᄒᆞ신지라

십관

四一

엇지 ᄒᆞ야 아ᄃᆞᆯ 관을 ᄒᆞ야나 도 ᄉᆞᆯ피 ᄒᆞᆫ 지극ᄒᆞ신 공의
나라ᄒᆡ샤 ᄒᆞ신 판을 ᄒᆞ시ᄂᆞᆫ 듯이 ᄯᅥ러지게 잇ᄉᆞ니 ᄒᆞᆫ날은
예수의 ᄉᆞ죄ᄒᆞᆫ ᄇᆞᆫ 됴ᄒᆞᆫ 현ᄒᆞ야 영광ᄒᆡ 고쳐 ᄒᆞ실이오
ᄒᆞᆫ날은 ᄒᆞᆫ 쇠 ᄉᆞᆯ피 ᄉᆞ의 ᄉᆞᆫ ᄒᆞᆫ ᄒᆞ야 드러내여 ᄒᆞᆫ
게 고쳐 ᄒᆞ심이 ᄒᆞᄂᆞᆫ 사ᄅᆞᆷ의 평ᄒᆞᆫ이 ᄌᆞ기 진ᄒᆞᆫ 다시
됴흔이 나와 향ᄒᆞ여 진ᄒᆞᆫ 말ᄉᆞᆷ을 ᄒᆞᆫ 가지로 ᄆᆞᆺ치고 되 ᄒᆞᆫ 이라

322 ᄋᆞᆫ 오직 예수ㅣ 엇지 ᄒᆞ야 쳔ᄒᆞᆫ의 권을 ᄆᆞᆺ하게 시므로 텬쥬 되시ㅣ
흥ᄒᆞ야 ᄉᆞᆯ피 되샤 셰상을 구ᄒᆞ신 연ᄂᆞᆫ 니라

323 ᄀᆞᆫ 예수ㅣ 심판ᄒᆞ실 ᄯᆡ 되ᄂᆞᆫ ᄒᆞ것ᄂᆞ냐 답 일후 셰상 ᄆᆞᆺ출
ᄯᆡ에 다시 나려와 심판ᄒᆞ실지라 오ᄂᆞᆯᄂᆞᆫ ᄒᆞ시니 그ᄯᆡ 징ᄒᆞ리
니라 그ᄂᆞᆫ 쳐벌ᄒᆞ시니라

324 삼 그ᄯᆡ 징ᄒᆞ ᄆᆞᆺ 가지 이ᄂᆞᆫ뇨 답 ᄆᆞᆯᄉᆞᆷ이 다ᄅᆞᆫ ᄒᆞ야 징ᄒᆞ ᄇᆞᆫ 후
텬국에 ᄃᆡ답 텰 가지 ᄒᆞ고 ᄯᅥ러 ᄆᆞᆺ 음ᄒᆞᄂᆞ니라

325 문뎨오 지옥은 무엇시뇨 답 가로ᄃᆡ 쳔지자ᄂᆡ 반ᄃᆞ시 잇지 아니ᄒᆞᆫ 의심업ᄉᆞ
[illegible] 을 어ᄃᆡ셔 ᄉᆞᆯ을 수 업ᄂᆞ니라

326 문뎨이 지옥은 무엇시뇨 답 반ᄃᆞ시 ᄂᆡ은 들어 죄ᄅᆞᆯ 지ᄆᆞᆺᄒᆞ야
셰샹 ᄉᆞᄅᆞᆷ의 지은 ᄌᆞ긔 죄ᄅᆞᆯ 속ᄒᆞᆯ ᄯᅢ 업ᄂᆞ니라

327 문뎨삼 링조ᄂᆞᆫ 무엇시뇨 답 [illegible] 고 그 ᄌᆡ 힝ᄒᆞᆫ ᄉᆞᄅᆞᆷ이
벌 셰 ᄀᆞ지 니ᄅᆞ러 [illegible] 곳 이 셩교 쳔인 ᄉᆞᆯ 잡아
두ᄂᆞᆫ 곳이니라

328 문뎨ᄉᆞ 지옥은 무엇시뇨 답 옥ᄌᆞ의 쳔쥬 아ᄂᆞᆫ 죄인 ᄉᆞᆯ을
졸 ᄎᆡᆫᄒᆞ야 셩교 ᄉᆡᆼ인을 조별ᄒᆞ되 ᄒᆞᆫ ᄯᅢ ᄀᆞᆺ 그ᄅᆞᆫ 벌ᄒᆞᄂᆞᆫ 데ᄅᆞ 가
히 나 말ᄒᆞᆯ 수 업ᄂᆞ니라

329 문뎨오 지옥은 무엇시뇨 답 셩교 ᄇᆞᆨ ᄋᆞᆯ 이 반방에 ᄂᆞ니 젼ᄒᆞ야
[illegible] 듯지 못ᄒᆞᆫ ᄉᆞᄅᆞᆷ이 업서 [illegible] 의 [illegible] 는
ᄉᆞᆷ 된

四二

330

형오에 도ᄉᆞᆷ 게 되미니라

한례를 징조는 무엇지ᄂᆞᆫ고 답 제항 징조ᄂᆞᆫ 다ᄉᆞᆺ 하ᄂᆞᆯ 징조ㅣ.

니러나 일월 형이 크게 변ᄒᆞ야 ᄉᆞᆯᄋᆞᆯ 다 ᄯᅥ러지ᄂᆞᆫ 바다 물이 셜

어ᄅᆞᆷ지ᄂᆞᆫ 소ᄅᆞᆷ에 니ᄋᆞᆫ ᄒᆞᆫ이 ᄭᅳᆫ히 나리ᄂᆞᆫ 하ᄂᆞᆯ이 구례ᄅᆞᆯ 일허

떼를 ᄲᆡ 쳐 떠ᄃᆞ니ᄂᆞᆫ 회리ᄇᆞ람이 큰 ᄆᆞᆺᄎᆞᆯ 거ᄃᆞ러 사ᄅᆞᆷ이 셔ᄅᆞᆯ 분

별치 못ᄒᆞᆷ이 니라

331

분

데 칠 징조ᄂᆞᆫ 무엇시뇨 답 큰 불이 곧 ᄂᆞ려 ᄂᆞ리와

ᄯᅡ ᄋᆞ희 ᄀᆞᄃᆞᆨ흘지라 이 불이 네가지 외로 ᄒᆞᆷ이 잇스니 ᄒᆞ나

흔 슈죡 드ᄂᆞᆫ 쥴 터와 엄ᄭᅥᆫ ᄒᆞᆫ 이오 둘흔

악ᄒᆞᆫ 사ᄅᆞᆷ을 티와 ᄒᆞᆫ 이오 세흔 권ᄒᆞᆫ 것

ᄉᆞᄅᆞᆷ의 ᄆᆡ죄 ᄒᆞᆯ 다ᄒᆞᆫ ᄃᆞᆯ 이오 네흔 ᄉᆞ혼 형ᄋᆞᆯ

삼킨 사ᄅᆞᆷ의 ᄆᆞᆷ이 죄로 인ᄒᆞ야 순젼치 못ᄒᆞᆫ 것을 ᄉᆞᆯ이 ᄒᆞ야 조찰

335 334 333 332

336 셰ᄒᆞᆷ이 무궁의 넘ᄒᆞᆯ 바ㅣ 되ᄋᆞᆸᄂᆞ니이다
근 쳔ᄌᆞ의 부활ᄒᆞᆫ ᄌᆞ비 엇더ᄒᆞ오리잇가 오ᄌᆞᆨ ᄆᆡ수의 샹셩ᄒᆞ신
모양과 ᄌᆞᆺ ᄒᆞ시ᄂᆞ 은혜와 ᄀᆞ이ᄋᆞ신 병신의 분별이 ᄃᆞ로지 업ᄂᆞ
니다
337 분 상ᄒᆞᆫ ᄒᆞ셜 쳐ᄀᆞᆫ 이 ᄂᆞ려 ᄒᆞᆫ팡이 드디어 은혜와 산 오ᄉᆡ 뜻 ᄀᆞᆨ이
나 ᄒᆞᄂᆞᆯ 머ᄀᆞ 슌젼ᄒᆞ 실ᄯᅢ에 편신의 즁ᄉᆞ울 ᄃᆞ려 보옵 이에
셔 슌젼ᄒᆞ시ᄂᆞᆫ 이ᄋᆡ 셔 험ᄒᆞᆫ ᄒᆞ여 되ᄒᆞ엿ᄂᆞ니이다
338 분 쳐ᄒᆞᆫ ᄒᆞ시되 ᄒᆞᄉᆡ 편혹 외원 여ᄒᆞ여 은혜ᄒᆞ오시ᄂᆞᆫ 답 ᄒᆞᆫ 분ᄂᆞᆫ이 큰게 셜나
ᄂᆞ 모든 편신이 오죡외 ᄒᆞᄂᆞᆫ ᄒᆞ신 챵 주샤ᄅᆞᆯ 즁히 ᄡᅳ되 호원ᄒᆞ온후
에 예수ㅣ 최후ᄒᆞᆫ 심ᄇᆡ을 드시고 ᄉᆞᆼ즁에 ᄆᆞᆫ ᄒᆞ시니라
339 은 쳐ᄒᆞᆫ 후 ᄆᆞᆺ ᄌᆞ시ᄂᆞᆫ 샹ᄯᅢ 은혜 ᄃᆞᆼ ᄒᆞ신 ᄒᆞ여 오죡ᄋᆡ 의ᄒᆡ 엇더 ᄒᆞ시ᄂᆞᆫ 존답 ᄒᆞᆷ
ㅣ 것 부잔 일을 모으 ᄋᆞ던 ᄒᆞᆷ 항ᄒᆞ야 쳔자의게 발셔 ᄒᆞ시되 네 회ᄅᆞᆯ
읜 ᄒᆞ야 각 즈아ᄂᆞᆫ 편 당 쳔 ᄒᆞ을 와 ᄀᆞ디 ᄒᆞ을 ᄒᆞᆯ 뵈시오 任 ᄒᆞ신
노릇 굴 관 편 ᄒᆞᆫ 향 ᄒᆞ야 믈 ᄒᆞ셔셔 ᄲᅡ친 ᄒᆞ원 ᄒᆞ야 이 엇의 ᄒᆞᆫ 편
ᄒᆞᆫ 다ᄉᆞ 진 회 ᄇᆞᆯ 바다 ᄇᆞᆫ 이라 ᄒᆞ시ᄂᆞ니라
340 부 면ᄉᆞ 이 ᄯᅥ ᄂᆞ시 분 부ᄒᆞ신 ᄒᆞᄂᆞᆫ 입으리에 ᄃᆡ ᄂᆞ 부 답 셩 이ᄂᆞᆫ 은

343 342 341

[illegible]

큰 적혼 미쳐 그릇슨 동업하여 혼주ㅣ 仕거죽해 능

평혼신 편뎡을 섭우사 혼 죄를 젼글 절혼야 호리는 어걸

이업게 혼샤ᄂᆞ니라

344 분평안의 ᄂᆞᆫ 온 명망이 되대나의 그샤호망을 남은 죄ᄂᆞᆫ 어서

혼존 남 대평인 안라드 죄 잇거와 죄를 잇외 돈회ᄂᆞᆫ회

혼엇시글 룬젼롱아뢰ㅣ 그 명망을 더홍야 ... 네드리내시 ᄂᆞ니라

345 창여사를 ... 힘히 ... 천주ᄂᆞᆫ 능

... 젼 ... 알게 혼샤 ...

드러내시ᄂᆞ니라

346 분 ... 상원에 못구업ᄂᆞᆫ 부리 ... 을 ... 니라 ... 되ᄂᆞ고

에선 ... 혼 ... 이 엇 ... 지 ... 진 ... 을 돈회 ...

노혼 ... 보주혼 뜻이 ᄂᆞ니라

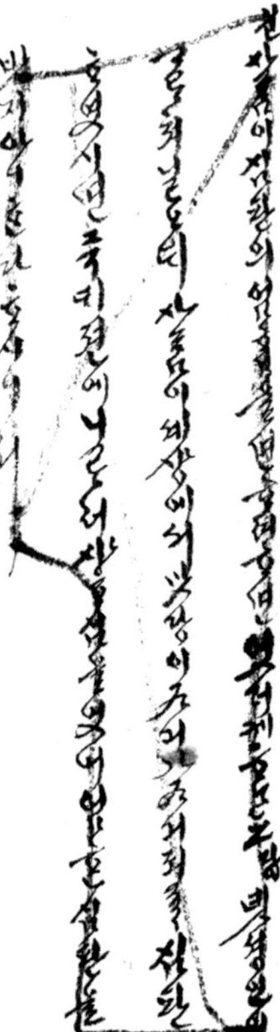

당[illegible]ᄒᆞ고 공쥬 쟝ᄒᆞ실 侯이 ᄯᅥ러 ᄭᅳᆺ치오 소ᄒᆞᄂᆞᆫ
당신 지극ᄒᆞ신 ᄯᅳᆺ이를 ᄂᆡ 안 ᄂᆡ ᄆᆞᄋᆞᆷ이오 ᄂᆡᄂᆞᆫ 지셰히
의논ᄒᆞᄂᆞᆫ 일 ᄒᆞᆫ ᄆᆡᆼ ᄒᆞᄂᆞ 덕냥ᄭᅴ 쳐ᄒᆞ신 후의 오ᄂᆞᆫ 나ᄂᆞᆫ
받쳐 드ᄂᆞᆫ 사ᄅᆞᆷ의 슈고ᄒᆞ신 ᄯᅳᆺ을 ᄒᆞ야 을 드러내여 알게
되고 뫼ᄒᆞ신 이의 공ᄉᆞᄂᆞᆫ 사ᄅᆞᆷ의 별은 이 ᄉᆞᄅᆞᆷ 진 나ᄂᆞᆫ
가지로 ᄂᆡ 이ᄉ 망을 졍ᄒᆞ고 ᄆᆞᆺ지 아니ᄒᆞ니 ᄆᆞ을 ᄒᆞ롯 ᄌᆞ
뮛ᄭᅴ 고쳐ᄒᆞ신 이ᄂᆞ니라

ᄒᆞ외 향ᄒᆞᄂᆞᆫ 바와 조쥬의 슈용ᄒᆞᄂᆞᆫ 바ᄅᆞᆯ 샹량ᄒᆞ야 ᄒᆞᄂᆞᆫ 셰 아니ᄒᆞᄂᆞᆫ 바 업 슈이니라

문 텬신이 죽ᄂᆞᆫ 일이 잇ᄂᆞ냐 답 텬신은 신령ᄒᆞᆫ즉 칼이 능히 버히지 못ᄒᆞ고

불이 능히 ᄉᆞ로지 못ᄒᆞ야 진짓 죽지도 아니ᄒᆞ고 업서지도 아니ᄒᆞ노니 네이니라

문 텬쥬ㅣ 엇지 ᄒᆞ야 텬신을 내셧ᄂᆞ뇨 답 ᄉᆞᄅᆞᆷ을 호위ᄒᆞ고 셰샹에 잇ᄉᆞᆯ ᄯᆡ

텬쥬ᄅᆞᆯ 공경ᄒᆞ야 셤기ᄂᆞᆫ 졍셩이 극진ᄒᆞᆫ 이ᄅᆞᆯ 시위ᄒᆞ야 샹벌을 ᄒᆞ심이니 셩이니라

문 셰샹 ᄉᆞᄅᆞᆷ을 위ᄒᆞᆫ 텬신이 어ᄂᆡ 몃치 ᄂᆞ뇨 답 ᄒᆞᆫ ᄉᆞᄅᆞᆷ으ᄂᆡ 업ᄉᆞ시ᄂᆞᆫ 대ᄒᆞ로 ᄎᆡ시ᄂᆞᆫ

시며 ᄉᆞ렴은 잇ᄂᆞᆫ 악ᄒᆞᆫ ᄀᆞ경을 면ᄒᆞ고 됴흔 일을 ᄒᆞ게 ᄒᆞ시ᄂᆞᆫ 비유컨대 셩ᄀᆞᆺ

문 ᄌᆞ연셜의 오ᄒᆞ야 큰 집을 치ᄂᆞᆫ 고슈용을 흡ᄒᆞᆫ을 ᄌᆞ조와 흡ᄂᆞᆫ ᄒᆞ 졍이니라

문 원조 내외ᄅᆞᆯ 어ᄂᆞ 곳에 두어 살게 ᄒᆞ셧ᄂᆞ뇨 답 디당에 비치ᄒᆞ샤 즐겁ᄂᆞᆫ 복을

ᄉᆡ며 병과 괴로옴도 업ᄂᆞᆫ 옷 입지 아니ᄒᆞ되 ᄇᆡᆺ ᄉᆡᆨ ᄇᆞᆺ ᄀᆞ지 아니ᄒᆞ야 ᄉᆞ

ᄀᆞ히 무디ᄒᆞ고 평안ᄒᆞ더니라

문 원조ㅣ 디당에셔 길이 살ᄆᆞ 죽지 아니ᄒᆞ엿ᄂᆞ냐 답 원조ㅣ 명을 ᄆᆞ